FRIEDRICH ENGELS

FABRIKANT /// GEFÄHRTE /// SOZIALREVOLUTIONÄR

MARLENE AMBROSI

FRIEDRICH ENGELS

Fabrikant /// Gefährte /// Sozialrevolutionär

Biografie | Verlag Weyand

IMPRESSUM

www.weyand.de

Gestaltung: Jennifer Neukirch
Lektorat: Gabriela Böhm, Gabriele Belker
Druck und Bindung: cpibooks, Leck

Abbildungen: Wikipedia.de; Stadtarchiv Wuppertal (StAW G. W.-Ba. Nr. 659-1820); Friedrich-Ebert-Stiftung e.V.; General Register Office, London; Information and Archives, Manchester City Council; Archiv Kirchenkreis Wuppertal; Internationaal Institut voor Social Geschiedenis, Amsterdam; Gabriela Böhm; Christine Ambrosi; Verlag Michael Weyand

1. Auflage 2020

ISBN 978-3-942 429-63-4

INHALT

Teil V – Freundschaft mit Marx

TEIL VI – Erfüllte Jahre in London (1870–1895)

TEIL VII – Weggefährtinnen

TEIL VIII – Friedrich Engels und seine Familie

EINFÜHRENDE WORTE ZU FRIEDRICH ENGELS

Friedrich Engels war eine der geistreichsten und faszinierendsten Persönlichkeiten des 19. Jahrhunderts.

Als Fabrikantensohn geboren, stieg er als junger Mann aus kommunistischer Überzeugung auf die Barrikaden der Revolution von 1848/1849. Dennoch nahm er das kapitalistische Erbe seiner Vorfahren an und wirkte 20 Jahre lang als Manager und Mitbesitzer der Firma Ermen & Engels in Manchester – in der Stadt, die heute sinnbildlich für den verpönten „Manchesterkapitalismus" steht.

Friedrich Engels diente nicht dem „verhassten Schacher", sondern bewältigte ihn mit Erfolg. Jahr für Jahr erwirtschaftete er für sich und die Mitbesitzer von Ermen & Engels hohe Gewinne. Er hinterließ ein Vermögen, das heute einige Millionen Euro wert wäre.

Friedrich Engels genoss es, dass er über die finanziellen Mittel verfügte, um einen großzügigen Lebensstil mit Hummersalat, Champagner und Fuchsjagd zu pflegen. Als junger Mann führte er, von seinem kapitalistischen Vater finanziert, in Paris das Leben eines „Lebemannes". Dies konnte er problemlos mit seinen kommunistischen Überzeugungen vereinbaren. Seinem Freund Marx berichtete er nicht nur über seine politische Agitation, sondern auch von seinen Vergnügungen mit den Grisetten. Er könne dieses Leben ewig so fortsetzen, schrieb er damals. Dennoch wurde er später zu einem treuen Gefährten seiner Geliebten, der irischen Textilarbeiterinnen Mary und Lizzie Burns.

Karl Marx gegenüber war er im umfassendsten Sinn ein Gefährte. Er half seinem Freund aus mancher finanzieller und emotionaler Bedrängnis; letzteres vor allem, als er die Vaterschaft für Marxens unehelichen Sohn übernahm. In finanzieller Not befand sich Karl Marx eigentlich immer und folglich half Engels beständig mit Geld aus.

Geistig sah sich Friedrich Engels seinem Freund Marx gegenüber als Nehmender und anerkannte dessen Genialität vorbehaltlos. Zeitgleich zu seiner kapitalistischen Managertätigkeit entwickelte er mit Marx in endlosen mündlichen und schriftlichen Diskussionen die Lehre, die dem Kapitalismus den Untergang vorhersagte und die Arbeiterschaft zur Klasse des Fortschritts erklärte. Diese Theorie ist als Historischer Materialismus in die Geistesgeschichte eingegangen.

Friedrich Engels überbrückte zwei Jahrzehnte lang mit bewunderswerter Gelassenheit die enorme Spannung, dem Kapitalismus zu dienen und gleichzeitig das Ziel zu verfolgen, dem Kommunismus zum Sieg zu verhelfen. Erst mit 50 Jahren befreite er sich vom Joch des „verhassten Kommerz", ließ sich seinen Firmenanteil an Ermen & Engels auszahlen und siedelte als vermögender Privatier nach London über. Mit seinem Nachbarn Marx widmete er sich nun der Entwicklung und Propagierung ihrer sozialrevolutionären Ideen.

Vor Geist und Wissen sprühend und mit zuvorkommender Liebenswürdigkeit wusste Friedrich Engels sein Umfeld zu faszinieren und für sich einzunehmen. In London wurde sein Haus in der Regent's Park Road zu einem geselligen Zentrum der internationalen Arbeiterbewegung; es war ein „wahres Babylon" der Sprachenvielfalt, in dem er seine große Sprachbegabung mit Freude ausleben konnte.

Engels konnte es sich jetzt auch erlauben, im Scheinwerferlicht der öffentlichen Agitation zu stehen und zu einer der tragenden Säulen der Arbeiterbewegung zu werden. Er setzte sein Organisationstalent und seine geistige, sprachliche und argumentative Begabung für die politischen Belange der Arbeiterschaft ein, gemäß dem mit Marx gemeinsam verkündeten Motto: Es kommt nicht darauf an, die Welt neu zu interpretieren, sondern man muss sie verändern.

Mit Vehemenz focht er in der I. Internationalen gegen rivalisierende Bewegungen wie den Anarchismus. Trotz seines Charmes und seiner oft gepriesenen Großherzigkeit konnte er dabei gegenüber dem politischen Gegner durchaus verletzend und zerstörend sein.

Im Grunde seines Herzens war Friedrich Engels trotz großbürgerlicher Attitüden ein bescheidener Mensch. Symbol hierfür ist seine Lieblingsblume, die unscheinbare blaue Glockenblume am Wegesrand.

TEIL I – FRIEDRICHS KINDHEIT UND JUGEND (1820–1838)

In der „Elberfelder Zeitung“ stand am 30. November 1820 in der Rubrik Bekanntmachungen eine Anzeige, in der Friedrich Engels sen. mitteilte, dass seine *„liebe Frau“* am 28. November 1820 um neun Uhr abends von einem *„Knaben glücklich entbunden sei“*.

Fünf Tage später wurde ins Standesregister der Stadt Barmen die Geburt eines Kindes „männlichen Geschlechts“ eingetragen, dem der Name „Friedrich belegt“ sei. Am 18.1.1821 wurde der kleine Friedrich in der evangelisch-reformierten Kirche in Elberfeld getauft.

Die frohe Botschaft von der Geburt seines ersten Kindes schickte der junge Vater auch seinem Schwager Karl Wilhelm Snethlage, der Domkandidat in Berlin war. Friedrich Engels sen. verkündete: *„Freue Dich mit mir, innigst geliebter Karl, der liebe Gott hat unser Gebät erhört und uns ... ein Kindlein, und zwar einen gesunden, wohlgestalteten Knaben geschenkt ... es ging zwar alles glücklich, doch war es eine schwere Geburt ... Das kleine Knäblein schläft fast immer und ... recht gut, denn Gott stärkt ja die Kleinen im Schlafe.“*[1] Engels sen. empfand ein bisher nicht gekanntes Glücksgefühl. *„Sein kleines Haus steht neben mir, mit seinem sanft schlummernden Bewohner, und macht mir eine ganz neue große Freude, so oft ich es sehe ... Der gute Gott gebe ..., dass wir einst ... noch Freude von dieser Geburt haben“*[2], schrieb er Snethlage. Er bete jeden Tag, dass dieser Wunsch in Erfüllung gehe. Seine Frau und er seien gewillt, das Kind gottesfürchtig aufzuziehen und ihm die besten Lehren zu geben, wie einst sein Vater; dessen „Reflexionen für seine Kinder“ waren ihm in Erinnerung geblieben. Johann Caspar Engels hatte einst geschrieben: *„Wa(n) Eüre Eltern, die Gott über Eüch gesetzt hat, auf Eure Reden, Thun und Lassen Achtung geben und Eüch bei jeder Veranlassung, wo Ihr des rechten Weges verfehlt oder über die Grenzen schreitet, erinnern, warnen und Eüch den rechten Weg zeigen, so geschiehet dieses aus Pflicht, aber auch aus Liebe und herzlicher Theilnahme an Eürem ewigen Wohl, um Eüch vor Schaden zu hüten und in den Stand zu setzen, selbst prüfen zu lernen, was da sei wohlgefällig dem Herrn.“*[3]

Friedrich Engels sen. war ein liebevoller Vater, dessen Gedanken auch auf Reisen bei dem kleinen Sohn waren. *„Füttere nur meinen Jungen recht, und lehre ihn Baba sagen“*[4], bat er seine Frau Elise und sie solle sein

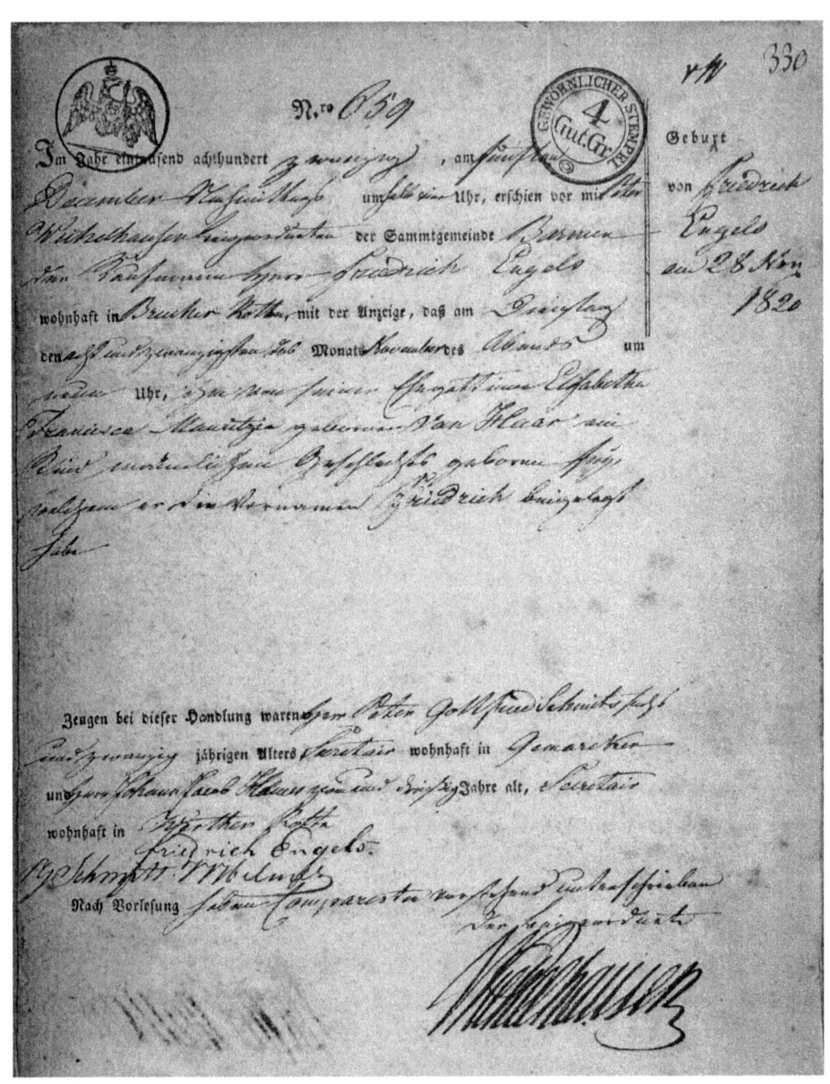

330

N.ro 659

GEWÖHNLICHER STEMPEL 4 Gut.Gr.

Geburt von Friedrich Engels am 28 Nov 1820

Im Jahr eintausend achthundert zwanzig, am fünften December Nachmittags um halb eine Uhr, erschien vor mir Peter Wichelhausen Beigeordneten der Sammtgemeinde Barmen der Kaufmann Herr Friedrich Engels wohnhaft in Brucker Rotte, mit der Anzeige, daß am Dienstag den acht und zwanzigsten des Monats November des Abends um neun Uhr, ihm von seiner Ehegattinn Elisabetha Francisca Mauritzia geborne van Haar ein Kind männlichen Geschlechts geboren sey, welchem er den Vornamen Friedrich beigelegt habe.

Zeugen bei dieser Handlung waren Herr Peter Gottfried Schmits fünf und zwanzig jährigen Alters Secretair wohnhaft in Gemarcker und Herr Johann Jacob Hauer zwei und dreißig Jahre alt, Secretair wohnhaft in Wupperther Rotte

Friedrich Engels.

[illegible]

Nach Vorlesung haben Comparenten vorstehend unterschrieben

Der Beigeordnete

Wichelhausen

Geburtsurkunde von Friedrich Engels

„Herzens-Jüngelchen, „meinen Jungen", „mein kleines Engelchen", „das Nükelken", „seinen Herzensstippel" grüßen und küssen.*

Friedrich wuchs zu einem lebhaften, fantasievollen Jungen heran. Viele Sommer verbrachte er mit der Mutter und seinen Geschwistern** bei den Großeltern mütterlicherseits in Hamm/Westfalen. Friedrich gefiel es dort gut und noch im Alter erinnerte er sich an die schöne Gegend, die zu seinem Bedauern im Laufe der Jahre zu einem *„räucherigen Industrienest"* geworden war. Aus den Ferien berichtete Elise Engels ihrem Mann über das Wohlergehen seiner Familie. Als der Vater erfuhr, dass sein zweijähriger Friedrich an einem Hautausschlag erkrankt war, befragte er besorgt den Hausarzt in Barmen um Rat. Dieser empfahl, keine Eier mehr ins Bier zu tun, weil Eier den Ausschlag verschlimmerten. Es war üblich in der damaligen Zeit, Kindern Bier statt Wasser zum Trinken zu geben. Bier war ein Grundnahrungsmittel und zur damaligen Zeit gesünder als Wasser, das mit Keimen belastet war und Krankheiten übertragen konnte.

Zu seinem Großvater hatte Friedrich ein inniges Verhältnis. Gerhard Bernhard van Haar, langjähriger Rektor des Gymnasiums zu Hamm, verfolgte die Entwicklung seines Enkels aufmerksam und förderte ihn. Als Friedrich sen. bei ihm anfragte, was er nach der Geburt von Tochter Anna auf die Fragen seines 5-jährigen wissbegierigen Sohnes antworten sollte, gab dieser den Ratschlag: *„Bei den vielen Fragen Ihres kleinen Friedrichs, der der Sache des kleinen Schwesterchens auf den Grund zu kommen sucht, erzählen Sie ihm, daß ein Storch es in seinem langen Schnabel gebracht u. die Mutter ins Bein gebissen habe, damit sie hübsch zu Hause bleibe u dem Schwesterchen, wenn es hungerte, die Brust gebe; dass H(err) Lucas*** das Bein curiren wolle, die Mutter aber so lange im Bett bleiben müsse, bis die Wunde heil sey."*[5] Auch der Pädagoge blieb bei der Mär vom kinderbringenden Storch, obwohl er wusste, dass *„der forschende Frager"* sich auf die Dauer nicht mit Halbwahrheiten zufrieden geben würde. Ansonsten wollte der Großvater Friedrichs Wissensdrang altersgerecht begegnen. *„Im vorigen Herbst*

---

* Informationen zu den Eltern im Kapitel VIII

** Hermann (1822), Marie (1824), Anna (1825), Emil (1828), Hedwig (1830), Rudolf (1831) und Elfriede (1834)

*** Lukas war Wundarzt und Geburtshelfer in Elberfeld

Bekanntmachungen.

Geburtsanzeige.

Gestern Abend wurde meine liebe Frau von einem gesunden Knaben glücklich entbunden.

Barmen den 29. November 1820.

Friedrich Engels.

Bekanntmachung der Geburt von Friedrich Engels in der Elberfelder Zeitung

Taufeintrag der reformirten Gemeine à Elberfeld

kam er jeden Morgen, sobald er angezogen war, zu mir gesprungen: ‚Guten Morgen, Großvater, nun erzähle mir etwas!' Ich werde mich bei seiner Wissbegierde wohl für das nächste Wiedersehen auf einige seinem Alter u. seinen Fortschritten angemessene Erzählungen vorbereiten müssen"[6], schrieb er Friedrichs Vater, und ein Jahr später sagte der Großvater voraus: *„Ihr Friedrich, der schon jetzt so viel auf Lesen hält, schon von jeher so neu-, wißbegierig ist, – wollte ich sagen –, der durch Fragen // jedem Dinge auf den Grund kommen will, wird einst ein großer Gelehrter werden."*[7] Damit lag er nicht falsch.

Friedrich Engels dankte dem Großvater in rührenden Versen für die Liebe und für die Erzählungen von den Heldentaten des Theseus und Herkules, vom goldenen Vlies, von Minotaurus und Ariadne:

„O Du lieber Großvater, der uns immer gütig begegnet.
Der Du noch immer uns halfst, wenn's mit dem Arbeiten gehapert!
Der so schöne Geschichten mir, wenn Du hier warst, erzähltest ..."[8]

Erzählungen ganz anderer Art vermittelte Karl Wilhelm Moritz Snethlage, der seit 1822 wieder in Barmen wohnte, bevor er eine Stelle als Oberhofprediger in Berlin antrat. Der Pastor, Friedrichs Patenonkel, erzählte dem Jungen Bibelgeschichten und Gleichnisse, um ihn zu dem rechten Glauben, dem orthodox-pietistischen Glauben zu führen.

Mit fast acht Jahren trat Friedrich im Oktober 1828 in die Stadtschule in Barmen ein. Sein Vater hatte für die nötige Ausstattung gesorgt, während Friedrich mit Mutter und Geschwistern die Sommerferien in Hamm verbrachte. *„Dem Friedrich kannst Du wohl einen Kuß geben und ihm sagen, dass ich seine Bücher anschaffte und ihm einen schönen neuen Tornister gekauft habe"*[9], schrieb Friedrich sen. seiner Frau Elise. Voraussetzung für den Eintritt in die Schule war, dass Friedrich lesen, nach Diktat schreiben und rechnen konnte. Wer dem Jungen diese Grundfertigkeiten vermittelte, ist nicht bekannt, vermutlich ein Hauslehrer. Im Juli 1829 ließ Friedrichs Vater seine Frau, die in Berlin ihre mit Snethlage verheiratete Schwester besuchte, wissen, Sohn Friedrich setze sich gerade hin, um ihr zu schreiben, und *„zwar mit größter Ernsthaftigkeit"*. Die Zeilen sind nicht überliefert.

Die Barmer Stadtschule, ab 1832 eine Realschule, hatte einen guten Ruf. Dem Schüler Friedrich blieb zwar rückblickend vor allem das *„beschränkte, knickerige Kuratorium"* im Gedächtnis, aber auch, dass er in

Physik und Chemie *„unschätzbare Grundlagen“* für seine spätere *„naturwissenschaftliche Fortbildung“* erhalten habe.

Friedrichs Noten in der Schule entsprachen nur dem Durchschnitt, sehr zur Enttäuschung seines Vaters, der sich wünschte, seine Kinder sollten möglichst oft die Nummer 1 in ihrer Klasse sein. Dennoch reichten seine schulischen Leistungen, um am 29. September 1834, zu Michaelis, dem Festtag für den hl. Michael, auf das evangelische Gymnasium in Elberfeld zu wechseln. Da der Weg für den Vierzehnjährigen vom Elternhaus zur Schule zu zeitintensiv und umständlich war, lebte er ein Jahr als „Pensionär“, als Dauergast, im Haushalt von Dr. Hantschke, dem provisorischen Direktor der Anstalt. Dieses Arrangement verlängerte Engels sen., nachdem der Hausvater geschrieben hatte, dass der 15-jährige Friedrich *„fortwährend der Aufsicht bedürfe“*. Bei seiner Frau begründete Engels sen. seine Entscheidung: *„Auf Geld dürfen wir bei dem Wohle des Kindes nicht sehen, und Friedrich ist ein so eigentümlicher, beweglicher Junge, dass eine abgeschlossene Lebensart, die ihn zu einiger Selbständigkeit führen muß, für ihn das beste ist. Noch einmal, der liebe Gott wolle den Knaben in Seinen Schutz nehmen, damit sein Gemüth nicht verderbt werde. Bis jetzt entwickelt er eine beunruhigende Gedanken- und Charakterlosigkeit, bei seinen übrigens erfreulichen Eigenschaften.“*[10] Der Vater beobachtete die Entwicklung seines ältesten Sohnes nicht ohne Sorge und befürchtete Probleme mit dem *„eigentümlichen Jungen“*; denn auch dessen schulische Leistungen waren nicht erfreulich. *„Friedrich hatte mittelmäßige Zeugnisse in voriger Woche gebracht. Im Äußern ist er, wie Du weißt, manierlicher geworden, aber trotz der frühern strengen Züchtigungen scheint er, selbst aus Furcht vor Strafe, keinen unbedingten Gehorsam zu lernen. So hatte ich heute wieder den Kummer, ein schmieriges Buch, eine Rittergeschichte aus dem dreizehnten Jahrhundert, in seinem Sekretär zu finden. Merkwürdig ist seine Sorglosigkeit, mit welcher er solche Bücher in seinem Schrank lässt. Gott wolle sein Gemüt bewahren, oft wird mir bange um den übrigens trefflichen Jungen.“*[11] Friedrich las, was ihm gefiel, auch „schmierige“ Rittergeschichten, die der Vater ablehnte. Dieser hätte es lieber gesehen, wenn der Sohn Bibelgeschichten gelesen hätte. Der Gipfel der Impertinenz war, dass Friedrich diese Schundliteratur nicht einmal versteckte, sodass der strenge fromme Vater befürchten musste, dass es seinem Sohn an der „richtigen Gläubigkeit“ als Christ

Engels-Haus in Barmen

und an „unbedingtem Gehorsam“ fehle, weil er gegen seinen erklärten Willen handelte.

Doch es gab Hoffnung für die Eltern bei Friedrichs Konfirmation am 12. März 1837 in der Vereinigten Evangelischen Gemeinde Unterbarmen. Der 16-Jährige bemühte sich mit ganzem Herzen um den rechten Glauben und bat Gott in einem Gedicht um Beistand:

„Herr Jesu Christe, Gottes Sohn,
O steig herab von Deinem Thron,
und rette meine Seele!
O komm mit Deiner Seligkeit
Du Glanz der Vaterherrlichkeit
Gib, daß ich Dich nur wähle!“ [12]

Als Konfirmationsspruch hatte Friedrich einen Spruch aus den Philistern 3,13.14 ausgewählt: *„Ich vergesse, was dahinter ist, und strecke mich zu dem, was da vorne ist, und jage nach dem vorgesteckten, nach dem Kleinod, welches vorhält die himmlische Berufung Gottes in Christo Jesu.“* [13] Der Konfirmand soll von der Zeremonie ganz ergriffen gewesen sein. Doch sein Wunsch, wie sein Umfeld im unbedingten Glauben an Gott zu leben, bereitete ihm zunehmend Schwierigkeiten. An den Wochenenden und in den Ferien, die er zuhause verbrachte, fiel ihm die Fragwürdigkeit des orthodoxen Pietismus auf, der in Barmen gelebt wurde. Das Gewinnstreben des Vaters und seiner Onkel auf der einen Seite und die Verelendung ihrer Arbeiter auf der anderen Seite trotz ihres sozialen Engagements als Fabrikherren konnte er nicht in Einklang bringen und er soll einmal *„am hellichten Tage mit der Laterne des Diogenes erschienen sein und nach Menschen gesucht haben.“* [14] Friedrich wollte provozieren, weil er das Gefühl hatte, dass trotz aller schwärmerischen Frömmigkeit um ihn herum zu wenig wahre Menschlichkeit gelebt wurde.

Auf dem Elberfelder Gymnasium, das zu den besten der Region zählte, erschloss sich dem *„trefflichen Jungen“* eine neue Welt. Er erhielt vielfältige Anregungen und Unterstützung, insbesondere von liberalen, aufgeklärten Lehrern, die es auch dort gab. Friedrichs Sprachtalent zeigte sich früh. Er konnte hebräische, griechische, lateinische und französische Texte *„gewandt“* ins Deutsche übersetzen und mit *„Leichtigkeit den Zusammenhang“* erfassen. Im Literaturunterricht las der Gymnasiast

„mit rühmlichem Interesse“ Friedrich Schillers „Wilhelm Tell“ und begeisterte sich für den Mut, den der Schweizer Nationalheld in seinem Kampf gegen Unterdrückung und Tyrannei zeigte. Schiller wurde für ihn *„unser größter liberaler Poet“*, der *„die neue Zeit“* ahnte, während Goethe nach der Julirevolution von 1789 sich in seine Kammer zurückgezogen habe, um *„behaglich zu bleiben“*. Das schade Goethe zwar sehr, aber, so Engels, man könne dem Dichter sein Verhalten nicht vorwerfen, da er zu diesem Zeitpunkt bereits 40 Jahre alt und ein gemachter Mann war. Männer über 40 Jahre schienen für die Revolution und die neue Zeit zu alt zu sein.

Mit seinen Freunden traf sich Friedrich in einem literarischen „Kränzchen“, in dem sie sich gegenseitig ihre Dichtungen vortrugen. In einem Gedicht „Mir dämmert in der Ferne“ befasste er sich mit den Helden, die ihn seit seiner Kindheit beeindruckten:

„Mir dämmert in der Ferne,
so manches holde Bild,
Wie durch die Wolken Sterne
leuchten zart und mild.
Sie nah‘n sich – ich erkenne
Schon ihre Gestalt,
den Tell seh‘ich, den Schützen,
Siegfried, den Drachen ungestalt,
Mir nahet Faust, der Trotz‘ge,
Achilles tritt hervor
Bouillon, der edle Degen
Mit seiner Ritter Chor,
Es naht – lacht nicht, – Brüder,
Don Quichote der Held,
der auf dem edlen Rosse
durchzieht die weite Welt …
Oft mögen sie Dir erscheinen,
Der holden Dichtung Gebild,
Daß sie die Sorgen zerstreuen,
Wie sie Dir nahn so mild!“ [15]

Gedicht mit den ersten überlieferten Zeichnungen von Friedrich Engels

Nicht nur die Freunde werden sich beim Lesen dieser Verse an Goethes „Zueignung" am Anfang in „Faust I" erinnert haben. Sein Gedicht illustrierte Friedrich am Rande mit kleinen Skizzen seiner Helden, ein erster überlieferter Beweis für sein zeichnerisches Talent.

Am Elberfelder Gymnasium dominierten die Geisteswissenschaften den Lehrplan vor den Naturwissenschaften Geometrie, Physik und Mathematik und den Kunstfertigkeiten Kalligrafie, Gesang und Zeichnen. Trotz der vielseitigen Wissensvermittlung beklagte Friedrich später seine Unkenntnis in Geschichte, politischer Ökonomie und gesellschaftlicher Praxis.

Nur wenige Monate vor den Abschlussprüfungen zum Abitur entschied Friedrich Engels sen., der Sohn müsse die Schule verlassen und eine Kaufmannsausbildung absolvieren, um ihm im Geschäftsleben zur Seite zu stehen. Friedrich jun. hätte lieber das Abitur gemacht und ein Studium absolviert. Einen Fürsprecher für seine Interessen hatte er nicht; sein Großvater van Haar, der vielleicht vermittelnd auf den Vater hätte einwirken können, war nach langer Krankheit im Februar 1837 gestorben.

Nach drei Jahren musste Friedrich Abschied von den vertrauten Lehrern und Schulkameraden nehmen. In seinem Abschlusszeugnis zu Michaelis 1837 bescheinigte ihm Dr. Hantschke im Namen des Kollegiums Bescheidenheit, Offenheit und das Streben nach umfassender Bildung. Dr. Hantschke, in dessen Haushalt Friedrich während seiner Gymnasialzeit gelebt hatte, betonte den *„religiösen Sinn" und „die Reinheit des Gemütes ... seines lieben Schülers"*. Als Grund für Friedrichs Abgang vom Gymnasium gab er *„den Übergang in das Geschäftsleben, das er statt früher beabsichtigten Studiums als seinen äußeren Lebensberuf zu wählen sich veranlaßt sah"*[16] an. Hantschke formulierte sehr geschickt und vermied die Festlegung, ob der Gymnasiast freiwillig oder aus Einsicht in die Notwendigkeit von der Schule abging. Aber er wird bedauert haben, dass Friedrich nur wenige Monate vor dem Abitur die Schule verlassen musste und nicht wie beabsichtigt Jura oder Kameralwissenschaften, d.h. Finanzwissenschaft studieren durfte.

Friedrich musste dem Vater gehorchen; denn es war zu dieser Zeit üblich, dass das Familienoberhaupt den beruflichen Lebensweg seiner Kinder bestimmte. Nur ein Studium der Theologie und im Anschluss ein Leben als Pfarrer hätte vielleicht den frommen Vater einlenken lassen, aber „diese Berufung“ vorzugaukeln, schien Friedrich nicht in den Sinn gekommen zu sein. Die Entscheidung von Friedrich Engels sen., seinem ältesten Sohn Abitur und Studium zu verwehren, wurde später in der Familie als Fehler erkannt. Charlotte Engels, die Frau seines Bruders Emil, schrieb nach dessen Tod 1884, Emil habe gesagt: *„Wenn man Dir den Willen zum Studium gelassen hätte, wärst Du nicht auf diese Bahn gekommen.“*[17] Mit Sicherheit lässt sich nicht sagen, ob Friedrich Engels nicht auch mit Studium auf „diese Bahn“, die eines Sozialrevolutionärs gekommen wäre.

Am 15. September 1837 trat der fast 17-Jährige als Handelslehrling ins Comptoir der väterlichen Firma Friedrich Engels & Co in Barmen ein. Nach der Arbeit traf er sich mit seinen ehemaligen Klassenkameraden Gustav Feldmann, Peter Jonghans, Gustav Wurm, Fritz und Wilhelm Graeber. Wie in Schulzeiten zechten sie, rissen Witze und debattierten über Gott, Politik und Literatur.

TEIL II – FRIEDRICHS LEHRJAHRE (1838–1845)

Geistiges Erwachen in Bremen

Die ersten Grundlagen des Kaufmannberufes bekam Friedrich zwischen Herbst 1837 und Sommer 1838 in der väterlichen Firma in Barmen vermittelt. Um den Betrieb kennenzulernen, in den Friedrich Engels sen. insgesamt 10.000 Pfund investierte, durfte er den Vater im Juli nach Manchester begleiten.

Wie gewohnt informierte Engels sen. seine Frau in der Heimat über sein Wohlergehen, und auch der Sohn fügte einige Zeilen bei. Friedrich jun. berichtete, es sei ihm auf der 24-stündigen Überfahrt von Rotterdam nach England *„im ganzen noch recht gut gegangen … Ich bin aber so verwirrt von der Seefahrt – es ist mir, als ob der Boden unter mir schwankte – und dem Getöse um mich herum, daß ich Dir nicht viel schreiben kann. Ich bin in eine ganz neue Welt versetzt.“* [18] Diese neue Welt waren London, die damals größte Stadt der Welt, und die führende englische Industriemetropole Manchester. Es war keine Vergnügungsreise, denn Engels sen. ging mit dem Sohn *„zu Maklern“* und sie *„besahen noch einiges Merkwürdiges“*. Der eigentliche Grund für die Reise nach Manchester war die Namensänderung der Firma in Ermen & Engels am 1. August 1838.

Die Rückreise verlief noch aufregender als die Hinreise, wie Friedrich die Mutter wissen ließ: *„Um 12 Uhr nachts auf Schiff, Vater wird seekrank, muss ins Bett … ich blieb ganz wohl, aber wenn ich was aß, musste ich es gleich wieder von mir geben. Endlich gegen abends sieben Uhr fühlte auch ich anhaltende Uebelkeit und legte mich gleichfalls nieder.“* [19] Schlechtes Wetter verzögerte das Einlaufen im Hafen in Cuxhaven, da das Schiff wegen der Untiefen eine Nacht in der Nähe der deutschen Küste warten musste und erst im Morgengrauen anlegen konnte. Die nächste Station von Vater und Sohn war die Hansestadt Bremen. Mitte August fuhr der Vater alleine nach Barmen zurück, der Sohn blieb in Bremen. Friedrich sollte in der Hansestadt seine Ausbildung zum Kaufmann fortsetzen. Das dürfte mit seinem Einverständnis geschehen sein, weil er sich, weit entfernt von der Familie, mehr Freiheiten in seiner Lebensführung versprach. Der Vater seinerseits hoffte, dass der Sohn sich durch die Ausbildung in einem angesehenen Handelshaus zu einem fähigen Kaufmann und Nachfolger entwickeln würde.

Natürlich durfte der 17-jährige Friedrich nicht alleine wohnen und fand Aufnahme im Hause des Hauptpastors Georg Gottfried Treviranus. Auf diesen als Gastvater waren die Eltern gekommen, weil er eng mit Friedrichs Patenonkel Snethlage befreundet war, und Friedrichs Cousin, Karl Engels, während seiner Ausbildung zur allgemeinen Zufriedenheit dort untergebracht gewesen war. Friedrich hatte im Pfarrhaus ein eigenes Zimmer, dessen Fenster zu einer Gasse ging. Seine Gastfamilie bot ihm nicht nur Kost und Logis, sondern behandelte ihn wie ein Familienmitglied und verbrachte mit ihm die Sonntagnachmittage mit *„Spielen"* und *„Lachen"*. Sein Lieblingsplatz war der Pfarrgarten neben der Kirche St. Martin. Dort las er bei gutem Wetter in aller Frühe, schaute auf die Hafenanlage an der Schlachte und auf die Weser. Als Zeichen des Vertrauens bekam der Heranwachsende von seinem Gastvater einen Hausschlüssel ausgehändigt und musste nicht wie andere Gesellen um zehn Uhr abends zur Sperrstunde zuhause sein.

Treviranus war ein der Welt zugewandter Theologe, „ein Glaubensmann der Tat", der Bibelgesellschaften, Sonntagsschulen und Vereine für arme Wöchnerinnen gründete und sich um entlassene Strafgefangene und protestantische Auswanderer[20] kümmerte. Der Pastor schätzte die Intelligenz seines Zöglings und übergab Friedrich Korrekturarbeiten für die Schrift eines Kollegen. Voller Lob über dessen Arbeit meinte er: *„Die Korrektur ist sehr sorgfältig gemacht. Engels hat sich (unter uns gesagt) auch einmal erlaubt, einen tüchtigen Sprachschnitzer zu bessern."*[21]

Die Freie Reichs- und Hansestadt Bremen war eine Großstadt mit 50.000 Einwohnern, mehreren Werften und Reedereien und nach Hamburg der bedeutendste deutsche Umschlagsplatz für Handelsgüter nach England und Übersee. Bremen war keine Industriestadt wie Elberfeld und Barmen; nur einige Manufakturen hatten sich dort angesiedelt, die aus dem importierten Tabak Zigarren fertigten.

Friedrich Engels trat im August 1838 als Kommis, d.h. Handlungslehrling, in die Großhandelsfirma des kgl. Sächs. Konsuls Heinrich Leupold ein. Leupold war ein erfolgreicher angesehener Kaufmann, der als Konsul die Interessen des Königreiches Sachsen in der Hansestadt vertrat. Sein Handelshaus importierte Zigarren und Kaffee und

Porträt von Friedrich Engels, gezeichnet von Feistkorn

exportierte schlesisches und sächsisches Leinen und andere Textilwaren in die USA.

Friedrich war kein Lehrling wie die anderen, sondern ein „Auszubildender mit Kommisfreiheiten“[22]. Er selbst beschrieb in einem Artikel für das „Morgenblatt für gebildete Leser“ im August 1840 die Hierarchie der Auszubildenden, *„welche sich in Commis, erste Lehrlinge und Jüngste scheiden. Der Commis dünkt sich schon eine wichtige Person; er ist das Faktotum seiner Firma, er kennt die Verhältnisse seines Hauses durch und durch, er ist mit dem Stande des Marktes vertraut und auf der Börse drängen sich die Makler um ihn.“*[23] Lehrling Friedrich dürfte sich ähnlich bedeutend im Handelshaus Leupold gefühlt haben.

Friedrichs Arbeitsplatz in dem Geschäftshaus, das zugleich Wohnhaus der Familie des Inhabers war, war im Kontor. Von seinem Pult aus hatte er durch ein großes Fenster Einblick in die Diele und konnte alles beobachten, was vor sich ging. Zu seinen Aufgaben als Kommis gehörten das Postwesen, das Kopieren von Geschäftsbriefen sowie zuweilen die Überprüfung der Lagerbestände und das Verpacken von Zigarrenkisten, von denen er auch Proben nehmen musste. Er lernte auch, wie er Schwester Marie schrieb, dass man beim Kauf des *„superfeinen mittelguten ordinären Domingokaffees aus Haiti … zu zehn guten Bohnen vier schlechte Bohnen, sechs Steinchen und ein viertel Lot Dreck, Staub usw. in den Kauf bekommt.“*[24] Marie ließ er auch wissen, dass er sich mit dem Lehrling Eberlein um eine Glucke und deren acht Tage alten Küken kümmere, die sie mit eingefangenen Fliegen, Mücken und Spinnen fütterten. Ein schwarzes Küken, so groß wie ein Kanarienvogel, fresse ihnen sogar aus der Hand. Auch Tauben versorgten sie mit Erbsen und kleinen Buchnüssen.

Der intelligente, wissbegierige Kommis Friedrich war, wie schon der Großvater erkannt hatte, stets darauf aus, seinen Horizont zu erweitern, und in Bremen bot sich das Erlernen fremder Sprachen an. Um Geschäftsgesprächen mit ausländischen Partnern folgen zu können, vervollständigte er, da er nur die französische Sprache gut beherrschte, seine Kennnisse in Englisch in Abendkursen und lernte Spanisch.

Mit seinem Chef Heinrich Leupold, *„seine Antiquität“*, und mit dessen Sohn, der auch in der Firma tätig war, kam Friedrich gut aus. Seiner Schwester Marie berichtete er kurz nach seiner Ankunft im August 1838: *„Der Alte ist ein köstlicher Kerl, er schimpft seine Jungens immer polnisch* *aus"*, aber ansonsten sei *„der ... ein schrecklich guter Kerl"*. Das Verhältnis zur Familie Leupold war so gut, dass Friedrich in deren Landhaus zu Gast sein durfte und *„viel Pläsir"* hatte. Friedrich nahm auch Anteil an den Sorgen seines Chefs. Als ein besonders heftiger Sturm 1840 Bremen heimsuchte, der sogar ein Fenster im Pfarrhaus *„einwehte"*, wartete auch er angespannt, ob das Schiff, das Leinen von Leupold im Wert von 3.000 Thalern an Bord hatte, wie andere Schiffe bei dem *„furchtbaren"* *„Aequinoctialsturm"* in Seenot geraten und untergegangen war. Da die Ware nicht versichert war, hätte das einen erheblichen Verlust für das Handelsunternehmen bedeutet. Es scheint nicht zum Schlimmsten gekommen zu sein, da Friedrich nicht weiter darüber berichtete.

Ein Jahr später suchte eine *„schöne Überschwemmung"*, die schlimmste seit 14 Jahren, Bremen heim. In seiner Stube, so berichtete Friedrich der Schwester, habe das Wasser 12–14 Zoll hoch gestanden und er habe *„zum Alten"*, zu Chef Leupold flüchten müssen, *„der mich mit gewohnter Güte 14 Tage beherbergte"*. Auch das Geschäftshaus musste von den Wassermassen befreit werden. Vier Nächte lang schöpfte Friedrich zusammen mit dem Sohn des Chefs Wasser, damit *„unsre schönen Rumfässer und Kartoffeln und vor allem der wohlassortirte Weinkeller des Alten nicht ersoff."* [25] Aber es wäre nicht Friedrich, wenn er nicht das Beste und Angenehmste aus der Situation gemacht hätte. Mit Wilhelm Leupold setzte er sich aufs Sofa, *„auf dem Tisch einige Flaschen Wein, Wurst und ein großes Stück vom edelsten Hamburger Rauchfleisch. Dabei wurde geraucht, geschwatzt und alle halbe Stunde gepumpt. Es war sehr ergötzlich."* [26]

Lehrling Friedrich nahm sich einige Freiheiten heraus, um, wie er leicht übertrieb, *„die unendliche Zeit tot*(zu)*schlagen"*. Er führte vom Kontor aus heimlich seine Privatkorrespondenz, machte es sich in den Pausen bequem und brachte, wie er Schwester Marie anvertraute, heimlich auf dem mittleren Packhausboden eine Hängematte an, um dort nach dem Essen eine Zigarre zu rauchen, zu schaukeln und zuweilen auch einen kleinen *„Dusel"* zu halten. War der „Alte" nicht im Kontor, steckte er sich eine Zigarre an, las Lenaus „Faust" und trank Bier. Letzteres geschah mit Wissen von Chef Leupold, wie Friedrich Schwester Marie berichtete: *„Auf unserm Comptoir haben wir jetzt ein komplettes Bierlager, unterm Tisch, hinterm Ofen, hinter dem Schrank, überall stehen Bierflaschen, und wenn der Alte Durst hat, so borgt er uns eine ab ... die Gläser stehn* *den ganzen Tag auf dem Tisch, und eine Flasche daneben. Rechts in der Ecke stehn die leeren Flaschen, links die vollen Flaschen, daneben meine Zigarren. Es ist wirklich wahr, Marie, die Jugend wird immer schlechter, wie Dr. Hantschke sagt, wer hätte vor 20, 30 Jahren an solche schreckliche Botschaft gedacht, Bier auf dem Comptoir zu trinken?"* [27]

Trotz derartiger Liederlichkeiten gewann Friedrich Engels Einblick in die Kaufmannsgebräuche und eignete sich das nötige Wissen im Kaufmannswesen an, das ihn später zu einem herausragenden Fachmann in diesem Metier machte.

Friedrich fühlte sich im Leupold'schen Handelshaus und in seiner Gastfamilie wohl, aber es trieb den jungen Mann in seiner Freizeit aus dem Pfarrhaus hinaus ins städtische Leben. Mit seinem Freund Gustav Roth ging er in die „Union in Bremen", eine kaufmännische Vereinigung, in der er seit 1839 Mitglied war. In der „Union" trafen sich junge Kaufleute, um Vorträge zu hören, im Spielsaal sich dem Kartenspiel zu widmen und Zeitungen und Zeitschriften zu lesen, die zum Teil in anderen deutschen Staaten verboten waren. Friedrich vertiefte sich gerne in die vielen ausländischen Zeitungen, die dort auslagen. Dadurch habe er Türkisch und *„Japanesisch"* gelernt, schrieb er seiner Schwester und behauptete forsch, *„somit 25 Sprachen"* zu verstehen. Etwas übertrieben zu diesem Zeitpunkt, aber Friedrich Engels hatte ein außergewöhnliches Sprachtalent und lernte im Laufe seines Lebens zahlreiche Sprachen.

Zu seinen Abendvergnügungen gehörten Besuche im Bremer Theater, das er aber als *„schändlich schlecht"* beurteilte. Friedrich ging nach eigenem Bekunden nur dorthin, wenn eine gute Oper oder neue Stücke aufgeführt wurden, beispielsweise die „Zauberflöte" von Mozart und „Richard Savage" von Karl Gutzkow, dem Herausgeber des „Telegraph für Deutschland". Eine „Hamlet"-Aufführung fand er *„schauderhaft"*.

Tiefen Eindruck hatte bei ihm eine Aufführung von Beethovens fünfter Sinfonie in C-Moll hinterlassen. An seine Schwester Marie, die seine Liebe zur Musik teilte, schrieb er im März 1841: *„Das war gestern Abend eine Symphonie gewesen! ... Diese verzweiflungsvolle Zerrissenheit im ersten Satze, diese elegische Wehmut, diese weiche Liebesklage im Adagio, und dieser gewaltige, jugendliche Posaunenjubel der Freiheit im dritten und vierten Satze!"* [28] Friedrich Engels lebte mit der Musik – und versuchte sich im Komponieren von Chorälen. Marie schickte er eine Notenzeichnung sei-

Engels' Hausvater in Bremen, Pastor Treviranus

ner Vertonung von „Ein' feste Burg ist unser Gott," und klagte über die Schwierigkeit, die *„Accorde"* harmonisch zusammenzufügen und *„Takt und Kreuzer"* stimmig zu gestalten. Leichter fiel ihm das Singen. Er ging in die Bremer „Sing-Akademie" und erlebte beim Singen einen *„ungeheuren Genuß"*. Im Februar 1841 sang er mit seinem Chor den „Paulus" von Mendelssohn, *„das beste Oratorium, was seit Händels Tode geschrieben worden ist."* [29]

Friedrich machte in dem Chor nicht nur mit Singen Eindruck, wie er Schwester Marie im Februar 1841 verriet, sondern: *„In der Singacademie war ich der Einzige mit einem Schnurrbart, und ich hab mich immer über die Philister amüsirt, die sich gar nicht genug wunderten, daß ich die Frechheit haben konnte, so unrasirt in anständige Gesellschaft zu gehen. Den Damen hat's übrigens doch sehr gefallen, und meinem Alten auch. Gestern abend noch im Konzert standen sechs jugendliche Stutzer um mich herum, alle im Frack mit Glacéehandschuhen, ich stellte mich zwischen sie im gewöhnlichen Rock, ohne Handschuh. Die Kerls haben den ganzen Abend über mich und meine borstige Oberlippe glossirt. Das Schönste ist, vor einem Vierteljahr kannte mich kein Mensch hier, und jetzt kennt mich alle Welt, blos wegen dem Schnurrbart."* [30] Heinrich Leupold, sein Chef, duldete im Gegensatz zu anderen Lehrherren das Tragen eines Schnurrbartes, ein Zeichen von Toleranz. Friedrichs Gastvater vertrat hingegen die konventionelle Haltung, wie Friedrich schon bei seiner Ankunft in Bremen im Sommer 1838 erkennen musste. Aber er hatte sich dessen Anordnung widersetzt, wie er stolz Marie wissen ließ: *„Heute morgen kam ein Barbirer, und da wollte der Herr Pastor haben, ich sollte mich rasieren lassen, ich sähe ganz abscheulich aus. Aber das tue ich nicht. Der Vater hat gesagt, ich sollte mein Rasirmesser versigelt liegen lassen, bis ich sie gebrauchte und der Vater ist heute vor 14 Tagen abgereist, und in der Zeit kann mir der Bart doch so nicht gewachsen sein. Nun rasire ich mich auch nicht eher, als bis ich einen rabenschwarzen Schnurrbart habe."* [31]

Das Thema Schnurrbart bewegte Friedrich während seines Aufenthaltes in Bremen immer wieder. An Marie schrieb er, dass er mit anderen Lehrlingen einen *„Schnurrbartkommers"* gehabt habe, um die Philister zu *„perhorreszieren"*. Denn die Lehrherren, für ihn Spießbürger, verabscheuten Schnurrbärte und sähen im Tragen eines *„moustache"* eine *„burschenschaftliche Provokation."* [32] Für Friedrich war daher das Tragen

Friedrich in der Hängematte im Kontor des Geschäftshauses von Konsul Leupold

Selbstbildnis mit Schnurrbart (oben) und Selbstbildnis im Frack (links)

Zeichnungen von Friedrich Engels aus Bremen an Schwester Marie

eines Schnurrbarts ein Zeichen der Freiheit und ein Protest gegen die Philister. Bei ihrem Treffen, so an Marie, habe er *„folgende Gesundheit"* verkündet:

„Einen Schnurrbart trugen jeder Zeit,
Alle tapfern Männer weit und breit,
Und die fürs Vaterland schwangen das Schwert,
Trugen Alle schwarz' und braune Schnurrbärt'.
Drum sollen in diesen kriegerischen Tagen
Wir All' einen stolzen Schnurrbart tragen.
Die Philister freilich habens nicht gelitten
Und sich die Schnurrbärte weggeschnitten,
Wir aber sind keine Philister nicht,
Drum lassen wir wachsen den Schnurrbart dicht,
Hoch lebe jeder gute Christ,
Der mit einem Schnurrbart behaftet ist,
Und Alle Philister pereant,
Die die Schnurrbärt' haben verpönt und verbannt." [33]

Friedrich selbst trug inzwischen einen ungeheuren Schnurrbart, mit dem er die Familie überraschen wollte. Aber im Februar 1841 entfernte er ihn, was er sofort bereute. Er sehe ohne Bart wie ein Weib aus, klagte er bei Marie, was schändlich sei. Er beschloss sich wieder einen Bart wachsen zu lassen, denn ohne Schnurrbart könne er sich nirgendwo sehen lassen. Friedrich Engels trug einen Backen- und einen Schnurrbart bis zu seinem Lebensende.

Zu Friedrichs Freizeitvergnügungen gehörte körperliche Ertüchtigung; in seinen Jugendjahren scheint er daher selten krank gewesen zu sein. Seinen 20. Geburtstag allerdings verbrachte er mit *„Zahnschmerzen und einer dicken Backe welches mir infame Pein machte."* [34] Zum Ausgleich zu seiner meist sitzenden Tätigkeit am Schreibtisch im Kontor brauchte Friedrich Bewegung in der frischen Luft. Dazu gehörten Reitausflüge, im Sommer schwimmend die Weser zu durchqueren und im Winter Schlittschuh zu fahren. Um sich *„graziler"* zu bewegen, nahm er Tanzstunden. Und wie es sich für einen (Fast-) Studenten gehörte, trainierte er das Fechten mit dem Säbel und Degen und duellierte sich nach eigener Aussage zweimal.

Seine Abende verbrachte Friedrich gerne in geselliger Runde beim Essen und Trinken. Über ein Austernessen im Bremer Ratskeller schrieb er stolz an Marie, *„seine Gans": „Ich hab' acht Stück gegessen, mehr aber konnt' ich nicht, ich kann bis jetzt das Zeug nicht goutieren."*[35] Er wird sie mit Alkohol bis zur *„großen Knüllität"*, wie er einen Rausch nannte, hinuntergespült haben; *„knülle"*, also betrunken, war er des Öfteren. Wilhelm Graeber, einem ehemaligen Klassenkameraden, erzählte er von einem Abend im „Weinkeller", an dem er bei 2 Flaschen Bier und 2 1/2 Flaschen Rüdesheimer 1794ger mit einem Philister diskutiert habe. Philistern, für ihn *„grässlich abgemeßne Menschen"*, fühlte er sich haushoch überlegen und entsprechend gab er an: *„Solche Kerle disputir' ich sechs auf einmal todt, wenn ich auch halb knüll bin und sie nüchtern."*[36] Als er zu fortgeschrittener Stunde der Runde den Vorschlag machte zu singen, hätten alle gegen ihn beschlossen, sich zuerst zu stärken. *„Da fraßen sie Austern, ich aber rauchte ärgerlich drauflos, soff und brüllte, ohne mich an sie zu stören, bis ich in einen seligen Schlummer geriet"*[37], proletete er bei Wilhelm Graeber. Friedrich profilierte sich bei seinen Altersgenossen in Bremen durch seine Teilnahme an Freß- und Saufgelagen, wobei er sich einen *„studiosistischen Anhauch"* gab und *„geistig recht überheblich"* auftrat. Das imponierte, und nach eigener Aussage machte er sich auch in einem Bremer Disputierklub einen Namen *„als Kenner des Altertums, des Mittelalters und des modernen Lebens"*. Er sei den *„hiesigen Primanern"* im Disputieren so überlegen, dass er im „Bremer Redeverein" vortragen sollte.

Friedrich suchte in Bremen geistige Herausforderungen; er wollte nicht im Kaufmannsstand stehenbleiben. In der Bremer Leihbibliothek lieh er sich die neueste Literatur aus, die allerdings nur von der Zensur erlaubte Bücher in ihrem Bestand haben durfte. Schriften von systemkritischen Autoren, die auf dem Index standen, versuchte er in den Bremer Buchhandlungen zu erwerben. Diese unterstanden zwar auch der staatlichen Zensur, die allerdings nicht so rigoros wie in Preußen war. Engels konnte Bücher auftreiben, die in Preußen verboten waren, und seinen Freunden schicken, beispielsweise Börnes „Menzel, der Franzosenhasser". Die Schriften von Ludwig Börne und David Friedrich Strauß wurden für den jungen Kaufmannslehrling wegweisend. Nach der Lektüre von Strauß' „Das Leben Jesu" begann Friedrich sich kritisch mit dem Christentum auseinanderzusetzen. Auch die nach den Bundesge-

Briefträger: Herr Consul, ein Brief !
Consul: Aha! Gut.

Engels: Nichts für mich?
Briefträger: Nein.

Engels und Konsul Leupold im Kontor

Blick auf die Kirche St. Martini

setzen verbotene Verteidigungsschrift „Über meine Entlassung" von Jakob Grimm konnte er in Bremen kaufen. Grimm war 1837 als einer der 7 Göttinger Professoren von Herzog Ernst August von Hannover aus seinem Amt entlassen und des Landes verwiesen worden.

Friedrich wurde in Bremen zum Anhänger der *„Freiheit"* und der nationalen Einheit. Er begeisterte sich für die Farben der *„Freiheit"*. *„Schwarz-Rot und Gold, das sind die einzigen Farben, die ich leiden mag"*, behauptete er bei Marie und wünschte sich von ihr zu Weihnachten in diesen Farben eine neue Zigarrentasche. Er erhielt zwar ein solches Machwerk, aber nicht in den gewünschten Farben. Seine Hausmutter, Frau Treviranus, hingegen häkelte ihm einen schwarz-rot-goldenen Geldbeutel.

Schon in seiner Gymnasialzeit hatte Friedrich Gedichte geschrieben und dieser Leidenschaft ging er nachts heimlich in seiner Stube nach. Fern der Heimat und fern jeglicher Kontrolle wagte er einen weiteren Schritt und suchte nach einer Publikationsmöglichkeit für seine Gedichte. Mit Erfolg: Im „Bremischen Conversationsblatt" wurde anonym „Die Beduinen" veröffentlicht. In seinem Gedicht erzählte Engels von den *„Söhnen der Wüste"*, die einst stolz und frei gewesen seien, und nun für Geld stumm, nur vom Klagegesang eines der Ihren begleitet, auf der Bühne eines Theaters herumspringen. Sie sollten, rät ihnen Engels, wieder in ihr altes Leben in der Wüste zurückkehren, zu *„Raub"*, *„Kampf"* und der Geliebten. Das sei ihr Leben, nicht das in der Ferne; sie seien nur *„fremde Gäste"*, deren schlichtes Wüstenhemd nicht zu *„unserm Frack; Pariser Schnitt"* passe.

Im „Bremer Volksblatt" erschienen zwei weitere Gedichte unter seinem ersten Pseudonym Theodor Hildebrand. Über dieses Blatt ließ er sich voller Spott bei Bruder Hermann und Schwester Marie aus. Der Herausgeber sei ein *„großer Schafskopf"* und er dichte für diesen *„unter dem Namen Th. Hildebrandt"* nur Unsinn, den dieser ganz treuherzig abdrucke. Das Gedicht: „Die Bücherweisheit" schrieb er für Marie ab.

Friedrich Engels erkannte mit der Zeit, dass seine Begabung nicht im Lyrischen lag, sondern im Journalistischen. Seine ersten Beiträge schrieb er für den „Telegraph für Deutschland", das „Morgenblatt für gebildete Leser" und den „Deutschen Courier". Der Verleger Cotta wurde auf ihn aufmerksam und unterbreitete ihm im Juli 1840 das Angebot, aus der Hansestadt Bremen als Korrespondent für seine Zeitungen zu berichten – ein Ritterschlag für den noch nicht einmal Zwanzigjährigen. Die „Augsburger Allgemeine Zeitung" war mit einer Auflage von 10.000 Exemplaren eine der meistgelesenen Zeitungen in Deutschland. Friedrich nahm die Offerte an. Vielleicht las auch Karl Marx in Berlin die kritischen Artikel dieses Friedrich Oswald, wie sich Friedrich nannte, wenn er nicht anonym veröffentlichte.

Seine Beiträge waren inhaltlich sachkundig, faktenreich und recht ausgewogen und in munterem, bisweilen forsch-ironischem Stil geschrieben. Friedrich Engels war der geborene Feuilletonist. Sein Spektrum war breit gefächert: er befasste sich mit der neuesten deutschen Literatur und deren Vertretern, den Literaten Karl Beck, August von Platen, Karl Gutzkow, mit deutschen Volksbüchern, die den Landmann ergötzen sollten, wenn er abends müde von seinem harten Tageswerk nach Hause komme, und er versuchte sich an den in diesen Jahren so beliebten Reisebeschreibungen.

Als Korrespondent für Bremen kam er seinem Auftrag nach, die Öffentlichkeit über alles zu unterrichten, was in der Stadt aktuell war. Unter seinem Pseudonym Friedrich Oswald berichtete er im „Morgenblatt für gebildete Leser" über seine Konzertbesuche. Er fand in Bremen das Repertoire breit gefächert: Es standen Aufführungen der Werke von Klassikern wie Händel, Mozart, Beethoven und auch von Mendelssohn-Bartholdy auf dem Spielplan, aber er wünschte sich auch Aufführungen von Kompositionen Haydns, Bachs und Glucks. In anderen Beiträgen widmete er sich der Bedeutung der Eisenbahn und Telegraphie für die Wirtschaft und das Militär der Hansestadt. In einem 1840 erschienenen Bericht „Die Schraubendampfschifffahrt und ihre Anwendung auf eine Dampfschiffsverbindung zwischen Deutschland und Amerika" sah er die Zukunft in der „archimedischen Schraube" statt in den Schaufelrädern. Er plädierte für die Einrichtung einer direkten Schiffsverbindung zwischen Bremen und Amerika, ein Projekt, das große Gewinne für den investierenden Kapitalisten abwerfen würde. Die Direktlinie Bremen–USA wurde, wie von Engels vorausgesagt, nicht von den risikoscheuenden Bremer Reedern, sondern von amerikanischer Seite realisiert.

Zwei Publikationen von Friedrich Engels sorgten in seiner Bremer Zeit für großes Aufsehen. In den Ausgaben Nr. 49–52 im März und Nr. 57 und 59 im April 1839 veröffentlichte der „Telegraph für Deutschland" die „Briefe aus dem Wuppertal I und II" von einem anonymen Autor. Die Briefe machten *„Sensation"* und lösten, wie Friedrich von seinem Freund Wilhelm Blank erfuhr, in der Heimat einen *„rasenden Rumor"* aus. Umgehend vertraute er Wilhelm Graeber voller Stolz an: *„Ha,ha,ha! Weißt Du, wer den Aufsatz im „Telegraphen" gemacht hat? Schreiber dieses ist der Verfasser, aber ich rate Dir, nichts davon zu sagen, ich käm in höllische Schwulitäten."*[38] Er kam nicht in Schwierigkeiten, der Freund schwieg.

In seinem ersten Brief „Aus dem Wuppertal" prangerte der anonyme Autor die *„ökologische Verwüstung"*[39] der Natur durch die Industrialisierung an. Die einst so *„anmutige Gegend"* werde zunehmend durch rauchige Fabrikgebäude und garnbedeckte Bleichen verschandelt. Die türkischrote Farbe, die zum Färben von Textilien verwendet werde, färbe das Wasser der Wupper hochrot. Aber nicht nur die Natur, sondern auch die Menschen veränderten sich seiner Ansicht nach durch die Industrialisierung zum Negativen. In Barmen und Elberfeld gebe es kein *„frisches, tüchtiges Volksleben"* mehr, obwohl jeden Abend *„lustige Gesellen"* durch die Straßen zögen. Die allerdings sängen keine schönen Volkslieder, sondern grölten alkoholisiert die *„zotigsten Lieder"*. Die Kneipen, so der 19-Jährige, seien überfüllt und die Betrunkenen schliefen nach der Sperrstunde in den Chausseegräben ihren Rausch aus. *„Was von diesen Leuten dem Mystizismus nicht in die Hände gerät, verfällt dem Branntweintrinken"*[40], schlussfolgerte Friedrich. Die Verrohung der Männer sei auf ihre Arbeit in niedrigen Räumen zurückzuführen, in denen es mehr Kohlendampf und Staub als Sauerstoff gebe, und diese Arbeitsumstände machten die Arbeiter krank. Es herrsche, so sein Fazit, ein schreckliches Elend in den niederen Klassen. Die Fabrikarbeiter und ihre Familien würden verkommen. Nur die Hälfte der Heranwachsenden besuche die Schule, weil sie arbeiten müsste, um mit ihrer kargen Entlohnung zum Unterhalt der Familie beizutragen. Doch das rühre die *„Pietistenseele der reichen Fabrikanten"* nicht. Diese verteilten zwar Almosen, aber diese Gesten dienten ausschließlich der Befriedigung ihrer Selbstliebe.

Friedrich Engels hatte kein Problem mit dem Pietismus an sich, aber der in Barmen praktizierte Pietismus war aus seiner Sicht theologisch und sozial intolerant, war in Orthodoxie erstarrt und zur Konvention verflacht. Die anspruchsvollen Ideale des Pietismus würden nicht in der Realität durchgesetzt – und diesen Widerspruch prangerte er an. Als Beispiele nannte er, dass Romane, auch solche mit christlichem Inhalt, als gottlose Bücher verworfen, Konzertbesuche abgelehnt würden und Lutheraner und Rationalisten prinzipiell verdächtig seien.

In seinem zweiten Brief „Aus dem Wuppertal" setzte sich Engels insbesondere mit dem Einfluss des Pietismus auf das Schulsystem auseinander. Als Beispiele dienten ihm die Barmer Stadtschule und das Gymnasium in Elberfeld; beide Anstalten hatte er besucht. Das Bildungsangebot, so führte er aus, leide unter den pietistischen Einflüssen und der Unwissenheit der Verantwortlichen in den Kuratorien. So würde das zuständige Kuratorium sich bei der Besetzung des Lehrpersonals eher für einen *„reformierten Stümper als einen tüchtigen Lutheraner oder gar Katholiken"* entscheiden. Dennoch gebe es einige fähige Lehrer an dem Gymnasium wie Dr. Hantschke und Dr. Clemens, der seine Schüler für Literatur und Geschichte begeistere.

Das Nicht-Erkennen geistiger Kapazität und pädagogischer Kompetenz lasse sich schon damit erklären, dass in Barmen ein Mann als gebildet angesehen werde, der Whist und Billard spielen, etwas politisieren und ein gewandtes Kompliment machen könne – und rauche. Bevorzugter Konversationsstoff seien in Barmen die Pferde und in Elberfeld die Hunde, über moderne Literatur wie die „Reisebilder" von Heine oder die Gedichte von Ferdinand Freiligrath spreche höchstens der „grüne Adel", das junge Kaufmannsvolk, zu dem auch Friedrich gehörte.

Die wichtigste Eigenschaft eines Pietisten in Barmen, so Engels, sei der Geschäftssinn, der eine Gabe Gottes sei, und der zu materiellem Gewinn führen solle, auf dem Gottes Gnade liege; Genuss und Lebensfreude seien fast Sünden. Noch Jahrzehnte später prangerte er die Verlogenheit der Pietisten in seiner Heimat an: *„Wir philiströsen Wuppertaler, für uns war Düsseldorf immer ein Klein-Paris, wo sich die frommen Herren von Barmen und Elberfeld ihre Mätressen hielten, ins Theater gingen, sich königlich amüsierten ... Aber wo man seine reaktionäre Familie sitzen hat, ist's immer bleierner Himmel."* [41]

Zu den engstirnigen, gewinnorientierten Pietisten, die Friedrich in seinen Briefen kritisierte, gehörte für ihn auch sein Vater. Friedrich Engels sen. entsprach allerdings nicht dem Klischee des geistig bornierten, devot gläubigen Pietisten, denn er war durch seine Reisen sehr viel weltoffener als der Sohn wahrhaben wollte. Unterwegs besuchte er Theateraufführungen und zuhause veranstaltete er Kammermusikabende. Er war ein aktiver, lebensfreudiger Mann mit einem scharfen, kritischen Verstand und ein liebender Ehemann und Vater, wie die Briefe an seine Frau dokumentieren. Und: Vom Vater erbte Friedrich jun. den ausgeprägten Geschäftssinn und die Gabe, sein Geld zu vermehren.

Die aufgeregte Reaktion im Wuppertal, dem *„Muckertal"*, auf seine beiden Berichte erfreuten den jungen Autor, der sich gegen jegliche Kritik gewappnet sah, weil er wusste, dass er nichts erfunden hatte und alles belegen konnte. Von seinen Freunden forderte er Bewunderung für die Charakterisierung der auch ihnen bestens bekannten Personen. Nur seinen *„Styl"* fand er *„hundeschlecht"*; er wolle sich, wie er Wilhelm Graeber schrieb, den modernen Stil eines Börne aneignen, der sich auszeichne durch *„gedrungene Kürze und Prägnanz, die mit Einem Worte den Gegenstand trifft, abwechselnd mit der epischen, ruhigen Ausmalung; einfache Sprache, abwechselnd mit schimmernden Bildern und glänzenden Witzfunken."* [42]

Für große Aufregung in Bremen sorgten Anfang 1841 Friedrichs Artikel zum sogenannten Bremer Kirchenstreit, die im Januar im „Morgenblatt für gebildete Leser" mit dem Namenskürzel F.O.* erschienen und von anderen Blättern nachgedruckt wurden. Er berichtete über eine Auseinandersetzung zwischen Pietisten und Rationalisten, in der es um die grundlegende Frage ging, ob der Gläubige den Inhalt der Bibel kritiklos übernehmen müsse oder ob eine Exegese der Bibel erlaubt sei. Friedrich erzürnte die Rationalisten durch seinen, wie diese meinten, *„mit wahrer Bosheit abgefaßten Artikel"*. Der Beitrag führte zu einem wütenden Kommentar eines Dr. Grabenhorst, hinter dem sich der von Friedrich Engels erwähnte Pastor Dr. Paniel verbarg. Paniel alias Grabenhorst fand heraus, dass der Verfasser ein *„kaum zwanzigjähriger Handlungsdiener Namens Engels"* sei, ein *„frecher Junge"*, ein *„elendes Werkzeug"* der *„Pietisten"*. Der empörte Paniel ereiferte sich: *„Da der wegen seiner*

* Friedrich Oswald

Anmaßung in den niedern Kreisen, in denen er sich seiner äußeren Stellung nach herumtreiben muß, schon früher übelbemerkte Junge schreiblustig ist, den Schöngeist spielt und Geld für seine Ausschweifungen bedarf"[43], habe er sich freiwillig mit den Pietisten Treviranus und Krummacher eingelassen und verbreite Gift gegen alle Nichtpietisten. Paniel weiter: „*Was die hiesigen pietistischen Pastoren wohl hätten voraussehen können, geschah – dieser Engels, der nichts weiter als ein ungezogener Junge ist, plauderte selber, rühmte sich, daß er für die Aufsätze in dieser Sache 48fl. erhalten habe und Ähnliches, was ihn, auf den freilich Niemand verfallen wäre, selber verrieth und die gänzliche Entdeckung herbeiführte. Die Folge davon war, daß dieser Engels es nicht mehr für gerathen findet, noch länger hier zu bleiben, wo er einer empfindlichen und ihn für das ganze Leben ersprießlichen Züchtigung, nicht entgehen könnte. Er wird daher so bald als thunlich in einigen Wochen abreisen.*"[44]

Paniel beschwerte sich aus Sorge um seinen guten Ruf und seine Existenz bei dem Redakteur des „Morgenblatts für gebildete Leser", Hermann Hauff, über den „*verderblichen Artikel ihres unreifen Correspondenten*" und fragte besorgt: „*Wirkt also ein solcher Artikel nicht noch weit schlimmer als der Dolch eines Banditen?*"[45] Eine derartige Kritik werde in Baden durch ein Injuriengesetz mit Korrektionsstrafe belegt. Friedrich dürfte sich über die Zuordnung zu den Pietisten eher amüsiert haben, denn er war kein Pietist, eher Rationalist. Allerdings lehnte er die „*unglückliche Halbheit*" des Bremer Rationalismus ab, der zwar die Vernunft pries, sich aber nicht vom Offenbarungsglauben lösen konnte. Nicht nur Paniel, auch andere in Bremen fühlten sich betroffen, als sie Engels' Darstellung über die kirchlichen Streitigkeiten in ihrer Stadt lasen. Im „Bremischen Magazin für evangelische Wahrheit, gegenüber dem modernen Pietismus" schrieb ein Dr. Weber von dem „*vorlauten Ladenbürschchen*", dem „*unbärtigen Knaben*", dem „*würdigen Adoptivsohn eines abgefeimten alttruskischen Haruspex*", der „*alt*" und „*begierig*" sei. Diese Vorwürfe waren gegen Friedrichs Hausvater, Pastor Treviranus, gerichtet, der schockiert an seinen Freund Johann Hinrich Wichern, den Sozialreformer, Begründer der Inneren Mission der Evangelischen Kirche und Erfinder des Adventskranzes, schrieb, dass sein „*Friedrich Engels*", wie er erst jetzt gehört habe, „*als Verfasser religionskritischer Artikel hervorgetreten sei*". Friedrich Engels hatte den freundlichen, gutgläubigen Pastor und dessen Familie nicht in Schwierigkeiten bringen wollen. Aber nachdem seine Eltern erfahren hatten, dass ihr Sohn der Verfasser dieser anonym publizierten Artikel war, warfen sie dem Pastor bei dessen Besuch im Sommer bei seinem Freund Snethlage in Barmen vor, seiner Aufsichtspflicht über ihren minderjährigen Sohn nicht nachgekommen zu sein. Mitte Oktober schien die Sache noch nicht abgeschlossen; denn Treviranus klagte bei Wichern: *„Übrigens fielen wieder allerlei Dinge vor, die ich nicht wieder erzählen darf; ich habe mich aber so geärgert, daß ich krampfhaft kalte Hände und Füße hatte und noch gestern gefühlt habe, wie tief diese Gemüthsbewegung gegangen ist."*[46] Es kam noch schlimmer, Treviranus an Wichern: *„Am Sonntag predigte ich, ich sollte eine Taufe halten, empfing noch unerwarteten Besuch von Herrn Engels aus Barmen."*[47] Engels sen. muss die Angelegenheit nochmals in einem persönlichen Gespräch mit dem Pastor zur Sprache gebracht haben. Treviranus war tief enttäuscht von seinem ehemaligen Schützling. In seinem Hause war Friedrich Engels nicht nur zum Schnurrbartträger, sondern auch zum „radikalen Publizisten" – und zum Religionskritiker geworden. Seine Artikel zum „Bremer Kirchenstreit" dokumentieren seine Hinwendung zum Hegelialismus; denn wie er selbst in einer Entgegnung auf seine Kritiker bezeugte, sei die Triebfeder für seine Auseinandersetzung in diesem Streit einzig und allein *„der Geist, der jene Korrespondenzen diktirte, kein anderer, als der Geist Hegels und Straußens …"*[48] gewesen. Karl Marx wird nur wenige Jahre später in der Einleitung „Zur Kritik der Hegelschen Rechtsphilosophie" schreiben: *„Die Kritik der Religion ist die Voraussetzung aller Kritik"*. Diesen Weg schlug Friedrich Engels in Bremen ein.

Es verwundert nicht, dass Friedrichs zunehmend rebellische Geisteshaltung zur endgültigen Abnabelung von seinem Elternhaus führte. *„Die Alten schimpfen entsetzlich über die Jugend, und es ist wahr, sie ist sehr unfolgsam; lasst sie aber nur ihre eigenen Wege gehen, sie wird sich schon zurechtfinden, und die sich verirren, sind selbst dran schuld. Denn wir haben einen Prüfstein für die Jugend an der neuen Philosophie … Wer sich scheut vor dem dichten Wald, in dem der Palast der Idee steht, wer sich nicht durchhaut mit dem Schwerte und küssend die schlafende Königstochter weckt, … der mag hingehen, Landpastor, Kaufmann, Assessor … werden, ein Weib nehmen, Kinder zeugen in aller Gottseligkeit und Ehrbarkeit"*[49], verkündete der junge Philosoph selbstbewusst. Er war entschlossen, durch den dichten Wald zum

Palast der Ideen vorzudringen und „küssend die schlafende Königstochter" zu wecken.

Nach anfänglicher Freude über die Weltoffenheit der Bremer Bürger empfand Friedrich das Leben in der Stadt mit der Zeit immer öder. Es erfüllte ihn nicht, nur zu *„ochsen, essen, trinken und schlafen"*. Daher kam es ihm gelegen, die Hansestadt zu verlassen. Seiner Schwester Marie kündigte er Mitte März 1841 frohgemut seine Abreise aus Bremen und eine Reise mit dem Vater im Mai von Barmen aus nach Italien an. Damit scheint seine Rückkehr in die Heimat nicht überstürzt erfolgt zu sein, obwohl seine dreijährige Lehrzeit erst im Sommer des Jahres zu Ende gewesen wäre und kein Abschlusszeugnis seines Lehrherrn Leupold vorliegt. Es ist möglich, dass die Eltern den Sohn aus Sorge um dessen Sicherheit zurückbeorderten, nachdem sie erfahren hatten, dass Friedrich zwei Duelle im Januar und Februar 1841 gehabt hatte. *„Zwei Duelle hab ich hier in den letzten vier Wochen gehabt, der Erste hat revociert, nämlich den dummen Jungen, den er mir nachdem ich ihn geohrfeigt, aufbrummte, und hat die Ohrfeige noch ungesühnt sitzen; mit dem zweiten hab ich mich gestern geschlagen und ihm einen famosen Abschiß über die Stirn beigebracht, so recht von Oben herunter, eine ausgezeichnete Prime"*[50], gab Friedrich stolz in einem Brief bei seinem ehemaligen Schulkameraden Friedrich Graeber an. Die Duelle dürften sehr wahrscheinlich in Zusammenhang mit den Drohungen gegen Engels wegen seiner Artikel im Kirchenstreit gestanden haben. Denn, wie auch immer die Fronten zwischen den Gläubigen verliefen, in Bremen herrschte Konsens, dass eine Auseinandersetzung in ihrer Stadt über den rechten Glauben eine interne Angelegenheit war und in überregionalen Zeitungen nichts zu suchen hatte.

Gewissenskonflikt: Briefe an Friedrich und Wilhelm Graeber

Friedrich Engels durchlief zwischen seinem 17. und 20. Lebensjahr in Bremen eine geistige, religiöse, politische und schriftstellerische Entwicklung, die sich auf sein ganzes späteres Leben auswirkte. Aus einer zutiefst gläubigen Familie stammend und bei einem Erweckungsprediger in Bremen wohnend, begann er sich intensiv mit Religion und Philosophie auseinanderzusetzen. Erste Zweifel waren ihm schon vor seiner Konfirmation gekommen, als er spürte, dass er nicht so unreflektiert gläubig sein konnte wie sein Umfeld.

In Bremen begann für Friedrich ein langer, fast quälender Prozess um die „rechte Gläubigkeit". Mit wem konnte der 18-Jährige über sein Ringen, seinen inneren Kampf sprechen? Bei wem konnte er auf Verständnis hoffen? Wem konnte er unbedingt vertrauen? Es waren seine alten Klassenkameraden Gustav Wurm, Peter Jonghaus, Friedrich Plümacher und Wilhelm und Friedrich Graeber, mit denen er in brieflichem Kontakt stand. Allerdings sind nur Friedrichs Briefe an die Brüder Graeber überliefert. Das ist bedauerlich, denn Friedrich fühlte sich in seiner Schreibkunst den anderen unterlegen, sprach davon, er könne nicht mit so viel Witz wie diese schreiben. Aber er strengte sich an, übertrieb und phantasierte, betrachtete alles von hoher geistiger Warte aus und ließ seine Sprachkenntnisse in Latein, Englisch, Italienisch, Spanisch, Portugiesisch, Französisch und Holländisch einfließen.

Der erste erhaltene Brief von Engels an die beiden Theologiestudenten Friedrich und Wilhelm Graeber war ein Antwortschreiben, das er *„mit drei Flaschen Bier im Leibe"* im September 1838 während seiner Arbeitszeit schrieb. Mit jugendlich markigen Worten wie *„Potz Donnerwetter"*, *„o je o je o je Jammer und Elend"* leitete er eine recht belanglose Abhandlung zur „bildenden Kunst" ein. Ausführlicher und substantieller fiel sein zweites *„skriptum"* aus, das auch eine Abschrift seines ersten im „Bremischen Conversationsblatt" abgedruckten Gedichtes *„Die Beduinen"* enthielt. Dabei monierte Friedrich den sinnentstellenden Schluss, den die Redaktion vorgenommen hatte. Trotz dieses ersten Erfolges, und obwohl er von seinen Freunden viel Lob für seine Gedichte erhalten hatte, zweifelte Friedrich an seiner dichterischen Begabung, nachdem er Goethes Aufsatz „Ein Wort für junge Dichter" gelesen hatte. Goethe sah nur den als Dichter an, der das ansprach, was lebe und fortwirke. Ein junger Dichter solle allen Widergeist, alles Misswollen, Missreden beseitigen und sich klarmachen, dass poetischer Gehalt nur Gehalt des eigenen Lebens sei. Engels hatte durchaus Begabung zum Dichten, aber sein Gespür täuschte ihn nicht: Ein großer Lyriker würde er nicht werden und zum Dramatiker war er auch nicht geboren. Das zeigte sich auch an dem Gedicht „Florida", das nicht misslungen, aber auch nicht überragend ist. Zu seinen Dichtungen meinte er selbst: *„Daß meine Poemata einen reißenden Abgang haben werden, ist zu bezweifeln, aber daß sie einen scheißenden Abgang haben werden, ist eher möglich, denn sie gehen in Makulatur und Arschwische über.“* [51]

Von den Brüdern Graeber, die seit dem Wintersemester 1838 an der Universität Berlin Theologie studierten, erhoffte sich Friedrich eine erhellende Debatte über seine Zweifel an den Glaubensvorschriften für einen Christenmenschen. Er teilte die Ansicht, dass seine Heimat Barmen und Elberfeld wie auch Bremen nicht zu Unrecht als *„obskur“* und *„mystisch“* galten, da dort jeder *„Aufschwung des Geistes“* durch die strenge vorgeschriebene Gläubigkeit und die schwärmerische Frömmigkeit verhindert werde. Er selbst sah sich nach neun Monaten Aufenthalt in Bremen an einem Wendepunkt: *„Na, ein Pietist bin ich nie gewesen, ein Mystiker eine Zeitlang … jetzt bin ich ein ehrlicher, gegen Andre sehr liberaler Supernaturalist. Wie lange ich das bleibe, weiß ich nicht, doch hoffe ich es zu bleiben, wenn auch bald mehr, bald weniger zum Rationalismus hinneigend. Das muß sich Alles entscheiden.“* [52] Wenig später hatte er für sich entschieden: *„Also ich muß ein Junger Deutscher werden, oder vielmehr ich bin es schon mit Leib und Seele. Ich kann des nachts nicht schlafen vor lauter Ideen des Jahrhunderts, und blicke ich auf ein preußisches Wappen, packt mich der Geist der Freiheit.“* [53] Noch hatte Friedrich unausgereifte Ansichten, aber ab Mitte 1839 beschäftigte sich der „Junge Deutsche“ *„sehr mit Philosophie und kritischer Theologie. Wenn man 18 Jahre alt wird, Strauß, die Rationalisten und die Kirchen-Zeitung kennenlernt, so muß man entweder Alles ohne Gedanken lesen, oder anfangen, an seinem Wupperthaler Glauben zu zweifeln. Ich begreife nicht, wie die orthodoxen Prediger so orthodox sein können, da sich doch offenbare Widersprüche in der Bibel finden.“* [54] Sein Fazit dieser Ungereimtheiten: *„Christi ipsissima verba, worauf die Orthodoxen pochen, lauten in jedem Evangelium anders.“* [55] Aber, und diese Frage trieb ihn zunehmend um, sollte *„ein Rationalist, der von ganzem Herzen das Gute, so viel wie möglich zu thun sucht, ewig verdammt werden?“* [56] Er sprach von sich selbst, denn er hatte doch gerade mit seinen „Briefen aus dem Wuppertal“ einen Beweis gegeben, dass er ein Rationalist war.

Angesichts des Erfolges seiner „Briefe aus dem Wupperthal“, glaubte Friedrich wieder an sein Schreibtalent und behauptete, er werde *„Stadtpoet von Barmen“*. Als Beleg für seine schriftstellerische Produktivität ließ er den Brüdern eine Abschrift der Einleitung und der Satirica aus seiner *„Tragikomödie“* „Der gehörnte Siegfried“ zukommen. In der einzig erhaltenen Szene des Fragments legte Friedrich einen Vater-Sohn-Konflikt an, der an seine eigene Situtaion erinnerte: auf der einen Seite der übermütige, kampfeslustige und freiheitsliebende 18-jährige Siegfried, der sich in der Welt beweisen will, auf der anderen Seite König Sieghard, der von dem Thronfolger Vernunft und Weisheit fordert. Der Konflikt wird zur Zufriedenheit des Sohnes gelöst: Der Vater schenkt ihm ein Pferd und ein Schwert und erlaubt ihm, sich frei wie ein *„Wildstrom“* fortzubewegen.

In der Satirica schilderte Friedrich eine Begegnung zwischen Professor Leo, der die Bibel verteidigt, und Professor Michelet, einem freigeistigen „Hegeling“. Statt dass die beiden ihre Auseinandersetzung um den rechten Glauben friedlich mit Worten austragen, werfen sie sich Bücher an die Ohren. Held Siegfried fordert daraufhin die beiden Streithähne zu einem zivilisierten Miteinander, zu Toleranz auf. Siegfried zu Leo:

„Laß ihn doch auf seine Art gewähren,
Steht es Dir doch frei, was Andres zu lehren!
Und laß nicht unsern Herrgott entgelten,
Dein blindes Toben, Dein tolles Schelten!“ [57]

Noch hegte der 18-jährige Friedrich den Wunsch, sich mit Novellen und Gedichten *„ein Denkmal des Ruhmes auszuarbeiten“*, sofern es die Zensur nicht verhindere. *„Es gährt und kocht in meiner Brust ... ich sehne mich einen großen Gedanken zu finden ... ein großartiger Stoff ... ringt sich in meinem Geiste empor.“* [58] Er wolle sich *„drei Typen der geahnten Geistesfreiheit“* zuwenden: dem ewigen Juden, dem wilden Jäger und Faust, den er nicht als Egoisten, sondern als sich für die Menschheit aufopfernd darstellen wolle. Der großartige Stoff wurde nicht zu Papier gebracht.

Neben der Literatur blieb die Religion ein Thema. Friedrich hatte zunehmend Probleme damit, den von den Eltern vorgelebten unbedingten Glauben an die Bibel zu akzeptieren. Zu Friedrich Graeber: *„Ich will Dir nur grade heraussagen, daß ich jetzt dahin gekommen bin, nur die Lehre für göttlich zu halten, die vor der Vernunft bestehen kann. Wer gibt uns das Recht, der Bibel blindlings zu glauben? Nur die Autorität derer, die es vor uns* *gethan haben … Und wir sollen … unsrer Vernunft zuwider, glauben, blos weil unsre Eltern es uns sagen?"* [59] Das konnte aus seiner Sicht nicht der wahre Glaube sein. Friedrich geriet in eine Sinnkrise, weil er nicht so glauben konnte, wie er meinte, dass er glauben müsse. Er hatte eine geistige Entwicklung gemacht, die ihm die Rückkehr zur vorgeschriebenen, einengenden, nicht hinterfragenden Gläubigkeit unmöglich machte. *„Aber, wo sich Einer hochmüthig über das positive Christenthum hinwegsetzt, da vertheidige ich diese Lehre, die ja vom tiefsten Bedürfniß der menschlichen Natur, dem Sehnen nach Erlösung von der Sünde durch die Gnade Gottes ausgeht; wo es aber darauf ankommt, die Freiheit der Vernunft zu verteidigen, da protestire ich gegen allen Zwang. – Ich hoffe, eine radikale Veränderung im religiösen Bewußtsein der Welt zu erleben; – wäre ich nur erst selbst im Klaren! Doch das soll schon kommen, wenn ich nur Zeit habe, mich ruhig und ungestört zu entwickeln. Der Mensch ist frei geboren, ist frei"* [60], versicherte der *„treue Freund"* Friedrich am Schluss seines Briefes.

Wochen später stellte Friedrich bei *„Fritzo Graebero"* klar, dass er ihm seine Fragen, die nicht überliefert sind, nicht mehr in dieser Form hingeworfen hätte. Er hatte sich in der Zwischenzeit mit der Lehre des Theologen Friedrich Schleiermacher beschäftigt, dessen Ausführungen ihn tief beeindruckten, weil dieser ein *„vernünftiges Christenthum"* entworfen habe. *„Hätte ich diese Lehre gekannt, ich wäre nie Rationalist geworden, aber wo hört man so was in unserem Muckerthale? Ich habe eine rasende Wuth auf diese Wirtschaft, ich will mit dem Pietismus und dem Buchstabenglauben kämpfen, solang ich kann … Ich begreife nicht, wie man noch versuchen kann, den wörtlichen Glauben an die Bibel zu halten, oder die unmittelbare Einwirkung Gottes zu vertheidigen, da sie sich doch nirgends beweisen läßt"* [61], schrieb er. Für sich stellte er fest: *„Meine Religion war und ist stiller, seliger Friede, daß Gott ihn mir nehmen sollte, das habe ich keinen Grund zu glauben. Und doch steht geschrieben: Suchet, so werdet Ihr finden. Wer ist unter Euch, der seinem Kinde, das ihn um Brot bittet, einen Stein biete. Wie viel mehr Euer Vater im Himmel. Die Thränen kommen mir in die Augen, indem ich dies schreibe: aber ich fühle es, ich werde nicht verloren gehen, ich werde zu Gott kommen, zu dem mich mein ganzes Herz sehnt."* [62]

Friedrich entfernte sich Schritt für Schritt vom Glauben seines Umfelds, kein leichter Prozess. Er gestand Friedrich Graeber, nicht so ruhig im Glauben zu stehen wie dieser, sondern er ringe mit sich. Aber er könne sagen, *„daß mir Gottes Geist Zeugniß gibt, daß ich ein Kind Gottes bin."*[63] Das war seine Schlussfolgerung auf die Antworten des Freundes auf seine Fragen, die nicht im Wortlaut vorliegen. Noch hoffte er: *„Wenn Du thätest, was in der Bibel steht, so dürftest Du gar nicht mit mir umgehen. Im zweiten Brief Johannes (wenn ich nicht irre) steht, man solle den Ungläubigen nicht grüßen, nicht einmal Sei gegrüßt sagen. ... Ihr tut aber lange nicht Alles, was in der Bibel steht."*[64] Er forderte den Freund auf, sich nicht gegen die Zweifelnden zu *„verblenden"*, weil Religion ausschließlich eine Sache des Herzens sei. Der Mensch könne nicht durch Verstand und Vernunft, sondern nur mit dem Herzen fromm sein.

Nicht nur in Glaubensfragen, auch politisch radikalisierte sich Friedrich Engels in seiner Bremer Zeit. In seinem Gedicht „Deutsche Julitage 1839", das er Friedrich Gräber schickte, widmete er sich der Revolution von 1830. Er sei auf der Weser gewesen und das Schwanken des Bootes auf den hohen Wellen des Flusses habe ihn an das Wanken der fürstlichen und königlichen Throne in Deutschland erinnert und an die, die auf den Thronen säßen. Er erwähnte das betrogene deutsche Volk, das Napoleon I., den *„kühnen Eroberer",* besiegt, aus Deutschland verjagt habe und den deutschen Herrschern die Kronen gerettet hätte. Diese hätten ihre dem Volk in der höchsten Not gemachten Zugeständnisse sofort zurückgenommen, nachdem sie wieder fest auf ihren Thronen gesessen hätten. Friedrich, der revolutionäre, republikanische Demokrat, verachtete Monarchien und war überzeugt, dass man mit Sanftmut nichts ausrichten könne, sondern dass nur *„mit dem Schwert diese Zwerge – Servilismus, Aristokratenwirthschaft, Censur etc."* weggejagt werden könnten.

Für das Elberfelder Literaturkränzchen legte Friedrich einige Machwerke bei. Ein Gedicht des Kaufmannlehrlings ist besonders gelungen:

„Impromptu gegen die Geizigen
Was feßelt den Geiz, was beuget die Seele?
Was hemmet den Pulsschlag erglühender Lust?
Was enget die hochaufjauchzende Kehle?
Was schnüret zusammen die schwellende Brust?
So hört's denn, ihr Freunde, im traurigen Kreise,
Vernehmet denn laut die traurige Weise:
Das Geld ist's, das schnöde verächtliche Geld,

Ja Geld, Geld, schreit die prosaische Welt.
Die alten Lateiner, die nannten's mit Recht
pecunia, wahrlich, ihr Freunde, nicht schlecht
Denn pecus, das wißt ihr, das heißet das Vieh;
Da keimet das Gute, das Edlere nie."[65]

Nach der Lektüre des Buches „Das Leben Jesu" des Theologen und Philosophen David Friedrich Strauß ließ Friedrich im Oktober 1839 seinen Briefpartner Wilhelm Graeber, den *„O Wilhelm, Wilhelm, Wilhelm!"*, wissen, er sei nun *„ein begeisterter Straußianer"*. Er, der *„armselige Poet"*, verkrieche sich unter den Fittichen dieses Genies und er habe nun endlich die Waffen in der Hand, *„um sie zu kloppen"*, d.h. Wilhelm und Friedrich Graebers Argumenten entgegenzutreten. *„Wenn Ihr den Strauß widerlegen könnt – eh bien, dann werd' ich wieder Pietist"*[66], forderte er ihn heraus.

Friedrich Engels' Glaube an die Bibel nahm stetig ab. Diese Veränderung wurde ihm bewusst, als er spürte, dass seine Freunde seine Zweifel immer weniger nachvollziehen konnten. Aber er hatte das Bedürfnis, sich mit ihnen auszutauschen, wollte sich, wie er Friedrich Graeber schrieb, *„in aller Freundschaft herumbalgen"*, wie in früheren Zeiten. Er hoffte auf ihr Verständnis, obwohl *„Eure orthodoxe Psychologie muß mich nothwendig unter die stärksten verstockten rangiren, besonders da ich jetzt ganz und gar verloren bin."*[67] Wieder verwies er auf David Strauß, dessen Ansichten nicht zu widerlegen seien, weshalb alle Pietisten wütend auf dieses Genie reagieren würden.

Die Theologen Graeber registrierten, wie Friedrichs Reaktion in seinen Briefen zeigt, den Glaubenskonflikt des Freundes, und wir können davon ausgehen, dass sie den aus ihrer Sicht „Verirrten" wieder „auf den rechten Pfad" zurückführen wollten. Friedrich Graeber muss seinen ehemaligen Schulkameraden aufgefordert haben, zum Christentum zurückzukehren, worauf dieser fast fassungslos reagierte: *„Pro primo ist mir ridikül, daß ich Dir nicht mehr für einen Christen gelte und pro secundo, daß Du meinst, wer einmal um des Begriffs willen das Vorstellungsmäßige der Orthodoxie abgestreift hat, könne sich wieder in diese Zwangsjacke begeben"*, und fügte an: *„Ich bin nämlich auf dem Punkte, ein Hegelianer zu werden."*[68] Zum Schluss seiner seitenlangen Ausführungen verkündete Friedrich fast provozierend: *„Jetzt will ich Hegel studieren bei einem Glas Punsch."*[69] Aus dem Anhänger des Jungen Deutschland war ein Junghegelianer geworden, mit dem Ziel: *„Ich will mit dem Pietismus und dem Buchstabenglauben kämpfen, solang ich kann."*[70] Die Philosophie wurde für ihn *„zur Seele aller Wissenschaft"* und er fühlte, dass ein Bruch der Freundschaft mit den Graeber-Brüdern drohte, weil diese als Theologen sein Ringen um den Glauben und seine Neigung zu Börne, Strauß und Hegel nicht nachvollziehen konnten. Noch war er guten Willens, lenkte ein. *„Ich gesteh Dir, keine große Lust zur Fortsetzung des theologischen Disputs zu haben. Man versteht sich gegenseitig miß und hat bei der Beantwortung seine ipsissima verba, auf die es ankommt, längst vergessen, und kommt so zu keinem Ziele"*[71], gab er um die Jahreswende 1839/1840 zu. Selbstkritisch fügte er an, dass er sich von einer Vorstellung, die er zuvor vertreten habe, losgemacht habe, und doch sei er *„auf den strikten Weg zum Hegeltum gekommen"*.

Immer wieder wechselte Friedrich in der Hoffnung auf Konsens, und um die Toleranz der Freunde Graeber in Glaubensangelegenheiten nicht über Gebühr zu strapazieren, zu politischen Themen. Er ereiferte sich über einen Bericht des Deutschen Bundes zu den *„Demagogenumtrieben"* in den deutschen Staaten. Die *„verfluchten Behörden"* tischten dem deutschen Volke *„kostbare Lügen"* auf, indem sie von *„gerechten Urteilen"* durch *„rechtmäßige Richter"* gegen *„politische Verbrecher"* sprächen. Er verwies auf das Buch „Preußen und Preußenthum" von Jakob Venedey, das in Preußen nach seinem Erscheinen sofort verboten wurde, aber in Bremen erhältlich war. In Preußen, so zitierte Engels, würden die Geldaristokratie und die absolutistische Herrschaft nur durch die *„Unterdrückung der politischen Intelligenz, Verdummung der Volksmehrzahl, Benutzung der Religion, glänzendes Außenwesen, Renommisterei ohne Gränzen, und de(n) Schein, als begünstige man die Intelligenz"*[72] aufrechterhalten.

Die preußischen Könige waren für Friedrich Engels bevorzugte Objekte seiner Kritik. Bei seinen Freunden wagte er gegen den preußischen König Friedrich Wilhelm III. in einer Weise zu wettern, die ihm größte Schwierigkeiten eingebracht hätte, wenn seine Worte publik geworden wären. Der König, schrieb er im Dezember 1839 an Friedrich Graeber, habe 1815 in einer Cabinettsordre seinen Untertanen versprochen, *„wenn sie ihn aus den Schwulitäten rissen, sollten sie eine Constitution haben"*. Friedrich Wilhelm III, dieser *„lumpige, hundsföttische, gottverfluchte*

König, … unsre majestätische Rotznase", hätte, nachdem das Volk ihm seinen Thron gerettet hatte, alle Versprechungen vergessen. Er hasse diesen König, gegen den Napoleon ein Engel gewesen sei und der König von Hannover ein Gott, *„wenn unser König ein Mensch ist."* Jeder Herrscher, der zwischen 1816 und 1830 regiert habe, verkündete Friedrich, hätte die Todesstrafe verdient: *„der fromme Karl X., der tückische Ferdinand VII von Spanien, Franz von Österreich, diese Maschine, die zu Nichts gut war, als Todesurtheile zu unterschreiben … Dom Miguel, der ein größeres Luder ist … und der Vatermörder Alexander von Russland."*[73] Engels erwartete *„blos von dem Fürsten etwas Gutes, dem die Ohrfeigen seines Volkes um den Kopf schwirren, und dessen Palastfenster von den Steinwürfen der Revolution zerschmettert werden."*[74] Der 19-jährige Friedrich verfocht die gnadenlose Linie gegen die Herrschenden, war bereit, Verbrechen am Volk wie nicht eingehaltene Verfassungsversprechen mit der Todesstrafe zu ahnden. In seinem Essay „Ernst Moritz Arndt" forderte er bereits die Abschaffung des Ständestaates, insbesondere die Vernichtung der Privilegien des Adels. Ihm schwebte eine Gesellschaft ohne *„Stände, wohl aber eine große, einige, gleichberechtigte Nation von Staatsbürgern"*[75] vor.

In einem Brief im November 1840 herrschte Friedrich Freund Wilhelm Graeber an, er solle sich *„schämen über meine politischen Wahrheiten loszuziehen"*. Solange Graeber, die *„politische Schlafmütze"*, auf seiner künftigen Landpfarre keine Kanonenkugel vor sich spüre, sei er seelenvergnügt und kümmere sich nicht um den *„frevelhaften Friedrich Engels, der gegen das Bestehende raisonirt. O Ihr Helden."*[76] Aber auch sie würden in die Politik hineingerissen, *„der Strom der Zeit"* überflute auch ihre *„Idyllenwirtschaft"*, und dann, prophezeite er den Brüdern, *„steht Ihr da, wie die Ochsen am Berge"*.

In seinem letzten Brief an die Brüder im Februar 1841 bezeichnete Friedrich seinen Freund Friedrich Graeber auf Griechisch und Hebräisch als *„Wächter des Christenthums, große Straußengeißel, Stern der Orthodoxie, der Du den Kummer der Pietisten stillst, König der Bibelauslegung!;!;! Im Anfang schuf Gott Himmel und Erde" „… und der Geist Gottes"* (auf Deutsch weiter) *„schwebte über F. Graeber, als er das Unmögliche that und bewies, daß zwei mal zwei fünf sind."*[77] In witzigen und doch ernst gemeinten Worten forderte er Graeber auf, er solle gegen die Anhänger von David Friedrich Strauß, die *„verdammte Straußenbrut"*, zu der auch er gehörte, kämpfen.

Er jedenfalls übe sich wütend im Fechten, um *„sie Alle"* demnächst zusammenzuhauen, drohte Friedrich. Als Beweis für seine Tatkraft führte er seine zwei Duelle in Bremen an. In seinem letzten Brief an die ehemaligen Klassemkameraden stellte Friedrich auch klar, dass er nicht *„als Poet auf den Hund gekommen"* sei, wie behauptet werde. Mit einem *„Fare well"* verabschiedete sich *„Dein F.Engels"*.

Mit Friedrichs Rückkehr nach Barmen endete der Briefwechsel.

Friedrich Engels hatte den Freunden seine religiösen Skrupel offen mitgeteilt, aber erkennen müssen, dass die Brüder Graeber, die er als aufgeklärt eingeschätzt hatte, seinen Weg in die Radikalität des Denkens nicht nachvollziehen konnten. Friedrich gelangte zu der Überzeugung: *„Eure Wahrheit ist nicht die meine"*. Er konnte die Auffassung von Friedrich Graeber nicht akzeptieren, dass es das größte Glück des Gläubigen sei, niemals zu zweifeln. Für ihn galt das Gegenteil: Nicht zweifeln zu dürfen, schrieb er, sei für ihn keine *„Geistesfreiheit, sondern die größte Geistesknechtschaft"*. Der ihm noch unbekannte Karl Marx dachte ähnlich; sein Lebensmotto war: *„Es ist an allem zu zweifeln!"*

Ein halbes Jahr in der Heimat

Ein einziges Mal besuchte Friedrich Engels während seiner fast dreijährigen Bremer Lehrlingszeit die Heimat, als seine Musterung für den preußischen Militärdienst anstand. Der sportliche gesunde junge Mann wurde als wehrtauglich eingestuft. Seinem Gesuch, erst nach Beendigung seiner Ausbildungszeit den Dienst antreten zu müssen, wurde stattgegeben.

Die Monate zwischen seinem Weggang aus Bremen im März 1841 bis zu seinem Dienstantritt als Soldat im Herbst musste er in Barmen überbrücken. Die Zeit wurde verkürzt, da Friedrich den Vater auf eine Geschäftsreise nach Italien begleiten durfte. Über die einzelnen Etappen der Reise zwischen Anfang Mai bis Ende Juli berichtete der Zwanzigjährige unter seinem Pseudonym Friedrich Oswald in *„Lombardische Streifzüge"*, die in der „Athenäum. Zeitung für das gebildete Deutschland" im Dezember 1841 erschienen. Nach Stationen in Basel und Zürich führte sie der Weg über Ragatz, Chur, die Via mala, Andeer, Splügen und

Chiavenna zu ihrem Ziel, der italienischen Handelsmetropole Mailand. Der Vater führte dort auf Wunsch seiner Brüder mit den Inhabern von Balabio Besana & Compania Verhandlungen über die Liquidation des Betriebes.[78] Johann Caspar III. und August Engels waren zu 50% an der im Seidenhandel und in Bankgeschäften tätigen Firma beteiligt. Friedrich wird bei den Geschäftsgesprächen anwesend gewesen sein, denn vermutlich wollte der Vater ihn in alle Bereiche des Kaufmannwesens, auch in Abwicklungsverhandlungen Einblick nehmen lassen.

Es blieb dem 20-Jährigen dennoch genügend Zeit, sich mit seinen angereisten Freunden Roth und Blank in Mailand zu treffen. Die drei hatten Großes vor, wie Schwester Marie von Friedrich erfahren hatte: *„... wir richten dort ein fideles Leben ein bei türkischem Tabak und Lacrime di Christo. Die Italiener sollen noch ein halbes Jahr nachher von den drei lustigen Deutschen schwatzen, so berühmt wollen wir uns machen."*[79] Ob sie Eindruck machten oder nicht, die drei jungen Leute werden das Leben in der Weltstadt genossen haben.

Nach seiner Rückkehr verbrachte Friedrich ruhige, langweilige Wochen in seinem neuen Zimmer *„neben meiner alten, jetzigen Musikstube"*. An seine Schwester Marie schrieb er: *„Ich sitze jetzt fast den ganzen Tag oben auf meiner Stube, lese und rauche wie ein Dampfmaschinenschornstein."*[80] Zur Abwechslung *„amüsire* (ich) *mich so gut wie möglich"*, und das bedeutete: *„Hochzeiten, Visiten, ei nun, da geh ich hin, eß und trink"*. Mehr wollte er nicht; denn *„hintennach einen langen Klatsch drüber halten, das ist doch unmöglich für mich. Dergleichen bist Du auch nicht von mir gewohnt."*[81] Es blieb ihm immer noch die Kneiperei mit seinen alten Freunden. Um sich fit zu halten, setzte Friedrich seine Fechtübungen mit seinem späteren Schwager Adolf von Griesheim, seinen Cousins Hermann und Bernhard Snethlage und seinem Bruder Hermann fort, so intensiv, *„dass die Klingen bersten"*.

Soldat in preußischen Diensten (1841/1842)

Jeder männliche Preuße war ab dem 20. Lebensjahr „gestellungspflichtig". Für Friedrich Engels wäre es möglich gewesen, sich vom Militärdienst freizukaufen, wie das bei jungen Männern aus wohlhabenden

Familien häufig der Fall war. Doch er war gewillt, seiner Bürgerpflicht nachzukommen. Es graute ihm zwar vor dem *„preußischen Kamaschendrill“*[82], aber er war an allem Militärischen interessiert. Sein Vater unterstützte den Wunsch und erklärte sich gegenüber der militärischen Behörde schriftlich bereit, den Sohn zu finanzieren, d.h. für Einkleidung zu sorgen, und falls der Sohn nicht in der Kaserne wohnen wollte, für Kost und Logis außerhalb aufzukommen. Als Primaner hatte Friedrich Ort und Einheit nennen dürfen, in denen er seinen Dienst absolvieren wollte, und er hatte das Vorrecht Sonderurlaub zu nehmen, um sich im Beruf weiterzubilden.

Am 1. Oktober 1841 trat Friedrich Engels wie von ihm gewünscht seinen Wehrdienst in der 12. Gardefußartilleriekompagnie in der Kaserne am Kupfergraben in Berlin an. Mit dem Geld des Vaters ließ sich Friedrich, der ein Leben lang großen Wert auf ein gepflegtes Äußeres und gute Kleidung legte, eine schicke preußische Uniform anfertigen. Zu Schwester Marie mit leicht ironischem Unterton: *„Meine Uniform ist übrigens sehr schön, blau mit schwarzem Kragen, an dem zwei breite gelbe Streifen sind, und mit schwarzen, gelbstreifigen Aufschlägen nebst rot ausgeschlagenen Schößen. Dazu die roten Achselklappen mit weißen Rändern, ich sage Dir, das macht einen pompösen Effekt, und ich könnte mich auf der Ausstellung sehen lassen.“*[83]

Soldat Friedrich lernte das Bedienen von Sechspfünder-Kanonen mit glattem Rohr und von Siebenpfundhaubitzen, bekam die Geschossarithmetik vermittelt und wurde auf dem Paradeplatz gedrillt[84]. Obwohl er sportlich war, empfand er den Militärdienst als strapaziös. Friedrich fluchte, dass seine 12. Fußkompagnie sich auf dem Schlossplatz *„herumtreiben“* musste, d.h. Paraden vor dem König abhalten musste, und ihm gefiel auch nicht, dass man *„angegrunzt“* und *„gerüffelt“* wurde, wenn man nicht parierte. Die Unterweisungen in Waffentechnik, in Kriegsführung, strategischem Wissen verfolgte er hingegen mit Interesse und entwickelte sich zu einer Kapazität auf militärischem Gebiet. In seinem Freundeskreis wurde er später – ohne Spott – der „General“ genannt.

Die Dienstpflicht dauerte ein Jahr, weil Friedrich als ehemaliger Primaner statt der üblichen drei Jahre nur 12 Monate dienen musste und er hatte zudem das Privileg, nach 6 Wochen in ein Privatzimmer umzuziehen. Schon in den ersten sechs Wochen fand der Fabrikantensohn das Mannschaftsquartier in der Kaserne mehr als ungewohnt und das Essen furchtbar. Mit Freude bezog er auf Kosten des Vaters ein Zimmer in der Dorotheenstr. 56 und konnte sich sogar einen jungen Wachtelhund halten, der auf den Namen *„Namenloser"* hörte. Der Hund sei *„total verrückt"* und zeichne sich durch *„Talent zum Kneipen"* aus. Auch in Restaurants sitze er immer dabei *„und läßt sich sein Theil abtreten oder hospitiert bei allen, die da sind"*[85], meinte der stolze Hundebesitzer. Friedrich richtete den Hund entsprechend seiner gesellschaftlichen Einstellung ab. Schwester Marie berichtete er mit kindlichem Stolz: *„Wenn ich ihm sage: Namenloser ..., das ist ein Aristokrat, so wird er grenzenlos wütend gegen den, den ich ihm zeige, und knurrt scheußlich."*[86] Namenloser, der Hund, begleitete sein Herrchen sicherlich auch in eine rheinische Restauration in Berlin, in der es heimische Gerichte gab: jeden Samstag *„Reibkuchen"* mit einem *„Köpken Koffe"*, *„Apfel und Erdäpfel"*, *„unsre alte Erpelssupp"* und zu seiner Freude *„Sauerkraut und Schweinefleisch"*.

Obwohl Friedrich die Stadt und ihren Jargon, die „Berliner Schnauze", nicht mochte, hatte er sich Berlin als Dienstort ausgesucht, weil die preußische Hauptstadt eine ausgezeichnete Universität, die Friedrich-Wilhelms-Universität, hatte, an der der junge Soldat seiner Leidenschaft, der Philosophie, nachgehen konnte. Als „Schwarzhörer" besuchte er sechs Vorlesungen über die Geschichte und die Bedeutung verschiedener Philosophien und eine Vorlesung über die Finanzverfassung des preußischen Staates. Zusammen mit später so berühmten Persönlichkeiten wie dem Philosophen Kierkegaard, dem Anarchisten Michail Bakunin und dem Historiker Jakob Burckhardt hörte er am 15. November 1841 das Antrittskolleg des Philosophen Friedrich Wilhelm Joseph Schelling, dem einstigen Zimmergenossen von Hegel und Hölderlin in Tübingen. Engels fand dessen Kritik an Hegel empörend. Zum Glück hatte er erste Kontakte zu den „Freien" geknüpft, einer Gruppe Junghegelianer, bei denen er sich über Schelling echauffieren konnte. Zu den „Freien" gehörten die Brüder Edgar und Bruno Bauer sowie Karl Friedrich Köppen, Max Stirner und Arnold Ruge, in dessen „Deutschen Jahrbüchern" Friedrich Beiträge unterbringen konnte. Bei Wein, Bier und Tabak diskutierte er über Religion und Politik und fand seine politischen und theologischen Ansichten erstmals bestätigt: Friedrich selbst bezeichnete sich jetzt als kritisch-revolutionären Demokra-

Engels' Selbstdarstellung als Soldat

ten, so auch in dem anonym in Zürich im Dezember 1842 erschienenen „Triumph des Glaubens. Christliches Heldengedicht in vier Gesängen. Das ist: Schreckliche, jedoch wahrhafte und erkleckliche Historia von dem weiland Licentiaten Bruno Bauer; wie selbiger vom Teufel verführet, vom reinen Glauben abgefallen, Oberteufel geworden und endlich kräftiglich entsetzet ist", das er mit seinem Freund Edgar Bauer verfasst hatte. Über Friedrich Engels/Friedrich Oswald war zu lesen:

„Doch der am weitesten links mit langen Beinen toset,
Ist Oswald, grau berockt, und pfefferfarb behoset,
Auch innen, pfefferhaft Oswald, der Montagnard,
Der Wurzelhafteste mit Haut und auch mit Haar,
Er spielt ein Instrument: das ist die Guillotine."[87]

Friedrich Oswald fühlte sich zu den Montagnards hingezogen, der radikalsten Gruppe in der französischen Revolution 1789.

Im Oktober 1842 endete Friedrich Engels' Militärzeit. Hauptmann von Wedell attestierte dem Bombardier in seinem Führungszeugnis, er habe sich *„moralisch wie … dienstlich … recht gut geführt"*. Friedrich hatte sich innerhalb des Jahres vom Rekruten zum Bombardier, d.h. Unteroffizier der Artillerie, hochgedient; die Ernennung zum Sergeanten blieb ihm vermutlich wegen seiner Kurzsichtigkeit verwehrt.

Friedrichs Vater hatte Berlin als militärischen Ausbildungsort nicht abgelehnt, weil *„Consistorialrath Snethlage Hochwürden in Berlin"*, sein Schwager, ihm versprochen hatte, sich um seinen Patensohn zu kümmern und Bericht zu erstatten. Auf ein nicht überliefertes Schreiben Snethlages antwortete Engels sen. Anfang Oktober 1842 vor Friedrichs Rückkehr; er versicherte dem Schwager, er kenne Friedrichs Neigung zu Extremen, und er sei überzeugt, dass der Sohn, obgleich er seit Bremen nichts mehr über seine Ansichten geschrieben habe, nicht bei dem Gewöhnlichen stehen bleiben würde. Er werde jedoch dem Sohn klar machen, dass er selbst an seinen politischen und religiösen Ansichten nichts ändern und nichts verbergen werde. Die Familie werde nach wie vor auch in Friedrichs Gegenwart Gottes Wort und die christlichen Schriften lesen. Streiten wolle er nicht mit dem Sohn, denn das würde nur zu Hartnäckigkeit und Erbitterung führen. Der Vater hoffte auf *„Bekehrung von oben"*, denn der Sohn habe doch auch bei seiner Konfirmation *„fromme Regungen"* gezeigt. Friedrich Engels sen. gab seinen Ältesten nicht verloren, auch wenn es für diesen ein *„herber Weg sei, … ehe er von seiner stolzen Höhe herunter und sein Herz in Demuth unter die gewaltige Hand Gottes bringen muß."*[88] So lange müsse er es ertragen, *„einen Sohn im Hause zu haben, der wie ein räudiges Schaf unter der Herde dasteht und feindselig dem Glauben seiner Väter entgegentritt."*[89] Diese klaren Worte seinem Schwager Snethlage gegenüber zeigen, dass der Vater um die religionskritische, vielleicht schon atheistische Einstellung seines Sohnes wusste. Er sei entschlossen, teilte Engels sen. Snethlage mit, Friedrich unbemerkt überwachen zu lassen und ihn mit Arbeit einzudecken, *„damit er mir keine gefährlichen Schritte unternimmt"*[90]. Friedrich Engels sen. machte sich keine Illusionen über seinen Sohn. An Snethlage: *„Am betrübendsten ist's nur, daß die Richtung, welcher er huldigt, eine allgemein herrschende zu werden u. fast zu sein scheint. Friedrich ahnt selbst nicht, welche Gewalt eine solche Moderichtung auch auf ihn, den ich immer sehr geneigt zur Nachahmung fand, ausgeübt hat … Und jetzt, wo alles Fortschritt predigt und der alte Glaube und die alte Gesinnung unter das alte Eisen gehört, wie leicht wird da ein junges u. lebhaftes Gemüth berükt!"*[91] Der Vater wusste nicht, dass Friedrich seit seiner Zeit in Bremen nicht mehr nur nachahmte, sondern sich eigenständige Gedanken machte, wie die Welt zu verbessern sei. *„O dieser Fortschritt und diese moderne Weisheit, wohin werden sie noch führen? Ich fürchte unser guter König, den man noch, vergöttert, wird noch Sachen hören müßen, die ihm nicht munden"*[92], prophezeite der Vater. Er zeigte erstaunlichen Weitblick, als er Snethlage mahnte: *„Ich kann nicht umhin Dich zu warnen, in Deiner jetzigen Stellung nicht zu zu strengen Maasregeln zu rathen, denn auch hier wird man Gott und der Zeit das meiste überlaßen müssen."*[93] Ob der einflussreiche Hofprediger auf den Rat des Schwagers hörte und es wagte, dem bigotten schwärmerischen König zu raten, Oppositionelle nicht zu hart abzustrafen, ist nicht bekannt. Jedenfalls behielt Snethlage das Wohlwollen des Königs und stieg zum Oberhofprediger und Oberkonsistorialrat in Berlin auf.

Auf der Rückreise von Berlin besuchte Friedrich in Frankfurt seinen Bruder Hermann, der dort eine Lehre absolvierte. Am 9. Oktober 1842 traf er wieder zuhause in Barmen ein.

Nach einem Jahr der Unabhängigkeit von der Familie fiel es dem 22-Jährigen nicht leicht, sich wieder einzuleben. Er freute sich, seine

Mutter und die Geschwister wiederzusehen, nicht jedoch den Vater, der, wie er befürchtete, dezidierte Vorstellungen bezüglich seiner beruflichen Zukunft hatte – und das hieß: Rückkehr in den Kaufmannsberuf. Der Vater wollte seinen ältesten Sohn unter Kontrolle haben, damit dieser keine politisch motivierten Dummheiten machte und in Gefahr geriet. Damit war Friedrichs Wunsch zu studieren oder gar Dichter und Publizist zu werden, vorerst ausgeträumt. Zwar wusste man in der Familie, dass er die aufsehenerregenden Artikel über den „Bremer Kirchenstreit“ geschrieben hatte, nicht aber, dass er Korrespondent für den „Telegraph für Deutschland“, die „Augsburger Allgemeine Zeitung“, die „Deutschen Jahrbücher“ und die „Rheinische Zeitung“ war und anonym oder unter seinem Pseudonym Friedrich Oswald veröffentlichte. Ob man auch ahnte, dass Friedrich zum *„Jung-Hegel'schen Unkraut“, „diesem Lumpenvolk“,* gehörte, die Heinrich Leo, von Engels in „Der gehörnte Siegfried“ als Antipode der Hegelianer erwähnt, *„mit Stumpf und Stiel ausrotten“* wollte?

Friedrichs Aufenthalt in Barmen war belastend, für die Eltern und auch den Sohn. Wie konnte ein Bruch vermieden werden, an dem weder dem Vater gelegen war, der aus seiner Sicht doch das Beste für den Sohn wollte, noch dem Sohn, der vor allem an seiner Mutter hing und diese nicht leiden sehen konnte? Es wurde eine ideale Lösung gefunden, mit der beide Seiten das Gesicht wahrten.

Erster Aufenthalt in Manchester (1842–1844)

Friedrich Engels, gerade 22 Jahre alt, ging nach nur wenigen Wochen Aufenthalt in Barmen noch im Dezember 1842 auf Wunsch seines Vaters nach Manchester. Seine Aufgabe war es, in der Baumwollspinnerei Ermen & Engels als Kommis die Geschäftsabläufe kennenzulernen und die Interessen des Vaters, der Teilhaber in der Firma war, zu vertreten.

Auf dem Weg zu seinem neuen Betätigungsfeld stattete Friedrich am 4. Dezember 1842 der „Rheinischen Zeitung“ in Köln einen Besuch ab, um sich vorzustellen und journalistische Beiträge aus der Industriemetropole Manchester anzubieten. Bei dieser Gelegenheit traf er mit Karl Marx zusammen. Ihre erste Begegnung hinterließ keinen tieferen positiven Eindruck auf beiden Seiten, Engels sprach später von einem *„ersten kühlen Zusammentreffen"*. Moses Hess, der erste deutsche Kommunist, äußerte sich nach einem Treffen nicht enthusiastisch über den 22-Jährigen, aber er bezeichnete ihn immerhin als „Anno I Revolutionär", der über fundiertes politisches Wissen verfüge. Marx hingegen machte auf Hess einen ganz anderen, einen genialen Eindruck: *„Dr. Marx, so heißt mein Abgott, ist noch ein ganz junger Mann ..., der der mittelalterlichen Religion und Politik den letzten Stoß versetzen wird."*[94]

Eigentlich musste Friedrich Engels den Chefredakteur des Blattes, Karl Marx, beneiden, weil dieser seiner Berufung als Journalist nachgehen konnte, während er auf Anweisung seines Vaters in einer Branche arbeiten musste, die er aus tiefstem Herzen ablehnte. Karl Marx hatte frei entscheiden können. Sein Vater, Heinrich Marx, war im Gegensatz zu Engels sen. ein liberal gesonnener und aufgeklärter Mann „à la Lessing", der seinem Sohn aus Zuneigung alle Freiheit bei der Berufsfindung ließ, obwohl er gerne den Sohn in seinem Metier, dem Anwaltsberuf, gesehen hätte.

Gerechterweise muss man sagen, dass Friedrich Engels sen. die kaufmännischen Fähigkeiten seines Sohnes richtig einschätzte und durch sein Beharren, den Sohn in der Textilbranche zu etablieren, entscheidend dazu beitrug, später die Existenz der Familie Marx zu sichern.

Friedrich Engels kam in eine Stadt, in der einige Monate zuvor Arbeiterstreiks zu Unruhen und Maschinenstürmerei geführt hatten, auch bei Ermen & Engels. Zuhause hatte große Aufregung geherrscht, aber die väterliche Firma erlitt keinen größeren Schaden, wie einer „Danksagung" der Inhaber von Ermen & Engels im „Manchester Guardian" am 27. August zu entnehmen war. *„Die Firma Ermen & Engels beeilt sich, den staatlichen Autoritäten, der Polizei und den Spezialkräften ihren tief empfundenen Dank für ihre sehr effizienten und prompten Maßnahmen auszudrücken, die ergriffen wurden, um während der jüngsten Unruhen den Schutz ihrer Arbeiten und der von ihr angestellten Personen zu gewährleisten."*[95]

Friedrichs Beschäftigungsverhältnis bei Ermen & Engels in Manchester begann Ende 1842 und endete im August 1844. Sein Chef war Peter Ermen, dessen „Sklaventreibermethoden" sogar dessen Bruder Anton beklagte.

Friedrich versuchte sich nicht vereinnahmen zu lassen. Ein Urenkel von Peter Ermen behauptete denn auch: Friedrich Engels „arbeitete so wenig für die Firma, wie er sich leisten konnte, und verbrachte seine meiste Zeit auf politischen Versammlungen und mit dem Studium der sozialen Zustände Manchesters.“ [96] Ob sein Chef Ermen von dem politischen Engagement und den sozialen Erkundungsgängen seines Mitarbeiters in Manchester wusste, sei dahingestellt. Es gibt Andeutungen, dass Friedrich in der ersten Zeit mit seiner Arroganz und seiner zur Schau getragenen Unlust bezüglich seiner beruflichen Tätigkeit den engagierten Geschäftsmann Ermen nicht nur einmal auf die Palme gebracht hat. Wie auch immer, Friedrich wurde von morgens bis abends mit Arbeit auf dem Kontor in Southgate in der Deansgate, in der 1/4 Meile entfernten Börse und der 1/8 Meile entfernten Spinnerei am Irwell eingedeckt. Vermutlich kam noch der Besuch einer Abendschule hinzu, um sein Englisch zu vervollkommnen.

Die Aussage des Urenkels von Peter Ermen entspricht in dem Punkt der Wahrheit, dass sich Friedrich in seinen freien Stunden ökonomischen Studien widmete und die Arbeiterslums von Little Ireland in Manchester und Salford besuchte, um Einblick in das Leben der Arbeiter-innen zu erhalten. Sonntags ging er in die „Kommunisten-Hall“, um sich zusammen mit 3.000 anderen Interessierten Vorträge zur Lage der Arbeiter anzuhören. Sein Interesse am Schicksal der Arbeiter ging über das Anliegen seiner Vorfahren hinaus. Diese hatten sich gemeinnützig gezeigt, indem sie eine Schule finanzierten und in Notzeiten Hilfsaktionen initiierten, um ihre Arbeiter vor dem Verhungern zu retten. Die Fürsorge seiner Vorfahren basierte durchaus auf Verantwortungsgefühl für ihre Lohnarbeiter, aber Friedrich war klar, dass sie auch aus Eigeninteresse handelten, um zu verhindern, dass die Hungerleider sich zusammenrotteten und gewaltsam eine Verbesserung ihrer Lebensverhältnisse einforderten. Als Fabrikherrn hatten sie das Druckmittel der Entlassung und die Zuversicht auf Schutz durch die Polizei und das Militär gegen den aufmüpfigen Mob. Die sozialen Probleme waren damit nicht gelöst.

In Manchester erkannte Friedrich Engels, dass es mit Almosen nicht getan war. Sein Blick ging tiefer und er begriff, dass die Verelendung der Arbeiterschaft ein grundlegendes gesellschaftliches Problem war, das letztendlich nur durch die Beseitigung der Klassen gelöst werden konnte.

Er war nicht der Einzige, der Veränderungen im gesellschaftlichen System als notwendig ansah. Im September 1843 nahm er in London Kontakt zum „Bund der Gerechten“ von Wilhelm Weitling auf, der ersten – geheimen – politischen Organisation deutscher Arbeiter, und zu Karl Schapper und Joseph Moll vom „Kommunistischen Arbeiter-Bildungsverein“, für ihn *„die ersten revolutionären Proletarier“.*

Während seines Aufenthaltes in Manchester ging Engels neben seiner Tätigkeit bei Ermen & Engels auch seiner schriftstellerischen Neigung nach und konnte Beiträge beim „Northern Star“, dem Organ der Chartisten, unterbringen, mit dessen Redakteur Julian Harvey ihn seit diesen Tagen eine lebenslange Freundschaft verband. Auch das Journal „New Moral World“ des englischen Sozialistenführers Robert Owens druckte Berichte aus seiner Feder ab und in der „Rheinischen Zeitung“ in Köln erschienen zwischen Januar und März 1843 fünf Berichte von ihm unter Federführung des Chefredakteurs Karl Marx. Der empfand zwar, dass *„das Einschmuggeln kommunistischer oder sozialistischer Dogmen, also einer neuen Weltanschauung, in beiläufigen Theaterkritiken etc. … unpassend, ja unsittlich“* sei, aber in Zeiten der umfassenden Zensur schien dies für manche der einzige Weg, auch für Engels, um ihre Kritik an Staat und Gesellschaft durchscheinen zu lassen. Marx selbst radikalisierte sich zunehmend und brachte wegen seiner regimekritischen Äußerungen die „Rheinische Zeitung“ in existentielle Gefahr. Um deren Verbot zu verhindern, verließ Marx, seit Ende Oktober 1842 Chefredakteur, Mitte März 1843 freiwillig die Redaktion. Dennoch musste die „Hure am Rhein“, wie der preußische König Friedrich Wilhelm IV. die kritisch-liberale Zeitung bezeichnete, ihr Erscheinen zum 1. April des Jahres einstellen.

Marx setzte sich nach Kreuznach ab, heiratete Jenny von Westphalen, siedelte im Oktober 1843 mit seiner Frau nach Paris über und brachte zusammen mit Arnold Ruge das Projekt „Deutsch-Französische Jahrbücher“ heraus. Anfang 1844 erschienen im ersten (und einzigen) Doppelheft der „Deutsch-Französischen Jahrbücher“ Friedrich Engels‘ „Umrisse zu einer Kritik der Nationalökonomie“. In seinem Text stellte er die These auf, dass in der modernen Welt die ökonomischen Tatsachen eine entscheidende geschichtliche Macht darstellten, deren Bedeutung bisher noch nicht erkannt worden seien. Die Unterdrückung einer Klasse durch eine andere sei die Grundlage für die Entstehung der Klassengegensätze, führte er des Weiteren aus, und gegenwärtig seien die Kapitalisten die Unterdrücker und die Proletarier die Abhängigen. Trotz seiner *„Roheit"*, *„Demoralisation"* und *„Ungebildetsein"* sah Engels im Proletarier den Menschen der Zukunft. *„Im Interesse des Einzelnen liegt es, alles zu besitzen, aber im Interesse der Gesamtheit, dass jeder gleich viel besitzt*[97]*"*, lautete seine Quintessenz.

Karl Kautsky bezeichnete 1890 in seiner Gratulationsschrift zu Engels 70. Geburtstag diesen Artikel als wegweisend für den wissenschaftlichen Sozialismus, *„weil hier zuerst der Versuch gemacht wird, den Sozialismus auf die politische Ökonomie zu begründen. Er ist der erste Schritt zum wissenschaftlichen Sozialismus und als solcher von historischer Bedeutung."*[98]

Für Marx waren die Umrisse eine *„geniale Skizze"*. Diese Anerkennung verdankte Engels dem Entwicklungsprozess, den Karl Marx zwischenzeitlich durchlaufen hatte: Aus dem revolutionären Demokraten war ein Kommunist geworden, der sich zum Klassenkampf bekannte und *„Krieg den deutschen Zuständen"* forderte. Diese Annäherung der Sichtweisen hatte zur Folge, dass Engels und Marx im März 1844 in einen *„steten schriftlichen Ideenaustausch"* traten.

Im August 1844 beendete Friedrich Engels seine Ausbildung in Manchester. Auf dem Rückweg nach Barmen traf er in Ostende Georg Herwegh und Georg Gottfried Gervinus. Herwegh war neben Freiligrath der bekannteste Dichter der Arbeiterbewegung, Gervinus ein liberal-demokratischer Historiker, der 1837 als einer der sieben Professoren wegen seiner Kritik am Verfassungsbruch des Königs von Hannover von der Göttinger Universität flog. In Paris legte er einen Zwischenstopp ein und verabredete sich mit Karl Marx. Am 28. August 1844 kam es im Café de la Régence zu einem zweiten Treffen der beiden Männer – eine Jahrhundertfreundschaft begann. Engels und Marx stellten eine vollständige Übereinstimmung ihrer Ansichten auf allen theoretischen Gebieten fest – und sie fanden sich sympathisch. Ihr Gesprächsbedarf war so groß, dass Engels für zehn Tage bei Marx einzog, da sich Frau Marx mit dem ersten Kind, dem Jennychen, gerade bei ihrer Mutter in der alten Heimat Trier aufhielt.

Engels lernte in Paris auch Heinrich Heine kennen, der nach dem Weberaufstand den Webern in Schlesien eines seiner berühmtesten Gedichte: „Die armen Weber" gewidmet hatte. Sie, so schrieb Heine im Juni 1844, wöben für Altdeutschland das Leichentuch mit einem dreifachen Fluch. Sie verfluchten Gott, auf den sie in kindlichem Vertrauen gehofft hätten, der aber blind und taub sei, sie gefoppt und genarrt habe, und sie verfluchten den König, den ihr Elend nicht rühre, der aus ihnen den letzten Groschen presse und sie wie Hunde erschießen lasse, und ihr letzter Fluch galt dem falschen Vaterland, in dem nur Lug und Schande gediehen. Jahrzehnte später setzte Gerhart Hauptmann den verzweifelten Aufständischen in seinem Drama „Die Weber" ein literarisches Denkmal.

Der Grund für den Weberaufstand im Eulengebirge in Schlesien war, dass die englische Tuchindustrie den deutschen Markt mit billigeren, industriell erzeugten Waren überflutete. Da es keine Schutzzölle auf deutsche Textilien gab, fielen die Preise und die schlesischen Weber, die noch auf Handwebstühlen Tuche herstellten, erhielten kaum noch Geld für ihre Erzeugnisse. Die Folge war die schlimmste Hungersnot in Deutschland seit Menschengedenken. Mehr als 50.000 Familien sollen betroffen gewesen sein. Graf York von Wartenberg meinte denn auch: *„Laßt einige 50 bis 60 000 verhungern; hier ist nicht anders zu helfen; die übrigen werden dann Arbeit haben im Gebirge, oder sie müssen in Gegenden verpflanzt werden, wo wir noch Hände brauchen."*[99] Es kam – vor dem Hungertod – zu einem Aufstand mehrerer hundert Weber Anfang Juni 1844, der vom preußischen Militär niedergeschlagen wurde. Die Nachricht vom brutalen Niederknüppeln der Ausgebeuteten verbreitete sich und sorgte für großes Entsetzen in weiten Teilen der Öffentlichkeit. Die deutschsprachige Zeitung „Vorwärts!", die in Paris erschien und zu deren Redakteuren Karl Marx zählte, sah in dem Weberaufstand den Beginn des revolutionären Kampfes der Unterdrückten gegen die kapitalistischen Ausbeuter.

Auch Engels sah trotz der brutalen Niederschlagung einen positiven Aspekt: Die Bourgeoisie und die herrschende Feudalklasse seien vom Aufstand der schlesischen Weber erschreckt worden und hätten erkennen müssen, dass sie ihren Besitz nur mit Unterstützung des Staates hatten retten können. Das Militär habe das Eigentum der besitzenden

Fabrikanten gesichert und die Justiz habe die 80 Angeklagten zu insgesamt 203 Jahren Zuchthaus, 90 Jahren Festungshaft und 330 Peitschenhieben verurteilt. Ganz ohne Reaktion blieb der Aufstand in Wirtschaftskreisen nicht. Fabrikanten in Berlin gründeten den „Zentralverein für das Wohl der arbeitenden Klasse" mit dem Ziel, „der geistigen und leiblichen Not der Hand – Fabrikarbeiter Abhilfe zu verschaffen". König Friedrich Wilhelm IV. stellte dem Verein als Geste des guten Willens 15.000 Taler zur Verfügung.[100]

Nach der Begegnung mit Marx war Friedrich Engels bei seiner Abreise aus Paris fest entschlossen, ungeachtet der Pläne des Vaters, umgehend wieder in die französische Hauptstadt zurückzukehren, um dort ungestört seiner eigentlichen Bestimmung als Schriftsteller und Publizist nachzugehen. In der Zwischenzeit blieben Engels und Marx in schriftlichem Kontakt. Im Laufe der nächsten 25 Jahre werden sie sich Hunderte von Briefen schreiben.

Mary Burns, Friedrichs erste große Liebe

Im Winter 1842 lernte der 22-jährige Friedrich, in England „Frederick" oder „Fred" genannt, in Manchester die 21-jährige Mary Burns kennen. Mary, am 29. September 1821* geboren und am 31. Oktober in der St. Mary's Catholic Church getauft, war irischer Abstammung.

Ihre Eltern waren Mary Burns, geb. Conroy, und Michael Burns. Ihr Vater, 1790 in Irland geboren, wanderte nach Manchester aus, wo er als Färber seinen Lebensunterhalt verdiente. 1858 starb er als Inmates of the Workhouse for Sicks and Inform poor.** Die Eltern waren seit 1821 verheiratet und von ihren vier Töchtern erreichten nur die älteste, Mary, und die jüngste, Lizzie, das Erwachsenenalter.

Falls Mary eine Schule besucht hat, dann nur kurz. Sie galt als *„ungebildet"*, weil sie nur ein wenig lesen und schreiben konnte. Das war in ihren Kreisen üblich; die Mädchen mussten sich in der Fabrik oder als

* Whitfield meint, sie sei zwischen dem 8. April 1821 und 7. Januar 1823 geboren worden.

** Bewohner eines Arbeitshauses für kranke und behinderte Arme

Dienstmädchen in einem Privathaushalt verdingen. Nach allgemeiner Ansicht war ein längerer Schulbesuch oder eine Ausbildung für Mädchen, einerlei aus welcher Schicht sie kamen, nicht notwendig.

Nach dem Tode ihrer Mutter heiratete Michael Burns 1835 ein zweites Mal und aus dieser Ehe stammte der Halbbruder, dessen Tochter Mary-Ellen später von ihrer Tante Lizzie aufgenommen wurde.

Mary war früh auf sich selbst gestellt. Allgemein wird angenommen, dass sie seit ihrem 13. oder 15. Lebensjahr zunächst als Baumwollspinnerin gearbeitet hat, dann den Berufszweig wechselte. In den Steuerlisten von Manchester von 1840 wird eine Mary Burn als Hausmädchen geführt[101], ein Jahr später eine Mary Burns, 20 Jahre alt, als Dienstmädchen, wohnhaft im Hause des Master painters George Chadfield. Mit größter Wahrscheinlichkeit handelt es sich hierbei um die spätere Freundin von Friedrich Engels.

Mary und Frederick Engels wurden ein Liebespaar. Friedrich war ein schlanker, 1,80 m hochgewachsener junger Mann mit rötlich-blondem, glattem Haar, kurzem Schnurr- und Backenbart und großen, klaren, hellen Augen. Von der 21-jährigen Mary gibt es kein Bild und keine Beschreibung, aber sie könnte, wenn man von ihrer irischen Herkunft ausgeht, einen hellen Teint, rote Haare und Sommersprossen gehabt haben. Der irische Typ gefiel Friedrich Engels im Gegensatz zu den englischen Frauen, die er aus der Spinnerei kannte.

Friedrichs Freund Georg Weerth, Kaufmann in einer Spinnerei im benachbarten Bradford, widmete einer Mary aus Irland sein Gedicht „Mary“.

In der ersten Strophe schrieb Weerth:

„Von Irland kam sie mit der Flut,
Sie kam von Tipperary;
Sie hatte warmes, rasches Blut,
Die junge Dirn, die Mary.
Und als sie keck ans Ufer sprang,
Da riefen die Matrosen:
‚Die Dirne Mary, Gott sei Dank,
Gleicht einer wilden Rosen!‘“[102]

In den folgenden Strophen ließ Weerth Mary auf einem Markt in Liverpool Orangen an *„Mohr und Perser und Mulatt und Juden wie Getaufte"* verkaufen und tausend *„Schätze"* und *„bärtige Bekannte"* auf der See und auf dem Lande haben. Die Mary, so hieß es weiter, sei außerordentlich temperamentvoll, wild und keck mit *„schwarz verwegnem Blick"* gewesen und habe geflucht und geschrien. Kein Mann habe sie für sich gewinnen können, denn *„ach, sie riß sich los aus allen Armen".* In der letzten Strophe erzählte Weerth, dass Mary das Geld, das sie verdiente, nach Irland schickte, um den Freiheitskampf der Iren gegen die Engländer zu unterstützen. Ihr Volk sollte Säbel und Beil schärfen, um seine Freiheit notfalls mit Gewalt zu verteidigen und um zu verhindern, dass *„der Klee von Tipperary"* von der *„Rose England"* überwuchert würde.

Georg Weerth setzte einer temperamentvollen, lebenslustigen Frau ein literarisches Denkmal, die von glühendem Patriotismus für die Heimat ihrer Mütter und Väter erfüllt war. Wenn Mary das Vorbild für die lyrische Figur war, ist nachvollziehbar, dass der Bürgersohn Engels von ihr fasziniert war.

Friedrich verdankte Mary mehr als ein paar schöne Stunden, denn sie unterstützte seine gesellschaftlichen Studien, indem sie ihm Einblick in das Leben der Arbeiter-innen in Manchester ermöglichte. Durch ihre Vermittlung konnte er die beklemmenden Lebensverhältnisse in „Little Ireland" hautnah und ohne Beschönigung kennen lernen. Diese Erkenntnisse bildeten die Grundlage für sein Buch „Die Lage der arbeitenden Klasse in England". Es liegt nahe, dass die Arbeiter ohne Marys Vermittlung den neugierigen Bourgeois aus ihrem Viertel verjagt hätten; sie duldeten ihn nur, weil Mary ihnen versicherte, dass er nicht als Voyeur kam, sondern um die Ursachen und Auswirkungen ihrer Lebensumstände zu erforschen. In der englisch verfassten Einleitung seines Buches betonte Engels dann auch, er habe sich dem einfachen Leben zugewandt: *„Ich verzichtete auf die Gesellschaft und die Bankette, den Portwein und den Champagner der Mittelklasse und widmete meine Freistunden ausschließlich dem Verkehr mit einfachen Arbeitern."* [103] Worte des Dankes für Mary fand Friedrich Engels in seinem Buch nicht, nicht einmal einen Hinweis auf sie als Informantin und Begleiterin.

Als Engels im August 1844 Manchester verließ, blieb Mary zurück.

Sozialrevolutionäre Anfänge

Im September 1844 kehrte Friedrich nach seinem Besuch bei Marx in Paris in die Heimat zurück. Wieder hatte er viele Monate fern von Barmen verbracht, hatte sich weiterentwickelt – und sich noch weiter von der Denk- und Lebensweise seiner Eltern entfernt.

Nach der ersten Wiedersehensfreude begann für Friedrich keine leichte Zeit. Sollte er noch immer gehofft haben, doch noch Jura bzw. Kameralia oder Philosophie in Bonn studieren zu dürfen, zerschlug sich der Plan. Der Vater wollte ihn zu seinem Nachfolger aufbauen, und Friedrich sollte seine in England erworbenen Kenntnisse in dem Betrieb in Engelskirchen produktiv umsetzen. Hinzu kam die Befürchtung des Vaters, der Sohn werde sich außerhalb seiner Kontrolle radikalisieren. Bisher hatte Friedrich seinen radikalen Worten noch keine revolutionären Taten folgen lassen, da er davon ausging, sich nicht lange in Barmen aufzuhalten. An Marx schrieb er im November 1844, er könne noch nicht kommen, da er sich sonst mit der ganzen Familie überwerfen müsse und *„zudem hab' ich eine Liebesgeschichte, die ich auch erst ins Reine bringen muß."* [104] Nach seiner Rückkehr habe er sich *„zu einem Versuch mit dem Schacher bestimmen lassen"*, und arbeitete wieder *„etwas auf dem Comptoir … auch die Aussicht der Liebesgeschichte veranlaßte mich dazu."* [105] In wen sich Friedrich verliebt hatte und ob er sich schon mit Heiratsgedanken trug, erfahren wir nicht. Jedenfalls hatte er sich für kurze Zeit eine gemeinsame Zukunft mit dieser Frau vorgestellt. Welches Glück es war, den richtigen Partner gefunden zu haben, erlebte er bei seiner Schwester Marie und ihrem Verlobten, *„dem Londoner Kommunisten"* Emil Blank. Wenig später schrieb er allerdings an Marx: *„Meine Liebesgeschichte hat ein Ende mit Schrecken genommen. Erlaß mir die langweilige Auseinandersetzung, es kann doch nichts mehr helfen und ich hab schon genug mit der Sache durchgemacht. Ich bin froh, dass ich wenigstens wieder arbeiten kann, und wenn ich Dir den ganzen Bettel erzählte, wär ich für den Abend verloren."* [106] Seinem Freund Marx gestand der 25-Jährige auch, er leide von Tag zu Tag mehr darunter, in einer *„ganz radikal-christlich-preußischen Familie"* leben zu müssen. Sein einziger Trost sei, dass er sich mit Freunden amüsieren könne und sich in seiner Familie *„ein halb Dutzend liebenswürdiger Weiber befinden"*.

Aber es wäre nicht Friedrich Engels, wenn er nicht seine Zeit sinnvoll genutzt hätte. An den langen Abenden in der dunklen Jahreszeit sichtete er *„über die Ohren in englischen Zeitungen und Büchern vergraben"* Material für „Die Lage der arbeitenden Klasse in England". Sein Buch entstand zwischen Mitte November 1844 und Mitte März 1845 im elterlichen Haus, ohne Wissen der Familie, und erschien im September 1845 im Verlag Wigand in Leipzig.

Der Text *„aus einer der besten philosophischen Federn in Deutschland"*, wie Georg Weerth meinte, war eine Anklage gegen die englische Bourgeoisie, aber auch eine *„Abrechnung"* mit der besitzenden Klasse in Deutschland, zu der seine Familie und somit auch er gehörten.

Engels' Ziel war es, aus „eigner Anschauung und authentischen Quellen" der Arbeiterklasse, *„einer unterdrückten und verleumdeten Klasse, Gerechtigkeit widerfahren zu lassen"*. Für ihn war der *„Arbeiter rechtlich und faktisch Sklave der besitzenden Klasse, der Bourgeoisie"*, der wie eine *„Ware"* behandelt würde. Sei von diesem *„Handelsartikel"* bei Nachfrage zu wenig auf dem Markt, dann stiegen die Preise, in diesem Falle die Löhne und folglich gehe es dem Arbeiter nicht schlecht. Sei jedoch wegen zu starker Vermehrung zu viel der *„Ware"* auf dem Markt, fielen die Löhne, die *„Arbeiterware"* verelende und diese *„überflüssige Bevölkerung"* werde durch *„Brotlosigkeit, Elend, Hungersnot und infolge davon Seuchen"* hinweggerafft. Friedrich Engels vertrat die Meinung, die Bourgeoisie, die den Staat aufgrund ihrer beherrschenden Marktstellung politisch und sozial dominiere, zwinge bewusst die Proletarier in Verhältnisse, die ihren vorzeitigen, unnatürlichen Tod herbeiführten. Es sei dem *„verderbten"* Bourgeois gleichgültig, *„ob seine Arbeiter verhungern oder nicht, wenn er nur Geld verdient."*[107] Das war für Friedrich Engels *„Mord"*. Er prangerte zudem an, die elenden Zustände träfen nicht nur die erwachsenen Arbeiter-innen, sondern auch deren Kinder, die, geschwächt durch Hunger und Krankheit, dahinvegetierten. Es gebe keine Familienstrukturen mehr, denn die arbeitspflichtigen Frauen könnten sich nicht um ihre Neugeborenen kümmern und müssten ihre kleinen Kinder häufig sich selbst überlassen. Sobald die Kleinen in der Lage seien, Arbeiten im industriellen Produktionsablauf zu verrichten, müssten sie in die Fabrik gehen. Schon früh zeigten sich Degenerierungserscheinungen; Engels berichtete, dass er an den sog. Drosselspinnmaschinen kein *„gut und* *schlank gewachsenes Mädchen"* gesehen habe, sondern *„sie waren alle klein, schlecht gewachsen und eigentümlich gedrängten Baus, entschieden häßlich in ihrer ganzen Körperbildung."* [108]

Das Leben dort war vor allem für die Mädchen verderblich. In den Fabriken herrsche eine unanständige, schmutzige Sprache und es komme zu *„sexuellen Übergriffen"*. *„Es versteht sich übrigens, dass die Fabrikdienstbarkeit … dem Brotherrn das Jus primae noctae"* erteilt, behauptete Engels. Für manchen Fabrikanten sei seine Fabrik sein *„Harem"*.

Wie schon in seinen „Briefen aus dem Wuppertal" hatte Friedrich Engels beobachtet, dass dem Arbeiter als Folge der überlangen, anstrengenden Arbeit und einer alle *„Wohnlichkeit"* entbehrenden Behausung als *„fast einzige Freudenquelle"* der Branntwein bleibe. Nur im Wirtshaus finde er Geselligkeit und daher sei es einleuchtend, *„dass eine sehr große Masse der Arbeiter dem Trunk verfallen muss"*. Als weitere Freudenquelle des Arbeiters führte Engels an: *„Neben seiner Zügellosigkeit im Genuß geistiger Getränke bildet die Zügellosigkeit des geschlechtlichen Verkehrs eine Hauptuntugend vieler englischer Arbeiter."* [109] Generell demoralisiere und entfremde die eingeforderte Zwangsarbeit den Arbeiter seines Menschseins, obwohl doch *„freiwillige produktive Tätigkeit der höchste Genuß"* sei.

Engels' Schlussfolgerung aus den Lebensumständen des englischen Arbeiters war: Weigere sich der Arbeiter die Arbeitsbedingungen des Unternehmers zu akzeptieren, *„bliebe ihm nur zu verhungern, zu erfrieren, sich nackt bei den Tieren des Waldes zu betten."* [110] Das Elend lasse diesem somit *„nur die Wahl, langsam zu verhungern, sich rasch zu töten oder sich zu nehmen, was er nötig hat, wo er es findet, auf deutsch, zu stehlen."* [111]

Im Gegensatz zu anderen Autoren, die sich mit der Lage der Industriearbeiter beschäftigten, hielt Friedrich Engels soziale Reformen nicht für möglich. Er glaubte, nur eine Revolution könne die Lage der arbeitenden Bevölkerung verbessern; noch bezog Engels alle Arbeitenden, nicht nur die Proletarier mit ein; denn *„der Kommunismus sei eine Sache der Menschheit, nicht bloß der Arbeiter"*.

Es war ein wegweisendes Buch, das der damals 24-Jährige schrieb. Kautsky beurteilte es als *„das erste Werk, in dem der wissenschaftliche Sozialismus völlig bewußt und klar zum Ausdruck gekommen ist."* [112] Engels ordnete „Die Lage der arbeitenden Klasse in England. Nach eigener Anschauung und authentischen Quellen" 50 Jahre später bescheiden der Phase der embryonalen Entwicklung des Sozialismus zu. Und doch zeigten die Ausführungen des jungen Autors deutlich seine geistige Weiterentwicklung; hatte der 17-jährige Friedrich in den „Briefen aus dem Wuppertal" nur seine eigene begrenzte Welt kritisiert und an den Pranger gestellt, so forderte er jetzt, fünf Jahre später und älter, eine generelle Veränderung der herrschenden Zustände. Der Fabrikantensohn Friedrich Engels sagte für die führende Industrienation England den Verfall der Bourgeoisie voraus und parallel dazu den Aufstieg des Proletariats. Es gebe im englischen Bürgertum zwar den viel beschworenen Geist der politischen Freiheit, aber die öffentliche Meinung, die *„die brutale Gleichgültigkeit, die gefühllose Isolierung jedes einzelnen auf seine Privatinteressen"* predige, lege ihm Fesseln an. Die Arbeiterklasse sei noch in Chartisten und Sozialisten gespalten, aber durch eine Vereinigung beider Gruppen zu einer kommunistischen *„Partei"* könnte sie *„die Herrscherin von England"* werden. Diese werde dafür sorgen, dass der offene und direkte Krieg der Armen gegen die Reichen, der unausweichlich sei, dennoch *„sehr friedlich ablaufen"* könne. Für Friedrich Engels waren die wichtigste Grundlagen für den Erfolg der proletarischen Bewegung *„eine ihren Klasseninteressen entsprechende wissenschaftliche Theorie und eine neuentspringende Partei."*[113] Wer diese Theorie entwerfen sollte, darüber gab es für ihn nach seinem Besuch 1844 in Paris keinen Zweifel: Das konnte nur Karl Marx leisten.

Das *„allem geheiligten Unsinn und Frevel verderbliche Buch"* von Engels wurde ein Erfolg und lag, wie der Maler Gustav Adolf Köttgen im Mai 1846 in einem Rundschreiben informierte, *„unverboten in den Wirtshäusern"*.

Friedrichs Aktivitäten in Barmen beschränkten sich nicht nur auf den Schacher, das üble Geschäftemachen, und das Schreiben seines Buches, sondern er traf sich mit seinen alten Freunden Gustav Wurm, der inzwischen Gymnasiallehrer geworden war, Richard Roth, Wilhelm Blank und Friedrich Wilhelm Strücker. Die jungen Leute erweckten bei Friedrich den Eindruck, sich sozialer als ihre Väter zu verhalten: *„Diese Kerls haben wirklich angefangen, ihre Familienwirtschaft zu revolutionieren, und lesen ihren Alten jedesmal den Text, wenn sie sich unterfangen, die Dienstboten oder Arbeiter aristokratisch zu behandeln – und so was ist schon viel in dem patriarchalischen Elberfeld."*[114]

Entgegen seinem Wunsch blieb Friedrich länger als geplant in Barmen und sorgte als kommunistischer Aktivist für große Aufregung und gewaltigen Ärger bei seinen Eltern.

Im Oktober 1844 war, auch als Reaktion auf den Weberaufstand, eine Kabinettsorder der preußischen Regierung in Kraft getreten mit der Anweisung, es sollten nicht nur in Berlin, sondern auch in anderen Städten „Vereine zum Wohle der arbeitenden Klassen" gegründet werden. Der geistigen und leiblichen Not der Hand- und Fabrikarbeiter sollte „Abhülfe" durch Spar-Prämien-Kassen und die Anlegung von Schulen und die Verbreitung gemeinnütziger Schriften geschaffen werden. Grund war die Sorge der regierenden Oberschicht, eine Verarmung und Verelendung breiter Bevölkerungsschichten könnte neue Unruhen oder gar eine Revolution auslösen. Beunruhigend für die Regierung war insbesondere, dass das gebildete Bürgertum und der Mittelstand sich zunehmend für das „Schreckgespenst Kommunismus" interessierten.

Im Zuge der Kabinettsorder kam im Februar 1845 für Engels, Moses Hess und Gustav Adolf Köttgen die Chance unter dem Deckmäntelchen der offiziell erlaubten Gründung von „Vereinen zum Wohle der arbeitenden Klassen" zu Versammlungen in den Zweibrücker Hof in Elberfeld einzuladen und bei dieser Gelegenheit für ihre kommunistischen Ansichten zu werben. Friedrich Engels hob in seinen Reden, die er für die „Rheinischen Jahrbücher zur gesellschaftlichen Reform" zusammenfasste, die Klassengegensätze in der kapitalistischen Gesellschaft hervor und sprach vom absehbaren Niedergang des Mittelstandes. Er erklärte, nur im Kommunismus gebe es gemeinsame Interessen, die die Vernichtung des Mittelstandes und die Konzentration des Kapitals in wenigen Händen verhinderten. Er entwarf vor seinen Zuhörern eine Welt, in der es keine Verbrechen mehr, keine Kriege mehr gebe; denn wenn sich der gebildete Mensch frei von jeglicher Unterdrückung entfalten könne, werde er aus Einsicht auf Gewalt verzichten. Ob Engels so klar zu seinem ausschließlich bürgerlichen Publikum gesprochen oder seine Worte vor dem Druck überarbeitet hat, ist nicht zu eruieren. Er war jedenfalls mit sich zufrieden. An Marx schrieb er, auf seine Initiative hin sei in dem „Verein zum Wohle der arbeitenden Klassen" in Elberfeld *„alles Christliche aus den Statuten verbannt"* worden und es bereite ihm Genugtuung, *„vor leibhaftigen Menschen zu stehen und ihnen direkt,* *sinnlich und unverhohlen zu predigen"*. Engels, Hess und Köttgen hatten Erfolg; kamen am 8. Februar zur ersten Versammlung 40 Interessierte in das Lokal der Witwe Obermeyer, waren es bei der dritten am 22. Februar bereits über 200. Engels meinte schon euphorisch übertrieben, man *„stolpert über Kommunisten"* in Elberfeld. Arbeiter durften die Treffen nicht besuchen, da das Zusammentreffen von Arbeitern zeitgleich an einem Ort als verbotene Versammlung galt.

Den staatlichen Behörden entging nicht, dass bei den Versammlungen im Gasthaus Obermeyer kommunistische Thesen propagiert wurden, und sie zogen die Konsequenzen. Sie verboten das vierte Zusammentreffen am 1. März 1845 und legten Akten über die Rädelsführer an. In einer Akte war vermerkt, dass Friedrich Engels *„ein arger Kommunist"* sei und *„sich als Literat"* herumtreibe. Der Vater dieses Friedrich Engels' sei aber ein durchaus zuverlässiger Mann, und das dürfte der Grund gewesen sein, dass Friedrich „unter der Hand gesteckt" wurde, dass bei Widerhandlung gegen das Verbot „Verhaftung und Klage folgen würde."[115]

Friedrichs Umtriebigkeit blieb seinem Umfeld nicht verborgen und er befand sich in einer misslichen Situation: Er lebte noch zuhause, war vom Vater materiell abhängig und wollte sich nicht *„mit meiner ganzen Familie überwerfen"*. An Marx: Er führe *„ein wahres Hundeleben"*. *„Es ist rein zum Tollwerden. Von der Malice dieser christlichen Hetzjagd nach meiner ‚Seele' hast Du keine Ahnung. Dazu brauchte mein Alter nur zu entdecken, dass die ‚Kritische Kritik' existiert, und er ist imstande, mich vor die Türe zu setzen."*[116] Den Bruch mit dem Vater hätte Friedrich in Kauf genommen, aber: *„Wär's nicht um meiner Mutter willen, die einen schönen menschlichen Fonds* (hat) … *und die ich wirklich liebe, so würde es mir keinen Augenblick einfallen, meinem fanatischen und despotischen Alten auch nur die elendste Konzession zu machen. Aber so grämt sich meine Mutter ohnehin jeden Augenblick krank und hat gleich jedes Mal, wenn sie sich speziell um mich ärgert, acht Tage Kopfweh – es ist nicht mehr auszuhalten, ich muß fort und weiß kaum, wie ich die paar Wochen, die ich hier bin, noch aushalten soll. Doch das wird auch schon gehen."*[117]

Friedrich musste zudem damit rechnen, dass er in *„Familienhäkeleien"* geriet, wenn seine *„jetzt höchst gereizten Alten"* erfuhren, dass er mit Marx zusammen der Verfasser der Ende Februar 1845 erschienenen

Schrift „Die Heilige Familie oder Kritik der kritischen Kritik. Gegen Bruno Bauer & Consorten." war. Zum ersten Mal wurde er namentlich als Autor genannt, nicht anonym oder unter Pseudonym wie bisher und zudem noch zusammen mit Marx, den die Familie als „Verführer" des Sohnes ansah. Engels selbst war nicht erfreut, dass Marx aus ihren Entwürfen ein *„zu großes Ding"* mit 225 Seiten gemacht hatte und er fürchtete, das Meiste ihrer Ausführungen werde den Lesern unverständlich bleiben und sie auch nicht interessieren. Aber er lobte das Werk als *„ganz famos"*, *„prächtig geschrieben"* und *„zum Kranklachen"*.

Der Vater erfuhr von Friedrichs Autorenschaft der „Kritischen Kritik" und zog die inzwischen erteilte Einwilligung, dem Sohn in Bonn ein Studium der Kameralwissenschaften zu finanzieren, zurück. Er hatte seine Unterstützung an die Bedingung geknüpft, ausschließlich für *„studia"* nicht aber *„für kommunistische Zwecke irgendeiner Art"* aufzukommen.

Es kam nicht zum endgültigen Zerwürfnis Friedrichs mit der Familie. Er riss sich zusammen, obwohl er voller Abneigung gegenüber seinem Vater war. Er sei es leid, schrieb er Marx, in das *„vermaledeite Kindergottesgesicht"* des Vaters zu sehen, der seinen ganzen *„religiösen ... Bourgeoisfanatismus"* zeige, seit er, Friedrich, offen als Kommunist auftrete. Er könne nicht *„essen, trinken, schlafen, keinen Furz lassen"*, ohne die *„infame Fratze"* vor der Nase zu haben. Auch seine berufliche Tätigkeit belastete ihn. Marx vertraute er an, es sei ihm auf die Dauer unerträglich, als *„Schacher und Industrietreibender"* Bourgeois im Rahmen seiner Tätigkeit gegen das Proletariat aufzutreten und gleichzeitig kommunistische Propaganda zu schreiben.

Alles Wehklagen erübrigte sich, da Friedrich Schwierigkeiten mit den Behörden drohten. Georg Weerth wusste, dass *„Engels durch den Ober-Konsistorial-Rat Snethlage von oben ein Wink zugekommen sei, sich lieber aus Preußen zu entfernen – er habe sich daher nach Brüssel begeben."*[118] Der einzige Wermutstropfen war für Friedrich, dass er nicht bei der Hochzeit seiner geliebten Schwester Marie mit Emil Blank im Juli 1845 in Barmen anwesend sein konnte.

Friedrich Engels traf am 5. April 1845 in Brüssel ein und schloss sich eng an Marx und dessen Familie an.

TEIL III – WANDERJAHRE (1845–1850)

Erste Zusammenarbeit mit Karl Marx in Brüssel

Dem Beginn der Freundschaft zwischen Friedrich Engels und Karl Marx im August 1844 folgte eine lebenslange wissenschaftliche und politische Zusammenarbeit. Friedrich Engels, lange vor Marx ein überzeugter Sozialist, trug als kongenialer Partner entscheidend dazu bei, dass Karl Marx das wissenschaftliche Fundament für die sozialistisch-kommunistische Weltanschauung formulieren konnte. Seinen eigenen Beitrag beschrieb Engels 1888 bescheiden in einer Fußnote in „Ludwig Feuerbach und der Ausgang der klassischen Deutschen Philosophie" unter *„persönliche Erläuterung"*: *„Man hat neuerdings mehrfach auf meinen Anteil an dieser Theorie hingewiesen, und so kann ich kaum umhin, hier die wenigen Worte zu sagen, wodurch dieser Punkt sich erledigt. Daß ich vor und während meinem vierzigjährigen Zusammenwirken mit Marx sowohl an der Begründung wie namentlich an der Ausarbeitung der Theorie einen gewissen selbständigen Anteil hatte, kann ich selbst nicht leugnen. Aber der größte Teil der leitenden Grundgedanken, besonders auf ökonomischem und geschichtlichem Gebiet, und speziell ihre schließliche scharfe Fassung, gehört Marx. Was ich beigetragen, das konnte – allenfalls ein paar Spezialgebiete ausgenommen – Marx auch wohl ohne mich fertigbringen. Was Marx geleistet, das hätte ich nicht fertiggebracht. Marx stand höher, sah weiter, überblickte mehr und rascher als wir andern alle. Marx war ein Genie, wir andern höchstens Talente. Ohne ihn wäre die Theorie heute bei weitem nicht das, was sie ist. Sie trägt daher auch mit Recht seinen Namen."*[119]

Im Anhang zu der Schrift zu Feuerbach veröffentlichte Engels erstmals unter dem Titel „Marx über Feuerbach. Niedergeschrieben in Brüssel im Frühjahr 1845" die 11 Thesen zu Feuerbach. Besondere Berühmtheit erlangte die letzte These: *„Die Philosophen haben die Welt nur verschieden interpretiert, es kömmt drauf an, sie zu verändern."*[120]

Der 25-jährige Engels und der 27-jährige Marx schickten sich an, diese weltverändernden Philosophen zu werden. Ihre Ausgangslage war, dass die Philosophie der Kopf sein sollte, das Proletariat das Herz des revolutionären Kampfes. In ihrem zwischen September 1845 und August 1846 fast vollständig ausgearbeiteten Buch „Die deutsche Ideologie" konzipierten sie erstmals ihre kommunistischen Vorstellungen und formulierten die Grundlagen einer materialistischen Geschichtsauffassung, den historischen Materialismus. *„Die Gedanken der herrschenden Klasse sind in jeder Epoche die herrschenden Gedanken, d.h. die Klasse, welche die herrschende materielle Macht der Gesellschaft ist, ist zugleich ihre herrschende geistige Macht"*[121], verkündeten sie. Als ersten Schritt sollte die Bourgeoisie mit Hilfe des Proletariats die politische Herrschaft des Feudalismus beenden und eine liberale Demokratie etablieren. Aber die Bourgeoisie, so warnten sie, sollte wissen, dass *„der Henker ... vor der Türe"*[122] steht; denn das Proletariat würde, wenn alle Voraussetzungen erfüllt seien, sich gegen die Bourgeoisie erheben und die Macht übernehmen. Die Grundgedanken ihrer Theorie waren überzeugend formuliert, beruhten aber auf einem überspitzten Fortschrittsgedanken und einem vereinfachten Klassenbegriff. Das Buch erschien erst 1932, weil 1846 *„veränderte Umstände den Druck nicht erlaubten"*, auf die Engels nicht näher einging. Die Verfasser überließen das Manuskript *„der nagenden Kritik der Mäuse"*.

Damit ihre weltanschaulichen Auffassungen Verbreitung fanden, schrieben Engels und Marx Artikel für verschiedene Zeitungen, insbesondere für die „Deutsch-Brüsseler-Zeitung", „Das Westphälische Dampfboot", „Das deutsche Bürgerbuch" und andere. In der zweitletzten Nummer der „Deutsch-Brüsseler Zeitung" wies am 23. Januar 1848 Friedrich Engels den Bourgeois ihre Rolle zu: *„Sie mögen es vorher wissen, daß sie nur in unserem Interesse arbeiten. Sie können darum doch ihren Kampf gegen die absolute Monarchie, den Adel und die Pfaffen nicht aufgeben, sie müssen siegen oder schon jetzt untergehen. Ja, in sehr kurzer Zeit werden sie in Deutschland sogar unseren Beistand anrufen müssen. Kämpft also nur mutig fort, ihr gnädigen Herren vom Kapital! Wir haben euch vor der Hand nötig, wir haben sogar hie und da eure Herrschaft nötig. Ihr müßt uns die Reste des Mittelalters und die absolute Monarchie aus dem Wege schaffen, ihr müßt den Patriarchalismus vernichten, ihr müßt zentralisieren, ihr müßt alle mehr oder weniger besitzlosen Klassen in wirkliche Proletarier, in Rekruten für uns, verwandeln, ihr müßt uns durch eure Fabriken und Handelsverbindungen die Grundlage der materiellen Mittel liefern, deren das Proletariat zu seiner Befreiung bedarf, zum Lohn dafür sollt ihr eine kurze Zeit herrschen. Ihr sollt Gesetze*

Karl Marx in jungen Jahren

Friedrich Engels 1864

diktieren, ihr sollt euch sonnen im Glanz der von euch geschaffenen Majestät, ihr sollt bankettieren im königlichen Saal und die Königstochter freien, aber vergeßt nicht! – Der Henker steht vor der Tür." [123]

Nur zu hoffen und im stillen Kämmerlein zu schreiben, reichte nicht, um Einfluss zu nehmen. Engels und Marx gründeten mit anderen Emigranten Anfang 1846 das Brüsseler Kommunistische Korrespondenz-Komitee mit dem Ziel, Kontakte zu Kommunisten in anderen Ländern aufzunehmen und mit diesen eine internationale Arbeiterbewegung ins Leben zu rufen. Pawel Annenkow berichtete über eine Komitee-Sitzung am 30. März 1846: Der hochgewachsene, aufrechte, englisch vornehme und ernsthafte Engels habe die Eröffnungsrede gehalten, die zu Annenkows Erstaunen Marx gestört habe. Marx habe das Wort an sich gerissen, aber nicht wie erwartet überragend vorgetragen, sondern im Gegensatz zu Engels verworren und fehlerhaft.

Um ihren Einfluss in der sozialistisch-kommunistischen Szene zu erweitern, traten Engels und Marx dem „Bund der Gerechten" im Januar 1847 bei, mit dem festen Ziel den Bund zu ihrem Instrument zu machen. Der Bund verfolgte das Ziel, die alten politischen und gesellschaftlichen Institutionen zu beseitigen und die Herrschaft des Proletariats sicher zu stellen, um eine Gesellschaft ohne Klassen mit Gütergemeinschaft statt Privateigentum durchzusetzen.

Engels und Marx strebten die Vorherrschaft in dem Bund an, die ihnen Wilhelm Weitling streitig machte. Weitling war einer der Gründer des „Bundes der Gerechten" und galt als der erste deutsche Theoretiker des Kommunismus, eines *„Handwerkerkommunismus"*, so Marx. *„Es diskutierten hier sehr heftig Marx und Engels gegen mich"*, schrieb Weitling, der mit seinen volkstümlich gehaltenen Schriften mit christlichem Hintergrund großen Einfluss auf die Arbeiter gewonnen hatte. Einfluss nehmen wollten auch Engels und Marx, aber sie wollten ihre Klientel schulen *„sowohl mit der Erörterung wissenschaftlicher Fragen als auch mit der kritischen Übersicht über die populären Schriften und mit der sozialistischen Propaganda, die man mit diesem Mittel in Deutschland betreiben kann."* [124] Marx warf Weitling vor, falsche Hoffnungen bei den Arbeitern durch seine kommunistischen Predigten zu erwecken. Als dieser seine Arbeit als wichtiger als alle Gelehrtentheorie einstufte, soll Marx ihm laut entgegnet haben: *„Niemals noch hat die Unwissenheit jemandem genützt."*

Zum ersten Bundeskongress des „Bundes der Gerechten" im Juni 1847 in London reiste Engels als Vertreter der Pariser Gemeinde an, ohne Marx, der aus finanziellen Gründen in Brüssel bleiben musste. Mit Wilhelm Wolff zusammen setzte er eine Umbenennung des „Bundes der Gerechten" in „Bund der Kommunisten" durch. Karl Schapper wurde Präsident, Engels Sekretär des Bundes. Zielsetzungen des „Bundes" waren die Gründung einer proletarischen, revolutionären Partei und die theoretische Unterweisung des Proletariats, das seine historische Bedeutung, seine Rolle und sein Machtpotential erkennen sollte. Ein weiteres Ziel war die weltweite Solidarisierung aller Arbeiter nach dem Motto: „Arbeiter aller Länder vereinigt Euch".

Ende August 1847 gründeten Engels und Marx den „Deutschen Arbeiterverein" in Brüssel, in dem sich die dort lebenden deutschen Arbeiter öffentlich versammeln konnten. Die Treffen im alten Zunfthaus der Metzger „Zum Schwan" am Grande Place dienten der Weiterbildung der Mitglieder durch Vorträge und der Unterhaltung. Man kam an Festtagen zusammen, sang deutsche Lieder und erfreute sich an künstlerischen Darbietungen, an denen sich Jenny Marx mit der Rezitation von Gedichten und poetischen Texten beteiligte.

In Brüssel wurde auch die „Association démocratique", die demokratische Gesellschaft, gegründet, die bürgerliche Demokraten, Handwerker und Arbeiter aus verschiedenen Ländern vereinte. Marx wurde zu einem der zwei Vizepräsidenten gewählt. Interessanterweise wurde in dieser Vereinigung bereits über eine „Fédération de l'Europe", ein europäisches Bündnis diskutiert.[125]

In der letzten Novemberwoche 1847 trafen sich in Ostende Karl Marx und der „Kaufmann" Engels, wie er seinen Beruf bei der Reederei angab, mit deren Schiff er nach England übersetzte. Die beiden Herren reisten als Delegierte der Pariser und der Brüsseler Gemeinde nach London zum Zweiten Kongress des „Bundes der Kommunisten". Im Gepäck hatten sie konkrete Vorschläge für ein Programm des Bundes. Primär ging es ihnen darum, den Bund in eine *„selbstbewußte Klassenpartei"* umzufunktionieren. Sie agierten erfolgreich. Marx gelang es nach Aussage von Friedrich Leßner in einer Rede durch zwingende Logik, zielführende, sachlich-knappe Argumentation alle Zweifel und Vorbehalte bei den Delegierten zu zerstreuen. Marx sei *„zum Volksführer gebo-*

ren", behauptete Leßner. Engels und Marx erhielten von den Delegierten den Auftrag, ein *„Glaubensbekenntnis"* für den Bund zu schreiben. Auf der Grundlage von Engels' „Grundsätzen des Kommunismus" von 1847 entwickelte Marx in den folgenden Monaten ein „Manifest". Die *„Katechismusform"*, ein Lehrbuch in Frage- und Antwortform, hatte Engels kategorisch abgelehnt. „Das Manifest der Kommunistischen Partei" erschien Ende Februar 1848 zunächst ohne Nennung der Autoren – fast zeitgleich mit dem Ausbruch der Revolution 1848 in Frankreich.

In dem „Manifest" behaupteten Engels und Marx, der Schlüssel zum Verständnis der Geschichte der menschlichen Gesellschaft liege in der Entwicklung der Produktions- und Arbeitsbedingungen. Ausgangspunkt sei die klassenlose Gentilgesellschaft, ein Sippenverband, in dem Grund und Boden Gemeineigentum gewesen seien. Nach ihrer Theorie, dem historischen Materialismus, folgten auf diese nacheinander die Sklavenhaltergesellschaft, die Feudalgesellschaft und die kapitalistische Gesellschaft, die durch die Herrschaft des Proletariats beseitigt werden sollte. Die Diktatur des Proletariats sei die Übergangsphase zum Kommunismus. Von einer kommunistischen Gesellschaft könne man dann sprechen, wenn die drei großen Formen der Knechtschaft abgeschafft seien: die Sklaverei, die Leibeigenschaft und die Lohnarbeit. In diesem neuen Gesellschaftszustand sei dann der *„Sprung der Menschheit aus dem Reich der Notwendigkeit in das Reich der Freiheit"* vollzogen, in dem es keine Regierung mehr über Personen gebe, sondern nur noch die Verwaltung von Sachen und die Leitung von Produktionsgesellschaften.

Bei der Formulierung dieses Werkes zeigte sich einmal mehr die Übereinstimmung im Denken von Engels und Marx. Als Wilhelm Liebknecht gefragt wurde, wer von den beiden welchen Beitrag zu dem Werk geliefert habe, meinte er: *„Es ist aus einem Guß, und Marx und Engels sind ein Geist, wie sie es bis zu ihrem Tode in ihrem ganzen Wirken und Schaffen geblieben sind."*[126]

Ein Jahr mit Mary Burns

Als Friedrich Engels im Herbst 1844 Manchester verließ, blieb Mary Burns zurück. Es war eine kurze Episode gewesen. Sie scheinen sich nicht ewige Liebe und Treue geschworen zu haben, denn schon kurz nach seiner Rückkehr nach Barmen verliebte sich Friedrich, wie bereits erwähnt, in eine andere Frau. Diese Verbindung scheiterte. War die junge Frau zu spröde und zurückhaltend für den stürmischen Friedrich gewesen, im Vergleich zur temperamentvollen und (vermutlich) sexuell freizügigeren Mary? War es möglich, dass er sich an die Vorzüge von Mary erinnerte und sie aus der Ferne zum „Modell der neuen unabhängigen proletarischen Frau“ [127] idealisierte und zum Prototyp der Frau im Kommunismus stilisierte?

Als Friedrich mit Karl Marx Mitte Juli 1845 Manchester besuchte, damit der Freund sich ein Bild von den Lebensbedingungen der Arbeiter-innen machen konnte, traf er Mary – und sie wurden wieder ein Paar. Die junge Frau begleitete ihn nach Brüssel, nicht völlig unerwartet, denn Frau Marx hatte im August von Trier aus sehr neugierig gefragt, ob Engels *„solo mit heimgekehrt“* sei oder *„à deux“*.

Seit Sommer 1845 lebten Mary Burns und Friedrich Engels in Brüssel ohne Trauschein zusammen. Im Exilantenkreis galt Mary als *„Engels‘ Frau“* und fand als solche Erwähnung in den Briefen von Freunden und Bekannten. Julian Harney richtete Ende März 1846 Grüße an *„Mrs E.“* im Namen seiner Frau aus und Georg Weerth schrieb seiner Mutter, Engels habe *„eine kleine Engländerin aus Manchester zur Frau, so dass unsre Konversationen halb englisch, halb deutsch sind.“* [128]

Ein Jahr lebte das Paar in Brüssel. Anfang Juli 1846 deutete Roland Daniels an, er habe sehr interessante Nachrichten über Engels und *„seine mistress“* erhalten. Vielleicht bezogen sich diese Neuigkeiten auf die bevorstehende Rückkehr Marys nach England. Julian Harvey ließ am 20. Juli 1846 von London aus Engels wissen: *„Mary ist nun in ‘Burns Land‘ und wird dort 3 oder 4 Monate bleiben“*. Ob mit „Burns-Land“ die Heimat ihres Vaters oder Manchester gemeint war, lässt sich nicht mit Bestimmtheit sagen. Da sie laut Harney nur wenige Monate dort bleiben wollte, dürfte es sich bei „Burns Land“ um Irland gehandelt haben. Auch Joseph Weydemeyer kam auf Mary zu sprechen, als er sich Ende

Juli 1846 bei Marx über Engels äußerte: *„Ich habe über seine diktatorischen Forderungen und seinen herrischen Ton nur lachen können. Bei seinem Frauenzimmer schien es ihm damit nicht so glücken zu wollen."* [129] Sah Weydemeyer einen Grund für Marys Abreise in Engels *„herrischer"* und *„diktatorischer"* Art, die die emanzipierte Mary nicht auf die Dauer hatte hinnehmen wollen?

Über Marys Befindlichkeit in diesem Jahr in Brüssel wissen wir nichts. Nachbarn wie das Ehepaar Heß sollen sich ihr gegenüber unfair verhalten haben, denn Engels sprach später von *„Gemeinheiten, die sie gegenüber der Mary begangen."* [130] Eine andere Nachbarin, Frau Marx, soll sich bei ihrem Mann über das Zusammenleben des jungen Paares negativ ausgelassen haben. Wie andere auch, empfand die gebürtige Dame von Westphalen es als unpassend, dass ein Fabrikantensohn sich so weit herabließ und mit seinem proletarischen Liebchen offen wie ein Ehepaar zusammenlebte.

Es gibt keinen Hinweis darauf, dass das Ehepaar Marx näheren Kontakt in Brüssel zu Mary gepflegt hat, obwohl diese in seiner unmittelbaren Nachbarschaft lebte. Über die Gründe dafür lassen sich nur Mutmaßungen anstellen: Jenny Marx hatte, was aufgrund ihrer Vita und ihrer moralischen Grundsätze nachvollziehbar ist, große Schwierigkeiten damit, eine Frau zu akzeptieren, die sich die Freiheit nahm, mit einem Mann ohne Trauschein zusammenzuleben. Zudem konnte sich die Ex-Adlige – uneingestanden – daran gestört haben, dass Mary den modernen, unabhängigen Typ von Frau verkörperte: Die Arbeiterin war in der Lage, im Gegensatz zu adligen und bürgerlichen Mädchen, die zuhause bis zu ihrer Heirat behütet und kontrolliert aufwuchsen, sich durch ihrer Hände Arbeit eine bescheidene Existenz zu sichern. Mary war eine freie Frau und eine Proletarierin, deren Klasse die Zukunft gehörte. Frau Marx hingegen gehörte der Schicht an, die „beseitigt" werden sollte, auch wenn sie als Frau des revolutionären Theoretikers Karl Marx eine Sonderrolle spielte. Frau Marx hat sich – vielleicht – diesem irischen „Vollblutweib" unterlegen gefühlt, das aus einer niederen gesellschaftlichen Schicht kam und wenig Geld hatte und trotzdem den bildungs- und standesmäßig über ihr stehenden Engels an sich binden konnte. Zu den Ressentiments können auch die sehr unterschiedlichen Charaktere der beiden Frauen beigetragen haben. Frau Marx war eine

Dame, zurückhaltend, distanziert, Mary eher frech, vorlaut, nach Karl Marx *„eine unbezähmbare Proletarierin"*.

Im Frühjahr 1846 kam es nachweislich zu einem ernsthaften Zerwürfnis zwischen Marx und Engels. Frau Marx, die sich bei der Mutter in Trier aufhielt, kommentierte in einem Brief an ihren Mann die Auseinandersetzung in nächster Nachbarschaft: *„Bei Euch ist ja Mord und Totschlag ausgebrochen! Lieb ist mir, daß der radicale Bruch erst während meiner Abwesenheit geschah. Es wäre doch vieles auf die intrigante ehrgeizige Frau, die Mcbethen, gekommen, und auch nicht ohne Grund. Denn lange genug hab ich freilich an den Verhältnissen herumgenörgelt und petite critique geübt."* [131] Leider ging Jenny nicht auf die Gründe ein, die zum Ausbruch von *„Mord und Totschlag"* führten. Aber die angespannte Lage schien mit Mary Burns zusammenzuhängen.

Frau Marx verfolgte generell mit Skepsis die Frauengeschichten von Engels. Stephan Born erinnerte sich an ein Abendessen im Deutschen Arbeiterverein an Silvester 1847 in Brüssel, an dem auch das Ehepaar Marx und *„Engels mit seiner – Dame"* teilnahmen. Die beiden Paare waren durch einen großen Raum voneinander getrennt und dies sollte auch so bleiben. Jedenfalls gab Marx durch ein vielsagendes Lächeln Born zu verstehen, dass seine Frau eine Bekanntschaft mit *„jener Dame"* entschieden ablehne. Jahrzehnte später meinte Born in einem anderen Kontext: *„Es war jedenfalls überkühn von Engels durch die Einführung seiner Mätresse in diesem meist von Arbeitern besuchten Kreis an einen, den reichen Fabrikantensöhnen so oft gemachten Vorwurf zu erinnern, daß sie die Töchter des Volkes in den Dienst ihrer Freuden zu ziehen wissen. Noblesse oblige."* [132] Wer die Mätresse war, ist nicht bekannt; vielleicht war es die flämische Mademoiselle Joséphine, die bei Engels in Brüssel wohnte. Mary konnte es nicht sein, da sie sich zu diesem Zeitpunkt wieder in England aufhielt. Born hat sich in der Jahreszahl getäuscht; im Jahr 1847 fand keine derartige Festivität im Brüsseler Arbeiterverein statt [133], so dass es sich um 1845 oder 1846 handeln muss. 1845 hätte Mary die Frau sein können, die Frau Marx nicht sehen wollte.

Friedrich Engels hatte sich in dem Jahr seines Zusammenlebens wie ein Ehemann für Mary verantwortlich gefühlt. Allerdings erlaubten seine geringen Einnahmen als Publizist dem Paar nur ein sehr bescheidenes Leben. Friedrich schrieb zwar für „The Northern Star" über kontinentaleuropäische Themen und für deutsche Zeitungen über England, aber die Honorare reichten nicht aus. Im April 1846 musste er seinen in London lebenden Schwager Emil Blank bitten, ihm unbedingt 6 £ zu schicken, die er in Kürze zurückzahlen werde. Er habe *„fast keinen Heller"* verdient und er müsse *„mit meiner Frau fast ausschließlich von dem Gelde leben ..., das ich von zu Haus bekam, und das war so viel nicht."* [134] Er müsse Sachen aus dem Pfandhaus auslösen, *„ehe die Leute hierherkommen"*. Die Leute waren seine Eltern, die ihn auf dem Weg nach London zu Tochter Marie sehen wollten. Als Grund für seinen finanziellen Engpass gab Friedrich an: *„Der Alte schickt mir das Geld nämlich nicht, was ich am 1. April zu erwarten habe, er scheint es mir mitbringen zu wollen, wenn er zu Deiner Kindstauf kommt."* [135] Das ist ein klarer Hinweis, dass er auch in Brüssel von den Eltern Geld erhielt. Da Friedrich in seinem Brief an seinen Schwager *„meine Frau"* erwähnte, dürfte sein eheähnliches Verhältnis mit der Arbeiterin Mary in der Familie Engels kein Geheimnis geblieben sein.

Es war eine ungewohnt harte, entbehrungsreiche Zeit in Brüssel für den verwöhnten Spross aus wohlhabender Fabrikantenfamilie. Friedrich musste jedoch nicht hungern und ohne Dach über dem Kopf hausen; er hatte immer die Gewissheit, dass seine Familie ihm in größter Not helfen würde. Soziale Verelendung drohte ihm nicht.

Sozialpolitisches Engagement in Paris

Nach offizieller Registrierung hielt sich Friedrich Engels vom 26. August 1845 bis zum 19. August 1846 in Brüssel auf, bevor er Belgien in Richtung Paris verließ. Da Kommunisten wie er und Marx länderübergreifend observiert wurden, war dem Polizeipräfekten von Paris bereits am 13. August 1846 die bevorstehende Ankunft von Engels mitgeteilt worden. Dieser hatte sich allerdings erst noch nach Ostende zur Erholung begeben. Marx reiste ihm mit seiner Familie nach. Ob er den Rat des Freundes befolgte und ein *„paar 100"* Zigarren mitbrachte, ist nicht überliefert. Die Tabakwaren, so hatte Engels signalisiert, seien in dem Seebad zu teuer und zu schlecht.

Nach erholsamen Tagen an der See begab sich Friedrich im Auftrag des Kommunistischen Korrespondenz Bureaus und der „Partei Marx", die ca. 20 Mitglieder hatte, in die französische Hauptstadt. Die Wahl war auf ihn gefallen, da er sich ungefährdet in Paris aufhalten konnte und ungebunden war, im Gegensatz zu Marx, der Anfang 1845 aus Frankreich ausgewiesen worden war und Familie hatte.

Engels *„tut hier Not"*, hatte der Arzt August Hermann Ewerbeck an Marx geschrieben. Dieser machte sich umgehend an die ihm übertragenen Aufgaben, die in Paris lebenden deutschen Arbeiter für seine und Marx' Ansichten zu gewinnen und die Zusammenarbeit zwischen den französischen und deutschen „Kommunisten" zu intensivieren. Das bedeutete eine Herausforderung, die ihm nur die Alternative ließ, ein *„liederliches Subjekt oder Schulmeister"* zu sein. Er entschied sich für die Schulmeistermanier, nicht für das liederliche Subjekt, was immer das bedeuten sollte. In Paris lebten um 1840 zahlreiche deutsche Arbeiter, zumeist Handwerker, und diese wollte Engels mit Vorträgen über Zeitgeschichte und über die Theorie des Kommunismus dem Einfluss von Karl Grün entreißen. Grün, ein Philosoph und Journalist, vertrat den *„wahren Sozialismus"*, wie Marx ironisch meinte. Engels zeigte sich entschlossen: *„Der Grün hat die Kerls so versaut, dass die unsinnigste Phrase für sie mehr Sinn hat als die einfachste, zum ökonomischen Argument vernutzte Tatsache … Ich lass' die Kerls nicht laufen, bis ich den Grün aus dem Felde geschlagen und ihnen die verduselten Schädel geöffnet hab'."* [136] Seinen Zuhörern versuchte Engels klarzumachen, dass der Slogan „alle Menschen sind Brüder" die kommunistische Sache nicht weiterbringe. Die Ziele des Kommunismus wie die Enteignung der Bourgeoisie und die Überführung der Produktionsmittel in eine Gütergemeinschaft seien nur durch den Klassenkampf zu erreichen, nicht durch Brüderlichkeit, predigte er.

Mit seinem Hauptwidersacher Grün schien Engels vor seinem Parisaufenthalt gut ausgekommen zu sein; dieser hatte 1845 an Moses Hess geschrieben, er habe keine 'Streitigkeiten' mit Marx und Engels gehabt und sei in gutem Verhältnis zu ihnen gestanden. Für Marx, seinen alten Universitätsfreund, habe er bei Verlagen und Zeitungen alles getan, was in seiner Macht stand, und: *„Ich hatte Engels in Köln durch Sie kennen gelernt, und wie Sie gesehen haben, liebgewonnen … Nun musste ich hinterher erfahren, daß dieses gute Vernehmen bloß einseitig gewesen war, daß man sich sehr schroff und wie Sie sagen 'tadelnd' über mich ausgesprochen habe."* [137] Engels und Marx kritisierten und brachen mit jedem, der sich ihnen nicht bedingungslos unterordnete. Das mussten Weitling, Grün, Hess, Ruge und viele andere erfahren.

Trotz aller Bemühungen war Engels in Paris mit seiner Agitation nicht erfolgreich. Seine Zuhörer gehörten überwiegend dem Handwerkerstand an und ihr Traum war es, einen eigenen Betrieb zu haben und selbständig zu sein. Sie waren daher nicht das Klientel, auf das Engels seit seinem Aufenthalt in England setzte; sie waren zwar Arbeiter in Handwerksbetrieben, vielleicht auch Manufaktur- oder Fabrikarbeiter, aber sie sahen sich nicht als Proletarier. Engels' Erfolglosigkeit lag auch an seinem lehrerhaften Auftreten und Gebaren. Stefan Born, der in diesen Monaten viel mit Engels zusammen war, berichtete, dieser sei auf erhebliche Vorbehalte gestoßen, weil er nichts von einem Arbeiter an sich gehabt, allerdings auch nie so getan habe. Er sei für die Arbeiter doch immer *„der reiche Bourgeoisiesohn, der allmonatlich seinen Wechsel von seinem Vater, dem großen Fabrikherrn in Barmen erhielt“*[138] gewesen. Born betonte denn auch in seinen „Erinnerungen eines Achtundvierzigers“, die Sorge des Lebens sei an Engels in Paris nicht herangetreten.

Die zweite Aufgabe, die Zusammenarbeit zwischen den deutschen und französischen „Kommunisten“ zu verstärken, konnte Engels erfolgreicher angehen, trotz der Befürchtung, sich von den *„Chefs der französischen Radikalen weise Ratschläge geben zu lassen, die man nachher noch gegen die anderen Esel verteidigen muß, damit sie nicht gar zu stolz in ihrer schwammigen Deutschheit sich brüsten.“*[139] Er knüpfte wichtige Kontakte zu Louis Blanc und Ferdinand Flocon, der die Zeitung „La Réforme“ herausgab. Blanc wurde in der ersten Phase der Revolution 1848 Arbeitsminister, Flocon Minister für Ackerbau und Handel.

Für den französischen Geheimdienst gehörte Friedrich Engels zu den sozialistischen Hauptagitatoren, war „Chef einer gefährlichen Clique“ in Paris. Es wurde überprüft, ob man ihn nicht ausweisen konnte. Im April 1847 war in der „Berliner Zeitungs-Halle“ zu lesen, dass bei einer Menge in Paris lebenden Handwerkern Hausdurchsuchungen durchgeführt worden seien und „auch bei Fr. Engels, der in größter Zurückgezogenheit hier lebt und sich bloß mit ökonomischen und historischen Studien abgibt, haben sich bereits mehrere Polizeiagenten eingefunden; natürlich konnten sie ihm nichts anhaben.“[140]

Der 26-Jährige sah die staatlichen Aktivitäten in seinem jugendlichen Übermut als Spielchen an, versuchte die Observierenden vorzuführen, indem er die *„mouchards ... auf kostspielige Bälle“* lockte. Nach eigener Bekundung verdankte er dem Pariser Polizeipräfekten *„ganz hübsche Grisettenbekanntschaften und viel Pläsier“*. Friedrich Engels war ein Lebenskünstler und genoss trotz möglicher Abschiebung das Leben in Paris in vollen Zügen und fühlte sich als junger kommunistischer Lebemann über die bürgerliche Prüderie erhaben. In diesem Sinne forderte er die Arbeiter auf, sie sollten endlich ihre Sinneslust verbalisieren und *„von den Dingen, die sie täglich oder nächtlich treiben, von natürlichen unentbehrlichen und äußerst vergnüglichen Dingen ... unbefangen ... sprechen.“*[141] Er selbst sprach nicht so unbefangen, wie er meinte, denn beim biederen Familienvater Marx umschrieb er das Geschlechtliche: *„Hätt ich 5000 fr. Rente, ich tät nichts als arbeiten und mich mit Weibern amüsieren, bis ich kaputt wäre. Wenn die Französinnen nicht wären, wär' das Leben überhaupt nicht der Mühe wert. Mais tant qu'il y a des grisettes, ca!**“[142] Er prahlte mit seinen Vergnügungen und hätte Freund Karl gerne an seiner Seite gehabt. Folglich forderte er den dreifachen Familienvater auf, aus dem langweiligen Brüssel ins lebendige Paris zu kommen. Er verfüge über *„einiges Geld“*, mit dem sie *„einige Zeit höchst fidel zusammen verkneipen“*[143] könnten. Friedrich vergaß den Einspruch der eifersüchtigen Frau Marx; Gatte Karl blieb zuhause. Aber der junge Mann ließ es sich trotzdem gutgehen, wie Georg Weerth seiner Mutter schrieb: *„Am 20. März war ich in Paris und saß mit meinem Freund Engels in der Rue Rivoli beim Frühstück. Der junge Chablis vom Jahr 1846 schmeckte uns vortrefflich, und die ganze Welt war schön.“*[144]

Friedrich Engels erfreute sich nicht nur am Wein, sondern auch an den Grisetten, jungen, unverheirateten Frauen aus der Unterschicht, die alleine lebten und sich als Näherinnen, Putzmacherinnen oder Arbeiterinnen ihr Brot verdienten. Ihren Namen verdankten sie dem Stoff ihrer Kleider, dem Grisette, einem grauen feinfädigen Kammgarnstoff. Sie waren keine Prostituierten, aber sehr wohl Frauen, die sich auf Liebe-

---

* Aber es gab ja die Grisetten

leien einließen. Max Stirner, den Engels aus Berlin von den Junghegelianern her kannte, verkündete locker, dass *„eine freie Grisette … tausend in der Tugend grau gewordenen Jungfern"* vorzuziehen sei.

Engels wusste um seine Gefährdung in Frankreich. Im Mai 1847 entging er einer Verhaftung in Paris nur, weil er sich vorsorglich in die belgische Hauptstadt abgesetzt hatte. Von dort aus reiste er in Sachen Partei durch die Gegend. Im Auftrag des kommunistischen Korrespondenzkomitees fuhr er von Brüssel am 1. Juni 1847 über Ostende nach Dover und weiter nach London zu dem Kongress des „Bundes der Gerechten". Nach anschließendem kurzem Aufenthalt in Paris brach er Ende Juni für einige Wochen nach Brüssel auf, fuhr am 8. August über Dover nach London, verbrachte Mitte August als *„Badegast. Engels, Schriftsteller, aus Brüssel"* wieder einige Tage im Seebad Ostende, bevor er nach Paris reiste. Es war ein ständiges Pendeln zwischen Frankreich, Belgien und England, das Engels vermutlich Spaß machte. In wichtiger Mission unterwegs zu sein, hob seine Lebensfreude, und Erfolg zu haben, für wichtig genommen zu werden, tat seinem Ego gut. Engels war jung, dynamisch, lebensfroh und fühlte sich, was seine sexuelle Anziehungskraft bei Frauen betraf, Männern wie *„Mosi"* Moses Hess sehr überlegen. So schrieb er seinem Freund Marx: *„Die Geschichte mit Mosi hat mich ungeheuer amüsirt, obwohl es mir ärgerlich war daß sie auskam. … Moses mit Pistolen drohend, in ganz Brüssel seine Hörner affichirend … muß kostbar gewesen sein … Wenn übrigens der Esel auf seiner abgeschmackten Lüge von der Nothzucht beharren sollte, so kann ich ihm mit früheren, gleichzeitigen und späteren Détails aufwarten darüber ihm Hören und Sehen vergehen soll. Hat mir doch diese Bileams Eselin noch verflossenen Juli hier in Paris eine mit Resignation vermischte Liebeserklärung in optima forma gemacht und mir die allernächtlichsten Geheimnisse ihrer Menage anvertraut! Ihre Wut auf mich ist pure verschmähte Liebe. Übrigens dachte ich in Valenciennes an Moses nur in zweiter Instanz, in erster hab ich mich rächen wollen für die Gemeinheiten, die sie gegenüber der Mary begangen. … Es steht ihm übrigens frei, an allen meinen gegenwärtigen, vergangnen und zukünftigen Maitressen seine Revanche zu nehmen und empfehle ihm hierzu 1) die flämische Riesin … Mlle Josephine … 2) eine Französin, Mlle Félice … Es wäre Pech, wenn er bei keiner von Beiden reüssirte. Theile ihm die Renseignements gefälligst mit, damit er meine Aufrichtigkeit erkennt. I will give him fair play."* [145]

Die Vorgeschichte war, dass Engels im Juli 1846 mit Frau Heß, die keinen Pass besaß, von Brüssel illegal über die belgisch-französische Grenze nach Paris reiste; ein Abenteuer, das ihm sicherlich Vergnügen bereitete und das die beiden in näheren Kontakt brachte. Dass Friedrich mit Frau Heß, einer hübschen blonden Frau, nur aus Rachegelüsten geschlafen hat, war etwas dürftig begründet. Sein Vorschlag, Heß solle bei seinen Maitressen Revanche nehmen, war an Arroganz und Frechheit kaum zu überbieten. Marx wird dem betrogenen Ehemann Heß dieses „fair play"-Angebot kaum übermittelt haben. Friedrich Engels bestätigte seine Beteiligung am Ehebruch von Frau Heß, wies aber entschieden den Vorwurf zurück, es habe sich um Notzucht, also um eine Vergewaltigung von Frau Heß gehandelt. Dieses Schreiben ist insofern hochinteressant, da es Einblick in Engels' amouröse Abenteuer gibt.

Am 29. Januar 1848 wurde Friedrich Engels aus Frankreich ausgewiesen, möglicherweise „complètement étrangères á la politique", also aus nicht politischem Grund. Stefan Born erinnerte sich: „Engels sei von dem ihm befreundeten Kunstmaler Ritter davon unterrichtet worden, dass ein französischer Graf sich von seiner Mätresse getrennt habe, ohne in irgendeiner Form für sie zu sorgen. Diesem Grafen habe Engels gedroht, die ganze Sache in die Öffentlichkeit zu bringen, wenn er seine Menschenpflicht gegen die Verlassene nicht zu erfüllen gedenke. Der Graf habe hierauf eine Beschwerde an den Minister gerichtet und dieser habe Engels und Ritter ausgewiesen." [146] Auch die „Schweizer Nationalzeitung" berichtete über die Ausweisung und zitierte aus der konservativen „Freiburger Zeitung", die Friedrich Engels „als einen sozialistischen Schriftsteller, der sich von der großen Menge von spekulativen Sozialisten durch ein nicht gemeines positives Wissen, durch wirkliche Kenntnisse im Gebiet des Staatsrechts, der Staatswirtschaft und Statistik vorteilhaft bekannt gemacht hat" [147] bezeichnet hatte. Ein großes Lob aus konservativer Sicht für sein Bemühen um wissenschaftliche Seriosität. Auch Friedrichs ehemaliger Hausvater in Bremen, Pastor Treviranus, hatte von Engels' Ausweisung aus Paris erfahren und den Vorgang in einem Brief an seinen Freund Wichern mit den Worten kommentiert: *„Bei den Pariser Geschichten wird ohne Zweifel mein Zögling Friedrich Engels, Snethlages Neffe, beteiligt sein. Seine von den Zeitungen verkündigte Ausweisung* *aus Paris und aus Frankreich hat gewiß seinen trifftigen Grund gehabt.“* [148] Am 11. Februar meldete sich Engels wieder in Brüssel an.

12 Tage später, am 23. Februar 1848, brach in Paris die Revolution aus. Die Aufständischen jagten den „Bürgerkönig“ Louis Philippe aus dem Land, verbrannten seinen Thron und proklamierten die Republik. *„Die Flammen der Tuilerien und des Palais royale sind die Morgenröthe des Proletariats“,* freute sich Engels in der „Deutschen-Brüsseler-Zeitung“. Auch in Belgien war seit längerem die Lage in der Unter- und der Mittelschicht angespannt. Es herrschte Hunger, verursacht durch Lebensmittelknappheit infolge von Missernten, und bei der Mittelschicht stieg die Angst vor Verelendung.

Die Ereignisse in Paris wurden zum Fanal für weitere Revolutionen in Europa. In Brüssel kam es zu Demonstrationen, an denen sich Engels und Marx beteiligten. Marx, Vizepräsident der „Association Democratique“, wurde als einer der Initiatoren und Anführer einer Demonstration am 3. März aus Belgien ausgewiesen, Engels durfte bleiben. Er meldete sich ordnungsgemäß am 25. März 1848 aus St. Josseten-Noode ab, um Marx in das revolutionäre Paris zu folgen.

Wanderer in revolutionären Zeiten (1848/1849)

Einen Monat nach Ausbruch der Februarrevolution 1848 traf sich Friedrich Engels in Paris mit Karl Marx, der nach seiner Ausweisung aus Belgien von der neuen revolutionären Regierung mit offenen Armen aufgenommen worden war; dies galt auch für Engels. Die beiden waren voller Tatendrang und gründeten mit anderen Gleichgesinnten den „Klub der deutschen Arbeiter“.

Unter dem Vorsitz von Marx konstituierte sich die neue Zentralbehörde des „Bundes der Kommunisten“ in Paris. Die Mitglieder des Bundes trafen sich fast täglich zu Sitzungen, um über die aktuelle politische Lage zu diskutieren. Primär ging es um die Frage, wie die zwei zentralen Forderungen, die Zerschlagung des preußischen und österreichischen Staates und die Gründung einer demokratischen Republik in Deutschland umgesetzt werden konnten. Noch sahen sie keine Chance für einen kommunistischen Umsturz in Deutschland; dafür war es zu früh, auch in der sehr fortschrittlichen Rheinprovinz.

Um zu dokumentieren, dass der „Bund der Kommunisten", der in einem *„miserablen Zustand"* war, noch existierte, formulierten Engels und Marx ein Programm mit „17 Forderungen der Kommunistischen Partei". In diesem Programm, das auf Engels' 1847 verfassten „Grundsätzen des Kommunismus" basierte, stellten sie folgende Forderungen auf: Deutschland sollte eine einheitliche, unteilbare Republik werden, die Volksvertreter besoldet, eine allgemeine Volksbewaffnung erfolgen und die Gerechtigkeitspflege, d.h. Prozessangelegenheiten für alle unentgeltlich sein. Ferner sollten alle Feudallasten ohne Entschädigung abgeschafft werden, alle Landgüter, Bergwerke und Gruben in Staatsbesitz übergehen. Die Privatbanken sollten durch eine Staatsbank ersetzt, alle Transportmittel in Staatseigentum übergehen und den unbemittelten Klassen unentgeltlich zur Nutzung gestellt werden. Zudem müsse eine Trennung von Staat und Kirche erfolgen und die Volkserziehung müsse für alle möglich und unentgeltlich sein[149]. Mitglieder des „Klubs deutscher Arbeiter", die nach Deutschland zurückkehrten, sorgten für die Verbreitung der Thesen, die seit Ende März auf Flugblättern gedruckt vorlagen.

Die revolutionäre Bewegung erfasste nach Frankreich und Belgien auch die deutschen Staaten. Seit Ende Februar 1848 bildete sich in einigen deutschen Staaten ein breites „Volks"-Bündnis aus Bildungs- und Besitzbürgern, Kleinbürgern, Arbeitern und einigen aufgeklärten Adligen. Das „Volk" forderte *„das allgemeine Staatsbürgertum, die bürgerliche Gesellschaft mit persönlicher Rechtsfreiheit und Meinungsfreiheit, mit freier Bahn für jedes Erwerbs- und Erfolgsstreben gegenüber dem fürstlichen Obrigkeitsstaat."*[150] In Berlin, so wurden Engels und Marx informiert, herrsche in der Bevölkerung noch „Angst und Zaudern" vor einer Konfrontation mit dem König und der herrschenden Klasse, aber in Nassau, München und Kassel stehe die Revolution unmittelbar bevor oder sei schon vollendet. Engels rechnete mit einem Aufstand in Preußen, vorausgesetzt, dass *„der Friedrich Wilhelm IV sich starrköpfig hielt! Dann ist alles gewonnen, und wir haben in ein paar Monaten die deutsche Revolution. Wenn er nur an seinen feudalen Formen hielt! Aber der Teufel weiß, was dies launige und ver-*

rückte Individuum tun wird.“[151] Wenige Tage später, am 18. März, brach die Revolution in Preußen aus, aber der preußische König verhielt sich nicht, wie von Engels gewünscht, stur, sondern außerordentlich geschickt. Friedrich Wilhelm IV. erfüllte, wenn auch missmutig, einige Forderungen der Revolutionäre, um seinen Thron zu retten. Er spielte auf Zeit. Als Erstes brachte er ein „Bauernopfer“, indem er seinen Bruder, den „Kartätschenprinz“* und späteren deutschen Kaiser Wilhelm I., ins Exil nach England schickte. Als Zweites ernannte er Ende März den Bürgerlichen Ludolf Camphausen zum neuen preußischen Ministerpräsidenten, der allerdings bereits im Juni von diesem Amt zurücktrat. Camphausen war Marx als einer der Finanziers der 1844 verbotenen „Rheinischen Zeitung“ in Köln bestens bekannt.

Engels und Marx hielt es nach diesen Veränderungen in Preußen nicht länger in Paris. Nachdem Friedrich auf Vermittlung seines Schwagers Emil Blank Geld bekommen hatte, machte er sich mit der Familie Marx und Ernst Dronke Anfang April auf den Weg über Mainz nach Köln. Sie blieben in Köln, obwohl Marx in seinem französischen Reisepass als Ziel Berlin angegeben hatte.

In Köln wurden sie von Andreas Gottschalk aufgefordert, sich als Kandidaten für Barmen bzw. für Trier für die Wahl zur Nationalversammlung in Frankfurt aufstellen zu lassen. Die Herren verfolgten andere Pläne. Marx kümmerte sich in Köln mit Heinrich Bürgers um das Projekt „Neue Rheinische Zeitung“. Engels entschloss sich in die Heimat zu fahren. Gefahr drohte ihm nach der allgemeinen Amnestie, die der preußische König am 22. März 1848 verkündet hatte, nicht mehr. Er hätte allerdings als ehemaliger Bombardier in die preußische Landwehr einberufen werden können.

Am 25. April traf Engels in Barmen ein. Im nahen Elberfeld war es Anfang März 1848 zu politisch und sozial motivierten Unruhen gekommen. Insbesondere die Verweigerung der Mitwirkung an staatlichen Entscheidungsprozessen durch die herrschende Klasse hatte für tiefe Unzufriedenheit in großen Teilen der Bevölkerung geführt. Auch

---

* Spottname für Wilhelm, Prinz von Preußen, der Kartätschenkugeln (Artilleriegeschoss mit Schrotladung) bei der Märzrevolution gegen die Aufständischen einsetzen ließ.

die soziale Lage war explosiv: Mehr als 20 Prozent der Einwohner der Stadt Barmen waren bereits von der Armenfürsorge abhängig[152], und die Verelendung drohte auch auf die Mittelschicht, die Handwerker und Kleinhändler, überzugreifen.

Friedrich Engels war entschlossen, seinen Beitrag zur Befreiung der Bürger von der Vorherrschaft des Adels und von der Unterdrückung durch die preußische Regierung zu leisten. Er gründete in Elberfeld eine Gemeinde des „Bundes der Kommunisten" und versuchte Aktien für die „Neue Rheinische Zeitung. Das Organ für die Demokratie" zu verkaufen. Er musste allerdings feststellen, dass die liberalen, bürgerlichen Kräfte, die die revolutionäre Bewegung in Elberfeld anführten, in den Kommunisten ihre neuen Feinde sahen und kein demokratisch-radikales Blatt unterstützen wollten. Sie hatten nicht die Absicht, ihre *„eigenen Totengräber"* zu werden. Das galt auch für seine Familie. Ende April 1848 klagte Engels bei Marx, aus seinem *„Alten"* sei nichts *„herauszubeißen"*; der schicke ihm und seinen Kompagnons statt 1.000 Talern *„lieber 1000 Kartätschenkugeln auf den Hals."*

Als sich der erwünschte Erfolg nicht einstellte, kehrte Friedrich nach einem Monat nach Köln zurück und trat in die Redaktion der „Neuen Rheinischen Zeitung" ein und beteiligte sich an der Vorbereitung für die erste Ausgabe am 1. Juni 1848. Der ‚Northern Star' in London, für den er bereits publiziert hatte, hob bei der Ankündigung dieser neuen Zeitung besonders *„Friedrich Engels"* hervor und rühmte, dass *„dessen vortreffliche Beiträge oft den Spalten des „Northern Star" zur Zierde gereichten"*. Marx übernahm den Chefredakteursposten und zeigte in dieser Funktion seine Durchsetzungskraft. *„Ein großes Tageblatt, das zur bestimmten Zeit fertig sein muß, kann bei keiner anderen Verfassung eine folgerechte Haltung bewahren. Hier aber war noch dazu Marx' Diktatur selbstverständlich, unbestritten, von uns allen gern anerkannt. Es war in erster Linie sein klarer Blick und seine sichere Haltung, die das Blatt zur berühmtesten deutschen Zeitung der Revolutionsjahre gemacht haben"*[153], schrieb der stellvertretende Chefredakteur Engels. Er selbst verfügte nicht über diesen klaren Blick, denn war Marx bei einer Redaktionssitzung nicht anwesend, herrschte unter seiner Leitung Chaos und es gab *„lebhaften Aufruhr"* bei den Redakteuren.

Engels genoss seine journalistische Arbeit; er schrieb über das revolutionäre Geschehen im Rheinland und recherchierte für seine Beiträge über Ereignisse im Ausland in fremdsprachigen Zeitungen, die er dank seines Sprachtalents ohne Schwierigkeiten lesen konnte. Mit seinen Artikeln über den Aufstand in Paris vom 23. Juni 1848 sorgte Redakteur Engels für große Ablehnung bei einem Teil der Leserschaft. Es sei die größte Revolution bisher gewesen, der erbittertste Kampf, den die Welt je gesehen habe, schrieb er. Die Arbeiter seien dem Motto der Lyoner Seidenweber von 1834 gefolgt: *„Arbeitend leben oder kämpfend sterben“*. Die französische Bourgeoisie, so Engels, habe in den letzten Tagen einen Vernichtungskrieg gegen die Arbeiter geführt, weil sie in denen keine gewöhnlichen Feinde sehe, sondern Feinde der Gesellschaft, die vernichtet werden müssten. Die Niederlage der Revolutionäre sei vorhersehbar gewesen, weil 30.000 nicht organisierte Arbeiterproletarier gegen 80.000 organisierte Lumpenproletarier gekämpft hätten, die sich die Bourgeoisie für 30 sous am Tag gekauft hätte. Die Zeitung stellte sich so entschieden auf die Seite der aufständischen Arbeiter, dass sie ihre liberalen Leser verschreckte. Diesen gefiel auch nicht, dass Engels die Nationalversammlung seit ihrer ersten Sitzung am 15. Mai 1848 kritisierte. Durch die herablassende Berichterstattung über das erste gesamtdeutsche Parlament verlor die „Neue Rheinische Zeitung“ die eine Hälfte ihrer Aktionäre, durch die Radikalisierung der Zeitung nach der Juni-Revolution in Frankreich die andere Hälfte. Die finanzkräftigen Unterstützer wandten sich ab und Marx musste sein Vermögen investieren, um das weitere Erscheinen der Zeitung zu sichern, und die Redakteure verzichteten angeblich auf ihre Gehälter.

Neben seiner publizistischen Arbeit engagierte sich Friedrich Engels für revolutionäre Belange in der Öffentlichkeit. Er war Wehrmann in der Kölner Bürgerwehr, Mitglied in der Kölner Demokratischen Gesellschaft und im Kölner Arbeiterverein, der zwischen 5.000 und 6.000 Mitglieder hatte. Alle Organisationen nutzte er, um *„das Ohr der Arbeiterklasse“* für seine politischen Ansichten zu gewinnen und sie auf den seiner Ansicht nach richtigen Weg zu führen. So warnte er am 11. Juli vor einem bewaffneten Angriff der reaktionären Kräfte, die wie in Mainz und Trier nur auf einen kleinen *„Skandal“* hofften, um dann die *„Hauptwühler“* verhaften und die Bürgerwehr entwaffnen zu können. Seine Devise für die Arbeiter – und für sich selbst – lautete: Ruhe bewahren.

Auf einer Volksversammlung der Kölner Demokraten brachte Engels am 13. September vor mehr als 5.000 Zuhörern eine Petition an die Berliner Nationalversammlung zur Abstimmung, in der diese aufgefordert wurde, nicht der königlichen Gewalt zu weichen und ihrer Auflösung nicht tatenlos zuzusehen. Die Berliner Nationalversammlung sei gewählt, um im Auftrag des Volkes eine Verfassung mit dem König auszuhandeln und dieser könne nicht einseitig die Volksvertretung verbieten. Engels' Antrag wurde angenommen. Bei diesem Treffen wurde Engels zum Sekretär des Sicherheitsausschusses der Volksversammlung ernannt, der sich „als Vertretung für die in den bestehenden gesetzlichen Behörden nicht vertretenen Teile der Bevölkerung" konstituiert hatte. Zu diesen gehörten die Mitglieder des Kölner Arbeitervereins, die ihre Stärke gegenüber den regierungstreuen Kölnern zeigen konnten, als sie auch auf Initiative von Engels eine Versammlung auf der Worringer Wiese am 19. September 1848 abhielten. Viele der 6.000 bis 8.000 Besucher-innen kamen auf großen Rheinkähnen mit roten Fahnen. Karl Schapper, Ferdinand Lassalle, Wilhelm Wolff und Friedrich Engels forderten in ihren Reden die Einführung einer demokratisch-sozialen Republik, die rote Republik.

Fast zeitgleich kam es zu einem zweiten revolutionären Schub 1848 nach dem Waffenstillstand zu Malmö. Preußen hatte auf Druck von Großbritannien und Russland einen Waffenstillstand mit Dänemark abgeschlossen und gemäß den Bestimmungen Schleswig und Holstein geräumt und die provisorische deutsch-schleswig-holsteinische Regierung abgesetzt. Nachdem die Nationalversammlung in Frankfurt am 16. September den Vertrag gebilligt hatte, kam es zu Unruhen. Die Abgeordneten, die dem Waffenstillstand zugestimmt hatten, wurden als „Volksverräter" an den deutschen Interessen beschimpft. Es blieb nicht bei verbalen Entgleisungen. Die nationalliberalen Abgeordneten, Felix Fürst Lichnowsky und General Hans von Auerswald, wurden von Aufständischen ermordet. Preußische und österreichische Soldaten sorgten daraufhin für „Ruhe" in der Stadt.

Die „Neue Rheinische Zeitung" sprach sich entschieden gegen aufrührerische Aktionen aus und empfahl den Arbeitern *„ihr Pulver trocken zu halten"*, vergebens. Am 25. September kam es zu Unruhen in Köln. Ein Polizeioffizier soll in letzter Minute vor der Lynchjustiz durch eine revolutionäre Meute gerettet worden sein. Die konservative preußische Regierung reagierte auf den Vorfall mit der Verhängung des Kriegsrechtes, erklärte den Belagerungszustand, löste die Bürgerwehr auf und hob die Grundrechte auf. Der unruhestiftenden „Neuen Rheinischen Zeitung" wurde das weitere Erscheinen untersagt. Die preußischen Behörden ordneten zudem die Verfolgung und Verhaftung der demokratischen Wortführer an, denen Prozesse wegen Hochverrates, Verschwörung gegen die bestehende Ordnung und Auftreten in nicht genehmigten Volksversammlungen nach Art. 87, 91 und 102 des Straf-Gesetzbuches drohten.

Gegen Engels, Wolff und Bürgers wurde Ende September ein Gerichtsverfahren wegen ihrer Reden auf den Volksversammlungen und wegen einer Verschwörung gegen die bestehende Ordnung anberaumt und ihre Verhaftung angeordnet. Engels entzog sich der drohenden Inhaftierung durch Flucht. Er setzte sich zunächst in sein Elternhaus nach Barmen ab, um belastendes Material zu vernichten. Er ging davon aus, dass sich seine Eltern in Engelskirchen aufhielten. Es kam wider Erwarten zu einem Treffen mit dem enttäuschten, verständnislosen Vater und der Mutter, die erfolglos zwischen dem bürgerlichen Fabrikanten und ihrem Sohn, dem überzeugten Kommunisten und Revolutionär, vermitteln wollte. Friedrich verließ Preußen, und als am 4. Oktober in den Morgenzeitungen im Rheinland sein Steckbrief veröffentlicht wurde, war er in Brüssel.

In der belgischen Hauptstadt stieg Friedrich unter seinem richtigen Namen im Hotel Bois Sauvage ab. Das war unklug, denn er hielt sich ohne gültige Papiere, also illegal, in Belgien auf. Seinen provisorischen Reisepass hatte er in der Eile in Köln liegen lassen. Friedrich Engels wurde in Gewahrsam genommen, der Staatssicherheit vorgeführt und *„nach einem Verhör ... mittels eines Zellenwagens an die französische Grenze gebracht."*[154] Marx schrieb in der „Neuen Rheinischen Zeitung" die Behandlung von Engels zeige die Niederträchtigkeit der belgischen Behörden.

Die Zusammenarbeit der politischen Institutionen zwischen Belgien und Preußen funktionierte gut. Der belgische Administrateur der „Sureté publique", Baron Hody, informierte umgehend den preußischen Gesandten in Brüssel von Seckendorff über Engels' Abschiebung. Dieser wiederum warnte den Kölner Regierungspräsidenten von Möller, dass Engels wieder im Rheinland auftauchen könnte.

Friedrich reiste von der belgisch-französischen Grenze aus am 12. Oktober *„unfreiwillig"* in die französische Hauptstadt weiter. Paris war für ihn nur noch eine *„schöne Leiche"*. Der Juniaufstand, aus Sicht von Engels und Marx der Versuch einer proletarischen Revolution, war von der Armee brutal niedergeschlagen worden. Die Stadt hatte für Engels durch den *„furchtbarsten Kampf, den die Welt je gesehen"* alle Leichtigkeit des Lebens verloren. Er ertrug das tote Paris mit seinen *„15.000 Leichen"* nicht: *„Ich mußte fort, gleichviel wohin"*. Da er inzwischen von Marx, der in Köln bleiben konnte, weil er sich politisch zurückgehalten hatte, seinen Pass und Geld erhalten hatte, verließ er Mitte Oktober die französische Hauptstadt. Er wanderte in vierzehn Tagen 500 Kilometer nach Genf und von dort über Lausanne nach Bern. Auf seiner Tour, die er in seinem Reisebericht „Von Paris nach Bern" rühmte, genoss der Wanderer die Landschaft und den Wein und widmete den Frauen seine Aufmerksamkeit. Es ging ihm gut, er erfreute sich des Lebens, ungeachtet der Vorgänge in der Heimat.

Friedrich war in der Schweiz in Sicherheit. Noch vor Jahresende stellte er in Bern *„ein Gesuch um Gestattung des Aufenthaltes"*. Für ein Jahr wurde ihm die Aufenthaltsbewilligung für Fremde im Kanton Bern bewilligt und die Stadt Bern war bereit, ihm bis zum 1. April 1849 den Status eines „Tolerierten" zu gewähren, vorausgesetzt, er verhalte sich *„ruhig"* und zeige *„tadelloses Betragen"*. Das bedeutete für Friedrich nicht, die Hände in den Schoß zu legen. Er engagierte sich im Deutschen Arbeiterverein in Bern, der ca. 600 Mitglieder zählte. Da ihm der Ruf als fähiger Organisator und überzeugter Kommunist vorausging, wurde er zum Schriftführer des Vereins ernannt. Doch dieses Amt füllte ihn nicht aus, auch nicht seine Berichte aus Bern und Neuchâtel für die „Neue Rheinische Zeitung ". In der Schweiz war *„einfach nichts los"*, es war nur ein *„faules Hocken"*. Bis Mitte Januar 1849 musste er dort allerdings ausharren, bevor er ungefährdet nach Köln zurückkehren konnte. Der Aufforderung, zusammen mit Marx im Dezember 1848 in Köln vor den Assisen, einem Geschworenengericht, zu erscheinen, konnte er daher nicht folgen. Die Anklage hatte gelautet: Verleumdung von Gendarmen und Beleidigung des Oberprokurators Zweiffel, der für die Zensur der

„Neuen Rheinischen Zeitung" zuständig war. Nach seiner Rückkehr aus der Schweiz stellte er sich in Köln am 26. Januar 1849 freiwillig dem Instruktionsrichter, wurde kurz verhört und da angeblich nichts gegen ihn vorlag, konnte er wieder gehen.

Friedrich Engels setzte seine Tätigkeit als Redakteur der „Neuen Rheinischen Zeitung" fort, die seit dem 12. Oktober 1848 wieder erscheinen durfte. Obwohl er deren fleißigster Mitarbeiter zwischen Juni und September 1848 gewesen war und wesentlich zum Bekanntheitsgrad des Journals beigetragen hatte, war in der Redaktion während seiner langen Abwesenheit gegen ihn opponiert worden. Das hatte sich herumgesprochen, denn Mutter Elise Engels schrieb ihrem Sohn, sie wisse *„aus sicherer Quelle, ... daß die Redaktion der ‚Neuen Rheinischen Zeitung' erklärt habe, wenn Du auch zurückkämst, sie würden Dich nicht wieder zum Mitarbeiter annehmen."*[155] Letztendlich scheiterten alle Versuche, Zwietracht zwischen Engels und Marx zu säen. Marx versicherte dem Freund: *„Dass ich einen Augenblick Dich im Stich hätte lassen können, ist reine Phantasie. Du verbleibst stets mein Intimus, wie ich hoffentlich der Deine"*[156], und da er das Sagen in der Redaktion hatte, konnte Engels seine Arbeit als Redakteur wieder aufnehmen.

Die „Neue Rheinische Zeitung" blieb ein Dorn im Auge der preußischen Zensur, weil sie sich mit ihrer kritischen Haltung nicht zurückhielt, sondern laut „Kreuzzeitung" mit „Chimborasso-Frechheit" die konterrevolutionären Kräfte angriff. Die preußische Justiz reagierte und beraumte einen Prozess gegen die Zeitung „wegen Pressevergehens", „Beleidigung von Gendarmen" und „Verletzung des Zartgefühls" des Oberprokurators Zweiffel an. Am 7. Februar 1849 erschienen Engels und Marx vor dem Kölner Geschworenengericht. Marx hielt ein glänzendes Plädoyer für die Pressefreiheit. Er überzeugte u.a. mit den Argumenten: *„Wenn die Krone eine Konterrevolution macht, so antwortet das Volk mit Recht durch eine Revolution"*[157] und: *„Wenn es der Presse verboten sein soll, das, was sich unter ihren Augen ereignet, zu berichten, wenn sie bei jeder verfänglichen Tatsache erst warten soll, bis ein gerichtliches Urteil vorliegt, wenn sie bei jedem Beamten, vom Minister bis zum Gendarm, erst fragen soll, ob durch die angeführte Tatsache seine Ehre oder Delikatesse sich beleidigt fühlen könnte, ohne Rücksicht darauf, ob die Tatsachen wahr sind oder nicht; wenn die Presse in die Alternative gesetzt wird, entweder die Ereignisse zu verfälschen oder ganz* *zu verschweigen – dann meine Herren, hört die Preßfreiheit auf, und wenn Sie das wollen, so sprechen Sie ihr 'Schuldig' über uns aus.“* [158] Es erfolgte ein Freispruch. Einen Tag später, dieses Mal angeklagt wegen Aufforderung zum bewaffneten Widerstand, verließen Engels und Marx wiederum als freie Männer den Gerichtssaal. Trotz ständiger Observierung und Zensur fühlten sie sich wegen *„der acht Bajonettgewehre und 250 scharfen Patronen im Redaktionszimmer und der roten Jakobinermützen der Setzer“* [159] sicher.

Einen dritten, letzten revolutionären Schub gab es im Mai 1849 aus Empörung darüber, dass der preußische König „das Hundehalsband“, die Kaiserkrone eines Vereinten Deutschlands, zurückgewiesen hatte und 11 von 39 Staaten des Deutschen Bundes, unter ihnen die deutschen Königreiche und Österreich, die von der Nationalversammlung ausgearbeitete Verfassung abgelehnt und ihre Abgeordneten aus der Nationalversammlung abberufen hatten. Ein „Rumpfparlament“ mit etwa hundert Abgeordneten konstituierte sich in Stuttgart, wurde aber wenige Tage später gewaltsam von der württembergischen Regierung aufgelöst.

In den deutschen Staaten bildete sich eine starke außerparlamentarische Bewegung, die sogenannte Reichsverfassungskampagne, deren Ziel es war, die erste deutsche Verfassung zu retten. In Dresden, der Pfalz und auch in Elberfeld kam es Anfang Mai zu Unruhen. Liberale, einflussreiche Herren gründeten im Mai 1849 einen „Konstitutionellen Verein“, dessen Mitglieder mit der Landwehr einen Sicherheitsausschuss bildeten, den 3.000 Freischärler militärisch unterstützen sollten. Für deren Versorgung sollten die Elberfelder Bürger sorgen, durch Geld oder Nahrungsspenden. Da dies nur unzureichend geschah, kam es zu Plünderungen durch die Freischärler. Diese Verstöße gegen Recht und Eigentum stießen auf großen Unmut bei der Bevölkerung, der die Freischärler ohnehin nicht gefielen. „Wo ein Sicherheitsausschuss ist, da sammelt sich der Ausschuss und Auswurf aus aller Herren Ländern“, schrieb der Jurist, Schriftsteller und Mitglied der Landwehr Vinzenz von Zuccalmaglio aus Hückeswagen; zu diesem „Auswurf“ gehörten nach seiner Meinung entweder „wahnsinniges Heldengeschmeiß“ oder „entsprungene Sträflinge, Steckbriefmänner, Döppchenspieler, faule Handwerksburschen, erschrecklich gelehrte Judenjungen, bankerotte Winkelierer und Gott der Herr weiß was all‘ für souveraines Kommunistenpack

An das deutsche Volk.

Brüder!

Elberfeld hat sich erhoben für die Reichsverfassung! Es hat nicht dulden wollen, daß seine Söhne im Dienste der undeutschen Bestrebungen der Regierung gegen ihre eigene Freiheit und gegen ihre eigenen Brüder kämpfen.

Auf dem Rathhause zu Elberfeld weht die schwarz-roth-goldene, die deutsche Fahne. Die bewaffnete Mannschaft hat heute Morgen der Reichsverfassung Treue geschworen und sich der Nationalversammlung zu Frankfurt zur Verfügung gestellt.

Um diese deutsche Fahne niederzureißen, rückt jetzt preußisches Militair gegen Elberfeld. Elberfeld wird sich selbst und die deutsche Sache mit allen Kräften vertheidigen, die ihm zu Gebote stehen.

Deutsche Männer! Wir fordern Euch auf, Eure Mitbrüder nicht im Stiche zu lassen. Waffen und Munition sind immer noch nöthig. Sendet uns Eure Waffen, Eure Munition, sowie Geld und Lebensmittel! Besser noch, kommt selbst sammt Euren Waffen und Eurer Munition hierher; schließt Euch dem Centrum der Bewegung an, welches hier sich gebildet hat. Jeder, der kommen will, komme schnell; die Zeit drängt und der Angriff steht uns in der kürzesten Zeit bevor. Ihr deutschen Brüder könnt und dürft nicht ruhig zusehen. Helft! Helft! Es gilt der Einheit und der Freiheit unseres Vaterlandes!

Elberfeld, den 14. Mai 1849.

Der Sicherheits-Ausschuß.

Körner. Dr. Höchster. Hillmann.
Bohnstedt. J. Troost. C. Hecker.
Riotte. P. J. Römer. C. Mirbach.
Pothmann. F. W. Hühnerbein.
Heintzmann. Schultze.

Gedruckt bei Sam. Lucas in Elberfeld.

Bekanntmachung des Sicherheitsausschusses in Elberfeld

aus Breslau, Frankfurt, Leipzig, Dresden, Berlin, … aus Frankreich und Polackenland vom Galgen geschnitten wie Spreu von den Winden hergeweht, wie verdorbene Milch zusammen gelaufen war.“ [160]

An der ersten Sitzung des Sicherheitsausschusses in Elberfeld am 8. Mai 1849 nahmen Engels und Marx teil. Zwei Tage später bot Engels dem Sicherheitsausschuss seine militärischen Dienste an, um die Abwehr der Elberfelder zu organisieren, denen es am 9. Mai gelungen war, nach heftigen Barrikadenkämpfen preußisches Militär zum Rückzug zu zwingen. Als Geschenk brachte er zwei Kisten Patronen mit, die Solinger Arbeiter beim Sturm auf das Gräfräther Zeughaus erbeutet hatten [161]. Die militärische Kommission des Sicherheitsausschusses beauftragte Engels am 11. Mai damit, die Barrikaden der Stadt zu inspizieren und die Befestigungen zu vervollständigen; einen Tag später erhielt er die Vollmacht *„die Kanonen nach seinem Gutdünken aufzustellen wie auch die dazu nötigen Handwerker zu requirieren.“* [162] Engels überschritt die ihm zugestandenen Befugnisse. Am Sonntag, dem 13. Mai, habe *„den Jüngling der Teufel geritten …, daß er der Versuchung erlag, mit seiner roten Schärpe geschmückt, nach Barmen hinüberzugehen.“* [163] Ob Engels in seiner Funktion als Inspektor nur die Lage an der Brücke sondieren oder die Arbeiter in Barmen zum Aufstand aufwiegeln wollte, ist ungeklärt. Auch ist nicht eindeutig geklärt, ob Friedrich an der Haspeler Brücke seinen Vater und seine Mutter getroffen hat, die auf dem Wege zur Kirche gewesen seien, oder seinen Bruder Hermann.

Friedrich Engels zeigte in diesen Tagen die ihm nachgesagte kämpferische Natur und Furchtlosigkeit. Der nationalliberale Abgeordnete Alexander Pagenstecher, der in Barmen lebte, berichtete, auf seine Befürchtung, die herannahenden preußischen Truppen könnten die Stadt in Trümmer legen, habe Engels nur geantwortet, dazu komme es nicht, weil sie die Mutter und den Bruder des Ministers von der Heydt als Geiseln in ihren Händen hätten [164]. Dass Engels an diesem Kidnapping beteiligt war, ist nicht bewiesen [165].

Am Morgen des nächsten Tages wehte die schwarz-rot-goldene Fahne, das Symbol für die deutsche Einheit, auf dem Elberfelder Rathaus. Der Sicherheitsausschuss verkündete in einem „Aufruf an das Deutsche Volk“, die Stadt habe sich für die Reichsverfassung erhoben und lasse es nicht zu, dass *„seine Söhne im Dienste der undeutschen Bestre-*

bungen der Regierung gegen ihre eigene Freiheit und gegen ihre eigenen Brüder kämpfen ... Die bewaffnete Mannschaft hat heute Morgen der Reichsverfassung die Treue geschworen"[166]. Friedrich Engels stand auf verlorenem Posten, als das Gerücht umging, *„daß Engels über Nacht aus einer Reihe von Barrikaden die schwarz-rot-goldenen Fahnen durch rote ersetzt habe, zu denen teils die roten Fenstergardinen aus dem demolierten Haus des Oberbürgermeisters von Carnap, teils Stränge Türkischrotgarns Verwendung fanden.*"[167] Engels, hieß es jetzt, sei *„einer von denen, die alles verderben*", folglich wurde ihm auch zugetraut, die *„rote Republik*" auszurufen. Das war nicht im Sinne des Sicherheitsausschusses, der übereinkam, der Kommunist müsse die Stadt verlassen. Engels war allerdings zu diesem Schritt nur bereit, wenn sein Unerwünschtsein in schriftlicher Form erfolge. Seinem Wunsch wurde nachgekommen. Auf einem Plakat konnten alle in Elberfeld lesen: *„Der Bürger Friedrich Engels von Barmen, zuletzt in Cöln wohnhaft, wird unter voller Anerkennung seiner bisherigen, in hiesiger Stadt bisher erwiesenen Thätigkeit ersucht, das Weichbild der städtischen Gemeinde noch heute zu verlassen, da seine Anwesenheit zu Mißverständnissen über den Charakter der Bewegung Anlaß geben könnte.*"[168] Die Mehrzahl der Bürger wollte keine Revolution im Sinne einer radikalen Umgestaltung der Verhältnisse, und die Arbeiterschaft war nicht stark genug, um eine solche durchzuführen. Nach Engels' Worten hatte das Proletariat seine Macht nicht rücksichtslos genug zur *„vollständigen Niederhaltung einer schamlos feigen, aber noch mehr perfiden Bourgeoisie*"[169] eingesetzt. *„Soviel steht fest, daß der Versuch gemacht worden ist, die kleinbürgerliche Bevölkerung gegen Engels aufzuhetzen und daß die Männer des Sicherheitsausschusses den ersten Anlass benutzten, um sich des jungen Phantasten zu entledigen, der die Dinge gar so ernsthaft nahm. Während sie besorgt blieben, allem, was bereits geschehen war, zum Trotz die Brücken nach rückwärts nicht vollends abzubrechen, verlanget jener jetzt von ihnen die Entwaffnung der Bürgerwehr, ... die Verteilung ihrer Waffen unter die revolutionären Arbeiter, und, was sicherlich das schrecklichste war, daß man bei den Bürgern eine Zwangssteuer für deren Unterhalt erhöbe*"[170], urteilte der Engels-Biograf Mayer über Friedrich Engels' revolutionäres Engagement in Elberfeld.

Über die dramatischen Ereignisse in Elberfeld berichtete Engels von Köln aus am 16. Mai 1849 in der „Neuen Rheinischen Zeitung". Er sprach von der *„Gemeinheit der Bourgeoisiehunde*", die die Freischärler, die sie kurz zuvor noch zu ihrer Unterstützung in die Stadt geholt hätten,

Bekanntmachungen.

Steckbrief.

Auf Grund der durch den königl. Instruktionsrichter erlassenen Vorführungsbefehle, ersuche ich die betreffenden Civil- und Militairbehörden, auf folgende Personen, und zwar:

1) **Friedrich Engels**, Redacteur der neuen rheinischen Zeitung, geboren in Barmen, zuletzt wohnhaft zu Köln;
2) **Peter Paul Franken**, angeblich Professor der Magie, hierselbst geboren und wohnhaft;
3) **Carl Christmann**, Gummirer, hier wohnhaft;

welche sich der gegen sie wegen des im Art. 96 des Strafgesetzbuchs vorgesehenen Verbrechens eingeleiteten Untersuchung durch die Flucht entzogen haben, und deren Signalement ich nachstehend mittheile, vigiliren, und sie im Betretungsfalle verhaften und mir vorführen zu lassen.

Elberfeld, den 6. Juni 1849.

Für den Ober-Prokurator:
Der Staats-Prokurator
(gez.) Eichhorn.

Signalement des ꝛc. Engels.

Alter: 26 bis 28 Jahre; Größe: 5 Fuß 6 Zoll; Haare: blond; Stirne: frei; Augenbraunen: blond; Augen: blau; Nase: proportionirt; Mund: id.; Bart: röthlich; Kinn: oval; Gesicht: oval; Gesichtsfarbe: gesund; Statur: schlank; besondere Kennzeichen: spricht sehr rasch und ist kurzsichtig.

Signalement des ꝛc. Franken.

Alter: 40 Jahre; Größe: 5 Fuß 4 Zoll; Haare: schwarz; Stirne: rund; Augenbraunen: schwarz; Augen: braun; Nase: gewöhnlich; Mund: id.; Zähne: vollständig; Bart: schwarz; Kinn: oval; Gesicht: rund; Gesichtsfarbe: gesund; Statur: untersetzt.

Signalement des ꝛc. Christmann.

Alter: 29 Jahre; Größe: 5 Fuß 3 Zoll; Haare: schwarz; Stirne: frei; Augenbraunen: schwarz; Augen: dunkelbraun; Nase: spitz; Mund: gewöhnlich; Zähne: gut; Bart: schwarz; Kinn: spitz; Gesicht: länglich; Gesichtsfarbe: gesund; Statur: klein.

Steckbrief.

Der Bäckergeselle **Carl Wittenhaus**, geboren zu Mettmann, zuletzt zu Sonnborn wohnhaft, hat sich der Vollziehung einer wider ihn rechtskräftig erkannten Gefängnißstrafe von zwei Jahren durch die Flucht entzogen. Ich ersuche daher unter Mittheilung seines Signalements alle Polizeibehörden, auf denselben vigiliren und ihn im Betretungsfalle zu verhaften und mir vorführen zu lassen.

Elberfeld, den 5. Juni 1849.

Für den Ober-Prokurator
Der Staats-Prokurator
gez. Eichhorn.

Signalement.

Alter: 24 Jahre; Größe: 5 Fuß 3 Zoll; Haare: blond, kraus; Stirne: hoch; Augenbraunen: blond; Augen: braun; Nase: spitz, etwas dick; Mund groß und dick; Zähne: gut; Kinn: spitz; Bart: blond; Gesichtsform: oval; Gesichtsfarbe: gesund; Statur: untersetzt.

Steckbrief.

Die nachgenannten, hierunter näher signalisirten Personen:

1) **Hermann Röse**, Brauer und Wirth,
2) **Friedrich Hermann Amberger**, Buchhändler,
3) **Hermann Schäfer**, Handlungsdiener,
4) **Carl Wilhelm Klein**, Scheerenfeiler,

sind beschuldigt: im Mai 1849 zu Solingen ein Complot gestiftet und ein Attentat verübt zu haben, dessen Zweck war, die Bürger zur Bewaffnung gegen die Königl. Gewalt zu reizen, und haben sich der Untersuchung durch die Flucht entzogen. Auf Grund des von dem Königl. Instruktionsrichter erlassenen Vorführungsbefehls ersuche ich daher sämmtliche Behörden, die es angeht, auf dieselben vigiliren und sie im Betretungsfalle verhaften und in das Arresthaus zu Elberfeld abliefern zu lassen.

Weeg bei Solingen, den 6. Juni 1849.

Der Ober-Prokurator
gez. Hecker.

Signalement

a. des ꝛc. Röse.

Alter: 43 Jahre; Geburtsort: Kassel; Wohnort: Solingen; Größe: 5 Fuß 2 Zoll; Haare: dunkelgrau untermischt; starker schwarzer, grau untermischter Schnurr-, Kinn- und Backenbart; gute vollständige Zähne; stumpfe kleine Nase; schwarzbraune Augen; dunkele Augenbraunen; Statur: corpulent und untersetzt; Sprache: Hessischer Dialeckt.

b. des ꝛc. Amberger.

Geburts- und Wohnort: Solingen; Alter: 25 Jahre; Größe: 5 Fuß 1½ Zoll; schwarze lange Haare; schwarz-brauner Bart; kurze dicke Nase; schwarzbraune Augen; gedrungene Statur.

c. des ꝛc. Schäfer.

Geburtsort: im Märkischen; Wohnort: Solingen; Alter: 28 Jahre; Größe: 5 Fuß 8 Zoll; blonde Haare; hell-blonder Bart; Adlernase; blau-graue Auge; belegte Stimme; schlanke Gestalt.

d. des ꝛc. Klein.

Geburtsort: Köln; Wohnort: Hästen; Alter: 28 Jahre; Größe: 5 Fuß 5 Zoll; Haare: schwarz-braune; Augen: ebenso und lebhaft; Mund: groß; Bart: braun; Kinn: rund; Gesicht: rund und klein; Gesichtsfarbe: gesund; Statur: schlank.

Die Rechnung der Kasse des Tägl. Anzeigers für Berg und Mark für 1848 ist auf der Stadtkanzlei während der nächsten 14 Tage zur Einsicht der Bürgerschaft offen gelegt.

Elberfeld, den 6. Juni 1849.

Der Oberbürgermeister:
v. Carnap.

Bekanntmachung.

In Verfolg der öffentlichen Bekanntmachung des commandirenden Generals des 7. Armeecorps Herrn Grafen von der Gröben vom 16. v. M. und derjenigen des Herrn General-Majors und Divisions-Commandeurs von Hanneken vom 19. desselben Mts. wird für die

Stadt u. den Kreis Elberfeld,

so weit der letztere in Belagerungszustand erklärt worden ist, im Auftrage des Herrn General-Majors und Brigade-Commandeurs Chlebus zu Düsseldorf folgendes verordnet:

1) Da die angeordnete Ablieferung sowohl der den einzelnen Bürgerwehren obrigkeitlich verabfolgten Waffen, als auch die von den Aufständischen aus dem Zeughause von Gräfrath und anderswo geraubten Waffen und militärischen Bekleidungsgegenstände seither nur mangelhaft und unvollständig erfolgt ist, so werden alle diejenigen, welche sich noch in Besitz von dergleichen Waffen oder Bekleidungsgegenständen befinden, hierdurch nochmals aufgefordert, dieselben längstens binnen 48 Stunden, bei Vermeidung strenger militärischer Haussuchung und der sub Nr. 7 der Bekanntmachung vom 19. v. Mts. ausgesprochenen Strafen, an die betreffende Polizei- oder Militärbehörde vollständig abzuliefern.

Da ferner zur Anzeige gekommen, daß innerhalb des dem Belagerungszustande unterworfenen Bezirks noch größere Pulvervorräthe oder sonstige während der Zeit des Aufstandes angefertigte Munitionsgegenstände verborgen gehalten werden, so wird weiter verordnet:

2) alle verarbeiteten Munitionsgegenstände, also namentlich Patronen, Kugeln u. s. w., sofern deren erlaubte Bestimmung nicht nachgewiesen werden kann, so wie alle größeren Pulvervorräthe, so weit dieselben die im Privathandel polizeilich erlaubten Quantitäten überschreiten, sind binnen längstens 48 Stunden, bei Vermeidung militärischer Haussuchung, an die Polizei- oder Militärbehörde des Wohnorts abzuliefern. Die Munition der Bürgerwehren ist hierin einbegriffen. Contraventionen hiergegen verfallen außerdem der sub Nr. 1 gedachten Strafe.

3) Es wird gestattet, daß die Schenkwirthschaften, statt um 8, um 10 Uhr Abends geschlossen werden.

Elberfeld, den 6. Juni 1849

von Borke,
Major im 16. Infanterie-Regiment und
Commandant von Elberfeld.

Steckbrief von Friedrich Engels im Elberfelder Kreisblatt vom Mai 1849 durch die Bürgerwehr bei ihrem Abzug hätten beschießen lassen. 18 Menschen seien zu Tode gekommen. Anschließend habe man alle Barrikaden abgebaut und den preußischen König, den *„Potsdamer Unterknäs"*, um Schonung für die Stadt gebeten. Am 19. Mai wurde die Stadt kampflos vom preußischen Militär eingenommen. Auf Einladung des Bankiers und Politikers von der Heydt stattete Friedrich Wilhelm IV. der Stadt im Sommer einen Besuch ab, der ohne Zwischenfälle verlief. In Elberfeld war die Revolution gescheitert.

Engels kehrte nach Köln zurück, blieb aber nur kurz, da die „Neue Rheinische Zeitung" zum 19. Mai 1849 auf Befehl der Obrigkeit ihr Erscheinen einstellen und die Redakteure die Stadt verlassen mussten. Die letzte Ausgabe, die „rote Nummer", erregte Aufsehen: Die Titelseite mit Ferdinand Freiligraths „Abschiedswort der Neuen Rheinischen Zeitung", einem aufrüttelnden revolutionär-trotzigen „Freiheitslied", war in roten Lettern gedruckt.

Engels und Marx verließen Köln über Frankfurt in Richtung Pfalz. Auf dem Wege wurden sie von hessischen Truppen, „der Teilnahme am Aufstande verdächtig", angehalten, nach Frankfurt transportiert und wieder freigelassen. Ihre Wege trennten sich in Bingen Ende Mai. Marx ging im Auftrag des Demokratischen Zentralausschusses nach Paris und Engels in die Pfalz, um sich dem Freikorps von August (von) Willich anzuschließen. Fast bewundernd registrierte er *„die gemütliche, weinselige Revolution in der Pfalz",* deren Vertreter in ihrer Naivität glaubten, die preußischen Truppen schlagen zu können. Auf seinem Weg zu Willich kam Friedrich Engels in Kirchheimbolanden in Schwierigkeiten. Nachdem er sich über einige Freischärler, darunter Greiner, ein Mitglied der provisorischen pfälzischen Regierung, spöttisch ausgelassen hatte, sah er sich *„plötzlich … verhaftet. Nach einem „komischen" Verhör durch Zitz, den ‚Parlamentsplauderer',… wurde er am nächsten Morgen mit gefesselten Händen unter der Anklage der Herabwürdigung des pfälzischen Volkes und der Aufreizung gegen die Regierung nach Kaiserlautern überführt. In der drolligsten Verzweiflung über den offensichtlichen Mißgriff ihres noch abwesenden Mitglieds möchten die Regenten ihn bis zum Eintreffen von Greiners Bericht gegen Ehrenwort freilassen. Er aber lehnt das ab und geht ungeleitet – das bedang er sich aus, – ins Kantonalgefängnis."*[171] Als die Inhaftierung des bekannten Revolutionärs publik wurde, gab es Protest, Engels wurde freigelassen. Er dürfte die Sache humorvoll genommen haben. Schwerwiegender war, dass er seit dem 6. Juni 1849 von den preußischen Behörden erneut zur Fahndung ausgeschrieben war.

Auch aus diesem Grunde war Friedrich Engels nicht bereit, sich wie *„die radikalen Spießbürger"* der Konterrevolution zu ergeben; er beschloss in einer der letzten Bastionen der Revolution für seine Überzeugung zu kämpfen. Er wollte *„die Gelegenheit, ein Stück Kriegsschule durchzumachen, nicht versäumen …* (und) *so schnallte ich mir auch ein Schlachtschwert um und ging zu Willich."* [172] Am 13. Juni trat er in Offenbach (bei Landau) in das Freischärlerkorps von August Willich ein, das sich der pfälzisch-badischen Volksarmee angeschlossen hatte. Er wurde einer von Willichs zehn Adjutanten. Als ehemaliger Redakteur bekam er die Schriftführung übertragen, wurde für Sonderaufträge eingesetzt, war bei Stabsbesprechungen anwesend und durfte vielleicht sein strategisches Wissen einbringen. Soldat Engels soll sehr eifrig, mutig und tapfer gewesen und seinem Dienst über einige Tage – mangels Pferd – zu Fuß nachgekommen sein. Liebknecht rühmte Engels als *„trefflichen Militär"*; denn er habe ein *„helles Auge, raschen Überblick, rasches Wägen auch der kleinsten Umstände, raschen Entschluß und unerschütterliche Kaltblütigkeit"* [173] gehabt.

Der erste bewaffnete Kampf, an dem Friedrich Engels teilnahm, fand am 17. Juni im Rhinnthal, das zweite Gefecht 4 Tage später ca. 30 Kilometer entfernt auf der Karlsdorfer Höhe bei Bruchsal statt. In der folgenden Woche marschierten die Freischärler fast 40 Kilometer nach Michelbach bei Rastatt, wo am 28. Juni ein drittes Gefecht erfolgte. Einen Tag später nahm Engels im nur wenige Kilometer entfernten Bischweiler an seinem letzten Kampf teil. Gegen 60.000 Preußen und Bayern hatten die 13.000 Aufständischen trotz tapferer Gegenwehr keine Chance. Die badisch-pfälzische Armee und die Freischaren waren schlecht ausgebildet und waffentechnisch unterlegen. Aber zu seiner Genugtuung konnte Engels festhalten, dass die *„Partei des Proletariats"* sich gut schlug und „d*ie entschiedensten Kommunisten … die couragiertesten Soldaten"* [174] waren. Einen im Kampf gefallenen Proletarier betrauerte er besonders, seinen Freund Joseph Moll aus Köln, einen Uhrmacher.

Seine Erlebnisse als Freischärler beschrieb Friedrich Engels in „Die deutsche Reichsverfassungskampagne" anschaulich, sehr lebendig und kritisch. Er verschwieg nicht das Chaos und die Unordnung bei den Freischärlern, das Murren bei den zechfreudigen Kämpfern beim stundenlangen Marschieren und die Klagen der verweichlichten und verwöhnten Studenten, die glaubten, Krieg sei eine Urlaubsvergnügung. Friedrich Engels bedauerte in seiner Schrift das ungleiche Gedenken an die Kämpfer: *„Den mehr oder weniger gebildeten Opfern des badischen Aufstandes sind von allen Seiten in der Presse, in den demokratischen Vereinen, in Versen und in Prosa Denksteine gesetzt worden. Von den Hunderten und Tausenden von Arbeitern, die die Kämpfe ausgefochten, die auf den Schlachtfeldern gefallen, die in den Rastatter Kasematten lebendig verfault sind oder jetzt im Auslande allein … das Exil … durchzukosten haben – von diesen spricht niemand. Die Exploitation der Arbeiter ist eine althergebrachte, zu gewohnte Sache als dass unsere offiziellen 'Demokraten' die Arbeiter für etwas andres ansehen sollten als für agitablen, exploitablen und explosiblen Rohstoff, für pures Kanonenfutter."*[175]

Nach der Niederlage bei Bischweiler berieten die Anführer der pfälzisch-badischen Volksarmee, ob sie in der Heimat bleiben und bis zum Tod weiterkämpfen oder ins Exil in die Schweiz gehen sollten. Bis auf Willich und zwei weitere Anführer entschieden sich alle für „das Leben", ein verbindlicher Mehrheitsbeschluss. Am 12. Juli 1849 marschierten 517 Kämpfer aus Willichs Freischar mit 404 Gewehren und 60 Sensen bei Lottstetten über die badisch-schweizerische Grenze, unter ihnen Friedrich Engels. Das Freikorps Willich, am 15. Juli in Zürich registriert, wurde angewiesen sich in das 200 Kilometer entfernte Vevey im Kanton Waadt zu begeben und wenig später nach Morges. Dort hielt sich Friedrich Engels vom 3. bis zum 20. August auf, bevor er die Erlaubnis erhielt, sich in Lausanne niederzulassen. Er war ein privilegierter Flüchtling, da er mit dem Geld, das ihm seine Eltern zukommen ließen, seinen Aufenthalt selbständig finanzieren konnte.

Auch in der Schweiz wurde auf Betreiben der preußischen Regierung die deutsche Opposition verstärkt observiert. Auf diese Gefährdung wies Marx in einem Brief vom 23. August 1849 aus seinem neuen Asyl in England Engels hin: *„Die Schweiz wird ohnehin bald hermetisch verschlossen sein, und die Mäuse mit einem Schlag gefangen sein."* Fassten ihn die Preußen, würden sie ihn, fürchtete Marx *„doppelt erschießen: 1. wegen Baden, 2. wegen Elberfeld"*. In England hingegen sei er sicher. Da Engels ohnehin nicht vorhatte, in der Schweiz zu bleiben, stellte er einen Ausreiseantrag, um über Piemont nach England zu reisen. In seinem Reisepass, ausgestellt am 11. September 1849, stand: Engels, „Schriftsteller", 28 Jahre; 1 Meter 79 Zentimeter groß; kastanienbraune Haare, Augenbrauen und Bart; hohe Stirn; kleine Nase; rundes Kinn; ovales Gesicht; helle Haut; keine besonderen Merkmale.

Gerade noch rechtzeitig brach Friedrich Engels über Piemont, das zu Sardinien gehörte, nach Genua auf; denn es kursierten Gerüchte, dass nach ihm auch wegen eines weiteren Vergehens gefahndet wurde. Die Behörden verdächtigten ihn, er habe sich in Konstanz mit anderen Verschwörern treffen wollen, um einen Umsturz in Preußen vorzubereiten. Ihr Plan sei gewesen, die „Feinde der Revolution", darunter den Prinzen von Preußen und preußische Generäle, mit Gift aus dem Wege zu räumen[176].

Friedrich setzte seinen Weg von der Schweizer Grenze bis nach Genua fort, zusammen mit den führenden badischen Revolutionären Gustav Struve und Karl Heinzen und von piemontesischen Carabinieris begleitet[177]. Von Genua aus stach er am 5. Oktober 1849 mit dem Segelschiff „Cornish Diamond" in See und traf am 12. November in London ein. Für die fünfwöchige Passage hatte er einschließlich Verpflegung sechs Pfund, ca. 150 französische Franken, bezahlt, kein geringer Betrag für einen Flüchtling.

Auf der Seereise führte Engels, wie Paul Lafargue berichtete, ein nicht überliefertes Tagebuch über den Verlauf der Reise, den Stand der Sonne, die Windrichtungen und die Beschaffenheit des Meeres.

Friedrich, das Sorgenkind der Eltern (1845–1850)

Die Entwicklung von Friedrich Engels verlief nicht so, wie sie sich die Eltern vorgestellt hatten. Er fiel früh auf; als Junge war er so neugierig und wissbegierig gewesen, dass der Großvater in ihm einen Forscher sah; als Heranwachsender begeisterte er sich mehr für Ritterromane als für biblische Geschichten und als junger Erwachsener hinterfragte er kritisch die devote Gläubigkeit seiner Umgebung und nahm die Kluft zwischen arm und reich als ungerecht wahr. Spätestens seit dem Frühjahr 1845, als Friedrich in Barmen kommunistische Ansprachen hielt, wussten die Eltern, dass ihr Sohn Überzeugungen vertrat, die in die Tat umgesetzt, ihre Existenz ruinieren und ihren Sohn in größte Gefahr an Leib und Leben bringen konnten.

Mit dem Ausbruch der Revolution in Frankreich und in Preußen im Jahr 1848 begann für Elise und Friedrich Engels sen. eine sorgenvolle Zeit. Sie bangten um Friedrichs Sicherheit in der aufrührerischen französischen Hauptstadt, und sie befürchteten, revolutionäre Arbeiter würden ihre Betriebe in Barmen und Engelskirchen stürmen und blindwütig alle Maschinen und Einrichtungen zerstören. Auch wenn ihr Sohn auf der Seite der Aufrührer und Zerstörer stand, sollte er wissen: *„Würde das Etablissement (in Engelskirchen) zerstört, wogegen keine Assecuranz schützt, und wofür der Staat nichts vergütet, so verlören wir unser Vermögen.“* [178] Noch herrsche in Engelskirchen Ruhe, schrieben sie dem Sohn, aber sie seien *„sehr gedrückt durch die äußeren Verhältnisse“* und hätten *„eine trübe Zukunft“* vor sich. Sie versicherten Friedrich, sie seien immer bereit, seiner Bitte nach Geld nachzukommen, aber seinen letzten Wunsch hätten sie nicht erfüllen können, da es keinen Weg für eine Auszahlung gegeben hätte; ihr Geschäftspartner in Paris stelle in dieser unsicheren Zeit keine Wechsel aus. Auf diese Absage hin forderte Friedrich seinen Schwager Emil Blank in London auf, ihm 20 englische Pfund in Banknoten zu schicken, die dieser von seinem Vater zurückfordern solle. Er brauche Geld, weil *„wir“* – also er und Marx – in Köln *„die Rheinische Zeitung wieder anfangen“* wollten. In diesem Brief zeigte sich Friedrich als unbeugsamer Revolutionär und prophezeite, falls die Bourgeois versuchten wieder ihr Haupt zu erheben und über die Republik zu schimpfen, *„werden ihrer nächstens einige vom Volk aufgehängt.“* [179] Nach solch‘ blutrünstigen Drohungen waren Schwager Emil und Schwester Marie beruhigt zu lesen, dass *„wir“*, d.h. er und Marx, mit dem *„großen Kreuzzug“* nach Deutschland nichts zu tun hätten. Mehrere Hundert deutsche Freischärler sammelten sich in diesen Tagen in Frankreich, um unter der Führung des Dichters Georg Herwegh (und anderer) in Deutschland die Revolution zu unterstützen. Schwager Emil half und als Dank stellte ihm Friedrich ein Abonnement für die „Neue Rheinische Zeitung“ in Aussicht.

Die von Friedrich angekündigte Rückkehr nach Hause bereitete dem Vater Unbehagen; von *„Herzen“* könne er sich darüber nicht freuen, schrieb er Emil, da ihm Friedrichs *„Verblendung unbegreiflich“* sei. Mitte

April 1848 tauchte Friedrich, wie bereits erwähnt, in Barmen auf und verbreitete dort Angst und Schrecken. Die Brüder C. und A. Ermen, Geschäftspartner des Vaters in der Firma Ermen & Engels in Engelskirchen, hätten bei seinem Auftauchen auf dem Comptoir gezittert, freute sich Friedrich in einem Brief an Emil. Es herrsche *„allgemeine Auflösung, Verwüstung, Anarchie, Angst, Wuth, konstitutionelle Begeistrung, Haß gegen die Republik, p.p. … und wahrhaftig, momentan sind die Reichsten die Geplagtesten und Geängstigsten.“*[180] Dass dazu seine Familie gehörte, schien ihn nicht zu kümmern. Trotz aller revolutionärer Umtriebe trat nicht ein, was Friedrich Engels sen. vielleicht am meisten befürchtet hatte: *„Mein Vater hat in Barmen die evangelische Gemeinde gestiftet, ich habe eine Kirche gebaut und mein Sohn reißt sie nieder.“*[181]

Friedrich verlagerte sein Betätigungsfeld von Barmen nach Köln, und als ihm dort wegen seiner revolutionären Aktivitäten die Verhaftung drohte, flüchtete er im September 1848 nach Brüssel. Sein besorgter Vater forderte ihn in einem nicht überlieferten Brief auf, er solle in die USA gehen. An diesem Tag meldete sich auch die Mutter, nachdem sie in der „Kölnischen Zeitung“ seinen Steckbrief gelesen hatte. Tief enttäuscht und bebend vor Zorn schrieb sie: *„Du hast es nun bis auf die Spitze getrieben. So oft ich Dich auch gebeten habe, nicht weiter zu gehen, hast Du andern, fremden Menschen mehr gehört und das bittende Wort der Mutter ist Dir nichts gewesen. Was ich in der letzten Zeit empfunden und gelitten habe, weiß Gott alleine. Mit Beben nahm ich die Zeitung und mußte darin den Steckbrief meines Sohnes lesen. Ich kann an nichts anderes denken, wie an Dich und da seh ich Dich dann oft noch wie ein kleines Kind um mich herumspielen. Wie glücklich war ich damals und was für Hoffnungen setzte ich auf Dich. Lieber Friedrich, wenn das Wort einer armen trauernden Mutter noch etwas bei Dir gilt, dann folge des Vaters Rath, gehe nach Amerika und verlaß den Weg, den Du bis jetzt gegangen bist.“*[182] Sie war überzeugt, dass er bei seinen Kenntnissen eine Anstellung in einem Handelshaus finden würde. Aber Friedrich ging 1848 nicht wie von den Eltern gewünscht in die USA.

Die Mutter forderte Friedrich in ihrem Brief auch auf, sich seinen Freunden in Köln zu entziehen und stattdessen auf ihr Wort zu hören; denn: *„Es meint es gewiß kein Mensch so gut wie ich.“*[183] Sie versicherte, sie und sein Vater würden den Tag segnen, an dem ihr inzwischen fast 22-jähriger Sohn wieder zu ihnen komme, ihr Kind sein wolle und mit ihnen den gleichen Weg gehe. Das wäre für sie *„nach so vielen Jahren der Sorge einmal eine erfreuliche Nachricht"*. Friedrich berührte es durchaus, dass seine Mutter so sorgenvoll Anteil an seinem Schicksal nahm, aber für ihn war es unmöglich, ihre Wünsche zu erfüllen.

In der Zwischenzeit mussten die Eltern zu ihrem Ärger die Mietschulden Friedrichs in Köln begleichen und sich um seine Habseligkeiten wie Kleider und Bücher kümmern, die er bei seinem übereilten Aufbruch zurückgelassen hatte.

Als der Sohn weder auf den Brief der Mutter reagierte noch den Erhalt des Geldes bestätigte, das die Eltern ihm nachgeschickt hatten, war Mutter Elise aufgebracht. *„Von meinem Kummer um Dich will ich weiter nicht reden. Du hast keine Gefühle mehr für uns, aber ich werde nicht aufhören Dich zu lieben. Deine trauernde Mutter Elise"* [184], schrieb sie dem Sohn. Die Eltern wussten nicht, dass Friedrich ihre Briefe nicht beantworten konnte, weil er sich auf einer 500 Kilometer langen Wanderung durch Frankreich in die Schweiz befand. Nach Erhalt eines ersten Lebenzeichens aus Bern schickte ihm der Vater 500 Taler, die Mutter Elise brieflich ankündigte, um anschließend unmissverständlich ihren Unmut auszudrücken. Sie warf Friedrich vor, er habe im September 1848 in Köln sich zu den Morden an den Abgeordneten der Nationalversammlung, Lichnowsky und Auerswald, und anderen furchtbaren Grausamkeiten in einer so inhumanen Weise geäußert, dass seine Zuhörer gejubelt hätten, und nun frage sie ihn: *„Was glaubst Du wohl lieber Friedrich, was Deine Eltern empfinden?* [185] Ihr Umfeld spreche in ihrer Gegenwart nicht über ihn, man schone ihre Gefühle, aber für die Mutter waren *„diese Gesinnungen, die Du da ausgesprochen hast,... gelinde ausgedrückt, Wahnsinn."* [186] Noch Jahrzehnte später rechtfertigte Engels die Morde damit, dass die beiden Abgeordneten *„verdientermaßen als Spione totgeschlagen wurden."* [187] Besonders aufgebracht war die Mutter über die „guten Freunde" ihres Sohnes, die sie *„alle für Schurken"* hielt, die ihn ausgenutzt hätten, solange sie von seinem Geld profitieren konnten. Für den Vater, den sie zitierte, seien *„sie"*, d.h. der Sohn und seine Gesinnungsgenossen, keine politischen Gegner mehr, denn *„die Sprache, die Du geführt habest, führe zu Raub und Mord und da höre die Politik auf. Er würde Dich nie verlassen, so lange Du ein vernünftiger Mensch bliebest, dies aber sei Wahnsinn."* [188] Elise und Friedrich sen. konnten es mit ihrem Gewissen nicht vereinbaren, derartige Verbrechen mitzufinanzieren. *„Auf die Weise lieber Friedrich, wie es bisher ging, daß Du immer Dein Geld von uns bekamst, wird und kann es nicht mehr gehen. Du bekommst hier vorläufig Th 66 um Dir wieder Kleider anzuschaffen"*[189], lenkte sie dann aber doch ein. Immer wieder siegte die Liebe der Eltern über ihren Groll und immer wieder schickten sie ihrem Ältesten Geld in die entferntesten Gegenden. Dabei bedienten sie sich der europaweiten Handels- und Geschäftsbeziehungen ihrer Firmen. Am Schluss ihres Briefes warnte Elise Engels den 28-jährigen Sohn vor der Konsequenz seines rücksichtslosen Handelns gegenüber seinen Eltern: *„... die Zeit ist vorüber, wo Du ... Rücksicht nahmst. Aber lieber Friedrich, wenn wir mal nicht mehr hier auf der Erde sind, dann kann es Dir noch manche schwere Stund machen, daß Du Deinen Eltern das Leben hier so verbittert hast. Der Tod sucht scharf. Gott sei Dir gnädig."*[190]

Friedrich war entgegen der Meinung seiner Mutter von seinen alten Freunden nicht ganz vergessen worden; Karl Marx schickte Geld nach Lausanne, obwohl er große Ausgaben hatte, um die „Neue Rheinische Zeitung", *„dies Fort zu behaupten und die politische Stellung nicht aufzugeben."*[191] Dies war im Sinne von Friedrich und er bejahte wahrscheinlich auch, was Marx dreist schrieb: *„Dein Alter ist ein Schweinhund, dem wir einen hundsgroben Brief schreiben werden."*[192]

Die Briefe von Friedrich an die Eltern scheinen nicht immer freundlich gewesen zu sein; aber er verstand es doch, sie dazu zu bringen, ihm Geld zu schicken, beispielsweise 12 Napoléon d'or. Da die Goldmünzen in den unruhigen Zeiten nicht oder mit großer Verzögerung in der Schweiz ankamen, beklagte sich Friedrich bitter über die Eltern in einem (nicht überlieferten) Brief bei seinem Schwager Adolf von Griesheim. Als die Mutter dies erfuhr, schrieb sie ihrem Sprössling erbost, der Vater hätte nach Erhalt des letzten Briefes, der *„nicht freundlich war"*, sofort gesagt: *„'Geld soll er haben und ich wünschte, ich könnte es so einrichten, daß er warme Kleider und so vieles hätte, daß er eben keine Noth leidet'."*[193] Elise Engels versuchte das ungerechte Urteil, das Friedrich über den Vater hatte, zu entkräften, und betonte, dessen Worte seien oft härter als sein Handeln. Friedrich könne immer, wenn er sich in Not befinde, um Geld bitten, aber nicht bitter und trotzig.

Es erstaunt, mit welcher Forschheit Friedrich Engels Geldforderungen an seine Fabrikantenfamilie stellte, die doch, zumindest der Vater,

„an die Laterne" gehört hätte. Und man staunt, dass diese Familie aus Liebe zu dem Sohn, dessen Handeln sie verurteilte, ihre Hilfe nicht verweigerte.

Die Mutter kannte die heftigen Kontroversen zwischen dem Vater, der als Patriarch den Weg seiner Kinder bestimmen und deren Denken beeinflussen wollte, und dem aufmüpfigen Sohn, der konträre Ansichten vertrat und sich nichts vorschreiben ließ. Friedrich Engels sen. lehnte die politischen Aktivitäten seines Ältesten entschieden ab und hatte für kommunistische Ansichten absolut kein Verständnis. Und doch war er als Christ und als Vater immer bereit dem Sohn zu helfen, freiwillig, ohne von seiner Frau überredet zu werden.

Im Gegensatz zu den Eltern Engels schienen die jüngeren Familienmitglieder gegenüber den sozialistischen Ideen zumindest zeitweise aufgeschlossen gewesen zu sein. Adolf von Griesheim, der mit Friedrichs Schwester Anna verheiratet war, hatte sich jedenfalls mit Friedrichs Theorien auseinandergesetzt, fand diese, wie er ihm Ende November 1848 schrieb, *„wahr und schön genug"*. Allerdings sei deren Verwirklichung im Moment noch unmöglich, wenn es überhaupt dazu kommen werde. Griesheim jedenfalls war erleichtert, dass die Revolution zu Ende war. Zu Friedrich: *„Ba, mich ekelt der Mist an und es thut mir leid, daß Du so mitten in dem Dreck sitzt; es geht Dir, wie 1000 Andern – man schmeißt Dich mit andern Schreihälsen als fanatisch und borniert zu anderm Schund in die Ecke; kein Dank, keine Anerkennung, eine friedlose Existenz statt eines ruhigen, menschlichen Lebens."*[194] Ihm sei vor der Revolution die *„Gegenwart dämeliger Königsverehrer widerlich"* gewesen, aber nun sei *„ein völliger Stimmungsumschwung"* im heimischen Bürgertum und auch bei ihm erfolgt. Bleibe Friedrich weiterhin Revolutionär, so meinte der Schwager, erhalte er keine Unterstützung mehr von zuhause, und ob Friedrich dann *„schriftstellern wolle wie bisher"?* Er, so Griesheims wohlwollender Rat, würde um Aufnahme in das italienische Heer*, ersuchen; dort könne Friedrich es bis zum Offizier bringen.

In der Familie blieb nichts geheim; jedenfalls erhielt Friedrich umgehend einen Brief der Mutter, in dem sie seinen Vorwurf entschieden zurückwies, sie und sein Vater seien schuld daran, dass es ihm in Genf so

* Gemeint ist das piemontesisch-sardische Heer

miserabel gegangen sei. Wie, fragte sie, sollten sie Geld schicken, wenn sie keine Adresse wüssten? Aber da ihr bewusst sei, dass sie beide sich nicht einigen könnten, ziehe sie es vor zu schweigen. Das tat sie trotz Ankündigung nicht, denn sie musste noch ihre Meinung zu seinen Plänen in Köln loswerden, von denen sie aus zuverlässiger Quelle erfahren hatte. *„Wenn man Plane macht um Barrikaden zu bauen, dann ist es vom Morden so weit nicht mehr entfernt“*, hielt sie ihm vor und beschied: *Später sprechen wir mal über diese Sache, es ist besser, Du antwortest mir nicht darauf.“* [195] Sie legte keinen Wert auf eine hitzige Entgegnung seitens ihres Sohnes. Die Mutter sprach in diesem Brief alles an, was ihr nicht gefiel. So hatte sie, nachdem der Vermieter Plasmann in Köln nach Begleichung der Mietrückstände Friedrichs Besitztümer nach Barmen geschickt hatte, beim Auspacken *„unter den Briefen in Deinem Koffer … einen mit der Adresse ‚Madame Engels‘“* [196] gefunden. Sie habe den Brief *„ungelesen verbrannt“*, obwohl er ihr hätte Aufschluss geben können, *„daß Du in diesem Frühjahr … nicht wahr gegen mich gewesen bist.“* Ob es sich um Mary Burns handelte oder eine andere Frau, wissen wir nicht, jedenfalls wünschte die Mutter: *„Später giebst Du mir vielleicht mal mündlich einige Aufklärung darüber. Ich wünsche aber nur die Wahrheit zu hören, wenn Du mir die nicht sagen kannst, dann ist es besser, wir sprechen gar nicht davon.“* [197] Was immer geschah und wie entsetzt sie auch immer über Friedrichs Handeln war, die Mutter beendete ihre Briefe, so auch diesen, mit versöhnlichen Worten: *„Was soll ich Dir nun noch sagen, lieber Friedrich, daß ich Dich liebe, wie eine Mutter ihr Kind nur lieben kann, weißt Du.“* [198]

In der Familie herrschte Erleichterung, als Friedrich Anfang 1849 wohlbehalten aus der Schweiz nach Köln zurückgekehrt war. Die Mutter schickte alles Notwendige an seine neue Adresse. Die neuen Hemden, so schrieb die umsichtige Hausfrau, lasse sie noch bügeln, das seidene Halstuch waschen, aber 8 Paar Socken könne sie schon mitschicken. Die Eltern waren froh, dass Friedrich nicht mehr durch Europa zog, aber sie sahen mit großer Sorge, dass er in sein altes Leben zurückkehrte und wieder als Redakteur bei der „Neuen Rheinischen Zeitung“ arbeitete. *„Es wäre mir aber lieb, wenn Du künftig nicht den Stempel der Redaction Eurer Zeitung auf die Briefe für mich setzen läßest“* [199], forderte die Mutter nachdrücklich. Mit diesem aufrührerischen Blatt wollte sie nicht in Verbindung gebracht werden. Auch ein kurzer Besuch Friedrichs in Barmen hatte nicht zur Beruhigung der Mutter beigetragen: *„Lieber Friedrich, Gott wolle geben, daß Du uns zur Freude und nicht zum Kummer wieder hier bist.“*[200]

Es kam schlimmer, als die Eltern es sich hätten träumen lassen. Ihr Sohn beteiligte sich, wie bereits erwähnt, in ihrer unmittelbaren Nähe an revolutionären Aktionen und gebärdete sich dabei so radikal, so „rot-kommunistisch“, dass er aus Elberfeld ausgewiesen wurde. Nachdem in der Stadt Ruhe eingekehrt war, mussten die Eltern am 24. Mai 1849 in der „Elberfelder Zeitung“ lesen: *„Als statt der ‘edlen Helden‘, welche hier für die deutsche Verfassung in zweiter Lesung ihr Leben in die Schanze schlagen sollten, nur wilde, zügellose Horden, entsprungene Häftlinge und arbeitsscheues Gesindel erschien, welches Raub und Mord auf seine Banner geschrieben hatte, als Männer wie Engels … ihre kommunistischen Prinzipien theoretisch und practisch geltend machten, als endlich die Fahnen der rothen Republik auf den Barrikaden in unseren öden Straßen flatterten, da fiel es wie Schuppen von den Augen unserer gutgesinnten Elberfelder … Das arme verführte Volk sah ein, in welche Schlinge es unter der Maske der ‘deutschen Einheit‘ geraten war … Möge Elberfeld durch diese Ereignisse für alle Zeiten eine ernste Lehre erhalten. Möge man im Allgemeinen daraus erkennen, wie verderblich das ungezügelte Versammlungsrecht auf das Volk und insbesondere auf die untere Klasse wirkt.“*[201]

Zum Entsetzen der Eltern über den schlechten Umgang des Sohnes und seine Bereitschaft zur Gewalt schlichen sich Sorgen um seine Sicherheit und sein Wohlergehen ein. Friedrich hatte nach dem Verbot der „Neuen Rheinischen Zeitung“ Köln verlassen und zog durch das revolutionäre Süddeutschland. Von Kaiserslautern aus bat er Adolf von Griesheim um Geld, der vorgab, selbst keines zu haben, aber die Gelegenheit wahrnahm, seinen Schwager darüber zu informieren, dass die *„Elberfelder Straßenjungengeschichte“* für allgemeine Erbitterung gegen Friedrich geführt und ihn furchtbar blamiert habe. Sogar der Redakteur der „Neuen Rheinischen Zeitung“ habe ihn absichtlich lächerlich gemacht. Mit *„Elberfelder Straßenjungengeschichte“* spielte der gleichaltrige Griesheim auf die revolutionären Aktionen im Mai 1849 in Elberfeld an. Adolf konnte für Friedrichs Gesinnung nach diesen Vorfällen keinerlei Verständnis mehr aufbringen: *„Daß die jetzige Revolution Deine Ansichten nicht vertritt, brauchst Du mir nicht zu sagen, Du betrachtest sie als vorbereitend und wirst halb und halb mit hineingezogen, indem Du sie billigst und zu befördern suchst. Für die Verwirklichung Deiner Ansichten ist sie selbst* *von unberechenbarem Nachteil gewesen, da sie dem intelligenten Theil nur zu deutlich gezeigt hat, wie gewaltig roh und unreif … unser gutes Deutschland noch ist.“* [202] Als Beweis führte er an, einige Aufgewiegelte aus Elberfeld hätten das Engels'sche Familienunternehmen in Engelskirchen angreifen wollen. *„Die Elberfelder wollten uns hier heimsuchen, bei Nacht und Nebel brachten uns Deutzer Lanciers diese zeitgemäße Nachricht. Du hast wol davon gehört, auch hier in Engelskirchen wurden einige dieser sozialen Gewächse von der 'brutalen Soldateska' und uns aufgegabelt und sammt dem Geld, was sie auf dem Weg des kommunistischen Verkehrs verdient hatten, nach Köln in die 'moderdunstenden Kasematten der Tirannei' gebracht.“* [203] Der Schwager, an der Abwehr der revolutionären Umtriebe beteiligt, lehnte nach dem versuchten Übergriff auf Ermen & Engels Friedrichs politische Ziele entschieden ab. Adolf bekannte sich nun zu den *„Heulern“*, den bürgerlichen Konstitutionellen, die Ruhe wollten, während Friedrich für ihn zu den *„Wühlern“*, den republikanischen Demokraten, zählte, die einen gewaltsamen Umsturz wollten. Privat wollte v. Griesheim es nicht zum Bruch kommen lassen, bot sogar seine Vermittlung in Geldangelegenheiten an und gab Friedrich den guten Rat, er solle sein Leben im engen Kreise der Seinigen verbringen, statt in einem *„gemütlosen Haufen feiger, undankbarer Schreihälse … Es ist, als hättest Du noch jetzt die undankbare Idee, Dich der unverbesserlichen Menschheit zum Opfer zu bringen, ein sozialer Christus zu werden und allen Egoismus auf Erreichung dieses Zieles zu verwenden. Jetzt bist Du noch unverschlissen und kannst, ohne Dich Demütigungen auszusetzen, dafür sorgen, daß Du später nicht allein stehst wie ein verdrießlicher Hypochonder.“* [204] Derartige Vorhaltungen beeindruckten Friedrich Engels nicht; er stand unbeirrt zu seinem Handeln und seinen Zielen.

Elise und Friedrich sen. verstießen trotz des versuchten Übergriffs auf ihre Fabrik in Engelskirchen ihren ältesten Sohn, der indirekt zu den Aufwieglern der Angreifer gehörte, nicht. Im Gegenteil, sie schickten ihm im August 1849 175 Franken nach Morges in die Schweiz, wohin sich Soldat Friedrich zusammen mit Willichs Freischärlerkorps nach der Niederlage gegen die preußischen Truppen abgesetzt hatte. Die Mutter schrieb, sie wollten ihn vor der schlimmsten Not bewahren, aber er solle für sein Brot arbeiten; denn der Vater habe sich entschieden, es bei dieser einmaligen Zahlung zu belassen. *„Ich schreibe Dir dies nun, wünsche aber nicht, daß Du in Deiner Antwort darauf zurückkommst“* [205], machte sie deutlich. Die Eltern schienen keine Lust gehabt zu haben, heftige Widerworte und Anschuldigungen von ihrem Sohn zu lesen. In deutlichen Worten stellte die Mutter unmissverständlich klar, dass sie sich mit ihrem Mann solidarisierte: *„Ich finde, daß er recht hat schon darum, weil es etwas ganz unnathürliches ist, daß ein junger Mann in Deinen Jahren und von Deinen Kenntnissen sich sein Brod noch nicht selbst erwirbt. Ob es aber dazu diehnt Dich von solchen gefährlichen Sachen, womit Du Dich bis jetzt befaßt hast abzuhalten weiß ich nicht, die Erfahrung hat mir nicht viel Hoffnung dazu gegeben, im Gegenteil, ich finde, Du bist immer tiefer hinein gekommen. Vor einem Jahr sagtest Du noch, es würde Dir gar nicht einfallen, Dir Deine Knochen kaput schießen zu lassen, Du würdest Dich schon hüten, und jetzt können wir Gott nur danken, daß es uns nicht geht, wie den armen Eltern von Tiedemann. Und was können wir nicht noch erleben! Denn wenn es den unruhigen Badenserern noch einmal einfällt eine Revolution zu machen, so wirst Du dabei nicht fehlen, wie wir aus Erfahrung wissen und dann kann uns das Unglück noch treffen was wir jetzt blos gefürchtet haben.“* [206] Die Eltern wollten nicht, dass Friedrich sein Leben im aussichtslosen Kampf für die aus ihrer Sicht gescheiterte Revolution riskierte.

In allen Briefen an die Eltern in den Jahren zwischen 1845 und 1849 forderte Friedrich Geld, das Elise und Friedrich sen. gegen ihren Willen immer wieder schickten, um ihren Sohn vor dem Hungertod zu retten.

Ende August 1849 muss Friedrich die Mutter so flehentlich um Geld gebeten haben, dass sie in einen Gewissenskonflikt geriet. Mit ihrem Mann, der unterwegs war, konnte sie sich nicht beraten, aber sie wollte auch nicht ohne sein Einverständnis Geld transferieren. Sie löste das Dilemma, indem sie dem Sohn heimlich *„2 Wilh. D'or, die … ein kleiner Privatschatz von mir waren“* zukommen ließ. *„Da Niemand weiß, daß ich sie habe, so wünsche ich auch nicht, daß Du dieselben erwähnst in Deinen Briefen.“* [207] Die Mutter handelte aus Liebe zu ihrem Sohn hinter dem Rücken ihres Mannes, und um nicht wieder in diese Lage zu kommen, forderte sie den fast 29-Jährigen auf, er solle Privatstunden geben, um seinen Lebensunterhalt zu verdienen. Auf Friedrichs Ankündigung, die Schweiz zu verlassen und nach England zu gehen, schickte der Vater umgehend das nötige Geld, und die Mutter wünschte: *„Gott wolle Dich behüten und leiten, wie Er es bisher so gnädig auf alle Deinen Wegen gethan hat, obgleich es nicht Seine Wege waren.“* [208] Es muss eine ausreichende Geldsumme gewesen sein, denn Sigismund Borkheim erzählte, er habe Engels in Genf *„mit gefüllter Brieftasche, auf seiner Durchreise begriffen“* angetroffen *„und wir tranken der Flaschen Wein nicht wenige in seiner erheiternden Gesellschaft. Das Begegnen mit ihm kam uns, ganz besonders deswegen erwünscht, weil wir seiner Kasse erlauben konnten, das Kommando zu führen.“* [209] Großzügig gab Friedrich das Geld der Eltern aus, genoss sein Leben in Gesellschaft von Freunden, überall, auch im Exil.

Sollten die Eltern gehofft haben, der Sohn werde sich nach seiner Ankunft in London eine Stelle in einem Handelshaus suchen, sahen sie sich getäuscht. Friedrich tat sich mit Marx zusammen und schrieb Abhandlungen für die „Neue Rheinische Zeitung“. Als die Eltern davon erfuhren, zogen sie die Reißleine. Die Mutter teilte dem Sohn den Entschluss des Vaters mit, ihm zwar über Emil Blank Geld auszahlen zu lassen, aber *„nicht wie früher in Brüssel und Paris etwas jährliches aus*(zu) *setzen.“* [210] Es sei für sie zu ungewiss, was er mache; würden wieder revolutionäre Zeiten heranbrechen, *„können wir dieselben traurigen Erfahrungen in Beziehung auf Deine Person machen … Ich will keine weiteren Worte darüber verlieren, Du kannst es selbst begreifen, wie unsere Empfindungen waren, wie Du im vorigen Mai in Elberfeld und Baden warst, Du hast es auch in einem frühern Brief ausgesprochen, daß aus Rücksicht gegen Deine Eltern Du ebensowenig, wie aus Rücksicht gegen Deine eigene Person, Du Dich leiten ließest, wir können also noch viel erleben.“* [211] Sie billigten seinen Weg nicht, erklärte die Mutter, und er dürfe auf fortlaufende Unterstützung nur hoffen, wenn er *„diesen schroffen Weg“* verlasse, der ihnen nur Kummer bereite und ihn ins Verderben stürze. Obwohl Schwester Marie, bei der Friedrich nach seiner Ankunft in London zunächst untergekommen war, den Eltern signalisiert hatte, der Bruder habe etwas mildere Ansichten gewonnen, war die Mutter nicht gewillt sich wieder in die Irre führen zu lassen. Sie machte klar: *„Diese Hoffnung habe ich mir … schon oft gemacht und wurde doch immer getäuscht, daß ich mich ihr nicht wieder hingeben werde, bis ich Beweise davon habe.“* [212] Die Eltern waren empört, als der Schneider Hühnerbein aus Elberfeld von ihnen 30 Taler für Rock, Hose und Weste forderte, die er für Friedrich angefertigt hatte. Bevor sie notgedrungen für diese Schulden aufkamen, wollte die Mutter wenigstens wissen, ob Friedrich der Auftragsgeber gewesen sei und die Ware bekommen habe. Unangenehm waren für die Eltern als königstreue Staatsbürger die wiederholten Besuche der preußischen politischen Polizei, die das Vermögen des Sohnes einziehen wollte. Es standen Zwangszahlungen an, weil Friedrich seiner Pflicht als ehemaliger Bombardier nicht nachkam und jährlich 14 Tage in der Landwehr diente. Bei dieser Gelegenheit soll Friedrich Engels sen. den Beamten gegenüber glaubhaft versichert haben, der Sohn habe nichts bei ihm deponiert, aber er habe auch *„keinen Hehl aus seiner Einstellung gegenüber dem 'mißratenen' Sohn“*[213] gemacht.

Bei der Mutter saß der Groll tief und sie konterte schonungslos auf die Vorhaltungen ihres Sohnes. Wenn er von ihrem „T*on befremdet*“ sei, sei sie es nicht minder von dem seinen, beschied sie und warf ihm vor, dass er, statt ein neues Leben zu beginnen, zu seinen alten Freunden und dem alten Blatt zurückgekehrt sei, das sie verabscheue. *„Gott weiß, was ich empfunden habe, wenn ich einmal ein Blatt der Rheinischen Zeitung in die Hand bekam und lesen musste, wie sie mit Spott und Geifer über alles herfuhr, was mir ehrwürdig und heilig war ... Es wäre vielleicht für uns das bequemste, wenn wir Dir Geld zu Deinem Unterhalt schickten und uns dann nicht weiter bekümmerten, was Du treibst, aber dabei würden wir unser Gewissen nicht ruhig halten können.“*[214] Da die Mutter nicht bereit war, alles, woran sie glaubte, zu verleugnen, erklärte sie ihrem Sohn: *„Es ist aber ein sonderbares Verlangen, dass ich einen Sohn unterhalten soll, der Grundsätze und Lehren in der Welt zu verbreiten sucht, die ich für ein Verderben für die Menschheit und für sündlich halte. Frage Dich doch einmal selbst, ob Du es thun würdest?“*[215] Einmal in Rage geraten, warf die Mutter Friedrich auch vor, sie habe in den letzten zwei Jahren von ihm nur Briefe mit Geldforderungen erhalten, und dabei sei es doch seine Schuld, wenn er in Geldverlegenheiten gerate, seine Kleider in der ganzen Welt zerstreut seien, er gefährliche Reisen mache – und das alles für nichts. Er jage einer Sache nach, die sich nie verwirklichen lasse und die die Menschen nur unglücklich mache. Sie forderte Friedrich auf einzusehen, dass es sonderbar wäre, dass seine Eltern eine Sache unterstützten, die sie *„verabscheuten“*. Dennoch versicherte sie dem Sohn wie gewohnt ihre *„unveränderliche Liebe“*.

Die Meinung der Mutter in solcher Härte und Entschiedenheit lesen zu müssen, war sicherlich nicht angenehm für Friedrich. Schwester Marie vermittelte zwischen den tief enttäuschten Eltern und dem uneinsichtigen rebellischen Friedrich. Vielleicht war es ihrem Einfluss zu verdanken, dass er über seine Situation nachdachte.

Wilhelm Liebknecht, dem es im Exil in London am Anfang so schlecht ging, dass sogar Frau Marx meinte, *„Liebknecht hat nichts zu beißen"*, schrieb später, wie er und andere Flüchtlinge sich wenigstens kurzzeitig von ihrer Misere ablenkten: *„Gegen das grinsende Elend gab es nur ein einziges Heilmittel: das Lachen … Es ist nie so viel gelacht worden als zu der Zeit, wo es uns am schlechtesten ging."*[216] Friedrich Engels reichte das Lachen gegen den Hunger auf die Dauer nicht. Er entschloss sich zur Erleichterung der Eltern, im November 1850 bei Ermen & Engels in Manchester einzusteigen.

Die Mutter schöpfte zum ersten Mal nach fünf turbulenten Jahren Hoffnung für Friedrichs Zukunft; sie erwähnte in ihren späteren Briefen an ihn nicht mehr ihre Hilferufe an Gott, den (fast) verlorenen, ungläubigen Sohn zu beschützen und auf seinem Weg zu begleiten. Ihr Flehen war erhört worden.

Im Visier der preußischen Justiz

Seit seinen ersten öffentlichen Auftritten im Februar in Elberfeld 1845 bis zu seiner Amnestierung im Frühjahr 1861 stand Friedrich Engels unter Beobachtung der preußischen Behörden. Mehrmals drohten ihm in diesen Jahren strafrechtliche Maßnahmen, doch immer gelang es ihm, auch dank seiner Familie, insbesondere seines Patenonkels Snethlage, sich rechtzeitig aus Preußen abzusetzen.

Von Juni 1845 bis April 1848 lebte Friedrich Engels im Exil in Brüssel und Paris, eine aufregende Zeit für den abenteuerlustigen jungen Mann. Im Zuge der Revolution in Preußen kehrte er in die Heimat zurück, ließ sich in Köln nieder und betätigte sich als Redakteur der „Neuen Rheinischen Zeitung" und als Agitator für die Belange der Revolution – bis ihm die Verhaftung drohte und er in letzter Minute nach Brüssel fliehen konnte. Wegen Hochverrates wurde er preußenweit zur Fahndung ausgeschrieben und steckbrieflich gesucht. Am 4. Oktober 1848 hatten die Eltern Engels zu ihrem Entsetzen im „Kölner Anzeiger" lesen müssen, dass gesucht wurde nach *„Friedrich Engels, Stand, Kaufmann, Geburts- und Wohnort, Barmen; Religion, evangelisch; Alter, 27 Jahre; Größe, 5Fuß 8Zoll groß; Haare und Augenbrauen, dunkelblond; Stirn,* *gewöhnlich; Augen, grau; Nase und Mund, proportioniert; Zähne, gut; Bart, braun; Kinn und Gesicht, oval; Gesichtsfarbe, gesund; Statur, schlank."* [217]

Friedrich Engels kehrte Anfang 1849 nach Köln zurück und machte dort wie gewohnt weiter, bis er erneut fliehen musste. Seit dem 6. Juni 1849 wurde im gesamten preußischen Gebiet nach ihm gefahndet. In der „Kölnischen Zeitung" und im „Eberfelder Kreisblatt" stand folgender Steckbrief: *„Friedrich Engels, Redakteur der ‚Neuen Rheinischen Zeitung', geboren in Barmen, zuletzt wohnhaft in Köln"*, mit den *„Signalements"*: *„Engels. Alter 26-28 Jahre, Größe fünf Fuß sechs Zoll, Haare blond, Stirn frei, Augenbrauen blond, Augen blau, Nase und Mund proportionirt, Bart rötlich, Kinn oval, Gesicht oval, Gesichtsfarbe gesund, Statur schlank. Besondere Kennzeichen: spricht sehr rasch und ist kurzsichtig."* [218] Es gab durchaus Unterschiede bei der Beschreibung von Friedrich Engels. Im ersten Steckbrief war seine Augenfarbe grau, die Haare dunkelblond, der Bart braun, im zweiten hatte er blaue Augen, blonde Haare und einen rötlichen Bart. Allerdings wurden in diesem zweiten Fahndungsaufruf seine Kurzsichtigkeit und sein schnelles Sprechen erwähnt, durchaus wichtige individuelle Merkmale. Zweifelhaft ist dennoch, ob die vagen Angaben zum Auffinden dieser Person beitragen konnten, zumal sie noch nicht durch ein Bild ergänzt werden konnten.

Friedrich Engels war im Exil in England, als gegen ihn und 191 weitere Angeklagten im November 1849 vor dem Rheinischen Appellationsgerichtshof verhandelt wurde und er gehörte zu den 141 Personen, die in dem Prozess in Elberfeld im Mai und Juni 1850 angeklagt wurden. 58 konnten nicht belangt werden, weil sie sich wie Friedrich Engels dem Prozess durch Flucht entzogen hatten.

Die Anklagen lauteten auf Hochverrat, Majestätsbeleidigung, politische Agitation, Aufruhr, Landesfriedensbruch und Zugehörigkeit zu verbotenen Vereinen, heute würde man von Mitgliedschaft in einer terroristischen Vereinigung sprechen. Ein Angeklagter wurde zum Tode verurteilt, 28 zu Freiheitsstrafen oder Geldzahlungen.

Vermutlich hätte Friedrich Engels als einem der Anführer in Elberfeld eine langjährige Haft in einer Festung gedroht. Die Liste seiner Vergehen war lang: Er habe auf seiner Rückreise nach Köln am 15. Mai 1849 *„mit gezogener Pistole an der Spitze einer bewaffneten Bande (von 30-40 Mann) das Gräfrather Zeughaus ausgeplündert"* und sei mit *„offener Gewalt,* *zu Pferde und mit Säbeln und Pistolen bewaffnet ... in Begleitung eines Wachmanns ins Zeughaus gegangen und habe mehrere Bewaffnungs- und Bekleidungsgegenstände"* [219] wie Brotbeutel, Helme, Pistolen, Säbel, Trommeln, Fußbekleidung und ein Gewehr an sich genommen, *„worüber er dann zwei Bescheinigungen ausstellte"*. Die Bestätigung erfolgte vielleicht zum Schutz der Wächter, denen der Vorwurf hätte gemacht werden können, die Gegenstände an sich genommen und verscherbelt zu haben. Des Weiteren hatte Friedrich Engels laut Anklageschrift *„Kisten aus einem nahe gelegenen Speditionsgeschäft der Firma Müller auf die Straße transportiert"* und sich *„führend am Bau von Barrikaden beteiligt ... zum Zwecke des Attentats gegen die königliche Gewalt und zur Erregung des Bürgerkrieges."* [220] Da gegen Friedrich Engels wegen Abwesenheit nicht verhandelt werden konnte, wurde weiterhin im „Anzeiger für die politische Polizei Deutschlands" gesucht nach: *„Engels, Dr. aus Köln, Anführer und Leiter der Elberfelder Mairevolution vom Jahre 1849, in demselben Jahre auch wegen Aufruhrs und Hochverrats verhaftet und in Untersuchung genommen."* [221] Der Text war fehlerhaft: Engels war nie in Untersuchungshaft gewesen und das Hochverratsverfahren vom Oktober 1848 war im Januar 1849 aufgehoben worden. Er war bereit, nach Köln zurückzukehren, als ihm in Preußen keine Untersuchungshaft mehr drohte, denn: *„Im Untersuchungsarrest kann man nicht rauchen und da geh ich nicht hinein."* [222] Friedrich Engels war immer, wie auch Karl Marx, auf seine Sicherheit bedacht, sah es als Herausforderung besonderer Art an, der Polizei und den Sicherheitsbehörden zu entkommen.

Der preußischen Justiz gelang es auch nicht, Friedrich Engels im „Kölner Kommunistenprozess" im Oktober / November 1852 als einen der Rädelsführer in Köln vor Gericht zu stellen, obwohl er per Steckbrief zur Fahndung ausgeschrieben war. Gesucht wurde: *„Engels ... Mitredakteur der ‚Neuen Rheinischen Zeitung', Turnlehrer der Gräfin Hatzfeld, Gründer des Arbeitervereins zu Köln, Verfasser der wichtigsten bei dem Schneidergesellen Peter Nothjung von Mühlheim zu Leipzig gefundenen Papiere des deutschen Kommunistenbundes, Mitangeklagter des bekannten Kölner Prozesses."* [223] Turnlehrer der Gräfin Hatzfeldt war Friedrich Engels sicherlich nicht, aber richtig war, dass erst mit der Verhaftung des Schneiders Nothjung im Mai 1851 die Grundlage für eine Anklageerhebung möglich wurde, da sich in dessen Händen Dokumente befanden, die die Existenz der Zentralbehörde des geheimen „Bundes der Kommunisten" in Köln bewiesen. Der Bund wurde nach dem Kölner Kommunistenprozess 1852 von Marx aufgelöst.

Der Prozess zu Köln gegen die „Kommunisten" war von oberster Stelle gewünscht worden. König Friedrich Wilhelm IV. hatte seinen Ministerpräsidenten angewiesen:

„Bester Manteuffel!

Ich habe den Kinkel'schen Fluchtbericht gelesen. Dies hat mich auf einen Gedanken gebracht, den ich nicht gerade unter die lauteren klassifizieren will. Nämlich den, ob Stieber nicht eine kostbare Persönlichkeit ist, das Gewebe der Befreiungsverschwöruung zu entfalten und dem preußischen Publikum das lange und gerecht ersehnte Schauspiel eines aufgedeckten und (vor allem) bestraften Komplotts zu geben? …

Verbrennen Sie dies Blatt.

Es ist keine Minute zu verlieren.

Vale!

Friedrich Wilhelm" [224]

Seine Majestät war verärgert, dass Gottfried Kinkel mithilfe von Carl Schurz, dem späteren Innenminister der USA, in einer aufsehenerregenden Aktion die Flucht aus dem Spandauer Gefängnis in Berlin gelungen war.

Zu den Angeklagten gehörten Freunde aus Kölner Tagen. Marx, seine Frau und andere Mitstreiter sahen es daher als ihre Verpflichtung an, deren Verteidiger zu unterstützen. Engels leistete seinen Anteil, indem er Briefe und Unterlagen kopierte und nach konspirativen Wegen zum Versenden der Materialien von Manchester aus suchte. So sollte sichergestellt werden, dass wichtige Beweise in die Hände der Verteidiger gelangten und nicht in die der preußischen Polizei.

In London schrieb man sich im Hause Marx die Finger wund, um die Anklage zu erschüttern und vor allem die unsauberen Methoden und Tricks des Polizeirats Stieber und seiner Helfer zu entlarven. Ihrer Beweisführung, ihrer Verteidigungsstrategie, ihrem Aufdecken von Fehlern, Lügen und Manipulationen zollten sogar ihre Gegner Hochachtung. Der Berliner Polizeichef Hinckerdey würdigte in einem Geheimrapport die Souveränität und intellektuelle Überlegenheit der Londoner „Verteidiger" der Angeklagten. Er hob insbesondere Marx hervor: *„Man kann schon jetzt mit Recht von der Partei Marx-Engels sagen, dass sie weit über allen Emigranten, Agitatoren und Zentralkomitees (der kleinbürgerlichen Demokraten) steht, weil sie unbestritten die größere Macht des Wissens und des Geistes für sich hat. Marx selbst ist persönlich bekannt, und man weiß, dass er in seiner Zehspitze mehr geistigen Fond als die ganze übrige Gesellschaft in ihren Köpfen hat."*[225] Der so gerühmte Marx deckte in seiner Schrift „Über den Kölner Kommunistenprozeß" die krummen Machenschaften der Anklage auf, die ihre Urteile auf der Grundlage von gefälschtem Material fällte.

Friedrich Engels konnte im „Kölner Kommunistenprozess" 1851/52 weder für seine Beteiligung an einem *„Komplott zum Umsturze der Staats-Regierung"*, noch wegen seines Versuches den Arbeitern *„revolutionäre und insbesondere kommunistische Grundsätze einzuflößen"* oder als Mit-Gründer einer besonderen Fraktion der deutschen Kommunisten zur Rechenschaft gezogen werden. Aber er blieb im Visier der preußischen Staatssicherheit. Seine persönliche Sicherheit in England war erst gewährleistet, als die „Alien Bill" 1850 nicht verlängert wurde.

In der Hoffnung, Friedrich Engels doch noch für seine staatsgefährdenden Aktivitäten zur Verantwortung ziehen zu können, wurde 1854 eine ausführliche Akte für das „Register derjenigen Personen, welche gerade der Kommunistischen Tendenzen verdächtig sind" angelegt. Der Inhalt der Akte liest sich wie sein Lebenslauf: *„Engels, Friedrich, gebürtig aus Barmen, in der preußischen Provinz Jülich-Cleve-Berg, geboren 1819. Er ist der Sohn eines wohlhabenden Fabrikbesitzers in Barmen, welcher zugleich in Manchester eine Seidenmanufaktur besitzt. Von 1838 bis 1841 war er als Handlungsdiener auf einem Comptoir zu Bremen, entwickelte aber dort solche freisinnigen Ideen und trat so schroff in mehreren Zeitungen hervor, dass sein Vater ihn, – nachdem Friedrich Engels vom Herbst 1841 bis dahin 1842 in Berlin in der Garde-Artillerie seiner Militairpflicht genügt hatte, – seinen Verbindungen dadurch zu entziehen hoffte, dass er ihn in die Fabrik nach Manchester versetzte. In dieser Stellung und während zeitweiligen Aufenthalts in Paris und Brüssel kam er mit den Notabilitäten der damaligen Flüchtlingen, namentlich M a r x, in nähere Verbindung, wurde unter dem Einflusse namentlich von M a r x nächst diesem der eifrigste und tätigste Kommunist, war nach der Aussage von Schio 1847 in Paris mit demselben in einer Gemeinde* *(des Bundes der Kommunisten), ist darauf nach London gegangen und hat als Sekretär der dort errichteten Zentralbehörde des Kommunistenbundes die Statuten d(e) d(ato) London, den 8. Dezember 1847, mit unterschrieben, ist dann nach Verlegung der Zentralbehörde mit nach Brüssel gezogen und von da nach dem von ihm (mit) unterzeichneten Auflösungsbeschlusse, d(e) d(ato) Brüssel, den 3. März 1848 nebst M a r x zur Bildung einer neuen Zentralbehörde nach Paris gegangen. Nach eingetretener Amnestie kamen beide nach Köln herüber und Engels wurde Mitarbeiter der von Marx redigierten, im Frühjahr 1849 wieder eingegangenen „Neuen Rheinischen Zeitung", dort wegen Pressvergehens zur Untersuchung gezogen, am 7. Februar von den Assisen freigesprochen."*[226] Des Weiteren wurde in der Akte vermerkt, dass Engels sich nach dem Ausbruch der Reichsverfassungs-Bewegung nach dem aufständischen Elberfeld begeben habe, von dort in die Pfalz und nach Baden gegangen sei, bevor er nach Niederwerfung der Aufstände über die Schweiz und Frankreich nach England geflüchtet sei. In London habe er als Comité-Mitglied die „Forderungen der Kommunistischen Partei in Deutschland" unterschrieben und in mehreren Artikeln in der „Neuen Rheinischen Zeitung" seine Wirksamkeit für den Kommunistenbund bei den oben genannten Bewegungen kundgegeben. Nach Zerfall des Kommunistenbundes am 15. September 1850 in zwei Fraktionen, habe er mit Marx die Leitung der sog. Kölner Fraktion übernommen, aber wegen seiner schlechten pekuniären Lage habe er sich in neuerer Zeit wieder seinem Vater zugewandt, der ihn in der Fabrik zu Manchester verwandt habe.[227] Manche Punkte des Berichtes sind falsch. Engels wurde um ein Jahr älter gemacht, in Manchester wurde Baumwolle, nicht Seide verarbeitet, er war von Genua/Piemont per Schiff nach England gelangt, da der Weg durch Frankreich für ihn zu gefährlich gewesen war, die „Forderungen der Kommunistischen Partei" wurden bereits im März 1848 konzipiert und unterschrieben. Ansonsten waren die Angaben, die Carl Wermuth und Carl Stieber im Laufe der Jahre gesammelt hatten, erstaunlich präzise und dokumentieren die umfassende Überwachung von Friedrich Engels. Trotz aller Bemühungen gelang es den Behörden nicht, seiner habhaft zu werden und ihn vor Gericht zu stellen.

Im Mai 1860 wurde Friedrich Engels amnestiert, alle Strafverfahren gegen ihn eingestellt, nachdem für ein anderes anhängiges Verfahren eine Lösung gefunden worden war. Friedrich hätte nach amtlicher

Anordnung in den vergangenen 14 Jahren wie jeder ehemalige Soldat zwischen dem 26. und 40. Lebensjahr jährlich 14 Tage Dienst in der Landwehr leisten müssen. Diese Vorschrift hatte ihre Gültigkeit behalten, weil Friedrich Engels ohne Erlaubnis aus Preußen ausgewandert war und seine Staatsangehörigkeit nicht aufgekündigt hatte. Die Elbersfelder Ratskammer beschloss eine Beschlagnahmung in Höhe von 1.005 Talern, 20 Silbergroschen, 6 Pfennigen aus Friedrichs Vermögen vorzunehmen. Vater Engels hatte noch zu seinen Lebzeiten die Forderung zurückgewiesen, mit der Begründung, dass Friedrich kein Vermögen in Barmen habe. Mitte Juni 1860 informierte ihn Bruder Hermann, dass eine Beschlagnahmung über 1.000 Taler auf Friedrichs Erbschaft bei ihnen eingereicht worden sei, die sie innerhalb von 6 Tagen zahlen sollten. Aber es sei ihnen gelungen, die Frist auf vier Wochen zu verlängern. Sie versuchten, teilte er mit, die Sache in die Länge zu ziehen und ein Gnadengesuch um Erlassung der Strafe beim Ministerium oder dem Prinzregenten einzureichen. *„Wir werden nun sehen, was weiter zu thun ist & suchen dies doch immer angenehme Taschengeld für Dich zu retten“*[228], schrieb Hermann. Zwei Monate später machte er dem älteren Bruder die *„nicht unangenehme Mitteilung“*, dass *„die Beschlagnahme auf Thr. 1006 … – von Deinem Erbtheil für unerlaubtes Auswandern, in Folge eines Gesuchs um Erlassung dieser Strafe, welches Mutter an's Ministerium ergehen ließ, nunmehr auf … 51 (Taler) reduzirt worden ist. Letztere Summe haben Dir Friedrich Engels & Co debitiert zur gefl. Bemerkung“*[229]. Durch die sofortige Begleichung der Summe ersparte die Familie Friedrich die Überlegung, ob er für sein Vergehen, unerlaubt das Land verlassen zu haben, 50 Taler Strafe bezahlen oder drei Wochen ins Gefängnis gehen sollte. Nach 11 Jahren durfte Friedrich Engels wieder ungefährdet in die Heimat reisen.

Ein Jahr in London

Bevor sich Friedrich Engels Ende 1850 entschloss, nach Manchester zurückzukehren, versuchte er sich in London ein unabhängiges Leben aufzubauen. Nach seiner Ankunft im November 1849 nahm ihn Schwester Marie Blank auf, bevor er für einen Monat als Untermieter bei der Familie Marx in der Anderson Street unterkam. Im Dezember 1849 zog Engels in die Macclesfield Street in Soho, um dort freier leben und arbeiten zu können.

Es wartete viel Arbeit auf ihn. Marx hatte die Zentralbehörde des „Bundes der Kommunisten" in London reaktiviert. Friedrich Engels fiel die Aufgabe zu, Informationen zur aktuellen Lage der kommunistischen Gemeinden in Deutschland und Frankreich zu sammeln. Engels und Marx hatten seit Jahren die Entwicklung der Arbeiterbewegungen in Deutschland, Frankreich, Belgien, England und der Schweiz verfolgt und strebten deren Zusammenführung in einer internationalen Bewegung an. Mit anderen Gesinnungsgenossen planten sie bereits einen „Weltbund der revolutionären Sozialisten", der allerdings über das Anfangsstadium nicht hinauskam. Engels hatte sich gedanklich bereits mit der Programmatik des Weltbundes befasst und als dessen Hauptziel *„die Unterwerfung der privilegierten Klassen unter die Diktatur des Proletariats durch Aufrechterhaltung der Revolution in Permanenz praktisch bis zur Verwirklichung des Kommunismus"*[230] festgelegt. Erstmalig verwendete er den Begriff der „Diktatur des Proletariats"; diese sei notwendig, *„um die letzte Form der Organisation der menschlichen Gesellschaft zu verwirklichen"*[231], den Kommunismus.

Engels beschränkte sein Aktionsfeld nicht auf das Theoretische, vor allem, da seine praktischen Fähigkeiten gefragt waren. Als Sekretär des „Sozial-demokratischen Flüchtlingskomitees" in London fiel ihm die Aufgabe zu, die Sammlung von Geld- und Sachspenden zu organisieren, die Hilfsleistungen zu koordinieren und sich um Unterkünfte für die Geflohenen zu kümmern. So sollte verhindert werden, *„dass Leute, die für die Freiheit und für die Ehre des deutschen Volkes die Waffen geführt haben, ihr Brot an den Straßenecken von London erbetteln müssen."*[232]

Die deutschen Emigranten setzten in England ihre Querelen um den richtigen revolutionären Weg fort. *„Nach jeder gescheiterten Revolution oder Konterrevolution entwickelt sich unter den ins Ausland entkommenen Flüchtlingen eine fieberhafte Tätigkeit. Die verschiedenen Parteischattierungen gruppieren sich, klagen sich gegenseitig an, den Karren in den Dreck gefahren zu haben, beschuldigen einander des Verrats und aller möglichen sonstigen Todsünden. Dabei bleibt man mit der Heimat in reger Verbindung, konspiriert, druckt Flugblätter und Zeitungen, schwört darauf, dass es in vierundzwanzig Stunden wieder losgeht, dass der Sieg gewiss ist, und verteilt im Hinblick hierauf schon die*

Regierungsämter. Natürlich folgt Enttäuschung auf Enttäuschung“[233], fasste Friedrich die Befindlichkeit der politischen Flüchtlinge zusammen. Er und Marx waren durchaus gewillt mitzumischen, aber nicht mit solchen *„deutschen Philistern“*; und letztendlich waren für sie alle politischen Flüchtlinge *„Spießbürger“*. Nach Zwistigkeiten mit Karl Schapper und August Willich verließen sie den „Londoner Arbeiterbildungsverein“. Als diese auch noch im „Bund der Kommunisten“ eine Führungsrolle beanspruchten, verlegten Engels und Marx die Zentrale des Bundes von London nach Köln, um ihn vor dem Zerfall zu retten. „Willich und Konsorten“ reagierten mit der Bildung eines Sonderbundes, der mehr Mitglieder hatte als die Gruppe um Engels und Marx. Moses Heß spottete, Liebknecht gehöre als „Agent“ der „Partei Marx“ an, die ansonsten nur noch aus dem „Meister“ Marx und seinem „Sekretär“ Engels bestehe.

Eine der Hauptdifferenzen war laut Engels, dass ihre ehemaligen Mitstreiter, *„die Romantiker“*, den bewaffneten revolutionären Kampf fortsetzen wollten. So soll Willich geplant haben, in einem „Handstreich“ eine Militärdiktatur in Deutschland zu errichten. Engels und Marx hingegen versuchten dem Proletariat seine historische Rolle, sprich die Notwendigkeit seiner Machtübernahme zu vermitteln und ihm klarzumachen, dass nicht *„der bloße Wille“*, sondern *„die wirklichen Verhältnisse“* das *„Triebrad der Geschichte“*[234] seien. Engels und Marx fühlten sich als überlegene Einzelkämpfer. Für ihre „Gegner“ waren sie ideologische, arrogante Fanatiker, die es als ihre Aufgabe ansähen *„rücksichtslose Kritik“* zu üben und zwar *„viel mehr noch gegen die angeblichen Freunde als gegen die offnen Feinde.“*[235] Engels und Marx versuchten den Eindruck zu erwecken, sie hätten sich als *„reine Verstandesmenschen … von der langweiligen, dummen, gutmütigen, deutschen Phrasenmacherei emanzipiert und französische Schärfe und Klarheit für ihre Ausdrucksweise gewählt.“*[236] Wegen ihrer arrogant wirkenden Art hatten sie nur wenige Mitstreiter – und doch sahen sie sich bereits als Führer einer Partei, die in Zukunft größten Einfluss haben würde. Ihre historische Aufgabe sei, so Marx an Weydemeyer, *„unsrer Partei einen wissenschaftlichen Sieg … erringen.“*[237] Engels und Marx ging es, abgesehen von einem politischen insbesondere um einen wissenschaftlichen Sieg. Ihr erklärtes Anliegen war es, mit philosophischer Analyse das Bewusstsein des Proletariats zu schärfen, die Klasse der Zukunft zu sein. Die Arbeiter, so betonten sie, dürften sich nicht mit materiellen Zugeständnissen zufriedengeben, sondern ihre Aufgabe sei es, die Abschaffung des Privateigentums herbeizuführen und eine neue Gesellschaft aufzubauen. Ihre Revolution sei ein Kreuzzug der Arbeit gegen das Kapital. Engels und Marx wiesen explizit darauf hin, dass sich die weltweite permanente proletarische Revolution nicht mit plattem, tumbem Zuschlagen gegen die staatlichen Machtapparate erreichen lasse, sondern erst nach einer gänzlichen Umgestaltung der sozialen, politischen und ökonomischen Verhältnisse.

Um von ihrem Exil in England aus wieder an Einfluss zu gewinnen, und um zu zeigen, dass es sie noch gab und sie aktiv waren, brachten Engels und Marx die „Neue Rheinische Zeitung. Politisch-ökonomische Revue" als Monatsschrift heraus; nur vier Hefte und ein Doppelheft in einer Auflage zwischen 2.000 und 2.500 Stück kamen von März bis Dezember 1850 auf den Markt.

In Heft 1–3 veröffentlichte Engels „Die deutsche Reichsverfassungskampagne", in Heft 4 „Die englische Zehnstundenbill" und im letzten Heft „Der deutsche Bauernkrieg". Seine Arbeit wurde erschwert, weil *„alle meine Papiere, Bücher, Zeitungen usw., die diese Zeit behandeln, … bei dem Sturm von 1848/1849 verlorengegangen"* [238] sind, er also nicht auf seine alten Exzerpte zurückgreifen konnte. Allerdings wurden ein „Pult mit Büchern" und einige Manuskripte von Freunden gerettet und ihm später übergeben. Roland Daniels, ein mit Engels und Marx befreundeter Arzt in Köln, hatte Dokumente, die ihm Marx vor seiner Abreise aus Köln anvertraut hatte, im Weinkeller seines Bruders versteckt. Darunter könnten sich auch Bücher und Manuskripte von Engels befunden haben, die dieser Karl Marx vor seiner Flucht überlassen hatte. Die Eltern Engels dürften, um sich und den Sohn zu schützen, Friedrichs Zeitungen, Papiere und Manuskripte vernichtet haben, die er in Barmen gelassen hatte.

In seinen Ausführungen zur deutschen Reichsverfassungskampagne unterzog Engels die Revolution von 1848/1849 einer gründlichen Analyse. Seine These, eine neue Revolution sei in Europa in absehbarer Zeit nicht zu erwarten, begründete er damit, dass die Bourgeoisie nicht an der *„Selbstbefreiung der Arbeiter"* interessiert sei. Das Proletariat müsse daher die soziale Umwälzung alleine durchsetzen und, wenn unvermeidbar, Gewalt anwenden und ein Blutbad in Kauf nehmen. Der Prozess könne glimpflicher ablaufen, so Engels, wenn in dem Verhältnis, in dem das Proletariat *„kommunistische und sozialistische Elemente in sich aufnehme, in demselben Verhältnis die Revolution an Blutvergießen, Rache und Wut abnehme. Weil der Kommunist begreife, dass der einzelne Bourgeois in den bestehenden Verhältnissen nicht anders handeln könne, als er handle, würden die Schritte gegen die Bourgeoisie an Rohheit und Wildheit verlieren."*[239] Im Moment seien die Arbeiter nicht fähig, sich durchzusetzen, weil es ihnen noch an Zusammenhalt und an Wissen fehle. Würden sie sich zum jetzigen Zeitpunkt als Individuen in kleinen Gruppen spontan erheben, seien sie chancenlos, denn die Voraussetzung für eine dauerhafte Machterlangung sei die Gründung einer kommunistischen Partei. Der „Bund der Kommunisten" habe sich, so Engels, in den Tagen der Revolution durchaus bewährt, aber die Lehre aus den Ereignissen von 1848/49 müsse sein, dass in Zukunft das Proletariat nicht wieder zum *„Anhängsel der offiziellen bürgerlichen Demokratie herabsinken"*[240] dürfe.

Engels übertrieb die Bedeutung der noch sehr geringen Arbeiterschaft 1848/49. Die Revolution war von der Studentenschaft, dem liberalen Bildungsbürgertum und insbesondere vom Handwerkerstand ausgegangen; das zeigten die Strafprozesse nach 1849.

Für Engels war die Reichsverfassungskampagne politisch und militärisch von Anfang an verfehlt, war *„nichts mehr ... als eine mehr oder minder blutige Posse. Sie war weiter nichts. Dummheit und Verrat ruinierten sie vollends ... Die ganze 'Revolution' löste sich in eine wahre Komödie auf ... Aber diese Komödie hat ein tragisches Ende genommen, dank dem Blutdurst der Konterrevolution. Dieselben Krieger, die auf dem Marsch oder Schlachtfelde mehr als einmal von panischem Schrecken ergriffen wurden – sie sind in den Gräben von Rastatt gestorben wie die Helden. Kein einziger hat gebettelt, kein einziger hat gezittert. Das deutsche Volk wird die Füsilladen* und die Kasematten** von Rastatt nicht vergessen ..."*[241] Für Engels stellte sich die Frage, ob der *„zivilisierte Teil des europäischen Kontinents"* die Herrschaft des revolutionären Proletariats oder die Herrschaft der alten Klassen wolle. Ein Mittelding sei nicht möglich. Das sah der preußische König Friedrich

---

* Füsilladen=standrechtliche Massenerschießungen

** Kasematten=beschusssicherer Raum in Festungen

Wilhelm IV. ähnlich. „Gegen Demokraten helfen nur Soldaten“, hatte er verkündet, und nachdem seine Truppen erfolgreich ihre Aufgabe erfüllt hatten, mussten die noch nicht ausgemerzten Feinde des Staates diffamiert, verfolgt und ausgeschaltet werden. Zu diesen gehörte auch Friedrich Engels.

Mit ihrer Flucht nach England hatten sich Engels und Marx in Sicherheit geglaubt, aber das galt nur für den Fall, dass sie sich von der Politik fernhielten, was ihnen nicht in den Sinn kam. Ihre Auftritte und Aktivitäten wurden vom Geheimdienst beobachtet und folglich mussten sie befürchten, Opfer der Fremdengesetze zu werden, die die Regierung jederzeit ermächtigte, Ausländer des Landes zu verweisen. Das Damoklesschwert der „Alien Bill“, des Fremdengesetzes, schwebte über ihnen. Um auf ihre prekäre Lage aufmerksam zu machen, schickten sie an verschiedene Zeitungen eine Erklärung, die „The Spectator“ unter dem Titel: „Preußische Spione in London“ im Juni 1850 publizierte. Engels und Marx machten öffentlich, dass sie zu Hause bewacht würden, in kein Kaffeehaus gehen oder in einen Omnibus steigen könnten ohne observierende Begleitung, obwohl sie bezweifelten, dass diese *„spärlichen Berichte … von einer Bande elender Spione … von männlichen Prostituierten übelster Sorte … an unseren Türen zusammengekratzt“* den Behörden dienlich sein könnten. Sie seien jederzeit bereit, der englischen Regierung jede Information über sich zu geben, *„soweit es in unserer Macht steht.“*[242] Sie behaupteten, sie wüssten sehr wohl, dass die Initiative sie zu überwachen von der preußischen Regierung ausgehe. Dieser sei jedes Mittel recht, um die im Exil lebenden deutschen Oppositionellen zu unüberlegten verbrecherischen Handlungen zu animieren, damit sie in der preußischen Bevölkerung Angst und Schrecken vor diesen „Vaterlandsverrätern“ verbreiten konnte. So habe die „Neue Preußische Zeitung“ nach dem Attentat auf den König im Mai 1850 zuerst die Flüchtlinge in London der Tat beschuldigt; denn: Wer außer Kommunisten, Sozialisten, Sozialdemokraten sollte sonst dem geliebten, verehrten König Leid oder gar den Tod zufügen wollen? Engels schloss sich der Meinung an, der Schütze, ein Sergeant Sefeloge, sei Ultraroyalist gewesen, denn die ultraroyale Partei hätte den größten Nutzen vom Tode des Königs gehabt, weil damit der Weg für die Inthronisation ihres Favoriten, des Prinzen von Preußen, frei gewesen wäre.

Engels und Marx schrieben weiter, 14 Tage vor dem Attentat hätten Personen, nach ihrer Ansicht Agenten der preußischen Regierung oder Ultraroyalisten, sie *„fast direkt zu Verschwörungen auf(ge)fordert …, mit dem Ziel, in Berlin oder anderswo Königsmord zu organisieren. Wir brauchen nicht hinzuzufügen, dass diese Personen keine Chance hatten uns zu übertölpeln."* [243] Auch nach dem missglückten Mordversuch an Friedrich Wilhelm IV. seien solche Ansinnen noch an sie herangetragen worden.

Engels und Marx gaben in ihrer Erklärung der Hoffnung Ausdruck, dass das freie England kein so ausgeprägtes Spitzelsystem, wie es die autokratischen Staaten auf dem Kontinent hätten, zulassen würde, und die Engländer es nicht duldeten, dass ihr Ruf, das sicherste Zufluchtsland zu sein, zerstört werde. Für den Fall, dass sie beide England verlassen müssten, könne Preußen sich als weltbeherrschende Macht ansehen, weil es nicht nur überall seine Spione agieren lassen könne, sondern auch andere Regierungen dazu bringe, ihre Agenten gegen seine *„Feinde"* einzusetzen. Die Fremdenverordnung wurde zur großen Erleichterung von Engels und Marx vom englischen Parlament 1850 nicht erneuert[244].

Einen Hoffnungsschimmer, dass auch verbrecherisches Handeln von Konterrevolutionären nicht ohne Konsequenzen bleiben musste, gab das Verhalten einiger englischer Brauereiarbeiter. Als im September 1850 der österreichische General von Haynan in London ihre Brauerei besuchte, wurde er von einem Flüchtling erkannt, der seine Kollegen informierte, dass der Gast die „Hyäne von Brescia und Budapest", der „Blutrichter von Arrad" sei, der sogar Frauen habe foltern lassen. Daraufhin wurde der *„Folterknecht"* Haynan von den wütenden Brauereiarbeitern *„schwer mißhandelt, beinahe gelyncht"*. Bei einer Versammlung der „Fraternal Democrats" bedankte sich Engels bei den Männern für diesen Akt der berechtigten *„Volksjustiz"* gegen einen *„Feind des Menschengeschlechts."* [245]

Die ständige Überwachung, die geringe Resonanz auf ihr Journal, ihre Befürchtung doch ausgewiesen zu werden und die spärlichen Einnahmen ließen Engels und Marx im Sommer 1850 überlegen, ob sie nicht nach New York auswandern und dort für die zahlenmäßig große deutsche Gemeinde eine Zeitung herausgeben sollten. Die Pläne waren recht weit gereift; Jenny Marx erwähnte in einem Brief eine Übersiedlung in die USA und Friedrich versuchte mithilfe seines Schwagers von seinem Vater Geld für die Überfahrt und den Lebensunterhalt in den ersten Wochen nach der Ankunft zu bekommen. Friedrich Engels sen. weigerte sich, worauf sein Sohn sich in einem nicht überlieferten Brief an seine Schwester derart negativ über ihren Vater äußerte, dass Marie der Geduldsfaden riss. Sie schrieb ihrem Bruder von einem Sommerurlaub in Barmen aus, sie habe sich über seine *„Vermuthungen geärgert"*; denn der Vater habe sich sofort bereit erklärt, Friedrich Geld zukommen zu lassen. Voraussetzung sei jedoch gewesen, dass es Friedrich wirklich *„Ernst mit der Kaufmannschaft ist und er Garantieen hat, daß das Geld gut und sicher angelegt wird. Von anderen Nebenbedingungen und Deinen Privatverhältnissen ist gar keine Rede gewesen."* [246]

Die Schwester hielt Friedrichs Plan nach New York zu gehen für gefährlich. *„Denn daß es eine Gefahr für Dich ist, ist ganz natürlich aus dem Grunde weil Du mehrere Jahre mit großer Lust und Liebe für diese Sachen alle Deine Kräfte aufgeopfert hast, und eine solche Liebhaberei an einem Orte wo sie so viel Nahrung hat, sehr leicht wieder Oberhand gewinnen kann"* [247], warnte sie. Marie schien überzeugt, dass sich ihr Bruder im Kreis der vielen deutschen Flüchtlinge in New York politisch betätigen würde und plante, vor allem, wenn Marx mitkommen würde, eine Zeitung herauszubringen. Sie schlug stattdessen vor, er solle *„für den Augenblick mit Ernst Kaufmann werden, um Dir dadurch Deinen Lebensunterhalt zu sichern, daß aber, sobald sich nach Deiner Ansicht wieder günstige Chancen für Eure Partei darbieten, Du den Kaufmann wieder an den Nagel hängen und wieder für Eure Partei arbeiten wirst; mit einem Wort, daß Du nicht mit Lust und Liebe Kaufmann wirst und nicht vorhast, es Dein Leben lang zu bleiben."* [248] Marie wusste, dass der Bruder von seinem Weg nicht abgehen würde, aber er sollte, bis sich die politischen Zustände entsprechend seinen Vorstellungen änderten, seine Existenz als Kaufmann sichern.

Den Vorschlag der Familie, nach Kalkutta zu gehen und dort in der Textilbranche tätig werden, hatte Friedrich mit der Begründung, *„Angst"* vor dem *„heißen Klima"* zu haben, brüsk abgelehnt. Für Marie war das nur eine Ausrede. Sie hielt ihm vor, sie wisse doch, dass er einen *„gesunden kräftigen Magen und Körper"* habe. Die Schwester sah sich befugt, dem älteren Bruder *„etwas den Kopf gewaschen zu haben"* – das habe jeder Mensch von Zeit zu Zeit nötig. Vor allem war sie überzeugt, dass *„Du es von mir am ersten mit vertragen kannst … besonders da ich die Über-*

zeugung habe, daß es zu Deinem Besten ist.“[249] Um in dem misstrauischen Bruder nicht wieder Animositäten gegen den Vater zu wecken, betonte sie ausdrücklich, dieser wisse nichts von ihrem Brief.

Trotz aller Differenzen und Enttäuschungen bot Friedrich Engels sen. seinem ältesten Sohn eine Stelle in seiner Fabrik in Manchester an. Nach dem ungewohnt entbehrungsreichen Jahr in London willigte Friedrich wider Erwarten ein. Victor Adler gegenüber begründete er später diesen Schritt: *„Ich weiß aus eigener Erfahrung …, wie sehr die Arbeitsfähigkeit, Arbeitslust und Arbeitszeit beschränkt wird durch den ökonomischen Kampf ums Dasein.*“[250] Diesen Kampf ersparte sich Friedrich Engels, indem er sich *„den Fleischtöpfen von Manchester*“[251] zuwandte.

TEIL IV – LEBEN IN MANCHESTER (1850–1870)

Der kommunistische Kapitalist

Es fiel Friedrich Engels nicht leicht in die stickige, hässliche Industriemetropole Manchester überzusiedeln und unter der Kontrolle der Geschäftspartner seines Vaters regelmäßiger Arbeit nachzugehen. Er trennte sich schweren Herzens von der Familie Blank und der Familie Marx, die ihn auch nur ungern hatte wegziehen lassen. Ihre Kinder vermissten *„Onkel Angels"*, schrieb Jenny Marx an Friedrich, aber sie hoffte, *„dass Sie … auf dem besten Wege sind, ein großer Cotton-lord zu werden."*[252] Jenny Marx war bestens über Friedrichs neue Wirkungsstätte und das Verhältnis zwischen den Besitzern informiert und gab ihm den guten Ratschlag, sich fest zwischen die beiden feindseligen Brüder Ermen einzukeilen und seinem Vater seine Unentbehrlichkeit zu zeigen. Sie sah den Neu- bzw. Wiedereinsteiger *„schon im Geiste als Friedrich Engels jun. und Associé des Senior figurieren"*. Jenny Marx war durchaus bewusst, je besser Friedrich verdiente, desto mehr konnte im Notfall in die Kasse ihres Mannes fließen. Aber das Wichtigste sei, betonte sie, dass er *„der alte Fritze"* bleibe.

Fast 19 Jahre lang wirkte Friedrich Engels als Kaufmann in Manchester, obwohl er den *„Schacher"*, diese üble Geschäftemacherei, aus tiefstem Herzen verabscheute und der Kommerz ihn *„tödlich"* langweilte. Aber er war gewillt, das Beste aus seiner Situation zu machen. Bei Marx verkündete er fast großmäulig, es sei ihm *„natürlich sehr angenehm, s'il me paie bien mon ennui"*. Er irrte sich in seiner Zuversicht: Geschäftsleute wie sein Vater und Peter, Anton und Gottfried Ermen sorgten dafür, dass er nicht „für seine Langeweile gut bezahlt" wurde, sondern für sein Geld arbeiten musste.

Ermen & Engels war mit 800 Arbeiter-innen eine der führenden Firmen in der Textilindustrie in Manchester. Die Spinnerei produzierte Näh- und Stickgarn und war auf Garnveredelung spezialisiert. In den fünfziger Jahren des 19. Jahrhunderts erlebte sie einen enormen Aufschwung, als die Nachfrage nach ihrem patentierten Garn „Diamond Thread" stetig stieg. Besonders einfallsreich scheint Anton Ermen gewesen zu sein, der laut Engels 1864 bereits 4 oder 5 Patente angemeldet hatte.

Friedrichs Vater kam es sehr gelegen, den Sohn als Kontrollinstanz in der Fabrik zu etablieren. Peter und Gottfried Ermen besaßen in Manchester auch eine Stoffdruckerei und eine Bleicherei, die der Spinnerei Ermen & Engels das Garn lieferte. Friedrich sollte im Auftrag seines Vaters darauf achten, dass die Zusammenarbeit ordnungsgemäß und nicht zu dessen Nachteil abgewickelt wurde. Dieser Aufgabe kam er gerne nach, da er Gottfried Ermen, der das Sagen in dem Betrieb hatte, nicht besonders schätzte.

Friedrich trat als Handlungsgehilfe, als Kommis, in die Firma ein. Er war kein Angestellter bei der Firma Ermen & Engels, sondern der Vertreter seines Vaters. Für seine Tätigkeit erhielt er statt eines festen monatlichen Gehaltes Repräsentations- und Tafelgelder, d.h. Unterhaltszahlungen in Höhe von 200 Pfund im Jahr. Das war es dem Vater wert, zumal dieser froh war über Friedrichs *„Anerbieten … dort zu bleiben, wo Du ganz an Deinem Platze bist und wo niemand mich besser vertreten kann."*[253] Daher kam es für Friedrich völlig überraschend, dass der Vater nach seinem Besuch im Sommer 1851 die Unterhaltskosten um ein Viertel auf 150 Pfund reduzierte. Friedrich war außer sich und schrieb Marx, er werde sich diese *„lächerliche Zumuthung"* nicht gefallen lassen, denn er hätte dem Vater keinen Anlass zur Klage gegeben, kurz: der Vater sei verrückt. Und doch zeigte der Sohn eine winzige Spur von Verständnis: Die Gewinne von Ermen & Engels waren 1850/1851im Vergleich zu früheren Jahren geringer ausgefallen; das liege, so Friedrich, am schlechten Management der Ermen-Brüder. Marx gegenüber räumte er allerdings ein, statt der ihm zustehenden 200 Pfund bereits 230 Pfund *„vermöbelt"* zu haben. Dennoch war er entschlossen, nicht mehr ins Comptoir zu gehen, falls der Vater diese *„Gemeinheit"* umsetze. Da er wusste, wie sehr seiner Mutter daran gelegen war, dass er in Manchester im väterlichen Betrieb blieb, versuchte er mit Hilfe *„seiner Alten"* und seines Bruders Hermann die Sache zu seinen Gunsten zu regeln. Mit Erfolg: Die *„Alte"* vermittelte, nachdem Friedrich ihr den Sachverhalt *„artig und ruhig"* mitgeteilt hatte. Sie versicherte dem aufgebrachten Sohn, der Vater wolle, dass Friedrich *„ordentlich und behaglich"* lebe und weiterhin bei Ermen & Engels bleibe; er habe sich sehr lobend über Friedrichs Arbeit geäußert, aber, wie sie auch, sich über seine großen Ausgaben gewundert. Er solle doch ehrlich sagen, wofür er die hohe Summe gebraucht habe; sie jedenfalls habe beim Vater als Grund Schulden aus früherer Zeit genannt. Die Mutter appellierte an den Sohn, das Misstrauen des Vaters zu beseitigen, denn *„um ganz offen zu sein, muß ich Dir auch noch sagen, daß der Vater auch wohl mal den Gedanken hat, als könntest Du auch Geld zu andern Zwecken gebrauchen, er meinte, Du ständest noch immer mit Deinen frühern Freunden in Verbindung.“*[254] Der Vater vermutete richtig; sein Sohn unterstützte Marx und die kommunistische Bewegung. Letztendlich lenkte Friedrich Engels sen. ein und Sohn Friedrich blieb der Firma Ermen & Engels mit 200 Pfund Jahresabfindung erhalten.

1852 musste der Vater mit Gottfried Ermen, dem nach dem Ausstieg seines Bruders Peter nun 80 Prozent der Firma Ermen & Engels gehörten, neu über die Geschäftsführung verhandeln. Friedrich Engels sen. setzte seinen Sohn als neuen Corresponding Clerk und Generalassistenten durch. Als Corresponding Clerk übernahm Friedrich den Briefverkehr und als Generalsassistent erhielt er Einblick in die Geschäfte des Betriebes. Sein jährliches Gehalt betrug 100 Pfund, das er ausgeben konnte, ohne Rechenschaft über den Verwendungszweck ablegen zu müssen. Zusätzlich erhielt er eine feste Gewinnbeteiligung für die nächsten vier Jahre über 5%, die sich nach vier Jahren auf 7,5 % und wiederum nach vier Jahren auf 10% erhöhte. Verluste der Firma musste er nicht mittragen, aber entsprechend sanken seine Einnahmen. Die Firma florierte: 1854 lag Friedrichs Gewinnanteil bei 168 Pfund, 1855 bei 263Pfund, 1856 bei 508, 1857 bei 934, 1858 bei 940 und 1859 bei 1078 Pfund.*

Friedrichs Betätigungsfeld war breit gestreut; 1856 übernahm der 36-Jährige die Lehrlingsausbildung und in dieser Funktion griff er hart durch: *„Ich habe jetzt drei Bengel in Ordnung zu halten, und da ist kein Ende des Revidierens, Korrigierens, Rüffelns und Kommandierens.“*[255] Der strenge Lehrherr ließ keine Bummelei oder Nachlässigkeit bei der Arbeit zu.

Friedrich Engels war zum Geschäftsmann geboren. Er verschaffte sich Anerkennung in der Textilbranche und stieg in die Elite der Kauf-

* Es gibt Unterschiede bei der Angabe der Gewinnerträge von Engels; die genannten Zahlen stammen von Kliem und Knieriem.

mannschaft von Manchester auf. 1854 wurde er Mitglied der Royal Exchange, der Börse von Manchester. Marx gratulierte ihm mit dem Bild vor Augen: *„Ich möchte Dich wohl einmal mitten unter den Wölfen heulen hören."*[256] An der Börse erhielt Engels Einblick in den Börsenalltag, und sein Insiderwissen kam auch dem Theoretiker Marx zugute. Hatte dieser alle *„theoretischen Schriften"* ausgewertet, erging an den Kaufmann Engels die Bitte um *„praktischen Aufschluss"*.

Mit der Zeit gewöhnte sich Friedrich Engels an sein neues Umfeld in Manchester, obwohl er die Stadt als nicht besonders lebenswert empfand. Sein Freund Harney bestätigte seine Abneigung, sprach von einer *„verdammt dreckigen Mistkäferbude"* und verkündete, er möchte lieber *„in London gehenkt, als in Manchester eines natürlichen Todes sterben"*. Doch in Manchester gab es auch vielerlei Möglichkeiten zur Zerstreuung.

Friedrich Engels wurde Mitglied im „Athenaeum", einem Club und Kulturzentrum, das er schon bald nach seiner Ankunft in Manchester besuchte, und in der „Schiller-Anstalt", die 1859 anlässlich des hundertsten Geburtstages von Friedrich Schiller gegründet wurde. Nach anfänglicher Zurückhaltung verbrachte Engels dort gerne seine Freizeit; er konnte im Lesezimmer deutsche und englische Zeitungen und Journale lesen, Billard spielen und kegeln, Gymnastik treiben und die Turnhalle nutzen. Er besuchte die musikalischen Aufführungen und Lesungen und lieh sich Bücher aus der 4.000 Bände umfassenden Bibliothek aus. Dort herrschten strenge Regeln. Als Engels Bücher nicht fristgerecht zurückbrachte, wurde er unter Androhung einer Geldstrafe *„ersucht"*, diese binnen 24 Stunden *„einzuliefern"*. Auf diese Aufforderung antwortete er in beeindruckender Weise: *„In der Tat, als ich dieses Schriftstück gelesen, glaubte ich mich plötzlich in die Heimat versetzt, ich glaubte, statt eines Schreibens vom Bibliothekar der Schiller-Anstalt eine kategorische Sommation von irgendeinem deutschen Polizeikommissar in der Hand zu halten ... Dieser direkt befehlende Ton, diese kategorischen Aufforderungen, binnen 24 Stunden Ordre zu parieren, sind jedenfalls hier nicht am Platze, und wenn ihnen statt vierzehn Tage Arrest bei Wasser und Brot die fürchterliche Strafandrohung von einer halben Krone folgt, so wirken sie obendrein komisch."*[257] Er forderte die Verantwortlichen auf, *„gütigst Sorge tragen zu wollen, dass ... weniger die Formen der Befehle deutscher Verwaltungsbüros an ihre Verwalteten als die Formen des Briefwechsels zwischen gebildeten Leuten zum Muster genommen wer-*

Schiller-Anstalt in Manchester

den.“ [258] Friedrich warf dem Direktorium der Schiller-Anstalt vor, wenn man ein derartiges Schreiben erhalte, fühle man sich gleich so heimisch wie *„im lieben patriotischen Polizeistaat, dieser großen Kleinkinderverwahr- und Versorgungsanstalt.“* [259] Engels erinnerte daran, dass manche Mitglieder es sich nicht hätten träumen lassen, dass in einer Schiller-Anstalt ein solcher Geist von Bürokratismus herrsche, wie er aus dem Formular atme, und das in einer Zeit, in der *„ganz Deutschland“* gegen diesen *„deutschen Geist“* ankämpfe und Sieg auf Sieg erringe. Als Geschädigter des preußischen Obrigkeits- und Befehlsstaates nahm Friedrich Engels die geistlose Übernahme solch‘ ruppiger Umgangsformen in einer Gesellschaft, die sich dem Freiheitsdichter Schiller verpflichtet sah, nicht hin. Die Schiller-Anstalt hatte nach ihren Statuten das Ziel, einem jungen Deutschen in der Fremde zu helfen, sich *„heimischer“* und *„sittlich wie geistig besser bewahrt und versorgt“* zu finden, um später *„unentfremdet“* in das Vaterland zurückkehren zu können; *„unentfremdet“* bedeutete für Engels, und das galt auch für ihn, fern des Heimatlandes seine Wurzeln und sein Deutschsein nicht zu vergessen, sich aber doch auch dem Freiheitsgedanken und dem politisch-sozialen Fortschritt zu öffnen.

Friedrich haderte nur kurzzeitig mit der Schiller-Anstalt; 1864 wurde er in das Direktorium aufgenommen und zum Vorstand gewählt. In dieser Funktion zeigte er seine gewohnte Tatkraft: Er sorgte für den Ausbau der Bibliothek und des Lesesaals – und sicherlich für angemessene Vordrucke bei Nicht-Einhaltung der Ausleihfrist, sofern dies nicht bereits geschehen war.

Als allerdings Carl Vogt 1868 zu einem Vortrag in die Schiller-Anstalt eingeladen wurde, zog Friedrich die Konsequenzen und trat aus. Karl Marx hatte im Jahr 1860 eine erbitterte Fehde mit Carl Vogt ausgetragen, nachdem beide sich gegenseitig beschuldigt hatten, Spione in fremden Diensten zu sein. Diesem Mann, so begründete Engels gegenüber dem Direktorium seine Entscheidung, werde er nicht durch seine Anwesenheit huldigen und seine *„ganze politische Vergangenheit und meine politischen Freunde verleugnen“*. Später freute er sich zu hören, dass Vogt diesen Vortrag schon wiederholt präsentiert und *„holprich“*, *„verbummelt“* und unkonzentriert gesprochen habe. Zu einzelnen Mitgliedern der Schiller-Anstalt hielt Engels weiterhin Kontakt, und diese ehrte ihn 1870, als sie ihn wieder in das Direktorium wählte.

Friedrich Engels traf sich mit deutschen Landsleuten in der „Schiller-Anstalt", bei einer „deutschen Liedertafel" und in einem deutschen Turnverein, an dessen Ausflügen er teilnahm. Zu seinen deutschen Freunden in Manchester gehörten der Chemiker Carl Schorlemmer, sein Arzt Eduard Gumpert, Ernst Dronke und Wilhelm Wolff. Voraussetzung für ihn war, dass diese ihm nicht nur sympathisch waren, sondern seine politische Gesinnung teilten.

Friedrich Engels war den Arbeitern in der Heimat in Erinnerung geblieben. Als 1855/56 die Türkischrotfärber in Elberfeld die Arbeit niederlegten, um ihrer Forderung nach Lohnerhöhung Nachdruck zu verleihen, wurde Marx signalisiert, die Arbeiter im Wuppertal seien der Meinung, Engels sei eigentlich *„ihr Mann"*[260], den sie jetzt bräuchten. Friedrich Engels winkte ab, er blieb in Manchester und riskierte keine Verhaftung.

Der Kaufmann Friedrich Engels war fest in die Gesellschaft von Manchester integriert, wie er Jenny Marx nach dem Weihnachtsfest 1868 wissen ließ: *„Die Weihnachtszeit ist die einzige im ganzen Jahre, die es mir auch außer dem Geschäft fühlbar macht, daß ich mit einem Fuß in der Bourgeoisie stehe, und das zieht hier … viel Essen und Trinken und verdorbenen Magen mit obligater Verdrießlichkeit und Zeitverschwendung mit sich."*[261] Er verbrachte seine Freizeit und die Feiertage nicht ausschließlich mit Mary und Lizzie, seine Lebensgefährtinnen, sondern mit bürgerlichen Freunden und Bekannten im privaten Rahmen oder in bürgerlichen Clubs.

Neben Arbeit, gesellschaftlichen Verpflichtungen und Vergnügungen vergaß Friedrich Engels nie sein eigentliches Ziel, die kommunistische Bewegung voranzutreiben. Dazu gehörte es für ihn, sich über die aktuelle Politik zu informieren, zu recherchieren und sich weiterzubilden. Die notwendige Lektüre lieh er sich in der Schiller-Anstalt und in der Chetham Bibliothek aus; dort hatte er einen bevorzugten Arbeitsplatz, den auch Marx bei seinen Besuchen in Manchester nutzte. In die „Manchester Subscription Library", die über den größten und aktuellsten Bestand an Literatur in der Stadt verfügte, trat Engels erst 1860 ein, als er den hohen Mitgliedsbeitrag aufbringen konnte.

In der Öffentlichkeit hielt sich Engels mit politischer Agitation aus Rücksicht auf die Firma Ermen & Engels zurück. Für einen Fabrikanten in seiner Position hätten öffentliche Sympathiebezeugungen oder gar eine Solidarisierung mit den Arbeitern ruf- und geschäftsschädigend sein und zu einem Zerwürfnis mit den Brüdern Ermen, schlimmstenfalls zu seinem Rauswurf führen können. Die Brüder Ermen kannten Friedrich Engels' kommunistische Vergangenheit und achteten darauf, dass er seine politische Gesinnung nicht offen zeigte. Unverfänglich und erwünscht war hingegen für einen Fabrikanten das Eintreten für wohltätige Zwecke. Friedrich gehörte der „Society for the Relief of really Deserving Distressed Foreigners"* an. Über diese Gesellschaft ist wenig bekannt, aber sie soll sich zum Ziel gesetzt haben, unverschuldet in Not geratene Flüchtlinge aus dem Ausland zu unterstützen. In den 1860iger Jahren trat Friedrich in den „Albert Club" ein. Zu den 120 Mitgliedern, zur Hälfte Deutsche und Engländer, gehörten sein Freund Samuel Moore, sein Hausarzt Eduard Gumpert und auch sein Firmenkompagnon Gottfried Ermen. Der Klub, nach dem deutschen Prinzgemahl Albert aus dem Hause Sachsen-Coburg-Gotha benannt, zeichnete sich durch seinen „Einsatz für die industrielle Entwicklung, sein Eintreten für die Armenschulen und seine Sorge um Wohnungen für die Arbeitenden"[262] aus. Nach Vorstellung des Prinzen sollten alle, auch die Prinzipale von Ermen & Engels, den „bei ihnen beschäftigten Arbeitern ... günstigere Arbeitsbedingungen und billige Werkswohnungen gewähren, keine Kinderarbeit zulassen und Schulen unterhalten."[263] Engels war bis 1869 Mitglied des Klub-Komitees, das im bürgerlichen, wohltätigen Sinne die soziale Frage lösen wollte, nicht im radikal-kommunistischen bzw. sozialrevolutionären.

Friedrich Engels, nach eigenen Worten ein *„kommunistischer Bohemien"*, führte zwei Existenzen in Manchester: das Leben eines angesehenen Geschäftsmannes und Mitglieds der Börse zu Manchester und das geheime Leben eines kommunistischen Publizisten. Das Doppelleben war anstrengender als er wahrhaben wollte. Nach sechs Jahre Dauerbelastung streikte sein Körper. Im Frühjahr 1857 litt er unter Zahnweh und einem bösartigen Geschwür auf der Wange, im Sommer unter Drüsenfieber. Schwester Marie pflegte den kranken Bruder bei sich zuhause in London. Er sei, ließ der erst 37-Jährige seinen Freund Marx

* Gesellschaft zur Unterstützung für wirklich bedürftige, in Not geratene Fremde

wissen, eine *„wahre Jammergestalt"*, *„krumm, lahm und schwach"* und leide unter großen Schmerzen. Freund Karl zeigte zunächst kein Mitgefühl mit dem Kranken, im Gegenteil, er verlangte die „Cyclopaeda-Artikel", und zwar sofort. Marx hatte über Dana, Redakteur der „New-York Daily Tribune", das Angebot erhalten, für eine amerikanische Enzyklopädie Artikel über „Militaria", d.h. über das Militärwesen, zu schreiben. Fachmann Friedrich hatte sich schon ans Werk gemacht und Beiträge über die Feldherren Wellington und Blücher und verschiedene Schlachten konzipiert, aber nicht abgeschlossen, weil er krank wurde. Als Marx dämmerte, dass Engels gefährlich erkrankt war, versicherte er, dass dessen Gesundung natürlich Vorrang habe. Er gab den guten Rat, Friedrich solle zur Heilung seines *„schlimmen Gesichtes"* *„innere Mittel"* anwenden, nämlich Eisenpräparate, die als *„modern und rationell"* galten. Engels blieb bei seinen Heilmethoden, den warmen Umschlägen, auch wenn diese laut Marx in Verruf gekommen waren.

Fast ein halbes Jahr laborierte Friedrich an seiner Erkrankung. Bevor die Skrophulose*, unter der er litt, chronisch wurde, verbrachte er mehrere Monate an der See. Erst am „Boxing Day", dem zweiten Weihnachtsfeiertag, war er wieder arbeitsfähig und händigte im Auftrag seines Vaters zusammen mit den anderen Inhabern von Ermen & Engels eine Box mit einem Weihnachtsgeschenk an seine Arbeiter-innen aus.

Zu Friedrichs Gesundung hatte die Welt-Wirtschaftskrise im November 1857 beigetragen. Er spürte neue Kräfte in sich und bekannte, er sei *„enorm fidel in diesem general downbreak ... Der bürgerliche Dreck der letzten sieben Jahre hatte sich doch einigermaßen an mich gehängt, jetzt wird er abgewaschen, ich werde wieder ein andrer Kerl. Die Krisis wird mir körperlich ebenso wohltun wie ein Seebad, das merk' ich schon jetzt. 1848 sagten wir: jetzt kommt unsre Zeit, und sie kam in a certain sense, diesmal aber kommt sie vollständig, jetzt geht es um den Kopf."*[264] Die Hoffnung auf einen Zusammenbruch der Aktienmärkte ließ ihn aufleben und gesunden. Es war die erste weltweite Wirtschaftskrise, und Engels meinte, das sei der Anfang vom Ende des Kapitalismus. Alle fünf bis sieben Jahre, prophezeite er, werde eine Krise die Wirtschaft und den Handel erschüttern, bis

* eine Haut- und Lymphknotenkrankheit

der Punkt erreicht sei, ab dem die Produktion aus Mangel an Absatzmärkten nicht mehr gesteigert werden könne. Dann gebe es nur die Alternative: Zusammenbruch und Chaos oder soziale Revolution und Herrschaft des Proletariats. Seine Euphorie wurde von der Realität nicht bestätigt. Die englische Wirtschaft fand neue außereuropäische Märkte in Indien und China, die die Überproduktion auffingen und die Krise beendeten. Zu Engels' Leidwesen hatte die englische Arbeiterschaft die schlechte wirtschaftliche Lage nicht für sich genutzt und revoltiert, sondern sich arbeitgeberfreundlich verhalten.

Nach der langen Krankheit widmete sich Friedrich mit Leib und Seele seinem Hobby, der Jagd. Geld für die *„notwendige Ausrüstung"*, ein Pferd, hatte ihm der Vater zu Weihnachten 1856 geschenkt. Friedrich trat in die „Manchester Riding School" ein und beteiligte sich leidenschaftlich an Hetz- und Fuchsjagden. *„So eine Geschichte regt mich immer für ein paar Tage höllisch auf, es ist das großartigste Vergnügen, das ich kenne."*[265] Bei der Verfolgung der armen Füchse und Hasen sprang er mit seinem Pferd über 5 Fuß und einige Zoll hohe Hecken, höher als 1,5 Meter, und bei einer Hetzjagd mit Windhunden auf Hasen legte er auf seinem Pferd in sieben Stunden 45 Kilometer zurück – und fühlte sich famos. Er reite, wie er Marx stolz wissen ließ, schon recht gut; er falle nicht wie 20 andere Reiter vom Pferd, ruiniere nicht sein Pferd – und der Höhepunkt des Vergnügens sei das Töten eines Fuchses. Die körperliche Herausforderung bei der Jagd gefiel dem sportlichen Engels, er genoss die Zerstreuung und seelische Erholung und sah im stundenlangen Reiten über Stock und Stein eine gute Überlebensübung, um der preußischen Kavallerie im Notfall davonzureiten.

Marx fand die Reitbegeisterung von Engels nicht so gut. Er hatte Angst, der Freund würde bei seinen waghalsigen Sprüngen den Hals riskieren. Engels reagierte auf diese Befürchtung überlegen und meinte, sein Hals werde anders gebrochen als beim Sturz mit Gäulen. In ähnlichem Sinne gratulierte er Marx zu dessen 50. Geburtstag im Mai 1868, als er behauptete, dass sie beide nicht geglaubt hätten, diesen Tag zu erleben. Sie hätten doch fest damit gerechnet, in diesem Alter längst geköpft zu sein.

Marx' Bedenken waren nicht unbegründet; 1867 zog sich Friedrich bei einem Sturz vom Pferd einen Lendenbruch zu, der ihn in seinen letzten Lebensjahren immer wieder aufs Krankenlager warf.

Als im März 1860 Friedrich Engels sen. starb, begann für Friedrich Engels eine belastende Zeit, die aber letztendlich mit einer für ihn akzeptablen Lösung endete. Er blieb „Corresponding Clerk" und „General Assistent" mit 100 Pfund Jahresgehalt und 10% Gewinnbeteiligung. 1864 wurde er wie verabredet „Teilhaber", d.h. Associé der Firma und neben Gottfried und Anton Ermen einer der drei Principale. Sein Gewinnanteil erhöhte sich auf fünf/fünfundzwanzigstel Teile, d.h. auf 20%. Nebenbei betätigte er sich überaus erfolgreich im Aktiengeschäft, wie sich nach seinem Tode herausstellte. Friedrich Engels besaß 1895 Aktien im Wert von mehr als 20.000 Pfund, die er in Zukunftsunternehmen angelegt hatte: in Gasbetriebe, „waterworks" und in die Eisenbahn.

Friedrich Engels hatte keine Skrupel an der Börse Geld zu machen. Die *„Börse* (ändere) *... nur die Verteilung des den Arbeitern bereits gestohlenen Mehrwerts"* und daher sei es *„keine Schande indirekt von der Ausbeutung anderer zu leben ... Die Börse verändere die Konzentration der Kapitalien enorm ... und ist daher ebenso revolutionär wie die Dampfmaschine ... Hätte die Börse nicht in Amerika die kolossalen Vermögen geschaffen, wo wäre da in dem Bauernland eine große Industrie und eine soziale Bewegung?"* [266] Einem Gewissenkonflikt zwischen Business und Sozialismus verweigerte er sich. *„Man kann ... ganz gut selbst Börsianer und zur gleichen Zeit Sozialist sein und deshalb die Klasse der Börsianer hassen und verachten"*, und wies auf den Nutzen der Börsentätigkeit hin: *„Und wenn ich sicher wäre, an der Börse morgen eine Million profitieren zu können und damit der Partei in Europa und Amerika Mittel in großem Maß zur Verfügung zu stellen, ich ging sofort an die Börse."* [267] Er stand zu seiner Kaufmannstätigkeit: *„Wird es mir jemals einfallen, mich zu entschuldigen dafür, daß ich auch einmal Associé in einer Fabrik gewesen bin? Der sollte schön ankommen, der mir das vorwerfen wollte."* [268]

Nach 19 Jahren der Zusammenarbeit nahm Friedrich Engels 1869 das Angebot von Gottfried Ermen an, ihm das investierte Kapital auszuzahlen und eine Ablösesumme über 1.750 Pfund zu zahlen. Für Friedrich Engels waren die Abfindungsverhandlungen mit Gottfried Ermen zwar eine *„Schweinerei"* gewesen, weil er übervorteilt wurde, aber sein Wunsch, nicht mehr an den *„süßen Handel"* gebunden zu sein, überwog, auch wenn er vielleicht 750 Pfund mehr hätte herausschlagen können, wie er Bruder Hermann schrieb.

Gottfried Ermen durfte die Firma unter dem eingetragenen Namen Ermen & Engels weiterführen. Diese Erlaubnis zog Friedrich Engels wegen Nicht-Einhaltung der Vereinbarungen zurück und somit endete im Juli 1875 nach 38 Jahren die Firmengeschichte von Ermen & Engels in Manchester. Sein Verhältnis zu Gottfried Ermen brachte Friedrich Engels nach Abschluss der Verhandlungen bei Marx auf den Punkt: *„Wir werden uns jetzt wohl so ziemlich gegenseitig mit dem Hintern ansehn."* [269]

Friedrich Engels stellte seine kommerziellen Tätigkeiten nicht völlig ein, sondern tätigte für verschiedene Firmen, auch für die Familienbetriebe in Barmen und Elberfeld Ein- und Verkäufe von Cops, Sewings* und anderen Halbfabrikaten und spekulierte weiterhin erfolgreich an der Börse. [270]

Existenzangst: Schwierige Monate nach dem Tode des Vaters

Eine Zäsur in Friedrich Engels' Berufsleben brachte, wie erwähnt, der Tod seines Vaters im März 1860 mit sich.

Nach englischem Recht hatte der Erbe eines verstorbenen Geschäftspartners nicht automatisch den Anspruch, dessen Position einzunehmen. Das wurde Friedrich bewusst, als er in Barmen nach dem Tode des Vaters die Verträge mit Gottfried Ermen studierte. Er reiste umgehend nach Manchester zurück und schrieb an Marx: *„Das mit Gründlichkeit getriebne juristische Studium des Manchester Geschäftskontraktes überzeugte mich, daß hier alles auf der Spitze stand und ich keine Minute verlieren durfte."* [271]

Mitte April schrieb Friedrich seinem Schwager Emil Blank, er habe mit G. Ermen gesprochen. In dem recht freundlichen Gespräch habe Ermen ihm folgende Vorschläge unterbreitet: Er wolle der Mutter die Summe in Raten auszahlen und Friedrich solle noch 4 Jahre als Commis in der Firma bleiben. Mit dieser Degradation ohne Garantien, so Friedrich, sei er nicht einverstanden gewesen und habe stattdessen vor-

* cops=Garnwickel, sewings=Nähgarne

geschlagen: *„Wenn Trennung dann Theilung in natura & Concurrenz. Dies überraschte ihn sehr.“*[272] Friedrich Engels hatte den Plan, sich mit dem befreundeten Angestellten von Ermen & Engels, Karl Ludwig Rösgen, selbständig zu machen.

Die Verhandlungen nahmen alle, insbesondere die Mutter in Anspruch; sie schrieb Friedrich, sie wolle, dass er noch 4 Jahre bei Ermen & Engels bleibe, auch wenn das von ihrer Seite aus mit Opfern begleitet sei. Sollte Ermen allerdings die Auflösung des Geschäftes unbedingt wollen, dann werde sie sich *„gerne bereitfinden Capital, wie Du es wünschst, herzugeben“.*

Seine berufliche Unsicherheit, hervorgerufen durch den Tod des Vaters, waren Mitte April Auslöser für eine schwere Krankheit. Friedrich wurde seelisch krank und litt den Symptomen nach unter einer schweren Depression. Er sah sich nicht einmal in der Lage, ohne Hilfe seines Bruders Emil, der im Auftrag der Mutter nach Manchester gereist war, die Verhandlungen mit Gottfried Ermen zu Ende zu führen. Sein Zustand verschlechterte sich, als der Bruder nach Barmen zurückgerufen wurde, weil die Mutter an Typhus erkrankt war. Friedrich hatte die Mutter noch am 10. Mai wissen lassen: *„Mit Gottfried beinahe fertig. Associé in vier Jahren mit zwanzig Prozent mindestens.“*[273]

Einen Tag später erfuhr er, dass die Mutter in Lebensgefahr schwebte. An Marx, der ihn schon Mitte April gefragt hatte, ob ein ernsthaftes Unwohlsein vorliege, schrieb er noch an diesem Tag: *„Mein Kopf ist ganz verwirrt ... Seit 7 Wochen lebe ich in einer fortwährenden Spannung und Aufregung, die nun wieder auf eine Akme getrieben wird, schlimmer als je vorher. Zum Glück bin ich körperlich wieder allright.“*[274] Der Zustand der Mutter war so ernst, dass niemand zu ihr durfte und Friedrich auf dem Sprung war, sofort von Manchester aus an ihr Krankenbett, vielleicht schon Totenbett aufzubrechen. Sie gesundete und es ging ihr Ende Juni schon wieder so gut, dass sie Briefe schreiben konnte.

Die Mutter lehnte Friedrichs Absicht, sich selbständig zu machen Mitte Juli 1860 endgültig mit der Begründung ab: *„Es scheint mir fast das wünschenswertheste für Dich, daß ihr jetzt mit dem Contract zu Stande kommt, daß Du Dich aber in der Zeit, daß Du noch bei ihm bist, d.h. in den nächsten vier Jahren, – nach einer andern Verbindung umsiehst u. vielleicht ... wo Du mit den Pfund 10,000 die Du in G.E. Geschäft legen sollst, gewiß Je-*

mand findest, der das Geschäft kennt u. und mit Dir die Sache unternimmt.“ [275] Sie wollte kein überstürztes Handeln, aber sie sicherte ihm die 10.000 Pfund zu. Friedrich blieb bei Ermen & Engels.

Die Regelung des väterlichen Erbes in der Heimat war ebenfalls schwierig und dauerte Monate. Die Mutter hatte geglaubt, es käme wegen der ständig neuen Sonderwünsche überhaupt nicht mehr zu einer gütlichen Regelung, aber die Brüder und Schwager Griesheim rauften sich zusammen. Im Februar 1861 erhielt Friedrich von der Mutter die Mitteilung: *„Du wirst den Contrakt bald erhalten um ihn zu unterschreiben, u. ich hoffe Du wirst es tun, wenn auch das Eine oder Andere nicht ganz so ist, wie Du es wünschst, damit die Sache endlich überstanden ist. Ich habe viele schlaflose Nächte darüber gehabt ... Was nun die von Dir angeregte Sache betrifft, Dir einen Platz im Engelsk. Geschäft zu reservieren, damit Du einen Rückhalt hättest, wenn Gottfried Ermen Dich draus setzte, so ging das nicht gut an.“* [276] Die Mutter begründete ihre Ablehnung damit, dass das Geschäft für fünf Teilhaber zu wenig Gewinn abwerfe. *„Deine Brüder sagen aber, einen Rückhalt habest Du zu jeder Zeit an ihnen und wenn Du mit Deinen 10.000Pfund hieherkämst, so wäre auch schon gemeinschaftlich was damit anzufangen.“* [277]

Um Friedrich bei den schwierigen, lange andauernden Verhandlungen mit Ermen zu unterstützen, reiste Bruder Emil im Februar 1861 ein zweites Mal nach Manchester. Die Mutter schrieb Friedrich, sie übertrage ihm die Verantwortung für den jüngeren Bruder. Sie bat ihn, dafür zu sorgen, dass Emil ein Zimmer bekomme, in dem man Feuer machen könne, das Bett dürfe nicht feucht sein und man solle es ihm vor dem Schlafengehen wärmen. An Friedrich erging ferner die Bitte: *„Rede ihm nicht* z(u) *viel Bier zu trinken, das Frühjahr ist am anrücken u. da muß er sich hüten, daß sein Blut nicht zu sehr in Wallung gerät.“* [278] Emil kam wohlbehalten wieder zur Mutter zurück.

Friedrich unterschrieb die Kontrakte, in denen die Aufteilung des väterlichen Besitzes geregelt wurde, und schickte sie der Mutter mit den Worten zu: *„Ich muß sagen daß wenn es nicht um Deinetwegen gewesen wäre, ich mich schwerlich dazu entschlossen hätte. Es ist mich hart angekommen, mich selbst so, wie mir scheint, ohne allen triftigen Grund oder Vorwand aus dem einzigen väterlichen Geschäft, das uns bleibt, sicher bleibt, hinauszusetzen. Ich glaube ich hatte auch ein Recht daran, & meine Brüder hatten nicht das*

Recht mir zuzumuthen dies Recht so ohne Weiteres & ohne allen Grund ihnen zu Gunsten aufzugeben. Was ich verlangte war gewiß nicht unbillig … erst als die andern alles abgemacht haben kommt man & fordert meine Zustimmung zur Verzichtserklärung auf meine Forderung … und läßt mir als Trost dafür, Emils Versicherung daß Gottfr. Ermen, wie Emil überzeugt sei, seinen Contract mit mir nicht brechen werde.“ [279] Ihr Advokat habe Emil bei den Verhandlungen mehrmals gesagt, dass der Contract Friedrich keine gesetzlichen Garantien biete. *„Die Brüder“*, so Friedrich zu seiner Mutter, *„haben das Engelskircher Geschäft & und ich habe Emils Überzeugung.“* [280] Um die Mutter nicht zusätzlich zu belasten, versicherte er ihr: *„Ich will nicht um alles in der Welt auch nur ein Titelchen dazu beitragen, daß Dir Dein Lebensabend durch Familienstreitigkeiten über die Erbschaft verbittert wird … Ich will um keinen Preis, daß Du noch länger mit solchen Sachen geplagt wirst und darum Dir Sorgen machst.“* [281] Er werde seinen Brüdern nichts nachtragen, auch wenn er noch immer nicht wirklich die Gründe für deren Handeln kenne; er werde von sich aus kein Wort mehr darüber verlieren. Wichtiger als Geld war für Friedrich der Seelenfrieden seiner Mutter. Emil, so beruhigte er die Mutter, die Sorgen hatte, die Brüder würden sich wegen der Erbstreitigkeiten nicht verstehen, sei *„ein braver Junge“* und habe sich *„meiner Interessen hier sehr angenommen.“* [282] Er beruhigte die Mutter auch, dass er nicht alleine sei; ein junger „Rattenfänger“ sei ihm zugelaufen, der ihm Gesellschaft leiste; von Mary, seiner Lebensgefährtin, sprach er nicht.

Die Mutter antwortete, sie freue sich, dass er sie herzlich lieb habe, was sie immer gewusst habe, aber sein Brief habe sie sehr traurig gemacht. Er habe keine Vorstellung davon, wie schwer die Einigung gewesen sei. Emil habe versucht, Friedrichs Interessen durchzusetzen, aber es sei nicht möglich gewesen. Sie beruhigte Friedrich jedoch: *„Und Deine Brüder sagen alle, wenn es wirklich dazu käme u. Ermen sein Wort nicht hielt, so würdest … Du bei ihnen immer einen Rückhalt finden wirst. … Ihr Brüder habt bis jetzt, troz Eurer Verschidenheit doch, zu meiner großen Freude immer so brüderlich zusammen gehalten, wenn ihr zusammen wart, daß es mir sehr leid thät, wenn sich etwas dazwischen legte. Du weißt, lieber Friedrich, daß ihr Kinder immer meine größte Sorge aber auch meine größte Freude waret.“* [283] Zwei Tage später schrieb auch Bruder Hermann an Friedrich und versprach, dass *„Du im Fall der Noth (denn einen solchen hattest Du doch nur* *im Auge gehabt, falls Dich Ermen dennoch prellen sollte) stets auf Deine Brüder rechnen kannst.“* [284] Hermann erläuterte seine Sicht der Lage: *„Als Du damals in Deinem Brief von Deiner Erwartung, daß wir Dir einen Platz im hiesigen Geschäft offen halten würden, sprachst, fügtest Du gleichzeitig die Bemerkung hinzu, daß Du ja gar nicht die Absicht habest, Deine Stellung dort aufzugeben & und hier einzutreten sondern daß es Dir dabei nur darum zu thun sei, etwas im Rücken zu haben, damit Du nicht im Fall gezwungen würdest, das erste Beste das sich Dir böte zu ergreifen.“* [285] Diese Worte könnten Friedrich, der sich vielleicht an den Wortlaut seines Briefes nicht mehr so genau erinnerte, beruhigt haben. Dennoch sprach er in seinem nächsten Brief an die Mutter noch einmal seine Befindlichkeit beim Unterzeichnen des Vertrages an: *„Es war mit sehr unangenehm mich selbst so aus dem väterlichen Geschäft hinaussetzen zu müssen, & es konnte mich nicht angenehm berühren wenn über etwas das ich als ein mir zukommendes Recht ansah, mit allerlei Gründen,... leicht hinweggegangen & meine Zustimmung so zu sagen als etwas sich von selbst verstehendes gefordert wurde. Ich will nicht sagen daß die Sache nicht auch so sehr gut & vielleicht besser ist als es möglich gewesen wäre sie zu machen wenn auf meinen Anspruch Rücksicht genommen wäre, aber gerade Das hat man sich nie Mühe gegeben mir klar zu machen& Du kannst nicht läugnen daß es unter den Umständen eine etwas starke Zumuthung an mich war das Ding zu unterschreiben. Damit ist die Sache aber auch abgemacht.“* [286] Friedrich versprach den Brüdern nicht das Geringste nachzutragen Um zum Seelenfrieden der Mutter beizutragen, versicherte er ihr: *„Ich kann noch hundert andere Geschäfte bekommen, aber nie wieder eine Mutter.“* [287]

Nach all diesen Auseinandersetzungen um das Erbe ihres Mannes kündigte Elise Engels an, ihr Testament zu machen. Sie forderte Friedrich auf, ihr zu sagen, welche Wünsche er in Bezug auf die „Plätze“, das waren unbebaute Grundstücke überwiegend in Barmen im Barmer Grund, habe.

Als ältester Sohn erhielt Friedrich das Ölgemälde seines Vaters, das er wiederum testamentarisch nach seinem Tode Bruder Hermann vermachte. *„Hermann bekommt ein kleines Ölbild, welches Großpapa als Soldat darstellt, sonst bekommt die Familie Engels gar nichts“* [288], schrieb sein Neffe Emil 1895. Auch wenn Friedrich heftige Auseinandersetzungen mit dem Vater gehabt hatte, das Bild hatte er in Ehren gehalten und wollte, dass es im Familienbesitz blieb.

Mrs. Mary und Mr. Frederick Boardman

Viereinhalb Jahre vergingen, bevor sich Mary Burns und Friedrich Engels Ende 1850/Anfang 1851 in Manchester wiedersahen. Zu Friedrichs Leben in der Zwischenzeit liegen zahlreiche Informationen vor, zu Marys Leben keine. Wir wissen nicht, ob sie Männerbekanntschaften hatte, ob sie als Hausmädchen, Spinnereiarbeiterin oder wie die „Mary" in Georg Weerths Gedicht als Orangenverkäuferin ihr Brot verdiente. Von Friedrich ist bekannt, dass er in Sachen kommunistische Agitation und revolutionärem Kampf durch Europa gezogen war, und, wie er selbst andeutete, in Paris mit Grisetten und anderen Frauen Affären hatte.

Einen ersten Hinweis auf ein Treffen von Mary und Friedrich gab Karl Pieper, der Mitte Dezember 1850 fragte: *„Was machen die Irländerinnen?"*[289] In einem Brief im Januar 1851 erkundigte sich Marx nach Marys Wohlergehen. Demnach wusste er, dass Friedrich „seine Frau" aus Brüssel wieder getroffen hatte. Wenig später fragte der neugierige Marx: *„Studierst Du Physiologie an der Mary Burns oder anderswo?"*[290] Engels hielt sich noch bedeckt und sprach von seiner Einsamkeit, an die er sich gewöhnt habe, und bezeichnete sich als *„reinen Junggesellen"*. Das änderte sich, als Mary im Frühjahr 1851 zusammen mit ihrer Schwester Lizzie in ein kleines Haus zog, für das Engels den Mietvertrag abgeschlossen hatte, dort aber selbst nicht gemeldet war. Mary war ökonomisch nicht in der Lage, ein Haus, nicht einmal ein bescheidenes Häuschen zu mieten. Kein Vermieter dürfte ihr sein Eigentum überlassen haben, wenn er nicht wusste, wie sie die Miete ohne Arbeit oder mit nur geringem Einkommen aufbringen konnte. Von welchem Zeitpunkt an Engels auch für den Unterhalt der beiden Schwestern aufkam, ist nicht bekannt.

Friedrich hielt sich häufig bei Mary auf, hatte dort ein *„home"*. Offiziell lebte er in möblierten Zimmern, die er immer wieder wechselte. Im Winter 1852 schrieb er Schwester Marie, er werde in die *„Nähe von Klein-Deutschland … ziehen, es ist hier doch zu einsam, und in diesem Winter werde ich mir zur Abwechslung erlauben, mich etwas zu amüsieren, soweit das in diesem Kohlenrauch möglich ist. … Seit sechs Monaten hab' ich keine Gelegenheit mehr gefunden, mein anerkanntes Genie im Komponieren eines Hummersalats anzuwenden."*[291] Im Mai 1854 musste er sich offiziell eine

Wohnung mieten, weil *„die Philister"*, wie er Marx schrieb, hinter sein Zusammenleben mit *„der Mary"* gekommen waren. Ein angesehener Geschäftsmann, Mitglied der Börse und diverser Clubs, konnte sich ein Arbeitermädchen als Geliebte „halten", aber nicht mit ihr offiziell wie ein Ehemann zusammenleben. An diese Verlogenheit hielt sich auch ein Engels, und so existierte er „doppelt", obwohl er, wie er Marx anvertraute, lieber ganz zu Mary ziehen würde als in seinem *„offiziellen home"* zu leben. Besuchten ihn vertraute Freunde in Manchester, gab er das Versteckspielen auf und verabredete sich mit ihnen im Haus von Mary, um ungestört und unbelauscht vom Geheimdienst konspirative Gespräche zu führen. Engels deponierte, auch auf Rat von Marx, bei *„der Mary ... versiegelt"* seine gesamte politische Korrespondenz und das Archiv des Bundes der Kommunisten. Sagte sich Familienbesuch an, mietete Friedrich *„feine lodgings"* im Stadtzentrum an, um standesgemäß zu repräsentieren. Diese Wohnungen waren allerdings nicht luxuriös, wie Roy Whitfield bei seinen Recherchen herausfand.

Inwieweit Friedrich Engels seine Lebensgefährtin Mary politisch beeinflusste, ist nicht festzustellen; aber wir wissen, dass Mary ihn bei seinem ersten Manchesteraufenthalt mit den Lebensbedingungen der irischen Arbeiter bekannt machte. Die gewonnenen Erkenntnisse nahm Engels in sein Buch „Zur Lage der arbeitenden Klasse in England" auf, und beschrieb die irischen Arbeiter als schmutzig, trunksüchtig und moralisch verwerflich. Aber er wies darauf hin, dies sei nicht deren Schuld, sondern eine Folge der kapitalistischen Wirtschaft. Die furchtbare Hungersnot 1846–1848 lenkte den Blick wieder auf Irland. „Im September 1845 hatten sich die Blätter der Kartoffelpflanzen, die auf fast allen Äckern der Insel wachsen, plötzlich schwarz gefärbt, während die Knollen in der Erde verrotteten. Ein Pils namens Phytophthorainfestans verwandelt das Hauptnahrungsmittel von Millionen Menschen in bestialisch stinkenden Matsch" [292]. In den nächsten Jahren verhungerten mehr als eine Million Ir-innen, Hunderttausende verließen die Insel. Die britische Regierung blieb fast untätig angesichts dieses Elends, ignorierte es weitgehend. Nicht so Mary und Lizzie, die mit Engels im Mai 1856 die Heimat ihrer Väter besuchten. Engels war tief bewegt von der Not und erkannte, dass Irland eine *„englische Kolonie"* war, degradiert zu einem Anhängsel Englands. Nirgendwo habe er so viele *„Gensdar-*

men" gesehen, die mit allen Mitteln die totale Kontrolle Englands über die Insel sicherten. Irland sei *„eine verlumpte Nation"* geworden, deren Bewohner-innen *„bekanntlich den Beruf* (erfüllten) *England, Amerika, Australien etc. mit Huren, Tagelöhnern, Zuhältern, Spitzbuben, Schwindlern, Bettlern und andern Lumpen zu versorgen"* [293], schrieb er Marx.

Viele irische Einwohner nahmen ihr Schicksal nicht passiv und ergeben hin; Untergrundbewegungen wie die Feniers bzw. Fenians entstanden, die sich in Einzelaktionen gegen die Fremdherrschaft, die Enteignungen und die Unterdrückung ihrer katholischen Religion wehrten; auf jede Aktion reagierte die englische Regierung mit brutaler Gewalt und erzeugte wieder Gegengewalt. Mary dürfte sich, wie ihre Schwester Lizzie eindeutig zu der irischen Unabhängigkeitsbewegung bekannt haben.

Das Paar Burns/Engels lebte in Manchester wie einst in Brüssel ohne Trauschein zusammen. Um Mary materiell abzusichern und um ihr zu zeigen, dass er ihre Beziehung wie eine Ehe ansah, nahm Frederick Engels eine doppelte Existenz an. Jedenfalls ließ sich 1853 ein Frederick Mann Burns zusammen mit einer Mary Burns, wohnhaft in der Burlington Street, ins Einwohnerregister eintragen und 1859 war in Grove House Moss Grove, Oxford Street ein Frederick Boardman mit einer Mary Boardman gemeldet. Mit größter Wahrscheinlichkeit waren Frederick Mann Burns, Frederick Boardman und Friedrich Engels ein und dieselbe Person. Im April 1861 wohnten laut Steuerliste in der Rial Street, Hulme, die 38-jährige Mary Boardman mit ihrem Mann, einem Commercial Traveller, einem Handelskaufmann, und eine Elizabeth Byrne, unmarried und unemployed. Zu dem humorvollen Engels passte es durchaus, dass er sich als Herr Boardman – als Mr. „Logiergast" – lustig über die Daten sammelnden Statistiker machte. Der Handelskaufmann Boardman konnte seine Abwesenheit zum Zeitpunkt der Registrierung mit einer wichtigen Handelsreise entschuldigen lassen – und sich gleichzeitig als Frederick Engels, lodger und unmarried, 40 Jahre alt, eine halbe Meile entfernt in Thorncliffe Grove 6 anmelden.[294] Eine Bestätigung, dass Engels dieser Mister Boardman war, findet sich in einem Brief von Marx, der im Mai 1862 den Freund bat *„Grüsse an Mrs. Bortman und sister"* auszurichten. Die falsche Schreibweise spielt keine Rolle, da Marx den Namen dem Hörensagen nach schrieb.

Mary konnte nur kurze Zeit als Frau Boardman auftreten. *„Mary ist tot“*, informierte Friedrich am 7. Januar 1863 Karl Marx. *„Gestern abend legte sie sich früh zu Bett, als Lizzy sich gegen 12 Uhr legen wollte, war sie schon gestorben. Ganz plötzlich, Herzleiden oder Schlagfluß. Ich kann Dir nicht sagen, wie mir zumute ist. Das arme Mädchen hat mich mit ihrem ganzen Herzen geliebt.“* [295] Mary war nur 40 Jahre alt geworden. Am Montagabend war Engels noch bei ihr gewesen, in der Nacht von Dienstag auf Mittwoch starb sie. Als Todesursache wurden „natürliche Gründe“ ins Sterberegister von Ardwick in der Grafschaft Lancester eingetragen, und als Familienstand „alleinstehende Frau“ angegeben. Engels selbst informierte die Behörde nicht über Marys Tod, auch nicht Lizzie. Die Auskünfte stammten von dem „Leichenbeschauer für Lancaster“.

Marys Tod führte zu einem ernsthaften Zerwürfnis zwischen Engels und Marx. Empathielosigkeit von Seiten Marx‘ war nicht ungewöhnlich. Marx versicherte zwar, bei Erhalt der Nachricht *„überrascht und bestürzt“* gewesen zu sein, und hatte auch angefügt, Mary sei *„sehr gutmütig“* und *„witzig“* gewesen und *„hing fest an Dir“* – aber mehr als diese dürren inhaltslosen Worte fielen dem versierten Schreiber Marx nicht zu der Frau ein, die sein bester Freund 20 Jahre lang geliebt und mit der er 13 Jahre lang in einem eheähnlichen Verhältnis zusammengelebt hatte. Marx war angesichts seiner miserablen finanziellen Umstände und der daraus resultierenden Verzweiflung und Nervenzerrüttung seiner Frau nur auf seine Lage fixiert. Er ging zwar, sicherlich freundlich und mitfühlend gemeint, in einem nicht vollendeten Satz noch einmal auf die Todesnachricht ein: *„Hätte nicht statt der Mary meine Mutter, die ohnehin jetzt voller Gebresten und ihr Leben gehörig ausgelebt hat ...?“* [296] – aber diese pietätlose Anmerkung tröstete Friedrich nicht. Der Trauernde reagierte mit Verbitterung: *„Du wirst es in Ordnung finden, daß diesmal mein eigenes Pech und Deine frostige Auffassung desselben es mir positiv unmöglich machten, Dir früher zu antworten. Alle meine Freunde, einschließlich Philisterbekannte, haben mir bei dieser Gelegenheit, die mir wahrhaftig nahe genug gehen mußte, mehr Teilnahme und Freundschaft erwiesen, als ich erwarten konnte. Du fandest den Moment passend, die Überlegenheit Deiner kühlen Denkungsart geltend zu machen. Soit.“* [297]

Beim Lesen dieser Zeilen sickerte bei Marx die Erkenntnis durch, dass sein *„Intimus“* Schlimmstes durchgemacht hatte und Trost und

CERTIFIED COPY OF AN ENTRY OF DEATH

Given at the GENERAL REGISTER OFFICE, SOMERSET HOUSE, LONDON.

The statutory fee for this certificate is 3s. 9d. Where a search is necessary to find the entry, a search fee is payable in addition.

Application Number 361066

REGISTRATION DISTRICT CHORLTON

1863. DEATH in the ~~Sub~~-district of Ardwick in the County of Lancaster

Columns:—	(1)	(2)	(3)	(4)	(5)	(6)	(7)	(8)	(9)
No.	When and where died	Name and surname	Sex	Age	Occupation	Cause of death	Signature, description, and residence of informant	When registered	Signature of registrar
52	Seventh January 1863 252 Hyde Road	Mary Burns	Female	40 Years	Singlewoman	Natural Causes	Information Received from Edw. Herford Coroner for Lancaster Inquest held 8th Jany. 1863	Twentysixth March 1863	Thomas Hallworth Registrar

Auszug aus dem Sterberegister

Beistand erwartete, und er entschuldigte sich. Eine Seltenheit bei Karl Marx.

Frau Marx berührte Engels' Verlust wahrscheinlich wenig. Vielleicht bedauerte sie kurz Marys Tod, wie ihr Mann schrieb, aber große Trauer empfand sie nicht, ihre eigene Befindlichkeit, ihr Elend beherrschte sie zu sehr. Von ihr ist jedenfalls kein Kondolenzschreiben überliefert – an sich eine Selbstverständlichkeit Engels gegenüber.

Jenny Marx stellte ihre Beziehung zu Mary später vermutlich herzlicher dar, als sie wirklich war. Jedenfalls behauptete die jüngste Marx Tochter Eleanor, ihre Mutter und Mary seien sich freundschaftlich verbunden gewesen. Aus der Erinnerung und vom Hörensagen schrieb Eleanor: Mary *„war … ein sehr hübsches, witziges und alles in allem bezauberndes Mädchen. Natürlich war sie eine irische Fabrikarbeiterin aus Manchester, völlig ungebildet, obwohl sie etwas lesen und schreiben lernte, aber meine Eltern und Helen hatten sie sehr gern und sprachen von ihr immer mit größter Zuneigung. Später, als Engels nach Manchester zurückkehrte – Mary war vorher zurückgegangen – lebte er jahrelang mit ihr zusammen und Lupus und Mohr waren immer bei ihr und Engels, wenn Mohr nach Manchester kam."* [298] Man muss wissen, dass Eleanor zum Zeitpunkt von Marys Tod ein geschwätziges acht Jahre altes Mädchen war, das nichts hören sollte, was Engels nicht erfahren durfte – und demnach ein geschöntes Bild vermittelt bekam. Aus dem Umfeld des Ehepaares Marx gibt es Hinweise, dass vor allem Frau Marx in ihren sittlichen Ansichten konservativ war. Tochter Eleanor widersprach auch dieser Auffassung entschieden: *„Zunächst einmal muss jemand, der ihnen die engstirnige ‚Moralität' des Kleinbürgers unterstellt, meine Eltern sehr wenig gekannt haben … Ich weiß, dass der General gelegentlich mit seltsamen Bekanntschaften des anderen Geschlechts erschien, doch soweit ich es mitbekam, amüsierte dies meine Mutter nur, die einen seltenen Humor und absolut keine heuchlerische bürgerliche ‚Wohlanständigkeit' besaß."* [299] Auch diese Aussage basierte auf Hörensagen. Eleanor selbst kann bei Engels keine seltsamen Frauen angetroffen haben, denn „General", wie Engels seit 1871 im Freundeskreis genannt wurde, lebte schon vor ihrer Geburt mit Mary in Manchester zusammen.

Lydia Engels, Friedrichs zweite Lebensgefährtin

Die zweite Mrs. Burns, die im Leben von Engels eine wichtige Rolle spielte, war Marys jüngere Schwester Lizzie. Einen ersten Hinweis auf ihre Existenz gab nach Wilhelm Pieper im Dezember 1850 Karl Marx, als er sich in einem Brief im Januar 1851 bei Engels erkundigte: *„Was macht Mary und Lizzi?"*

Über die Kindheit und Jugend der Elisabeth/Lydia/Lizzie Burns wissen wir wenig. Geburtsdatum und Geburtsort, 6. August 1827 in Manchester sind bekannt, aber nicht, ob und wie lange sie eine Schule besucht hat. Sie arbeitete, wie Engels nach ihrem Tode angab, als Baumwollspinnerin, hat aber wie ihre Schwester die Berufssparte gewechselt. Nach Recherchen von Roy Whitfield war Lizzie mit einer Elisabeth Burne identisch, die 1842 bei der Familie Fothergill als Dienstmädchen arbeitete und mit einer Elisabeth Byrne, die 1861 in Manchester in der Rial Street 7 „unverheiratet" und „ohne Beschäftigung" mit Mary und Frederick Boardman zusammenlebte.

Lizzie und Friedrich Engels werden sich während seinem ersten Manchesteraufenthalt kennengelernt haben und sich ab 1851 fast täglich in dem von ihm gemieteten Häuschen, *„seinem home"*, begegnet sein, in dem sie zusammen mit Schwester Mary leben durfte.

Im Laufe der Zeit entwickelte sich zwischen Lizzie und Friedrich ein so liebevolles Verhältnis, dass er sich nach Marys Tod weiterhin für sie verantwortlich fühlte und sie nicht aus dem Haus jagen wollte. Schon als junger Mann soll sich Friedrich Engels in Paris über einen französischen Grafen empört haben, der einer ehemaligen Geliebten den Laufpass gegeben hatte, ohne sie materiell abzusichern. Jetzt verbot es sich ihm von selbst, ein solch brutales Verhalten an den Tag zu legen, auch wenn nicht bekannt ist, ob Lizzie zu diesem Zeitpunkt schon seine Geliebte war. Friedrich Engels wollte nicht auf die vertraute Frau verzichten, die mit ihm zusammen um Mary trauerte. Lizzies Situation änderte sich nicht; die 36-Jährige musste sich keine Tätigkeit in einer Fabrik oder in einem Privathaushalt suchen und konnte in der gewohnten Umgebung und bei Friedrich bleiben. Aus ihrer Freundschaft wurde Liebe; Lizzie und Friedrich wurden ein Paar.

Lizzie Burns-Engels

Die Familie Marx akzeptierte Lizzie vorbehaltlos. Sogar Jenny gefiel Engels‘ neue Lebensgefährtin, die weniger kratzbürstig als Mary gewesen sein soll. Nachdem die beiden Frauen in London Nachbarinnen geworden waren, entwickelte sich zwischen ihnen eine so freundschaftliche Beziehung, dass sie zusammen zur Erholung an die See fuhren. Die jüngste Marx-Tochter war der Frau an Engels‘ Seite in inniger Zuneigung verbunden. Eleanor verdanken wir wesentliche Informationen über das „Tantchen“; sie berichtete, dass diese zwar weder schreiben noch lesen konnte, *„aber sie war wahrhaftig, so aufrichtig und in mancher Hinsicht eine so vornehme Seele, wie es eine Frau nur sein kann.“*[300] Nur eine schlechte Gewohnheit Lizzies monierte Eleanor, die bereits Mary nachgesagt wurde, und die, bedient man sich der Vorurteile gegenüber den Irländern, nicht überraschen kann: Lizzie soll sehr viel Alkohol getrunken haben. *„Es stimmt, dass sie und Mary in späteren Jahren exzessiv tranken, aber meine Eltern sagten immer, daran sei Engels genauso schuld wie die beiden Frauen“*[301], erinnerte sie sich. Auch Engels trank sein Leben lang viel Wein, Bier und Champagner.

Lizzie war wie ihre Schwester eine politische Frau, eine patriotische Irin. Sie hatte Kontakt zu der „Fenian Brotherhood“, den Fenians, einer geheimen Untergrundorganisation, die für die irische Unabhängigkeit kämpfte. Sie soll über deren Aktivitäten informiert gewesen sein und sie soll in Engels‘ Haus Freiheitskämpfer versteckt haben, denen die Verhaftung durch die englische Polizei drohte. Ob Engels davon wusste, ist nicht zwingend anzunehmen, denn er lehnte individuellen Terror wegen der geringen Aussichten auf Erfolg ab. Paul Lafargue, der Schwiegersohn von Marx, behauptete, dass Lizzie in Manchester im September 1867 sogar unmittelbar in eine Befreiungsaktion involviert gewesen sei. Nach der Befreiung der irischen Freiheitskämpfer Deasy und Kelly aus einem Polizeiwagen, der sie zu ihrer Hinrichtung bringen sollte, soll Lizzie, die *„revolutionäre Irländerin“*, dem Anführer der Aktion geholfen haben, der Polizei zu entkommen. Drei an der Aktion beteiligte Feniers wurden zum Tode verurteilt und nach ihrer Hinrichtung von den Marx-Töchtern als Märtyrer betrauert; als Zeichen ihrer Anteilnahme trugen sie die irischen Nationalfarben schwarz-grün. Dass die englischen Arbeiter sich nach diesen dramatischen Ereignissen nicht mit den unterdrückten Iren, sondern mit „ihrem Staat“ solidarisierten, empörte sie, und auf völliges Unverständnis stieß bei ihnen, dass die konservativen Tories in den Arbeitervierteln bei den Parlamentswahlen im folgenden Jahr sogar noch Gewinne erzielen konnten.

1869 reisten Lizzie und Engels ein zweites Mal, begleitet von der 14-jährigen Eleanor, nach Irland und besuchten Dublin, die Wicklower Berge, Killarney und Cork. Nach diesem zweiten Irlandbesuch setzte sich Engels entschieden für die Belange der Iren ein; er wies darauf hin, dass Irland ein Opfer der englischen Ausbeutung sei, und dass, solange der einfache englische Arbeiter sich als *„Glied der herrschenden Klasse"* dem irischen Proletarier überlegen fühle, er sich zum Werkzeug der Aristokraten und Kapitalisten mache. Dadurch festige der englische Arbeiter nicht nur deren Herrschaft über die *„Iren"*, sondern auch *„über sich selbst"*[302]. Mit Marx zusammen initiierte Engels im Generalrat der „Internationalen" eine Debatte über die „irische Frage" mit dem Ziel, in einer Resolution die englische Regierung wegen ihrer irischen Politik zu verurteilen. Der Besuch in Irland weckte Friedrichs Interesse an der Geschichte der Insel; er lernte gälisch und legte 16 Notizhefte mit Exzerpten zu Irland an. 1879 schrieb er die „Geschichte Irlands", von der nur zwei Kapitel publiziert wurden. Er behauptete, dass das Wetter in Irland angenehmer sei als das in England, denn es bewege sich in *„schärferen, unmittelbareren Gegensätzen"*. Seine temperamentvollen irischen Lebensgefährtinnen vor Augen schrieb er: *„Der Himmel ist wie ein irisches Frauengesicht, Regen und Sonnenschein folgen sich auch da plötzlich und unerwartet, aber für die graue englische Langweile ist da kein Platz."*[303]

Lizzie lebte mit Friedrich, wie schon ihre Schwester, ohne Trauschein zusammen. Die Geliebte eines wohlhabenden Mannes zu sein, war in „ihren" Kreisen, davon ging die herrschende Klasse aus, ein „Aufstieg". Die Mädchen aus der Unterschicht waren Freiwild, wurden sexuell ausgebeutet, und zwar ausgerechnet von den feinen Herren, die auf „Reinheit" und „Jungfräulichkeit" bei den unverheirateten Damen ihrer Schicht pochten. Die strenge Moral, die sittlichen Ansprüche, die an eine junge bürgerliche oder adlige Dame gestellt wurden, galten für ein Arbeitermädchen nicht.

Entsprechend dieser Sozialisation wird Lizzie bei Friedrich nicht den Anspruch auf eine Legitimierung ihres Verhältnisses erhoben haben, zumal sie wusste, dass er generell die Ehe als Institution ablehnte. Es musste ihr genügen, dass er so anständig war und sie nach einer möglichen Trennung vor dem schlimmsten Elend bewahrte – und es wird sie beruhigt und erfreut haben, dass sie für ihn *„seine Frau"* war. Nach dem Tode seiner Mutter erwähnte Friedrich bei Bruder Rudolf, er sei *„nebst Gattin"* in Heidelberg gewesen und in anderen Briefen sprach er von *„meiner Frau"*.

Lizzie erfüllte nicht nur alle Voraussetzungen, die Engels sich von einer guten Hausfrau einmal gewünscht hatte, nämlich gut kochen und Strümpfe stopfen zu können, sondern sie muss Humor gehabt haben, um sich an seiner „Lieblingsbeschäftigung" *„necken und geneckt zu werden"* zu erfreuen und darauf wie gewünscht reagieren zu können. Friedrich schätzte nach eigener Aussage an Lizzie ihr unverfälschtes Urteil, ihre kämpferische Natur und ihre fröhliche Art. Engels war ein hilfsbereiter Ehemann und ließ sich sogar herab, wenn „Not am Mann" war, häusliche Arbeiten zu verrichten. Nicht ohne Koketterie schrieb er an Ida Pauli: *„Wenn Sie mich gestern abend hätten sehn das Bett machen und heute das Küchenfeuer anmachen, Sie würden gelacht haben."* [304] Es dürfte sich um eine Ausnahmesituation gehandelt haben, daher seine Unbeholfenheit. Normalerweise übernahm ein Dienstmädchen diese Tätigkeiten im Hause Engels.

Lizzie Burns zog 1870 gerne mit ihrem Mann nach London, war sogar froh, Manchester zu entkommen, da sie aus uns nicht bekanntem Grund mit ihrer Verwandtschaft *„Krakeel"* hatte. Ihre Wünsche für das neue Domizil trug Engels an Frau Marx weiter, die für ihn eine geeignete Immobilie suchte. Lizzies besonderes Anliegen war, dass ihr Haus nicht höher als das der Familie Marx liegen sollte, weil sie eine *„asthmatische Abneigung gegen Bergsteigen"* hatte. Maitland Park und Regent's Park lagen in leicht hügeliger Gegend.

Die Jahre in London wurden durch Lizzies zunehmenden gesundheitlichen Probleme überschattet. Sie litt unter Asthma, Ischias und Gelenkrheumatismus. Aufenthalte an der See brachten nur kurzzeitig Linderung für ihre Schmerzen, die sie *„überall"* hatte.

Am 12. September 1878 starb Lizzie Burns im Alter von nur 51 Jahren an einem Tumor in der Harnblase, an Blutsturz und Erschöpfung. Der Witwer meldete ihren Tod im Unterbezirk Regent's Park im Bezirk Pancras in der Grafschaft Middlesex an. Entsprechend seinen Angaben wurde im Sterberegister in die Rubrik „Familienstand“ eingetragen: „Ehefrau von Frederic Engels, frühere Baumwollspinnerin“.

Friedrich Engels, der jegliche Einmischung von Kirche oder Staat in sein Privatleben abgelehnt hatte, hatte nach 15 Jahren des Zusammenlebens in der Nacht vom 11. auf den 12. September 1878 Pfarrer Galloway von der St. Mark‘s Church aufgesucht und diesen gebeten, an Lizzies Sterbebett zu kommen und seine langjährige Lebenspartnerin und ihn nach dem Ritual der Anglikanischen Kirche zu trauen.

Pfarrer Galloway trug ins Pfarramtsregister ein, dass am 11. September 1878 der volljährige Friedrich Engels, von Stand/Beruf Gentleman, von Familienstand Junggeselle, mit der volljährigen Lydia Burns, Familienstand Jungfrau, ohne Stand oder Beruf, die Ehe eingegangen war. Zeugen der Eheschließung waren der behandelnde Arzt Charles Read, Lizzies Freundin Lydia Renshaw, Besitzerin eines green grocery shops, und deren Mann.

Die Katholikin Lydia Engels musste nicht als Sünderin in die Ewigkeit eingehen.

Der trauernde Witwer ließ auf ihren Grabstein einmeißeln:

“In memory of Lydia,
Wife of Frederick Engels, born
August 6th 1827, died September 12th 1878
R.I.P.”

Noch an ihrem Todestag schrieb Friedrich Engels für den „Vorwärts“ die kurze Mitteilung: *„Meinen Freunden in Deutschland zeige ich hiermit an, daß meine Frau Lydia, geb. Burns, mir in der verflossenen Nacht durch den Tod entrissen wurde.“* [305]

Die Familie Marx nahm aufrichtig Anteil am Schmerz des Freundes. Hatte Frau Marx zum Tode von Mary kein Wort des Trostes für Engels übrig gehabt, zeigte sie nun Mitgefühl. Jenny versicherte Engels von ihrem Seeaufenthalt in Malwern aus, Lizzie niemals zu vergessen und in *„liebendem Gedenken“* zu bewahren. Sie werde sich immer daran erinnern, wie gut Lizzie zu ihr in den Jahren der Not gewesen sei und wie oft und wie lange sie sich zusammen an der See aufgehalten hätten. *„We got on so well together“* gestand sie und rühmte Lizzies Herzensgüte, Takt, Menschenkenntnis, Intelligenz und insbesondere *„ihr gänzliches Freisein*

CERTIFIED COPY OF AN ENTRY OF MARRIAGE

The statutory fee for this certificate is 3s. 9d. Where a search is necessary to find the entry, a search fee is payable in addition.

Given at the GENERAL REGISTER OFFICE, SOMERSET HOUSE, LONDON

Application Number 473479

1878. Marriage solemnized at No 122 Regents Park Road in the Parish of St Mark Regents Park in the County of Middlesex

No.	When Married	Name and Surname	Age	Condition	Rank or Profession	Residence at the time of Marriage	Father's Name and Surname	Rank or Profession of Father
367	September 11th 1878	Frederic Engels	full age	Bachelor	Gentleman	122 Regents Park Road	Frederic Engels	Merchant
		Lydia Burns	full age	Spinster	—	122 Regents Park Road	Michael Burns	Dyer

Married in the Parish of St Mark Regents Park at No 122 Regents Park Road according to the Rites and Ceremonies of the Established Church, by Special Licence by me, W. B. Galloway Vicar

This Marriage was solemnized between us, Frederic Engels, Lydia Burns her x mark

in the Presence of us, Charles Roach, James Renshaw, Lydia Renshaw her x mark

CERTIFIED COPY OF AN ENTRY OF DEATH

The statutory fee for this certificate is 3s. 9d. Where a search is necessary to find the entry, a search fee is payable in addition.

Given at the GENERAL REGISTER OFFICE, SOMERSET HOUSE, LONDON.

Application Number 372 376

REGISTRATION DISTRICT Pancras

1878. DEATH in the Sub-district of Regents Park in the County of Middlesex

Columns:–	(1)	(2)	(3)	(4)	(5)	(6)	(7)	(8)	(9)
No.	When and where died	Name and surname	Sex	Age	Occupation	Cause of death	Signature, description, and residence of informant	When registered	Signature of registrar
199	Twelfth September 1878 122 Regents Park Road	Lydia Engels	Female	51 Years	Wife of Frederic Engels Retired Cotton Spinner	Tumour in the Bladder Haemorrhage Exhaustion Certified by C. [illegible] M.B.	F. Engels Widower of the deceased Present at the death 122 Regents Park Road, Pancras	Thirteenth September 1878	Samuel Sporg Registrar

Heiratsurkunde (oben) und Auszug aus dem Sterberegister (unten)

von Snobismus". Ein ungewöhnliches Kompliment aus dem Munde einer adligen Dame für eine Arbeiterin.

Engels dachte dankbar an sein Leben mit Lizzie und Mary zurück. *„Auch im Pech lebt sich's zu zweien besser als allein, ich hab's lang genug probiert, und stellenweise unter sehr pauvren Verhältnissen, und es nie bereut"* [306], schrieb er 1886 an Eduard Bernstein vor dessen Hochzeit. Eine schöne Liebeserklärung an seine beiden Frauen, die treu und unbeirrt an seiner Seite gestanden hatten.

Was Engels an seiner Frau Lizzie besonders geschätzt hatte, vertraute er Julie Bebel an. An die *„echte, recht deutsche Proletarierfrau"* schrieb er: *„Auch meine Frau war echtes ... Proletarierblut, und das leidenschaftliche Gefühl für ihre Klasse, das ihr angeboren war, war mir unendlich mehr wert und hat mir in allen kritischen Momenten stärker beigestanden, als alle Schöngeisterei und Klugtuerei der ‚jebildeten' und ‚jefühlvollen Bourgeoistöchter' gekonnt hätten."* [307] Zur Institution Ehe änderte Engels seine Meinung nicht: *„Was für eine Verschwendung doch die bürgerliche Ehe ist – erst bis man soweit ist, dann solang der Kram dauert, und dann bis man sie wieder los ist"* [308], schrieb er etwas hochtrabend zwei Jahre vor seinem Tod.

In den 1930iger Jahren suchte der Publizist Walther Victor nach dem Grab von Lydia Engels auf dem nicht mehr genutzten römisch-katholischen Friedhof St. Mary. Es gelang ihm die Stelle zu finden und *„ihr grasüberwachsenes, verwittertes Grab bloßzulegen, auf dessen Marmorsockel sich der Altmeister zu dieser Heirat mit seinem Namen bekannt hat."* [309]

Mary Ellen Catherine Rosher, geborene Burns

Neben Mary und Lizzie spielte eine dritte Burns eine wichtige Rolle im Leben von Friedrich Engels. Mary Ellen Catherine, am 9. Juli 1859 als Tochter eines Halbbruders von Mary und Lizzie in Manchester geboren, lebte seit ihrem neunten Lebensjahr bei ihm und ihrer Tante. Das Paar ermöglichte dem Mädchen ein materiell abgesichertes Leben, das ihm seine Eltern nicht hätten bieten können.

In ihrem neuen Umfeld bekam die Kleine den Kosenamen *„Pumps"*, vielleicht wegen ihrer Vorliebe für „dance slippers" mit dem Namen „pumps" [310].

Mary Ellen Catherine Rosher („Pumps“)

Pumps wurde im Hause von Engels wie eine Tochter behandelt. *„Unsre Kleine"*, so Engels in einem Brief an Bruder Hermann, durfte seit Herbst 1875 auf seine Kosten sogar ein Internat in Heidelberg besuchen. Nach ihrer Rückkehr im Sommer 1877 kam es zu einem ernsthaften Zerwürfnis mit Tante Lizzie und Onkel Frederick. Die 18-Jährige kehrte zu ihrer Familie nach Manchester zurück. Dort erwarteten sie harte Bedingungen: Tagsüber musste sie im zugigen, kalten Fischgeschäft ihres Bruders arbeiten und abends dessen drei kleine Kinder betreuen. Das hatte gesundheitliche Folgen. Pumps huste fortwährend, berichtete Frau Marx aus Manchester ihrer Tochter Eleanor nach einem Treffen. Es gehe ihr auch materiell schlecht, schrieb Jenny Marx, denn Pumps' Vater sei *„nicht in der Lage ihr Kleider und Sachen anzuschaffen, dabei fängt alles an abzureißen."*[311] Frau Marx war verwundert, dass die junge Frau nicht zurückgehen wollte, angeblich, weil sie sich bei Tante und Onkel nicht mehr wohlfühlen könne. Dennoch hatte sie den Eindruck, wenn Engels *„nur ein entferntes Wort"* äußere, würde Pumps zurückgehen. Mary Ellen kehrte Frühjahr 1878 nach London zurück; vielleicht war ihr bewusst geworden, dass sie die Strapazen in Manchester nicht durchhalten würde und dass es ihr, was immer vorgefallen war, im Hause von Engels wesentlich besser ging. Vielleicht erfuhr sie auch vom schlechten Gesundheitszustand ihrer Tante und war bereit, sich um die Kranke zu kümmern. Lizzie starb nur wenige Monate später und Engels betraute seine 19-jährige Nichte mit der Leitung seines Haushaltes. Ein Glückslos im Vergleich zu den harten Monaten bei ihrer Familie in Manchester: Pumps hatte keine Geldsorgen mehr und die Arbeit überforderte sie nicht. Die niederen Haushaltsarbeiten verrichteten auf ihre Anordnung hin die Dienstmädchen.

Pumps zeigte deutlich, dass sie durch die Heirat ihrer Tante nun Engels' Nichte war und als seine nächste Verwandte in England einen besonderen Status hatte. Karl Marx beäugte ihr Benehmen misstrauisch und fand, sie benehme sich wie eine *„princesse régnante"*. Vielleicht befürchtete er, sie würde Engels zu sehr ausnehmen und beherrschen. Immerhin war der Freund schon zwei Burns Frauen „ergeben" gewesen. Zu Pumps hatte der kinderliebe Engels eine ganz besondere Beziehung: Sie war das einzige Kind, für das er über viele Jahre die Vaterrolle innehatte.

Der jungen Frau gefiel es im Hause des reichen, gastfreundlichen Fabrikanten gut, mancher Besucher gefiel ihr sehr gut. Ihre Männergeschichten hielt sogar Karl Marx für erwähnenswert; zu Tochter Jennychen im Sommer 1881: *„Pumps wartet noch immer auf Nachrichten von Beust; sie hat inzwischen ein Auge auf ‚Kautsky' geworfen, der sich jedoch noch nicht ‚erklärt' hat, und wird immer Hirsch dankbar sein, dass er sich nicht nur ‚formal' erklärt, sondern nach einer Ablehnung seine ‚Erklärung' erneuert hat, bevor er nach Paris ging."* [312] Pumps war eine begehrte Frau. Nach Beust, Kautsky und Hirsch tauchte ein Herr Hartmann auf, der bei Engels sogar um ihre Hand anhielt. Dieser verliebte Mann habe gemeint, so Marx an Jennychen, Chancen bei der jungen Frau zu haben, die aber habe mit ihm nur geflirtet, um Kautsky *„anzustacheln"*.

Als Pumps im Juli 1881 schwanger wurde, sorgte Engels dafür, dass sie den Kindsvater heiratete, den Kaufmann Percy Rosher. Sechs Monate später, am 25. März 1882, kam das erste von vier Kindern zur Welt, Mary Lilian Georgina. Engels nahm an der Entwicklung von der kleinen *„Pumphia"* großen Anteil, von den Windpocken bis zu den ersten Zähnen. Vor allem freute er sich, dass Pumps eine gute Mutter war.

Das zweite Kind, ein im Frühjahr 1883 geborener Junge, gefiel ihm besonders gut, weil dieser so aufgeweckt war. Wie sehr er den Kleinen ins Herz geschlossen hatte, erfuhr Bernstein ein Jahr später: *„Pumps' kleiner Junge* (ist) *sehr krank, ich fürchte sehr um ihn."* [313] Eine Woche später gab er dem Kind das letzte Geleit. Ende 1884 brachte Pumps ihr drittes Kind auf die Welt, und als sie nach acht Jahren wieder schwanger war, höhnte Eleanor Marx bei Schwester Laura, die *„Vielgeliebte"* beschere *„der Welt schon wieder ein Monster"*. Engels sah vermutlich *„das neue Ding bei Pumps"* anders; die Kinder weckten in ihm großväterliche Gefühle. Er übernahm immer wieder Babysitterdienste und fuhr mit der Familie Rosher samt Kindermädchen in Ferien.

Der großzügige Engels durfte die Familie Rosher materiell unterstützen und 1892 Percy Rosher sogar vor dem Bankrott retten, was ihn nach eigener Schätzung 60 Pfund kostete. Das hinderte andere wie Paul Lafargue nicht, dennoch in dieser Zeit Geldforderungen an ihn zu stellen. *„Es tut mir leid, Dich zu belästigen, gerade, wenn Du so viel Kummer und Sorgen wegen Percys Angelegenheiten hast, aber ich bin gezwungen, es zu tun,* *denn wir haben unsere Mittel erschöpft"*[314], schrieb Paul kurz und bündig. Auf Engels war Verlass, obwohl dieser durchaus erkannte, dass er von allen Seiten ausgenutzt wurde.

Mary Ellen war eine interessante, facettenreiche Persönlichkeit. Nach der Beschreibung von Engels' letzter Haushälterin Louise Freyberger hatte sie *„blaue Augen, schwarze Haare und eine volle üppige Gestalt"*, sei entzückend liebenswürdig und sehr charmant, aber auch widerspenstig, eigensinnig, vergnügungssüchtig und von einer *„unkontrollierbaren Gereiztheit"*. Dieses Urteil stimmte mit dem von Eleanor Marx fast überein; allerdings fand sie die junge Frau nicht charmant und liebenswürdig. Eleanor kannte Pumps seit Kindertagen und als junge Mädchen müssen sie sich recht gut verstanden haben; jedenfalls gab Eleanor bei einem Besuch in Manchester der vier Jahre Jüngeren zur Freude von Engels Klavierstunden. Aber die altkluge, gebildete Marx-Tochter wird Pumps schon haben spüren lassen, dass sie ihr überlegen war, sich als etwas Besseres wähnte. Spätestens als Pumps nach dem Tode ihrer Tante Lizzie für einige Jahre die bestimmende Person im Haushalt von Engels wurde und sich als Nichte von Engels aufspielte, entwickelte Eleanor Aversionen. Sie befürchtete, Pumps würde sie in Engels' Gunst ausstechen. Das tangierte Pumps wenig, da Eleanor ihre Position nicht gefährdete. Sie bestimmte in Engels' Haushalt und sie war bei den Sonntagsessen dessen Hausdame. Pumps' Antipathie zog zunächst Helena Demuth auf sich, als sie 1883 Haushälterin bei Engels wurde. Nach Anfangsrangeleien um die Vorherrschaft, die Helena für sich entschied, kamen die ältere, ruhige und durchsetzungsfähige Frau und die junge Mutter gut miteinander aus. Sie gingen zusammen ins Theater und auf Shoppingtouren. Mit Helenas Nachfolgerin, Louise Freyberger, hatte Pumps große Probleme. Sie überließ Louise erst die Vorherrschaft in Engels' Haushalt, nachdem dieser ihr mit Konsequenzen, sogar mit Enterbung gedroht hatte.

Die Beziehung zwischen Pumps und „Onkel Frederick" war nicht einfach. Eleanor erkannte die Ambivalenz der Gefühle von Engels zu Pumps. An Schwester Laura schrieb sie 1891: *„Letztlich und endlich ist der General dann doch am glücklichsten mit seiner betrunkenen Fee Pumps … gewiß liebt er die beschwipste Pumps … Er wütet gegen Pumps – und er liebt sie."*[315] Eleanor kreierte sogar ein neues Wort. Nachdem sie mit Engels übermäßig viel Alkohol getrunken hatte, meinte sie zu Schwester Laura, sie hätten *„gepumpst"*.

Nach dem Umzug der Familie Rosher nach Ryde auf der Ile of White blieb der Kontakt zu Engels bestehen; Pumps verbrachte immer wieder mit ihrer Familie Feiertage bei Onkel Frederick, und er machte Urlaub auf der Insel. Sie kümmerte sich auch um ihn, als ihn 1892 während eines Aufenthaltes in Ryde sein Lendenleiden für vier Wochen lahmlegte.

Engels zeigte seine Zuneigung für seine angeheiratete Nichte, die er großgezogen und deren Entwicklung er in entscheidenden Jahren beeinflusst hatte, auch in seinem Testament. Mary-Ellen Rosher erbte ca. 2.300 Pfund (manche sprechen von 3.000 Pfund). Vermutlich wanderte sie anschließend mit ihrer Familie in die USA aus und ließ sich in der Nähe ihres Bruders William nieder. Engels hatte *„seinen Neffen"* Willi auf seiner Reise durch die USA 1888 in Boston besucht und ihn als *„prächtigen Kerl, gescheut, energisch, mit Leib und Seele in der Bewegung"* erlebt und mit seiner Begeisterung vielleicht in Pumps den Wunsch geweckt, auch ihr Glück in den USA zu suchen. Eleanor Marx informierte jedenfalls ihre Schwester wenige Wochen nach Engels' Ableben, sie habe gehört, dass Pumps in drei Tagen mit Mann und Kindern nach Amerika fahre. Aber sie sei sich nicht sicher, ob diese Information nicht vielleicht eine Lüge von Percy sei. Für den Fall, dass Pumps in die USA übersiedelte, fürchtete Eleanor für den Neffen von Engels: *„Wenn das stimmt, tut mir der arme Willy Burns leid, wenn Pumps es schafft, ihm Percy und ihre eigenen Bälger auch noch anzuhängen."* [316]

Eine Äußerung von Louise Freyberger gegenüber Walther Victor, Friedrich Engels habe *„ja der gesamten Familie Burns zur Auswanderung dorthin verholfen"* [317], stützt die Behauptung Eleanors, dass Pumps sich in der Neuen Welt niedergelassen hat. Die Spur der Familie Rosher verliert sich im Jahre 1895.

TEIL V – FREUNDSCHAFT MIT MARX

Friedrich Engels und Karl Marx, zwei Freunde

Friedrich Engels traf Karl Marx erstmals im November 1842 in der Redaktion der „Rheinischen Zeitung" in Köln und fand den Chefredakteur nicht sympathisch. Marx kam ihm, dem jungen Sozialisten, bürgerlich und behäbig vor. Und doch verband sie mehr, als ihnen zu diesem Zeitpunkt bewusst war. Beide kamen aus wohlhabenden bürgerlichen Familien. Karls Vater, Heinrich Marx, hatte es nach seiner Konversion vom Judentum zum Christentum zum angesehenen Anwalt und Notar in Trier gebracht und lebte mit seiner vielköpfigen Familie in gut situierten Verhältnissen. Für den außerordentlich gebildeten und aufgeklärt-liberalen Mann war es selbstverständlich, dass sein hochbegabter Sohn studieren sollte, bevorzugt Jura – aber er war willens, auch andere Studien zu akzeptieren, Hauptsache, Karl fand seine Erfüllung. Auch in der Familie Engels wurde Wert auf Bildung gelegt, aber diese sollte nach Ansicht des Familienoberhauptes Friedrich Engels sen. zuvörderst dem Fortbestand und der Weiterentwicklung der Familienunternehmen dienen. Das hatte sein ältester Sohn früh erfahren müssen.

Engels und Marx kamen aus der preußischen Rheinprovinz, wenn auch aus höchst unterschiedlichen Regionen. Engels war der typische Rheinländer aus dem Bergischen, optimistisch und dem Leben zugewandt, zugleich ernsthaft und strebsam. Marx kam aus einem Grenzgebiet, das immer wieder Spielball der Interessen zwischen Frankreich und Deutschland war, und dessen Bevölkerung sich eher zurückhaltend und abwartend gab.

Beide Männer wurden Kosmopoliten, gezwungen durch die politischen Umstände. Dabei kamen ihnen ihre Sprachkenntnisse zugute. Jeder sprach mehrere Sprachen, aber Marx verfügte nicht über das Talent von Engels, der sich fließend in 10 Sprachen schriftlich und mündlich verständigen konnte, in Deutsch, Französisch, Englisch, Italienisch, Portugiesisch, Spanisch, Dänisch, Russisch, Rumänisch, Holländisch und 20 weitere Sprachen verstehen konnte: darunter Katalanisch, Provenzalisch, Persisch, Arabisch – und als ehemaliger Gymnasiast hatte er Altgriechisch, Lateinisch und Hebräisch gelernt. Beim Erwerb einer neuen Sprache wandte Friedrich seine eigene Methode an: Er paukte nicht stur die Grammatik, sondern verschaffte sich Überblick über die Konjugation und Deklination und las dann mithilfe eines Wörterbuches die wichtigsten literarischen Werke: Dante auf Italienisch, Cervantes auf Spanisch, Puschkin auf Russisch. Sich eine neue Sprache anzueignen, bereitete ihm Freude und er sah es später als Vorzug an, sich mit Arbeitern aus möglichst vielen Ländern zu unterhalten und ihre Anliegen ohne Übersetzung durch Dritte verstehen zu können. Trotz Sprachtalentes soll keiner der beiden Männer ein begabter, mitreißender Redner gewesen sein; Marx soll nicht immer sehr deutlich und zuweilen in moselfränkischem Dialekt gesprochen haben. Eine Anekdote besagt, dass ein Zuhörer sich fragte, weshalb Marx in einem Vortrag immer von „Achtblättlern" und nie von „Arbeitern" gesprochen habe, und von Engels hieß es spöttelnd, er „stottere" in 20 Sprachen. Es gab aber auch Zuhörer, die von ihren Reden angetan waren.

Vom Äußeren her waren „Fred", wie Engels von Marx in Briefen häufig angesprochen wurde, und „Mohr", wie Marx wegen seines dunklen Teints genannt wurde, sehr unterschiedlich. Nach Aussage von Kautsky war Marx kürzer und gedrungener als Engels, der hochgewachsen, von aufrechter Haltung, schlank und durchtrainiert war. Engels' englischer Freund Julian Harney nannte ihn eine *„stattliche Erscheinung"* und laut Friedrich Leßner hatte er *„einen militärischen Anstrich"* und trat wie ein *„junger schneidiger Gardeleutnant"* auf. Marx soll häufig etwas nachlässig gekleidet gewesen sein, während Engels großen Wert auf akkurate Kleidung legte und stets gut gekleidet war; er war, so Paul Lafargue, *„immer stramm und peinlich nett, sah stets so aus, als sei er bereit, bei einer Revue zu erscheinen."*[318]

Die unterschiedlichen Wesenszüge von Engels und Marx spiegelten sich in den Charakterisierungen von Wegbegleitern wider, die beide kannten. Je nach Stimmungslage konnte das Urteil ein- und derselben Person unterschiedlich ausfallen. Engels sei sehr offen, direkt und entschieden gewesen, habe einen scharfen, kritischen Blick gehabt und gerne kurze, bündige Antworten gegeben. Liebknecht betonte seinen Humor und seine Kampfeslust, Harney bezeichnete ihn als englischen Gentleman, der weise Ratschläge erteilt habe und ein guter Unterhalter mit sprühendem Geist gewesen sei. Engels‘ Gastfreundschaft und Hilfsbereitschaft waren fast legendär; jeder, so Kautsky, habe jederzeit mit jedem Anliegen zu ihm kommen können.

Nach Bekunden von Freunden wirkte Marx im Umgang zuvorkommender, Engels frecher, arroganter und unverschämter, vor allem, wenn er meinte, sich beweisen zu müssen. Manche sahen ihn als *„Autokraten“*, *„Diktator“* oder als *„bissigen Kritteler“* und *„gröbsten Kerl in Europa“* wie Liebknecht. Sein Freund Friedrich Leßner, der ihn immer verteidigte, behauptete, man habe Engels erst genau kennen- und verstehen lernen müssen, *„bis man ihn wirklich gern haben konnte.“*[319] Der eigentliche Grund für Engels‘ bisweilen gezeigte Unfreundlichkeit sei seine Zurückhaltung gegenüber Fremden gewesen. Das scheint in Widerspruch zu seiner gerühmten Gastfreundschaft zu stehen.

Ein Leutnant Techow, der beim Berliner Zeughaussturm 1848 an vorderster revolutionärer Front gekämpft hatte, äußerte sich nach einem Treffen mit Engels und Marx, er wäre für Marx, dessen geistige Fähigkeiten ihn faszinierten, durchs Feuer gegangen, wenn dieser nur so viel Herz wie Verstand gehabt hätte. In Engels sah der Leutnant nur *„den geschäftigen, stets kläffenden Spitzel, der durch Zanken, Lügen, Unverschämtheit die kleinen Geschäfte abmache.“*[320] Es weiteres negatives Urteil über Engels gab der englische Sozialist, Henry Mayers Hyndman, ab. Hyndman schätzte Marx, empfand aber Engels als hochmütig und abgehoben. *„Engels hat ein ausgesprochenes Talent dafür, ein gutes Verhältnis zu zerstören und Menschen etwas einzureden … Wenn es niemanden gäbe, gegen den er intrigieren und Komplotte schmieden könnte, würde er gegen sich selbst intrigieren und Komplotte schmieden“*[321], schrieb er. Zusammenfassend lässt sich sagen, dass Engels im persönlichen Umgang von unternehmerischer Direktheit war, von der sich wohl mancher überfahren fühlte. Marx entsprach eher dem Typ des grüblerischen Gelehrten, der aber zu ausfallender Polemik fähig war.

Engels und Marx wussten, dass sie in der Kritik standen, aber sie richteten sich gegenseitig immer wieder auf und amüsierten sich letztendlich über die dummen Anderen.

Bei gemeinsamen öffentlichen Auftritten demonstrierten sie Einigkeit, signalisierten Stärke, weil sie sich blindlings aufeinander verlassen konnten. Engels und Marx verstanden sich gut in Szene zu setzen: Auf der einen Seite Engels: forsch, lebhaft, oft aufbrausend, undiplomatisch, von *„sehr aufgeregter Natur"*, auf der anderen Seite Marx: abwägend, nachdenklich, besonnen. Sie seien wie *„Damon und Phintias"* in ihrer gegenseitigen Opferbereitschaft gewesen, wie die *„unzertrennlichen Dioskuren"*, wie *„Unvergleichliche"*, meinten Freunde. Beide standen sich bei und litten für den anderen. So versicherte Marx *„my alter ego"* Engels, dass ihn *„Beleidigungen gegen Deine Person"* mehr ärgerten als Angriffe gegen ihn selbst. Sie fühlten sich so eng miteinander verbunden, dass Engels sogar von einem *„Bruderband"* sprach.

Sie mochten sich, und in ihren Briefen lassen sich immer wieder versteckte Hinweise auf das liebevolle Verhältnis der beiden Männer zueinander finden. *„Moro viejo, Moro viejo/ El de la vellida barba"* nannte Engels den Freund, als der „alte Mohr, alte Mohr, der mit dem weißen Bart" 45 Jahre alt geworden war. Und als Engels sich drei Wochen lang nicht meldete, weil er sich nach einer schweren Erkrankung an der See erholte, fragte Marx: *„Weinst Du oder lachst Du und schläfst Du oder wachst Du?"*[322]

Paul Lafargue erinnerte sich, es sei immer ein Fest für die Familie Marx gewesen, wenn Engels seinen Besuch angekündigt hätte. Marx habe den Freund ungeduldig erwartet und beide hätten rauchend, trinkend und redend die ganze Nacht verbracht. Waren sie zusammen, lachten sie gerne und herzlich, laut und schallend. Helena Demuth erinnerte sich, niemand im Haus hätte bei dem Gelächter schlafen können, in das die beiden beim Schreiben der „Heiligen Familie" in Brüssel ausgebrochen seien.

Sie arbeiteten gerne zusammen, wie sich Eleanor erinnerte: Sie *„gingen in meines Vaters Zimmer auf und ab; jeder auf seiner Seite des Zimmers, und jeder höhlte seine besonderen Löcher in seinem eigenen Winkel aus, wo sie mit einem seltsamen Schwung sich auf den Absätzen umdrehten."*[323] Manches Mal dachten sie, so Eleanor, über gemeinsame Themen nach, manches Mal in ganz entgegengesetzten, wie sie sich nach einer halben Stunde unter Lachen gestanden. Engels und Marx waren beide extrem fleißig. Im Unterschied zu Engels, der zügig recherchierte und seine Gedanken umgehend druckreif umsetzte, brauchte Marx lange, bis er mit einem Text zufrieden war. Nach Engels' Ansicht hatte Marx daher zu wenig „output" und er trieb ihn an, endlich ein Skript fertigzustellen. Er solle seine Materialien *„hinausschleudern"*, es sei *„verflucht hohe Zeit"*, mahnte er bereits 1845 beim Verfassen des ersten gemeinsamen Werkes „Die heilige Familie oder Kritik der kritischen Vernunft". Engels erhob nicht den Anspruch, vollkommen zu sein und doch hatten seine Exzerpte Substanz.

Marx missfiel, wenn Engels nur eine *„geniale Skizze statt ein gereiftes Buch"* zu Papier brachte. Aber Engels, der Kaufmann, der außer sonntags, täglich von morgens bis meist 19 Uhr am Abend im Büro saß und am späten Abend oder in der Nacht noch Artikel für Marx schrieb, hatte nicht die Zeit, umfangreiche Werke zu schreiben.

Sehr unterschiedlich war das Arbeitsumfeld, das jeder brauchte, um produktiv zu sein. Engels hatte einen ausgeprägten Ordnungssinn, der es nicht zuließ, dass nur ein Schnipselchen Papier auf dem Boden lag und nicht alles an dem vorbestimmten Platz war. Paul Lafargue wunderte sich, dass *„der bewegliche ungestüme Engels methodisch wie eine alte Jungfer* (war). *Er bewahrte alles und registrierte es mit der peinlichsten Genauigkeit."*[324] Seine Korrektheit zeigte sich auch an seiner Handschrift, die sauber und klar war, obwohl er klein schrieb. Marx hingegen hatte eine kritzelige Schrift, die nur wenige lesen konnten, und in seinen Unterlagen herrschte Chaos, aber er soll jedes Papier sofort gefunden haben.

Engels und Marx fühlten sich in der Gegenwart des anderen wohl, und doch zog Engels räumliche Distanz vor, wie Kautsky erfuhr: *„Es tut nicht gut, wenn verheiratete Freunde sich zu nahe wohnen. Die Anschauungen über Lebensführung und die Lebensgewohnheiten stimmen nie völlig überein."*[325] Engels konnte seinen Freund allerdings mit seiner Besorgnis um dessen Gesundheit nerven. Marx an Tochter Jennychen 1882 von Algier aus: *„In London hat mich Engels' Unruhe ... in Wirklichkeit aus dem Gleichgewicht gebracht: ich fühlte, dass ich es nicht länger aushalten konnte."*[326]

In den langen Jahren ihrer Freundschaft gab es nur wenige Missstimmigkeiten und nur eine uns bekannte ernsthafte Krise. Den Grund lieferte Karl Marx, wie bereits erwähnt, durch empathieloses, egozentrisches Verhalten nach dem Tode von Mary Burns; zur Schadensminimierung rang er sich zu einer Entschuldigung durch, richtig einkalkulierend, dass ihm Freund Engels in seinem Großmut und seiner Zuneigung verzeihen würde und beide wieder zu ihrer alten Vertrautheit zurückkehren konnten.

Freds und Karls Ansichten zu Ehe, Familie, Kindern stimmten nur teilweise überein. Friedrich lehnte die Ehe als Institution ab, er wollte sich frei entscheiden mit einer Frau zusammenzuleben, ohne staatliche Legitimierung. Marx hingegen hatte mit 25 Jahren geheiratet und Kinder in die Welt gesetzt. Er fühlte sich an seine Frau gebunden, aber er wird sich Friedrich gegenüber so manches Mal in seiner bürgerlichen Häuslichkeit mit Ehefrau und Kindern wie ein Biedermann vorgekommen sein. Schwärmte Engels vor allem in jungen Jahren von der Freiheit der Sexualität, entstand vielleicht auch in dem „braven" Ehemann das Verlangen, heimlich seine „Männlichkeit" mit einer anderen Frau auszuleben. Diese Gelegenheit ergab sich mit Helena Demuth, mit der Folge, dass das Dienstmädchen schwanger wurde.

Zu Marx' Glück hielt sich Engels zu diesem Zeitpunkt in unmittelbarer Umgebung der Familie Marx auf und konnte daher später glaubhaft als Kindsvater einspringen. Diesem Mann mit seiner lockeren Lebensweise traute Frau Marx alles zu.

Erst kurz vor seinem Tode, als das Ehepaar Marx und Helena schon mehrere Jahre tot waren, brach Engels sein Schweigen und vertraute seiner Sekretärin und seinem Freund und Anwalt Samuel Moore das Geheimnis an, dass nicht er der Vater von Frederick Demuth war, sondern Karl Marx.

Karl Marx hatte insgesamt acht Kinder, sieben eheliche und ein außereheliches, Friedrich Engels hatte nach unserem Kenntnisstand keine Kinder, aber er war außerordentlich kinderlieb; er übernahm für die Nichte von Lizzie Burns über viele Jahre die väterliche Verantwortung und war für die Marx-Töchter ein Freund und zweiter Vater. Ihre liebevolle Seite zeigten die beiden Männer auch bei ihren Haustieren.

Friedrich Engels genoss das Leben, und dazu gehörte neben seiner Zuneigung zu Frauen vor allem gutes Essen und Alkohol. Marx war auch den leiblichen Genüssen zugetan, aber er konnte sich lange Jahre nicht den Lebensstil von Engels leisten. Besuchte er jedoch seinen Freund in Manchester oder trafen sie sich später in London, genossen die Herren die Annehmlichkeiten des Daseins. Sie rauchten feine Zigarren, aßen mit Freude und sprachen dem Alkohol zu.

Engels gab mehrmals Hinweise zu Gerichten, die bei ihm auf

den Tisch kamen. Er rühmte seinen selbst zubereiteten Hummersalat und berichtete von walisischer Hammelkeule mit Nudeln, Irish Stew, Kalbskoteletts und Salat. Zum Essen gehörte für Engels ein alkoholisches Getränk, zumeist Bier oder Wein. Er war ein exzellenter Weinkenner, rühmte seinen Moselwein und Rüdesheimer-Rheinwein, lobte den guten Claret-Burgunderwein, hob den Veltliner als besten Schweizer Wein hervor und pries die Bordeaux-Weine. Auf „Niersteiner" Rheinwein verzichtete er, nachdem eine Sendung mit einem *„dezidierten Stich"* geliefert worden war. Im Ruhestand genoss er vormittags und um vier am Nachmittag ein Pilsner, am liebsten sein geliebtes Wiener Pilsner, manchmal auch Lagerbier oder bitter ale. Am Abend und am Sonntagmittag in Gesellschaft seiner Gäste bevorzugte er Wein und an besonderen Festtagen Champagner. An seinem 70. Geburtstag floss das edle Gesöff in Strömen. 16 Flaschen trank er mit seinen Gästen, aber wir wissen nicht, wie viele Freund-innen mit ihm das Fest feierten und ihn hochleben ließen.

Bis ins hohe Alter konsumierte Engels gerne und viel Alkohol; jedenfalls schrieb Bebel ihm nach einem Besuch, dass er sich *„stark wunderte,... in welchem Maße Du dem Alkohol zusprachst"*. Nicht immer verliefen seine alkoholischen Gelage friedlich; im September 1859 geriet Engels in Schwierigkeiten, weil er sich *„bekneipt"* von einem Engländer so *„insultiert"* fühlte, dass ihm *„ein ganz verfluchtes Pech"* passierte. Den Regenschirm in der Hand haltend, *„schlage ich nach ihm, und die Spitze trifft ihn ins Auge."*[327] Es gab viel Aufregung, weil der Angegriffene, obwohl die Verletzung heilte, über seinen Anwalt eine hohe Entschädigung forderte. Nach einigem Hin und Her konnte Engels die *„Beleidigungsgeschichte"* mit der Zahlung von 30 Pfund Schadensersatz und 25 Pfund Prozesskosten ad acta legen und somit vermeiden, dass die Öffentlichkeit in Manchester und der Vater von seiner Gewalttätigkeit erfuhren.

Marx trank auch gerne Alkohol, aber seine Aufnahmekapazitäten schienen begrenzter. Guter Wein war ihm immer willkommen, denn auch er sah sich als Weinkenner. Er kam aus einer vorzüglichen Weingegend an der Mosel und seine Eltern besaßen in einer sehr guten Lage in Mertesdorf bei Trier einen Weinberg.

Friedrich Engels und Karl Marx gaben über sich selbst in dem beliebten Gesellschaftsspiel „Bekenntnisse"* Auskunft und plauderten private Vorlieben und Abneigungen aus. An einigen Antworten zeigen sich ihre sehr unterschiedlichen Persönlichkeiten.

Auf die erste Frage nach seiner „Lieblingstugend" antwortete Engels seinem Charakter entsprechend: *„Fröhlichkeit"* und das entsprach auch dem, was manch' einer seiner Bekannten bestätigte. Sein Freund George Julian Harney schrieb einmal, dass Engels ein Mensch mit „Frohsinn" und einem „ansteckenden Lachen" war. Marx erhob wenig aussagekräftig *„Einfachheit"* zu seiner „Lieblingstugend". Die „Lieblingstugend des Mannes" sah Engels darin, *„sich um seine eigenen Angelegenheiten kümmern"* und die „Lieblingstugend der Frau" darin *„keine Sachen zu verlegen"*. Marx sah in der *„Kraft"* die „Lieblingstugend des Mannes" und liebte bei der Frau *„Schwäche"*. Als sein spezifisches „Hauptmerkmal" nannte Engels *„alles halb zu wissen"*, eine Banalisierung der Sokrates' Aussage: „Ich weiß, dass ich nichts weiß".

Gefragt nach seiner „Auffassung von Glück" bekannte Friedrich: *„Chateau Margaux 1848"*. Diesen Wein von einem der berühmtesten Weingüter der Welt, dem Weingut Chateaux Margaux im Médoc bei Bordeaux, zu trinken, bedeutete für Friedrich Engels Lebensfreude pur. Alkohol eignete sich zwar auch zur Betäubung von Zahnschmerzen, aber bisweilen ließ es sich nicht vermeiden, dass Engels sich dem „größten Unglück" aussetzen musste, nämlich *„zum Zahnarzt gehen zu müssen"*. Sein Freund Marx sah sehr pauschal sein Glück darin *„zu kämpfen"*. Engels war auch immer kampfbereit und doch erfreute ihn ein Glas exzellenten Weines mehr. Das „Laster, das er entschuldigte" war *„Unmäßigkeit aller Art"*. Das passte zu seinem Lebensstil. Sinnliche Genüsse wie Liebe, Essen und Trinken durften durchaus extensiv sein; er selbst nannte sich *„immer durstig"*, und damit war nicht Wasser gemeint. Für Marx war als „Laster" *„Leichtgläubigkeit"* verzeihbar. Auf die Frage

* Friedrich Engels' Bekenntnisse stammen von 1868 und sind in Jenny Longuets Album enthalten. Von Karl Marx liegen drei Versionen von Bekenntnissen vor. Version 1, s. 1864 in Laura Lafargues Album, aus dem die hier abgedruckten Antworten stammen, Version 2, s. 1868 in Jenny Longuets Album und Version 3, s. 1865 in Zaltbommel.

nach dem „Laster“, das er „am meisten verabscheute“, antwortete Engels *„Heuchelei“*, Marx lehnte *„Kriecherei“* ab. Engels „Abneigung“ galt *„affektierten, hochnäsigen Frauen“* und auf die Frage nach der „Person“, die er am wenigsten mochte, nannte er: *„Spurgeon“*. Spurgeon war einer der bekanntesten englischen Prediger seiner Zeit und wurde sehr verehrt. Mit Religion und der Verehrung von Pastoren hatte Friedrich Engels seit seiner Jugend ein Problem. *„Necken und geneckt werden“*, seine „Lieblingsbeschäftigung“ passte zu seinem fröhlichen Wesen. Er wollte Scherze machen und nahm es nicht übel, wenn andere sich mit ihm einen Spaß machten, über den er dann herzlich lachen konnte. Marx Lieblingsbeschäftigung“ hingegen war: *„wühlen in Büchern“*. Engels hatte *„keine“* „Helden“; Marx verehrte *„Spartakus“* und *„Kepler“* und als Heldin das *„Gretchen“*, die Geliebte von Faust. Engels hatte *„zu viele, um eine zu nennen“*. Wer konnten seine Heldinnen sein? Frauen aus der Literatur, der Geschichte oder aus seiner Umgebung wie eine Frau Marx, Mary, Lizzie, die Mutter, Schwester Marie?

Friedrich Engels wollte sich nicht auf eine „Maxime“, einen Leitsatz für sein Leben festlegen und behauptete einfach: *„keine zu haben“*. Ein „Lieblingsmotto“ konnte er hingegen angeben: *„immer mit der Ruhe“*. Das klang vernünftig für den temperamentvollen, gelegentlich aufbrausenden Engels. Marx nannte eine Maxime: *„Nihil humani a me alienum puto“* *. Sein Lieblingsmotto *„De omnibus dubitandum“* ** passte auch bestens zu Friedrich Engels.

Friedrich Engels und Karl Marx waren im wahrsten Sinne des Wortes Freunde; sie waren sich sympathisch, hatten volles Vertrauen zueinander und unterstützten sich in Krisenzeiten. Aber wie ihre „Bekenntnisse“ zeigen, traf für sie als Persönlichkeiten zu, was gerne allgemein behauptet wird: Gegensätze ziehen sich an. Friedrich Engels war der humorvolle Lebemann, Karl Marx der ernsthafte Familienvater.

---

* Nichts Menschliches ist mir fremd

** An allem ist zu zweifeln

Your favourite virtue — jollity
— in man quality in man — to mind his own business
— woman — in woman — not to mislay things
— chief characteristic — knowing everything by halves
Idea of happiness — Château Margaux 1848.
— — misery — to go to a dentist
The vice you excuse — excess of any sort
— detest — Cant
your aversion — affected stuckup women
The character you most dislike — Spurgeon
Favourite occupation — chaffing & being chaffed
— Hero — none
— Heroine — too many to name one
Poet — Reineke de Vos, Shakespeare, Ariosto etc
Prose writer — Goethe, Lessing, Dr. Samelson.
Flower — Blue Bell
Colour — any one not Aniline
Dish — cold: Salad, hot: Irish Stew
Maxim — not to have any.
Motto — take it aisy.

F. Engels

FRIEDRICH ENGELS‘ ANTWORTEN IM GESELLSCHAFTSSPIEL „BEKENNTNISSE“

Ihre Lieblingstugend – Fröhlichkeit
Ihre Lieblingstugend beim Mann – sich um seine eigenen Angelegenheiten kümmern
Ihre Lieblingstugend bei der Frau – keine Sachen zu verlegen
Ihre Haupteigenschaft – alles halb zu wissen
Ihre Auffassung von Glück – Château Margaux 1848
Ihre Auffassung von Unglück – zum Zahnarzt gehen zu müssen
Das Laster, das Sie entschuldigen – Unmäßigkeit aller Art
Das Laster, das Sie verabscheuen – Heuchelei
Ihre Abneigung – affektierte, hochnäsige Frauen
Die Person, die Sie am wenigsten mögen – Spurgeon
Ihre Lieblingsbeschäftigung – necken und geneckt werden
Ihr Held – keiner
Ihre Heldin – zu viele, um eine zu nennen
Ihr Dichter – Reineke Fuchs, Shakespeare, Ariost etc.
Ihr Schriftsteller in Prosa – Goethe, Lessing, Dr. Samelson
Ihre Blume – Blaue Glockenblume
Ihre Farbe – alle, bis auf Anilinfarbe
Ihr Lieblingsgericht – kalt: Salat; heiß: Irish-Stew
Ihre Maxime – keine zu haben
Ihr Motto – immer mit der Ruhe

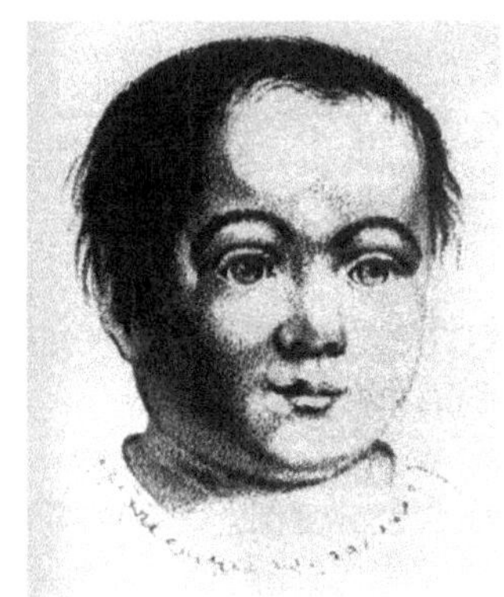

Zeichnung von „Musch“
(Edgar Marx)

Engels und die Marx-Kinder

Als Friedrich Engels mit Karl Marx Freundschaft schloss, ahnte er nicht, dass er auch die ganze Familie in den Freundschaftsbund mit aufnehmen würde. Zu Frau Marx pflegte er freundlichen Kontakt, für die Kinder wurde er „Onkel Angels" und nach Eleanors Aussage sogar *„wie ein zweiter Vater"*.

Von den sieben Kindern, denen Jenny Marx das Leben geschenkt hatte, erreichten drei das Erwachsenenalter: Jennychen, Laura und Eleanor. Vier Mal trauerte Friedrich mit den Eltern, wenn diese ein Kind zur letzten Ruhe tragen mussten.

Die Geburt von Föxchen in London und dessen ständiges Kränkeln hatte Friedrich Engels während seines einjährigen Aufenthaltes in London miterlebt, und er war daher nicht sehr erstaunt, als er im November 1850 in Manchester die Todesnachricht erhielt. An Franziska, die mit einem Jahr an Ostern 1853 starb, hatte er wenig Erinnerungen. Am meisten berührte ihn der Tod des von allen so sehr geliebten Edgar, dem Musch, der mit 8 Jahren am Karfreitag 1855 in den Armen seines Vaters starb. Der Colonel Musch war auch sein Freund gewesen, der ihm Briefe schrieb und dem er lustige Lieder beigebracht hatte. Das Einzige, was Friedrich für die Familie tun konnte, war, die trauernden Eltern in Manchester für einige Tage aufzunehmen, nachdem ihm Marx geschrieben hatte, er müsse seine Frau für ein paar Tage aus der Wohnung bringen, in der sie alles an den Sohn erinnerte. Für Jenny war der Tod dieses Kindes ein Leid *„vor dem alles, alles in nichts versank"* und auch Karl Marx litt so unter dem Verlust, dass Wilhelm Liebknecht bei der Beisetzung fürchtete, der unglückliche Vater würde dem Sarg in die Grube nachspringen. Nach diesem Verlust legte Marx seine ganze Hoffnung in Engels und ihre gemeinsame Mission: *„Unter all diesen furchtbaren Qualen, die ich in diesen Tagen durchgemacht habe, hat mich immer der Gedanke an Dich und Deine Freundschaft aufrechtgehalten, und die Hoffnung, daß wir noch etwas Vernünftiges in der Welt zu thun haben."* [328]

Über das siebte Marx-Kind erfuhr Engels nur, dass es wenige Sekunden nach seiner Geburt unter schrecklichen Umständen gestorben war. Marx, ansonsten nicht um Worte verlegen, hatte ihm nur mitgeteilt, auf die Umstände der Geburt einzugehen, sei *„brieflich nicht thubar"*. Engels kondolierte sehr einfühlsam und drückte besonders für die Mutter sein Mitgefühl aus.

Engels, kongenialer Partner und treuer Helfer für Karl Marx

Friedrich Engels war mit seinen beruflichen Pflichten bei Ermen & Engels, seinem zeitintensiven Hobby, der Jagd, und seinen gesellschaftlichen Verpflichtungen voll ausgelastet. Aber er nahm sich die Zeit, Marx mit Beiträgen für die „New-York Daily Tribune" zu unterstützen, auch weil nach seiner Auffassung Marx kein Journalist war und nie einer werden würde, weil er zu lange recherchiere und deshalb nicht schnell genug für dieses Geschäft sei. Marx selbst behauptete in seiner Arroganz, weniger aus Einsicht in die Beschränktheit seiner Fähigkeiten: *„Das beständige Zeitungsschmieren ennuiert mich. Es nimmt mir viel Zeit weg, zersplittert und ist schließlich doch nichts."* [329] Dennoch war die Zeitungsschmiererei ein Jahrzehnt lang Marx' einzige Einnahmequelle.

Von 500 Beiträgen, die Marx als Korrespondent zwischen August 1851 und März 1862 bei der auflagenstärksten Zeitung der Welt mit einer Auflage von 285.000 Exemplaren täglich unterbringen konnte, stammten mindestens 170, also mehr als ein Drittel, aus der Feder von Friedrich Engels. Engels konnte demnach seine Gedanken stilistisch so formulieren, dass die Unterschiede zu Marx' Artikeln nicht erkennbar waren.

Engels wurde immer wieder von Marx oder dessen Frau aufgefordert, doch schnell noch einen Beitrag für die „New-York Daily Tribune" zu fabrizieren. Aber auch dieser außerordentlich fleißige Mann konnte nicht immer liefern. *„Du bekommst, was geleistet werden kann"* [330], beschied er Marx gegenüber einmal knapp, aber bestimmt. Ließen es jedoch seine Gesundheit und seine Tätigkeit bei Ermen & Engels zu, konnte er fast auf Knopfdruck Beiträge liefern. Es kam selten vor, dass er nicht über *„genug Stoff"* verfügte und das verdankte er seiner „Haupteigenschaft": *„alles halb zu wissen"*. Aus Sicht seiner Umgebung verfügte Friedrich Engels über ein herausragendes Wissen in Politik, Geschichte, Literatur, Wirtschaft und Naturwissenschaften. Paul Lafargue, Marx' Schwiegersohn, der Engels gut kannte, meinte voller Bewunderung: *„Engels liebte das Studium um des Studiums willen; ihn interessierten alle Gebiete."*[331] Engels soll alles bis ins kleinste Detail studiert haben, und Lafargue wunderte sich, wie ein Mensch so viel Wissen in seinem Kopf speichern konnte. *„Er verband mit einem ebenso sicheren wie umfangreichen und schlagfertigen Gedächtnis sowie mit einer außerordentlichen Schnelligkeit des Arbeitens eine nicht weniger bewunderungswürdige Leichtigkeit der Auffassung. Er lernte schnell und mühelos."*[332]

Engels hatte weitere Eigenschaften, die Marx bewunderte: *„Engels hat wirklich Überarbeit, aber* (er ist) ... *ein wahres Universallexikon ..., arbeitsfähig zu jeder Stunde des Tages und der Nacht, nüchtern und voll, quick im Schreiben und Begreifen wie der Teufel."*[333]

Nachdem Marx ihn aufgefordert hatte: *„Schreibe eine Reihe von Artikeln über Germanien, von 1848 an. Jeistreich und ungeniert"*, verfasste Engels zwischen Oktober 1851 und Oktober 1852 17 Artikel mit seinen Ansichten zu „Deutschland. Revolution und Konterrevolution in Deutschland". Seine Beiträge sorgten für großes Aufsehen und Marx wurde als „one of the clearest and most vigorous writers"* aus Deutschland gelobt. Überzeugend und anschaulich stellte Engels die Ursachen für den Ausbruch der Revolution 1848 und die Fehler, die zu ihrem Scheitern 1849 führten, dar. Als Hauptgrund meinte er erkannt zu haben: *„Wäre die preußische Revolution rein aus sich heraus zu ihrer Reife gelangt und nicht im Schlepptau eines französischen Umsturzes, bei dem das Proletariat bereits seine sozialen Forderungen drohend verkündete, so hätte das Bürgertum, von den Massen weniger bedrängt, wahrscheinlich im Bunde mit dem Volke den Feudalismus restlos niedergeworfen. Nun hatte aber die Februarrevolution in Frankreich gerade jene Regierungsform gestürzt, die das preußische Großbürgertum aufzurichten beabsichtigte. Als dieses jetzt in Paris an der Spitze der Regierung Männer wahrnahm, die ihm als gefährliche Gegner von Eigentum, Ordnung, Religion und Familie erschienen, da kühlte sich seine revolutionäre Glut schnell ab, und es suchte vor dem gefährlicheren Feinde Rettung in einem Kompromiß mit der Monarchie."*[334] Das *„plötzliche Auftauchen der ‚roten Gefahr'"* wurde zum Schreckgespenst für das Bürgertum, auch für das deutsche. Das hatte Engels in Elberfeld hautnah erfahren.

---

* einer der verständlichsten und kraftvollsten Autoren

Frau Marx lobte Engels Bemühungen, als sie ihn mit Blick auf die Artikelserie fragte: *„Was sagen Sie dazu, daß mein Mann mit Ihrem Aufsatz ganz Westen, Osten und Süden Amerikas in Bewegung setzt und dazu noch verstümmelt, da wieder unter anderm Namen?"* [335] Karl war für die Öffentlichkeit der Autor, der für Aufsehen sorgte und pro Artikel zwei Pfund Honorar kassierte. Engels gönnte dem Freund Geld und Erfolg.

In den ersten Jahren der Korrespondententätigkeit von Marx bei der „New-York Daily Tribune" erwies es sich als günstig, dass Friedrich Engels beim Schreiben die englischen Worte in die Feder flossen, ohne dass er nachdenken musste, während Karl Marx mit jedem Wort der fremden Sprache kämpfen musste. Marx an Engels: *„Sosehr Deine Zeit auch in Anspruch genommen, muß ich Dich doch bitten, mir für Freitag wenigstens ... 2 Seiten ... zu schicken und englisch, damit nicht noch Zeit mir für das Übersetzen verlorengeht. ... Also auf zwei Seiten wenigstens verlaß ich mich."* [336]

Friedrich Engels opferte sich nicht auf, auch wenn dies bisweilen vielleicht so scheint; er ließ sich gerne einspannen, sah darin eine willkommene Gelegenheit, dem Kaufmannswesen für einige Stunden zu entrinnen, seine Formulierungskunst zu üben, sich mit den unterschiedlichsten Themen auseinanderzusetzen und Marx zu helfen.

Friedrich Engels sah sich in den ersten Jahren ihres Exils in England auch immer wieder veranlasst, Marx zu überzeugen, dass ihre Arbeit und ihr Einsatz von Bedeutung für die sozialistische Bewegung waren. Er fand verschiedene Gründe, um ihre Isoliertheit zu erklären. Sie beide würden in keine *„Partei"* passen, schrieb er, weil ihre Position von *„Lumpereien total unabhängig"* und sie nur sich selbst verantwortlich seien. Zur Zusammenarbeit mit *„anderen"* wären sie nur auf deren Bitten bereit, aber nur, wenn sie ihre *„Bedingungen diktieren"* könnten. Sie würden auf *„Popularität spucken"* und keine offizielle *„Staats- oder Parteistellung"* anstreben, sondern sich aus dem *„Strudel heraushalten"*, um unabhängig zu bleiben. Mit einer Neurekrutierung ihrer Partei und mit kontinuierlicher Arbeit könnten sie wieder an Anziehungskraft gewinnen. Marx solle seine *„Ökonomie fertig machen"*, um vor dem Publikum mit einem *„dicken Buch"* zu debütieren, damit sein Name wieder genannt werde. Der Kaufmann Engels hatte erkannt: *„Ist einmal erst ein oder zwei Bände lehrreicher, gelehrter, gründlicher und zugleich interessanter Sachen von Dir erschienen, und Du pfeifst den Buchhändlern was, wenn sie niedrig bieten."* [337]

Diese Aussicht motivierte Marx zur Fertigstellung seiner Schrift „Der achtzehnte Brumaire des Louis Bonaparte".

1852 sahen sich Engels und Marx auf der Erfolgsspur, als sie durch Vermittlung des ungarischen Leutnants Bangya den Auftrag bekamen, über die führenden Revolutionäre im Exil zu schreiben. Marx hatte Bangya *„einige Federskizzen"* mit Informationen über bekannte deutsche Flüchtlinge von 1848/49 übergeben, die für den revolutionären ungarischen Ministerpräsidenten Szemere bestimmt waren. Banya behauptete, ein Buchhändler, dem er die Skizzen ohne namentliche Nennung des Autors gezeigt habe, wolle das ausgearbeitete Manuskript für ein gutes Honorar drucken. Engels und Marx machten sich ans Werk und schrieben locker und bösartig über „Die großen Männer des Exils". Neben den Revolutionsführern Ruge, Willich, Schapper wurde vor allem der sehr populäre Gottfried Kinkel niedergemacht, weil er es u.a. gewagt hatte, die beiden als *„Lumpen"* zu bezeichnen. Monate später lag das Manuskript noch immer nicht im Druck vor. Das Ganze entpuppte sich als Schwindel: Der Buchhändler existierte gar nicht. Engels und Marx hatten *„pour le roi de Prusse"*, für den preußischen König gearbeitet. Engels vermutete, dass Stieber, Chef der politischen Polizei in Preußen, das Manuskript für den Kommunistenprozess in Köln gekauft hatte. Erst zwei Jahre später gestanden er und Marx ihren blinden Glauben gegenüber dem Geheimagenten Banya ein. Engels gelang es wenigstens sich über die Naivität Stiebers zu amüsieren, in einem Buch Geheiminformationen finden zu wollen.

Friedrich Engels nahm über Jahre großen Anteil am Entstehen von Marx' bedeutendstem Werk „Das Kapital". Immer wieder forderte er von Manchester aus, sie müssten *„wissenschaftlich auftreten, um uns beim Publikum auf den Beinen zu halten."*[338] Als das Manuskript des „Kapitals" 1867 endlich vorlag, las er Korrektur, inhaltlich und sprachlich. In seinem Urteil unbestechlich und rigoros, bewahrte er den Theoretiker Marx vor schlimmen Fehlern. Er lobte den Inhalt, monierte aber die äußere Einteilung, speziell das lange vierte Kapitel und falsch angeordnete Illustrationen. Das sei *„scheußlich ermüdend"* und bei nicht *„ganz scharfer Aufmerksamkeit auch verwirrend"*. Insgesamt gebe es jedoch keine inhaltlich *„schwache Stelle"* in dem Buch, wo die *„Herren Ökonomen"* in die Bresche schießen können. Sein Fazit: „Das Kapital" sei *„sehr famos"*.

Friedrich Engels beruhigte Marx auch, dass es nach seiner Einschätzung beim Vertrieb des „Kapitals“ in Deutschland keine Schwierigkeiten mit der Zensur geben sollte, da das Werk in England *„spielt“*. Ein Verbot sei zwar möglich, aber wirkungslos, denn es könne nicht nach §100 des Preußischen Strafgesetzbuches konfisziert werden, da es die Angehörigen des Staates nicht zum Hasse oder zur Verachtung gegeneinander aufreize.

Im September 1867 erschien „Das Kapital“ in einer Auflage von 1.000 Stück. Marx an Engels: *„Bloß Dir verdanke ich es, dass dies möglich war. Ohne Deine Aufopferung für mich konnte ich unmöglich die ungeheuren Arbeiten zu den drei Bänden machen. I embrace you, full of thanks! Salut, mein lieber, teurer Freund!“* [339] Das Werk war zunächst kein Erfolg, obwohl Engels und Freunde Rezensionen schrieben, auch kritische, um auf das Buch aufmerksam zu machen und den Verkauf anzukurbeln. Der eifrige Engels meinte, er könne noch von verschiedenen Standpunkten aus 4 bis 5 Artikel schreiben, die allerdings in London abgeschrieben werden sollten, damit man seine Handschrift nicht erkenne. Die Hoffnung auf einen Geldsegen durch den Verkauf des Buches erfüllte sich nicht, obwohl in der „Internationalen“ die Lektüre dringend empfohlen wurde und Übersetzungen gefordert wurden.

Lange Jahre stand Friedrich Engels im Schatten von Karl Marx, der als Begründer des Historischen Materialismus und der Mehrwerttheorie berühmt wurde. Doch unbemerkt von der Öffentlichkeit diente Friedrich Engels während seiner Geschäftstätigkeit in der Textilbranche der kommunistischen Sache mit Leib und Seele. Da seine Abhandlungen zumeist anonym erschienen und seine zahlreichen Zeitungsbeiträge Marx zugeschrieben wurden, blieb sein Engagement für das Proletariat weitgehend unbekannt.

Engels haderte nicht mit den *„Knoten“*, wenn diese ihm vorwarfen: *„Was will der Engels, was hat der die ganze Zeit getan, wie kann der in unserem Namen sprechen und uns sagen, was wir tun sollen, der Kerl sitzt in Manchester und exploitiert die Arbeiter.“* [340] Engels war durchaus bewusst, dass der *„demokratische“*, *„rote“* und selbst der *„kommunistische Mob“*, einerlei, was er und Marx immer täten, sie sowieso nie *„lieben“* würde.

Engels wurde erst nach 1875 als Publizist wahrgenommen, als er unter seinem Namen die Aussagen des berühmten Theoretikers Marx durch seine Erläuterungen und Erklärungen einer breiteren Leserschaft verständlich machte und in mehreren Schriften und Zeitungsartikeln politische Zustände polemisch-fundiert kommentierte.

Friedrich Engels war für Karl Marx ein Motivator, ein Antreiber und die *„starke unterstützende Hand im Rücken"*. Marx, eine starke Persönlichkeit, die unbeirrt trotz aller Schwierigkeiten ihren Weg ging, war mental stärker als man glauben mag, auf die Unterstützung und die Akzeptanz von Friedrich Engels angewiesen. Paul Lafargue meinte: *„Engels' Meinung stellte Marx höher als jede andere, denn Engels war der Mann, den er für fähig hielt, sein Mitarbeiter zu sein."*[341] Die Begründung klang abwertend und war falsch. Friedrich Engels konnte nur als kongenialer Partner mit Marx zusammenarbeiten; er war zu mehr fähig als zu dessen Mitarbeiter. Lafargue weiter: *„Engels war für ihn ein ganzes Publikum; um ihn zu überzeugen, um ihn für eine seiner Ideen zu gewinnen, war Marx keine Arbeit zu groß. Ich habe z.B. gesehen, dass er ganze Bände von neuem durchlas, um die Tatsachen wieder aufzufinden, deren er bedurfte, um eine Ansicht von Engels über irgendeinen... nebensächlichen Punkt des politischen und religiösen Kriegs der Albigenser zu ändern. Engels' Meinung zu gewinnen, war ihm ein Triumph"*[342] und er betonte: *„Marx war stolz auf Engels. Er zählte mir mit Genugtuung alle moralischen und geistigen Vorzüge seines Freundes auf ... er bewunderte die außerordentliche Vielseitigkeit seiner wissenschaftlichen Kenntnisse, er beunruhigte sich wegen der geringsten Ereignisse, die ihn betreffen konnten."*[343] Engels durfte nichts passieren: das wäre für Marx eine emotionale und finanzielle Katastrophe gewesen.

Karl Marx war der „gelernte Philosoph" und hatte aus Sicht von Engels das Verdienst, ihm früh den *„philosophischen Hochmut"* ausgetrieben zu haben; damit war wohl gemeint, dass Marx ihm die Arroganz genommen hatte, alles philosophisch sehen zu wollen und ihn auf die Notwendigkeit aufmerksam machte, die Missstände in der Gesellschaft praktisch zu verändern, nach dem Motto: *„Die Philosophen haben die Welt nur verschieden interpretiert: es kömmt aber darauf an, sie zu verändern"*.

Engels hatte schon lange vor Marx darauf hingewiesen, dass sich geschichtliche Ereignisse nicht ausschließlich auf Zufall oder auf das Handeln einzelner Persönlichkeiten zurückführen ließen, sondern dass hinter diesen *„bewegende Mächte"* standen. Diese Geschichtsauffassung allerdings theoretisch zu fundieren, war nach seiner Ansicht die Aufgabe der Philosophie, und damit Marx' Domäne. *„Der größte Teil der leitenden Grundgedanken, besonders auf ökonomischem und geschichtlichem Gebiet, und speziell ihre schließlich scharfe Fassung gehört Marx"*, schrieb Engels nach dessen Tod in seinem Buch „Ludwig Feuerbach", anfügend: *„Ohne ihn wäre die Theorie bei weitem nicht das, was sie ist. Sie trägt daher auch mit Recht seinen Namen."*[344] In einer Neuausgabe des „Kommunistischen Manifestes" vom Juni 1883 hob er hervor: *„Daß die ökonomische Produktion und die aus ihr mit Notwendigkeit folgende gesellschaftliche Gliederung einer jeden Geschichtsepoche die Grundlage bildet für die politische und intellektuelle Geschichte dieser Epoche; daß demgemäß (seit Auflösung des uralten Gemeinbesitzes an Grund und Boden) die ganze Geschichte eine Geschichte von Klassenkämpfen gewesen ist, Kämpfen zwischen ausgebeuteten und ausbeutenden, beherrschten und herrschenden Klassen auf verschiedenen Stufen der gesellschaftlichen Entwicklung; daß dieser Kampf aber jetzt eine Stufe erreicht hat, wo die ausgebeutete und unterdrückte Klasse (das Proletariat) sich nicht mehr von der sie ausbeutenden und unterdrückenden Klasse (der Bourgeoisie) befreien kann, ohne zugleich die ganze Gesellschaft für immer von Ausbeutung, Unterdrückung und Klassenkämpfen zu befreien – dieser Grundgedanke gehört einzig und ausschließlich Marx an."*[345] Trotz seiner Bescheidenheit, die durchaus richtig war, denn ohne Marx gäbe es den historischen Materialismus und die Mehrwerttheorie in der vorliegenden Form nicht, fügte Engels erläuternd hinzu, dass er sich dem Historischen Materialismus vor 1845 angenähert habe, wie sein Buch „Die Lage der arbeitenden Klasse in England" zeige. Da er bei sich selbst jedoch eine *„Trägkeit en fait de théorie"* ausgemacht hatte, überließ er Karl Marx die Aufgabe, die er selbst nicht übernehmen wollte: die Lehre des historischen Materialismus zu entwickeln.

Auch wenn es bisweilen so scheint, Engels und Marx waren nicht immer einer Meinung. Das hing nicht mit Engels Einsicht zusammen: *„Ich habe mich, wie gewöhnlich, unklar ausgedrückt."*[346] Während seiner Überlegungen zu seinem Buchprojekt „Dialektik der Natur" gelangte Engels beispielsweise zu einer anderen Beurteilung als Marx zu den damals so aufsehenerregenden Erkenntnissen von Darwin. Engels: *„Es ist merkwürdig, wie Darwin unter Bestien und Pflanzen seine englische Gesellschaft mit seiner Teilung der Arbeit, Konkurrenz, Aufschluss neuer Märkte, ‚Erfindungen' und Malthusschem ‚Kampf ums Dasein' wiedererkennt."*[347] Er fand die Lehre des „Sozialdarwinismus" wenig überzeugend.

Von Engels Ausführungen zur „Dialektik der Natur", die er bereits 1876/77 schrieb, erschien 1896 nur ein Teil des Kapitels „Anteil der Arbeit an der Menschwerdung des Affen". Erst 1925 wurde das gesamte Manuskript in der Sowjetunion herausgegeben. Vor der Veröffentlichung war es dem Nobelpreisträger für Physik, Albert Einstein, zur Beurteilung vorgelegt worden, der zu dem Schluss kam: *„Der Inhalt ist weder vom Standpunkt der heutigen Physik noch auch für die Geschichte der Physik von besonderem Interesse"*, aber sie bilde *„einen interessanten Beitrag für die Beleuchtung von Engels' geistiger Persönlichkeit."* [348]

Friedrich Engels konnte nicht wie Karl Marx sein ganzes Leben ausschließlich der Theorie des Sozialismus und dem politischen Kampf widmen, sondern musste sich in der kapitalistischen Welt bewähren, die beide bekämpften. Marx stand als Theoretiker sichtbar im Mittelpunkt und folglich spricht man heute vom Marxismus, nicht vom Marxismus-Engelsismus. In der Internationalen setzte sich 1870 die Bezeichnung „Marxianer" als Gegenpol zu den „Bakunisten" durch und der deutsche Nationalökonom und Sozialpolitiker Georg Adler sprach 1885 zunächst von der „Marx-Engelsschen Doktrin", 1887 nur noch vom „Marxismus" [349].

Nur Wenige wussten von Engels' Unterstützung für Marx, von ihrem sog. Compagniegeschäft, das eine Rechtfertigung für das finanzielle „Aushalten" der Familie Marx durch Friedrich Engels war. Im Klartext: Ein verpönter kapitalistischer Ausbeuter schickte Geld, damit ein Philosoph als Gegenleistung für das Proletariat die Lehre des „Marxismus" entwickeln konnte.

Engels, der zuverlässige Geldesel

Karl Marx hatte mit seiner Begabung und seiner Ausbildung günstige berufliche Perspektiven. Er hätte als Anwalt und Notar oder als Verwaltungsjurist Karriere machen können und mit der Protektion seines Schwagers Ferdinand von Westphalen, preußischer Innenminister von 1850 bis 1858, rechnen können. Marx hätte auch die Professorenlaufbahn einschlagen können, wenn er politisch anpassungsfähiger gewesen wäre. Er zog es jedoch vor, sein Leben als Journalist und Buchautor zu fristen. Nur einmal bewarb er sich in London bei einem Eisenbahnbüro um eine feste Anstellung, bekam die Stelle jedoch wegen seiner unleserlichen Schrift nicht. Karl Marx blieb sein Leben lang freiberuflich, weil er sich Illusionen machte, mit der Publikation seiner genialen Gedanken Geld machen zu können. Diese Hoffnung trog.

Das finanzielle Elend der Familie Marx begann mit dem Exil in England. Da fast zeitgleich Engels in die Firma Ermen & Engels eintrat, ergab sich eine günstige Ausgangskonstellation zur finanziellen Unterstützung für das Ehepaar Marx. Ohne Engels, so behauptete später ein Marx-Enkel, wäre die Familie Marx verhungert. Das ist etwas übertrieben, aber ihr Verbleiben in bürgerlichen Lebensverhältnissen war einzig und allein dessen Unterstützung zu verdanken. Engels gab freiwillig von seinem Einkommen ab, weil ihm an der wissenschaftlichen Begründung der kommunistischen Weltanschauung gelegen war, die aus seiner Sicht nur Marx leisten konnte.

In vielen Briefen, die zwischen Manchester und London in den Jahren 1850 bis 1870 hin- und hergingen, spielte das Thema Geld eine Rolle. Bereits im ersten der mehr als 1350 überlieferten Briefen ging es um Geld. Engels wurde von Marx nicht direkt aufgefordert, Geld zu schicken, sondern er sollte als Vermittler tätig werden. Marx schrieb am 15. Mai 1847, er erwarte, dass Engels keine Zeit versäume, einen Wechsel mit den *„beiden Eseln“*, die nicht namentlich genannt wurden, auszuhandeln, damit er an das Geld komme. Das Schreiben fiel knapp aus, weil Marx seinen Arm schonen musste. Der Arzt, gab er als Grund an, habe ihn am rechten Arm zur Ader gelassen, und da er als Rechtshänder wie gewohnt weitergeschrieben habe, sei die Wunde geeitert und dies hätte ihn *„den Arm kosten können“*.

Die erste direkte Bitte um finanzielle Unterstützung muss im November 1850 erfolgt sein; jedenfalls versprach Engels von Manchester aus Marx das Honorar für sein Buch „Zur Lage der arbeitenden Klasse in England“ zu überlassen, damit Marx‘ Feinde nicht das Vergnügen hätten, ihn nicht nur ins Exil, sondern auch ins Elend getrieben zu haben.

Als Marx ein halbes Jahr später *„arg in der Klemme“* war, machte Engels fünf Pfund locker und forderte den Freund auf, nach Manchester zu kommen. Er wusste, Marx war nicht nur finanziell, sondern auch seelisch angeschlagen. Helena Demuth, das treue Dienstmädchen, war von ihm schwanger und würde in Kürze niederkommen. Vermutlich willigte Engels bei diesem Treffen im April 1851 auf Marx' flehentliches Bitten ein, ihn im Marxschen Familien- und Freundeskreis als Vater des Kindes ausgeben zu dürfen. Das wichtigste Prinzip für den Kommunisten Marx war es, die Fassade des Bürgertums aufrechtzuerhalten, und Friedrich Engels half dabei. Aber die Freundesliebe ging nicht so weit, dass er sich als Erzeuger des Frederick Demuth ins Geburtsregister eintragen ließ.

Nach der Geburt des Kindes von Helena Demuth im Juni 1851 eskalierte die Lage im Hause Marx. Marx klagte bei Engels, alles sei *„im Belagerungszustand"* und seine Frau vergieße ganze Nächte hindurch *„Tränenbäche"*; alles *„ennuyiere"* * ihn, so dass er, von Natur aus wenig geduldig, seinen *„Gleichmut"* verliere und dann *„sogar ein wenig hart"* sei. Jenny Marx, die liebende, sich aufopfernde Frau war in einem Dilemma: Ihr Mann und Helena, das treue Lenchen, hatten sie nicht nur hintergangen und ein Kind gezeugt, sondern für sie das Lügengebilde, dass Engels der Kindsvater sei, aufgebaut, das Jenny glauben sollte und auch glauben wollte, aber nicht so recht glauben konnte. *„In den Frühsommer des Jahres 1851 fällt noch ein Ereignis, welches ich nicht näher berühren will, das aber sehr zur Vermehrung unsrer äußren und innren Sorgen beitrug"*,[350] notierte sie in ihren Erinnerungen. Engels schickte fünf Pfund, um die triste Atmosphäre wenigstens ein wenig aufzuheitern, vor allem der Kinder wegen, die er liebte, und Jennys wegen, mit der er größtes Mitgefühl hatte.

Friedrich Engels war bereit, Marx zu unterstützen, aber sein Einkommen für seine Tätigkeit bei Ermen & Engels war von seinem Vater für einen Ein-Personen-Haushalt festgesetzt worden. Dass Friedrich auch für den Unterhalt seiner Lebensgefährtin Mary und den ihrer Schwester Lizzie aufkam, die kommunistische Bewegung mit Spenden unterstützte und manche Pfundnote Marx überließ, war vom Vater nicht einkalkuliert und auch nicht gewollt worden. In seinem ersten Jahr in Manchester gab Friedrich statt der zugesagten 200 Pfund Repräsentations- und Tafelgelder bereits 230 Pfund aus, und hatte damit,

---

* ärgerlich machen

wie er stolz bei Marx verkündete, seinem *„Alten die Hälfte seines Profits … aufgefressen"*. Es kämen noch größere Ausgaben auf ihn zu, da sein Vater zu Besuch komme. *„Sobald die Ankunft meines Alten herannaht, wird sich dann in feine lodgings gezogen, feine Zigarren und Weine angeschafft etc., damit wir imponieren können"*[351], schrieb Engels, ganz Mann von Welt.

Marx klagte erstmals im Frühjahr 1852 bei Engels über Geldmangel. Er könne nicht mehr das Haus verlassen, weil seine *„Röcke"* im Pfandhaus seien und er bekomme keinen Kredit mehr beim Metzger. Bliebe es bei der jetzigen Situation, fürchte er einen Skandal. Nur der Tod eines Onkels seiner Frau könne ihn vor dem Ruin retten, fügte er an, aber der *„alte Hund"*, es handelte sich um Jennys Onkel Georg von Westphalen, starb (noch) nicht. Engels bedauerte, infolge großer Ausgaben für Bücher und für eine Reise kein Geld schicken zu können. Das ließ Marx nicht gelten. Engels wusste doch, dass seine Tochter Franziska gestorben war und er sich bei einem Nachbarn Geld für *„die englischen Totenhunde"* leihen musste, um sein Kind in einem Sarg beerdigen zu können. Wie erhofft kam doch noch Trost von Engels, und was wichtiger war, Geld.

Aus den Briefen an Engels ergibt sich der Eindruck, dass Karl Marx und auch seine Frau die Krankheiten in der Familie besonders hervorhoben, in der Hoffnung, dass dieser mit großzügiger Unterstützung reagierte. So schrieb das Familienoberhaupt im September 1852, er könne für seine kranke Frau, die kranke Tochter Jennychen und das kranke Lenchen die Kosten für den Arzt nicht aufbringen, sie nur mit Brot und Kartoffeln versorgen und wie lange das Geld für diese karge Kost noch reiche, sei ungewiss. Dieser Hiobsbotschaft folgten weitere. Marx teilte Engels mit, die Gläubiger bestünden auf Rückzahlung ihrer Ausstände und es drohe ihm der Rauswurf aus der kleinen Wohnung in der Dean-Street. Zwar käme ihm eine Zwangsräumung nicht ungelegen, weil er dann *„die Summe von 22 Pfund quitt"* sei, aber wohin dann mit der Familie? Verzweifelt fragte Karl Marx den Freund: *„Wie soll ich mit all dem Teufelsdreck fertig werden?"*[352] Engels versprach zu überlegen, schickte auch das, was Marx wirklich brauchte, Geld, mit dem dieser der Familie das Dach über dem Kopf sichern konnte.

Die finanzielle Not blieb. Im Frühjahr 1853 war Marx *„ein Haar nah am Krepieren"*, erholte sich aber wieder, ohne Arzt, wie er stolz vermeldete. Nach eigener Diagnose litt er unter einem in seiner Familie

Engels im mittleren Alter

erblichen Leberleiden, das schon zum Tode seines Vaters geführt hatte. Engels schickte Geld und er griff auch helfend ein, als im Sommer des folgenden Jahres eine Krankenwelle die Familie Marx heimsuchte. Wieder konnte nur eingeschränkt ärztliche Hilfe in Anspruch genommen werden, weil der Arzt seine Honorare einforderte, die mittlerweile auf 26 Pfund angestiegen waren. Marx fühlte sich wie *„a very dull dog":* Frau, Kinder, Hausmädchen krank, geringe Einnahmen, keinen Erfolg und eine enorme Schuldenlast, deren Höhe er nicht einmal genau kannte. Verzweifelt schrieb er dem ledigen, kinderlosen Friedrich: *„Beatus ille, der keine Familie hat."*[353] Karl Marx verfluchte die Verantwortung für seine Familie, obwohl er seine Kinder und seine Frau über alles liebte und sie nicht missen wollte. Für ihn alleine wäre es in der Tat weniger belastend gewesen in einer bescheidenen Arbeiterwohnung zu hausen und sich ganz seinen Studien zu widmen. So aber musste er stundenlang im Pfandhaus feilschen, um einen möglichst hohen Kredit zu möglichst niedrigen Zinsen für seine Wertsachen zu bekommen und zuhause musste er sich die verzweifelten Klagen seiner Frau anhören. Immer wieder flehte Jenny, wenn ihr Mann und Engels in höheren geistigen Sphären schwebten: *„Und hättest du nur rasch 5 Bogen für den Buchhändler vollgeschmiert. Ich fürchte, ich fürchte, mit Eurem Manöver, noch mehr herauszulocken, wird aus der ganzen Sache nichts."*[354]

Die finanzielle Situation besserte sich im Juli 1856 dank einer Erbschaft nach dem Tode von Jennys Mutter, Caroline von Westphalen. Die Familie verließ umgehend die bescheidene Wohnung in der Dean-Street und zog in ein hübsches Reihenhaus in Grafton Terrace, einer gut bürgerlichen Gegend. Für die Kinder war das Haus ein „Zauberschloss", für die Eltern erwies sich der Umzug als Katastrophe, weil sie den Großteil des Erbes in Möbel investierten. Wenige Monate später waren die letzten Geldreserven aufgebraucht und Marx wieder *„durch und durch ein Pechvogel"*. Er schilderte Engels seine ausweglose Lage, aus der es nach seiner eigenen Einschätzung keinen Ausweg gab. Engels war angesichts dieses Geständnisses völlig konsterniert, denn Marx hatte ihn in der Zuversicht gewogen, er habe seine Finanzen geregelt und lebe in geordneten Verhältnissen. In seiner Großzügigkeit versprach er monatlich 5 Pfund zu schicken, eine Art festes Grundeinkommen. Das war ein Trostpflaster, aber reichte bei der siebenköpfigen Familie Marx nicht lange. Ende

Januar 1858 musste Marx wegen der großen winterlichen Kälte auf Engels *„pressen"*, damit die Familie nicht erfror; Frau Marx hatte schon ihren Schal versetzen müssen, und das bei Eiseskälte. Karl Marx war verzweifelt. Er wolle, schrieb er Engels, wenn dieser Zustand sich immer fortsetze, *„lieber 100 Klafter tief unter der Erde liegen, als so fortzuvegetieren. Immer andern lästig fallen und dabei beständig selbst mit dem kleinsten Dreck gequält sein, ist auf die Dauer unerträglich."* [355] Seine einzige Hoffnung sah er im Erfolg seines Buches „Zur Kritik der politischen Ökonomie", dessen Fertigstellung sich allerdings wegen einer Leberattacke verzögerte, deren Ursache er in übertriebener Nachtarbeit sah. Den ganzen Frühling und Sommer 1858 war Marx fast arbeitsunfähig. Bei Engels klagte der Kranke, er sei körperlich so heruntergekommen, dass seine Abstraktionskraft dem Hausjammer ausgeliefert sei. Das sei nicht einmal das Schlimmste: Seine Frau bereite ihm größte Sorgen. Sie sei seelisch durch die elenden Lebensumstände zerrüttet und nach ärztlicher Diagnose drohe ihr eine Gehirnentzündung, wenn sie nicht sofort zur Erholung an die See fahren könne. Doch, so erkannte Marx zutreffend, ein Seeaufenthalt bringe im Prinzip nichts, sondern es müsse das *„Gespenst der unvermeidbaren Schlusskatastrophe"*, einer Insolvenz, abgewendet werden – und diese stehe unmittelbar bevor. Selbst wenn er alle Besitztümer verkaufen würde, ließ er Engels wissen, könne er nicht alle Gläubiger bedienen. Marx versicherte dem Freund gegenüber wiederum glaubhaft, er selbst habe wenig Probleme in Whitechapel, einer Arbeitersiedlung, zu leben, aber für seine Frau und die drei Töchter befürchte er *„gefährliche Folgen"*, auf die er nicht näher einging. Nicht einmal seinem ärgsten Feind wünsche er diesen Sumpf, den er seit 8 Wochen durchwaten müsse. Das Schlimmste dabei sei, dass *„mein Intellekt durch die größten Lausereien kaputt gemacht und meine Arbeitsfähigkeit gebrochen wird."* [356] Er behauptete zwar, Engels könne ihm nicht helfen, aber er habe sich bei einem Menschen aussprechen müssen und *„verlange"* nur eine Beurteilung seiner Lage und einen Rat, was er tun könne. Engels wusste, dass der Freund mehr als gute Ratschläge brauchte und schickte Geld.

Kaum war das erste Manuskriptheft „Zur Kritik der politischen Ökonomie" beim Verleger, verordnete sich Herr Marx aufgekratzt einige Tage Ferien, *„um irgendeinen Finanzcoup zu machen"*. Er wollte endlich das ändern, was ihm Jahre lang verwehrt geblieben war: *„Ich glaube* *nicht, dass unter solchem Geldmangel je über ‚das Geld' geschrieben worden ist. Die meisten Autoren über diesen Gegenstand waren in tiefem Frieden mit dem Gegenstand ihrer Untersuchungen."* [357] Schon seine Mutter Henriette hatte gefordert, der *„Karell"* solle nicht über Geld schreiben, sondern Geld „machen". Engels finanzierte die Auszeit Karls mit 2 Pfund. Ein erfolgreicher Finanzcoup an der Börse gelang nicht. Alle Aktiengeschäfte von Marx verliefen kläglich. Er hatte zwar Wissen über die Mechanismen des Aktiengeschäftes, aber es fehlte ihm das Gespür für die Finessen des Aktienmarktes.

Auch seine geistige Arbeit brachte wenig Geld ein; die „Kritik der politischen Ökonomie" wurde kaum beachtet und nicht so gelobt wie erhofft. Liebknecht soll sich sogar enttäuscht gezeigt haben; aber er war für Marx kein Maßstab, zählte nicht, da er *„schriftstellerisch unbrauchbar, … unzuverlässig,… charakterschwach"* sei und Marx ihm schon längst *„einen definitiven Abschiedstritt in den Hintern"* gegeben hätte, wenn er ihn nicht *„noch als Vogelscheuche"* gebrauchen könnte. Engels tutete ins gleiche Horn und meinte überlegen über das *„Rindvieh Liebknecht"*: *„Was verlangt denn solch ein Esel überhaupt? … Die Herren sind so daran gewöhnt, dass wir für sie denken, dass sie … die Sachen nicht nur auf dem Präsentierteller, sondern auch fertig gekäut und im kleinen Umfang nicht nur die Quintessenz, sondern auch die Detailausführung mundgerecht haben wollen."* [358] So konnte man schwer verständliche Lektüre auch schönreden.

Engels schickte monatlich 5 Pfund und Sonderzuwendungen, und doch geriet Marx immer tiefer in die Schuldenfalle. Im Juli 1862 schuldete er, wie er Engels gegenüber einräumte, dem Hauswirt 25 Pfund, dem Klaviermann 6 Pfund, der Schule 10 Pfund, dem Metzger 6 Pfund und dem Bäcker, Teehändler, Gemüsehändler und *„wie all das Teufelszeug heißt"* nicht näher benannte Summen. Es war ein Teufelskreis.

Marx schob in seiner Not alle Hemmungen gegenüber Engels beiseite und forderte direkt Geld, einerlei, wie es dem Freund ging. Im August 1862 beispielsweise litt Engels unter Hämorrhoiden, unterschrieb sogar mit *„Dein Hämorrhoidarius"*, aber das interessierte Marx nicht. Er herrschte den Freund an: *„Trotz Hämorrhoiden kannst Du dies jedenfalls kurz beantworten"* [359] oder Geldüberweisungen an ihn tätigen.

Engels schickte zuverlässig großzügig Wein und Champagner, den Laura zur Gesundung brauchte, und Pfundnoten für die Reisen der

Damen Marx an die See zur Rekonvaleszenz. Er finanzierte auch Karls Reise nach Trier Ende November 1863 zur Beisetzung von Mutter Henriette Marx. Der nicht-trauernde Sohn, *„schon mit einem Fuß unter der Erde"*, weil von Karbunkeln gequält, wollte das mütterliche Erbe, auf das er zwei Jahrzehnte lang gewartet hatte, in der Heimatstadt persönlich regeln. Das Erbe war beträchtlich; Karl Marx erhielt 600 Pfund, ein halbes Jahr später erbte er eine noch größere Summe von Wilhelm Wolff.

Engels freute sich mit der Familie Marx, die nach den Erbschaften das Leben in Saus und Braus genoss. Innerhalb eines Jahres war die riesige Summe ausgegeben. Für Miete und Möblierung eines neu bezogenen großen Hauses in Maitland Park hatte das Ehepaar Marx fast 500 Pfund ausgegeben und einige Schulden beglichen. Ökonom Marx stellte sich in einem Brief im Juli 1865 an Engels selbst die Frage, wo das Geld geblieben sei, er habe doch *„pence für pence"* Buch geführt. Sein bitteres Fazit bei Engels war, dass er nun wieder *„rein auf das Pfandhaus lebend"* und *„täglich unerträglicher werdenden Sturmforderungen"* ausgesetzt sei. Er hätte sich *„lieber den Daumen abhauen lassen"*, als einzugestehen, wieder pleite zu sein. Es sei *„niederschmetternd, sein halbes Leben abhängig zu bleiben."*[360] Das war falsch, Karl Marx lebte mit Ausnahme einiger Jahre sein ganzes Leben vom hart erarbeiteten Geld anderer oder von Erbschaften. Das fing in seiner Studentenzeit an, als Student Karl sorglos das Leben genoss. Nicht nur einmal wurde er von seinem Vater ermahnt: *„Als wären wir Goldmännchen, verfügt der Herr Sohn in einem Jahr für beynahe 700 Thaler gegen jede Abrede ... während die Reichen keine 500 ausgeben ...Aber wie kann ein Mann, der alle 8 oder 14 Tage neue Systeme ... erfinden muß, wie kann der, frage ich, sich mit Kleinigkeiten abgeben?"*[361] Karl Marx fand immer wieder Wege sich einen Kredit zu beschaffen, aber teilweise zu horrenden Zinsen. Günstiger war es für ihn Engels anzupumpen, weil dieser keine Rückzahlung erwartete. Vielleicht war Friedrich Engels so großzügig und verständnisvoll, weil er sich selbst in seinen Flüchtlingsjahren in einer ähnlichen Situation befunden und immer wieder seinen Vater oder Verwandte aufgefordert hatte, ihm Geld zu schicken. Vielleicht gefiel es seinem Ego auch, dass Marx materiell von ihm abhängig war. Marx jedenfalls redete sich, durchaus verständlich, seine finanzielle Abhängigkeit von Engels schön: *„Der einzige Gedanke,*

Engels mit Marx und dessen Töchtern

der mich … aufrecht hält, ist der, dass wir zwei ein Compagniegeschäft treiben, wo ich meine Zeit für den theoretischen und Parteiteil des Geschäfts gebe.“ [362] Marx schrieb und kümmerte sich um die „Partei Marx“ und Engels sorgte für den Unterhalt von Marx und Familie. Karl Marx arbeitete über Jahre an dem Manuskript zum „Kapital“ und trotz allen Drängens von Engels‘ konnte er das Buch erst veröffentlichen, als es ein *„artistisches Ganzes“* war. Das dauerte, zumal Karl Marx Anfang 1866 wieder aufgrund *„übertriebner Nachtarbeit“* erneut an Karbunkeln erkrankte und sich als *„ein Mann des Todes“* sah, falls sich die Attacken wiederholten. Er erreichte, dass Engels aufgeschreckt den befreundeten Arzt Gumpert kontaktierte, der zur Heilung eine Arsenikkur vorschlug. Bevor Marx die Kur beginnen konnte, brach *„ein bösartiger Hund von Karbunkel an linker Hüfte aus“*, der ihn der Verzweiflung nahebrachte. An Engels: *„Hätte ich Geld genug, das heißt mehr > - 0, für meine Familie, und wäre mein Buch fertig, so wäre es mir völlig gleichgültig, ob ich heute oder morgen auf den Schindanger geworfen würde, alias verrecke. Unter besagten Umständen geht es aber noch nicht.“* [363] Das sah auch Engels so und schickte 10 Pfund, mit denen Marx *„zwei Exekutionsdrohungen“*, in diesem Falle Steuerforderungen, abwenden konnte.

Die gesundheitlichen Probleme traten in den Hintergrund, als Marx endlich im Frühsommer 1867 das Manuskript des ersten Bandes des „Kapitals“ persönlich beim Verleger Meissner in Hamburg abgeben konnte. Engels schickte voller Freude und Erleichterung 35 Pfund, verbunden mit der Zuversicht, Marx werde nun ein neuer Mensch, nachdem *„dieses ewig unfertige Ding endlich abgeschüttelt“* sei, das ihn *„körperlich, geistig und finanziell zu Boden gezogen“* habe. Marx versicherte seinem Freund voller Dankbarkeit, es habe ihm *„wie ein Alp auf dem Gewissen gelastet, dass Du Deine famose Kraft hauptsächlich meinetwegen kommerziell vergeuden und verrosten ließest und, obendrein noch alle meine kleinen Miseren mitdurchleben musstest.“* [364] Marx plante einen Neubeginn und schrieb Engels noch von Deutschland aus, seine Finanzen könnten in einem Jahr, das allerdings hart werde, zu seiner Zufriedenheit *„reformiert“* sein. Bis dahin, so gestand er dem Freund, fürchte er sich vor seiner Rückkehr nach London, vor den Gläubigern, die auf ihn warteten, und dem *„Familienjammer“*, den *„inneren Kollisionen“*, der *„Hetzjagd“*.

Engels zog die richtigen Schlüsse und nahm für Marx über Vermittlung von Sigismund Borkheim einen Kredit über 150 Pfund auf. Die Summe war wenige Wochen später aufgebraucht, und Marx musste wieder auf Engels *„drücken"*, um den Aufenthalt seiner Damen an der See um eine Woche zu verlängern und Schulden beim Krämer über 6 Pfund und Staatssteuern in Höhe von 8 Pfund zu begleichen. Engels tröstete Marx, er solle sich wegen *„dem Drücken"* nicht genieren. Er schickte Geld, erinnerte jedoch daran, dass *„wir"* den Kredit mit Zinsen, insgesamt 165 Pfund, zu begleichen hätten. Freundlicherweise sprach er von *„Wir"*, obwohl Beide wussten, wer den Kredit und die Zinsen zurückzahlen musste. Immerhin forderte Engels als Gegenleistung, Marx solle seiner Leber *„Bewegung"* machen und mit dem zweiten Band des „Kapitals" vorankommen. Engels plädierte bei Krankheiten immer für viel Bewegung und empfahl den Konsum von Alkohol und Fleisch als Gesundungsmittel.

Die für Marx lästigen, demütigenden Betteleien um Geld endeten mit dem 1. Januar 1870. Friedrich Engels setzte nach seinem Austritt aus Ermen & Engels dem Ehepaar Marx eine jährliche Pension über 350 Pfund aus. Er versprach außerdem beim Schuldenabbau zu helfen, vorausgesetzt, er kenne die Höhe der Verbindlichkeiten. Das war eine enorme Herausforderung für Karl Marx und brachte ihn in hektische Betriebsamkeit; er hatte keinen Überblick über seine Finanzen und musste mit Frau Jenny erst herausfinden, wer überhaupt Gläubiger war und wie hoch die Forderungen waren. Der gestrenge Herr ließ sich, wie er Engels gegenüber großspurig verkündete, von seiner Frau sämtliche offenen Rechnungen vorlegen – und musste zu seiner grenzenlosen Überraschung feststellen, dass die Schuldenlast auf 210 Pfund angestiegen war. Gegenüber Engels räumte er ein, er habe zwar bisher mehr als 350 Pfund pro Jahr gebraucht, aber *„bei völliger Tilgung der Schulden* (sei er) *fähig eine strict administration durchzusetzen"*. Dann reichten 350 Pfund im Jahr aus. Da bisher von einer strengen Haushaltsführung in der Familie Marx nicht die Rede sein konnte, kann bezweifelt werden, dass dies gelingen würde. Beweisen lässt sich diese Skepsis nicht, da Engels nach seiner Übersiedlung in London seinem Freund bei Bedarf direkt die benötigten Pfundnoten aushändigte.

Es gab noch manche Überraschung, was die Höhe der Schulden des Ehepaares Marx betraf. Die zunächst angegebene Schuldenlast von 210 Pfund musste Marx noch um 75 Pfund nach oben korrigieren. Er schob hierfür die Verantwortung auf seine Frau ab, indem er schrieb, er habe sie *„um Aufschluß"* ersucht, und *„da kam denn die Narrheit der Weiber heraus. In dem Schuldverzeichnis, was sie mir aufgesetzt hatte für Dich, hatte sie ungefähr 75 Pfund unterdrückt, die sie nun aus dem Hausgeld nach und nach abzuzahlen suchte. Ich fragte, warum dies? Antwort: Sie hätte sich gefürchtet, mit der großen Gesamtsumme herauszurücken. Die Weiber bedürfen offenbar stets der Vormundschaft!"*[365] Etwas überheblich von Herrn Marx, die Ehefrau zum Sündenbock zu erklären, um das von ihnen beiden verursachte Finanzchaos zu erklären. Engels reagierte beeindruckend: Marx solle sich wegen dieser 75 Pfund *„keine grauen Haare wachsen"* lassen, er werde ihm das Geld schicken.

Dank Engels' Großzügigkeit verbrachten Jenny und Karl Marx die letzten Jahre ihres Lebens finanziell abgesichert. Mit dem regelmäßigen Geldsegen verschwand alle Todessehnsucht. Zum Glück, denn im August 1873 war Karl Marx auf die „geeignete Selbsttötungsart" gestoßen, wie Engels erfuhr. Marx: *„Ich trank einen Löffel Himbeeressig, wovon einiges in die Luftröhre geriet. Ich hatte wahren Erstickungskrampf, Gesicht ganz schwarz usw. und noch ein Sekundenteil, und das Zeitliche wäre gesegnet. Was mir sofort post festum einfiel, ob man solche Unfälle nicht künstlich hervorbringen kann. Es wäre die anständigste und wenigst verdächtige Manier, und dabei sehr schnell, wodurch ein Mann sich aus der Welt schaffen könnte."*[366] Er musste sich nicht auf diese *„anständige"* und unverdächtige, aber sicherlich nicht angenehme Weise aus dem Leben befördern; dafür hatte Engels gesorgt.

TEIL VI – ERFÜLLTE JAHRE IN LONDON (1870–1895)

Engels und die Internationale Arbeiterassoziation

In der St. Martin Hall in London wurde im September 1864 unter dem Vorsitz des englischen Gewerkschaftsführers William Randall Cremer die Gründung einer Internationalen Arbeiterassoziation (IAA) beschlossen. Karl Marx, der bei dem Treffen *„als stumme Figur auf der platform“* saß, erhielt den Auftrag „die Provisorischen Statuten“ und die „Inauguraladresse“ für die neue Vereinigung zu verfassen. Für Marx war dies ein großer Triumph – und damit auch für Engels, weil sie seit langem für einen Zusammenschluss aller Arbeiter in den europäischen Industrieländern und in den USA plädiert und sich bereits Gedanken zu einem Grundsatzprogramm gemacht hatten.

Engels unterstützte Marx, der nach eigener Einschätzung *„in fact das Haupt“* der Bewegung geworden war, von Manchester aus. Er selbst konnte keine führende Position in der IAA übernehmen, da die Voraussetzung für einen Sitz im Generalrat, dem Machtzentrum der IAA, Residenzpflicht in London war. Die Mitglieder mussten in der Lage sein, regelmäßig an den wöchentlichen Treffen teilzunehmen. Auch der Aufforderung, in Manchester eine Arbeiter-Sektion zu gründen, konnte Engels nicht nachkommen, da es nach seiner Einschätzung in der Stadt zu wenig Interessierte gab und er Rücksicht auf seine neue Stellung als Prinzipal bei Ermen & Engels nehmen musste. Er konnte 1864 nur einfaches Mitglied der Internationalen werden, wie seine Lebenspartnerin Lydia Burns auch.[367]

Erst ab dem Sommer 1870 nach seinem Umzug in die britische Hauptstadt konnte Friedrich Engels in der IAA Funktionen übernehmen. Auf Antrag von Karl Marx wurde der *„größte Taktiker“* im Oktober in den Generalrat aufgenommen, im September des folgenden Jahres zum korrespondierenden Sekretär für Italien gewählt, nachdem er diese Funktion schon ein halbes Jahr lang provisorisch ausgeübt hatte. Allerdings war die Wahl denkbar knapp ausgefallen; mit nur einer Stimme Vorsprung hatte sich Engels gegen den Bakunisten Bastelica durchge-

INTERNATIONAL
Working Men's Association

Intern^{le} Arbeiter Assoc^{n} · Association Intern^{le} des Ouvriers · Associ^{ne} Intern^{le} d. Operai

CARD OF MEMBERSHIP

This is to Certify that ______ was admitted a Member of the above Association ______ 18 and paid as his Annual Subscription ______

______ Corresponding Secretary for America

______ Cor. Sec. for Belgium ______ Italy
Eugene Dupont ______ France ______ Poland
Karl Marx ______ Germany ______ Switzerland
______ Treasurer. J. George Eccarius ______ Sec. to Gen. Council.

Mitgliedskarte für die 1. Internationale

setzt, den Charles Longuet, der spätere Schwiegersohn von Marx, vorgeschlagen hatte. Die Berufung von Engels zum korrespondierenden Sekretär für Spanien, Dänemark, Portugal und Belgien folgte. Die Vertretung Italiens und Spaniens stellte ihn vor besonders große Herausforderungen. Die italienischen Sektionen waren Hochburgen der Bakunisten, die ihn, wie er offen zugab, *„mehr hassen, als sie mich lieben"*.

Als Kaufmann und ehemaliges Mitglied an der Börse zu Manchester mit dem Finanzwesen vertraut, wurde Engels in das Finanzkomitee berufen und Marx sorgte für die Wahl seines Vertrauten in das einflussreiche Subkomitee des Generalrates, das geistige und organisatorische Zentrum der Internationalen. In diesem Gremium, in dem Marx das Sagen hatte, kamen alle korrespondierenden Sekretäre, der Generalsekretär des Generalrates und der Schatzmeister zusammen. In kurzer Zeit hatte Friedrich Engels – nach Karl Marx – die einflussreichste Machtstellung in der IAA inne. Fiel Marx wegen Krankheit aus, übernahm Engels das Präsidium. Unter seiner Leitung ging es bei den Sitzungen „lebendiger" zu. *„If you want to have a row make Mr. Engels chairman"*[368], charakterisierte Marx den Führungsstil seines Freundes. Was immer das konkret bedeutete, verschwieg er. Vielleicht erinnerte er sich an die Zeit in Köln; hatte Engels dort als sein Stellvertreter die Redaktionssitzungen der „Neuen Rheinischen Zeitung" geleitet, war es chaotisch und lautstark zugegangen.

Engels und Marx bildeten in der IAA ein starkes Team, und sie taten alles, um ihre Interessen kompromisslos durchzusetzen; so sollen sie sich nicht gescheut haben, andere IAA-Mitglieder unter Druck zu setzen oder Stimmen zu kaufen. Mit allen Mitteln zu kämpfen schien ihnen notwendig, weil sich ein Kampf mit den Anarchisten um die Vorherrschaft in der IAA abzuzeichnen begann. Inwieweit Engels die Auseinandersetzung mit den Anarchisten forcierte, ist nicht exakt auszumachen, da er und Marx im Hintergrund mauschelten bzw. agierten und nichts davon an die Öffentlichkeit drang. Jedenfalls eskalierte der Machtkampf zwischen Anarchisten und Marxianern nach Engels' Eintritt in den Generalrat.

Die führende Persönlichkeit der Anarchisten war Michail Bakunin, für Engels 1848 noch *„ein Freund"*, später *„dieser verdammte Russe"*, der *„fette"* Bakunin.

Unter Bakunins Einfluss hatte sich im Oktober 1868 die „L'Alliance Internationale de la Démocratie Socialiste" gegründet, die in Italien, Spanien, Frankreich und Belgien zahlreiche Anhänger hatte. Nach Weigerung des Generalrates, die „Alliance" in die Internationale aufzunehmen, löste diese sich auf – und die Sektionen aus Italien und Spanien traten einzeln in die IAA ein. Dieser Schritt war eine Herausforderung für Engels und Marx, die alles taten, um den Einfluss oder gar die Übernahme der Internationalen durch diese zahlenmäßig starke Fraktion zu verhindern.

Engels und Marx sahen keine Basis zur Zusammenarbeit mit den Anarchisten, zu konträr waren die Auffassungen. Die Anarchisten strebten eine Gemeinschaft der Individuen an, ohne jegliche bevormundende Autorität durch Einzelpersonen, Staat oder Kirche, deren Einfluss allerdings die Marxisten auch strikt ablehnten. Engels und Marx vertraten die Auffassung, es müsse Autoritäten wie den Generalrat geben, die den Weg vorgaben. Unkontrollierte Emotionalität führe nur ins Chaos. Eine weitere entscheidende Differenz ergab sich dadurch, dass die Anarchisten im Staat das Grundübel sahen, da dieser das Kapital in seinen Händen habe, während Engels und Marx meinten, das Kapital liege in den Händen einiger Weniger. Die Anarchisten vertraten das Prinzip der politischen Abstention, lehnten organisierte politische Arbeit und Wahlen zu Parlamenten ab und forderten die Abschaffung aller Behörden. Gesellschaftliche Klassen, Machtinteressen Einzelner und der Staat als Institution verursachten aus ihrer Sicht die politische Unterjochung und die wirtschaftliche Ausbeutung. Engels und Marx hielten hingegen die Abschaffung und den Verzicht auf jegliche Staatsmacht für kontraproduktiv und vertraten die Auffassung, nach der sozialen Revolution könne man zwar auf politische, nicht aber auf administrative Organe verzichten. Die Existenz eines sozialistischen Staates, in dem Autorität und Disziplin herrschten, sei bis zur Erreichung der kommunistischen Gesellschaft notwendig. Für unverzichtbar hielten sie *„die Konstituierung der Arbeiterklasse als politische Partei für den Triumph der sozialen Revolution und ihres Endziels – Abschaffung der Klassen."*[369] Sei dieses Ziel erreicht, müsse die *„siegreiche Partei ..., wenn sie nicht umsonst gekämpft haben will, dieser Herrschaft Dauer verleihen durch den Schrecken, den ihre Waffen den Reaktionären einflößen."*[370] Um erfolgreich zu agieren, müsse, so Engels und

Marx, die Partei des Proletariats über feste Strukturen und kompetente Führungspersönlichkeiten verfügen. Diesem autoritären Kommunismus à la Engels und Marx verweigerten sich die Anarchisten.

Um einen Machtkampf zwischen Anarchisten und Marxianern auf dem Jahreskongress 1871 zu vermeiden und die drohende eigene Entmachtung zu verhindern, entschied der Generalrat 1871, keinen Kongress einzuberufen und stattdessen eine Konferenz in London abzuhalten. Unter Marx' Vorsitz wurde bei diesem Treffen beschlossen, dass einzelne Sektionen nicht eigenständig im Untergrund agieren durften und ausschließlich der Generalrat das Recht zur Ernennung neuer Mitglieder und zur Festlegung von Ort und Zeitpunkt der Kongresse habe. Dank dieser Befugnisse sicherte sich der Generalrat die absolute Kontrolle über die IAA. Entsprechend ablehnend fielen die Reaktionen der Anarchisten aus. Bakunin sprach von einem „Staatsstreich", von der „diktatorischen Regierung" des Generalrates und forderte dessen Abschaffung.

Da beide Seiten auf ihren Positionen verharrten, drohte ein Jahr später auf dem Kongress der „Internationalen" die Spaltung in Marxianer und Anarchisten. Engels und Marx sahen als einzige Lösung, die Anarchisten aus der „Internationalen" hinauszudrängen; um diesen Plan erfolgreich umzusetzen, mussten sie die Mehrheit der Kongressteilnehmer auf ihre Linie einschwören. Zu diesem Zweck verfassten sie die Broschüre „Die angeblichen Spaltungen der Internationalen", in der sie vor einer Übernahme der Internationalen durch anarchistische Geheimgesellschaften warnten. Engels war wohl auch aus persönlichen Gründen daran interessiert, die Anarchisten zu vernichten und *„den Bakunin mausetot (zu) machen."*[371] Zu seiner Schmach hatte ihn keine Sektion aus Italien und Spanien zu ihrem Vertreter auf dem Kongress 1872 bestimmt, obwohl er diese als korrespondierender Sekretär im Generalrat vertrat. Damit der mit so großer Machtfülle ausgestattete Friedrich Engels überhaupt an dem Jahreskongress teilnehmen konnte, erklärten sich die Breslauer Sektion und die Sektion Nordamerika Nr. 6 New York bereit, ihm die Vollmacht zu erteilen, sie in Den Haag zu vertreten.

Zu Beginn des Kongresses konnte Friedrich Engels dem deutschen Abgeordneten Theodor Cuno befriedigt versichern, alles gehe gut, sie hätten die überwältigende Mehrheit. Dafür hatte er gesorgt, indem er für die Reise- und Beherbergungskosten einiger ihrer Anhänger aufkam.

Wilhelm Liebknecht beruhigte er, aufgrund der numerischen Unterlegenheit der Anarchisten sei nicht mit heftigen Auseinandersetzungen zu rechnen, und überhaupt: *„Keilerei ist von den Bakunisten nicht zu erwarten. Sie sind von einer Feigheit ohne Grenzen, wenn auch maulfrech. Packen keinen an, wenn nicht acht gegen einen."* [372] Da war Engels von anderem Kaliber: er war zwar auch maulfrech, aber jederzeit zu einer Schlägerei bereit.

Der zweiundfünfzigjährige Friedrich Engels saß nach all' den Aufregungen im Vorfeld des Kongresses in Den Haag auf dem Podium in einem „gewöhnlichen Tanzsaal", rauchte und schrieb – und imponierte mit seiner Gelassenheit und Souveränität. *„Engels war von großer, hagerer Gestalt, hatte ein gesundes Aussehen, scharf gezeichnete Gesichtszüge, einen langen rötlichen Bart und blaue Augen. Seine Bewegungen und seine Sprache waren schnell und präzise; er erweckte bei den ihn Umgebenden die Überzeugung, daß er genau weiß, was er will"* [373], zeigte sich Theodor Cuno, Vertreter der Sektionen von Stuttgart und Düsseldorf und 26 Jahre jünger als Engels, beeindruckt.

Der Kongress endete nach heftigen Debatten vor allem dank der Unterstützung durch die deutschen Sozialdemokraten mit einem Erfolg für Engels und Marx. Die Delegierten schlossen die Anarchisten wegen „Verschwörungsabsichten" mit großer Stimmenmehrheit aus der IAA aus. Der Anarchist Guillaume sprach von einer „Komödie" und Bakunin von einem „traurigen Produkt der Lüge und der Intrige", das den Delegierten vorgesetzt worden sei.

Auf dem Kongress läutete Engels auch das Ende der Internationalen Arbeiter-Assoziation ein: Sein Vorschlag, den Sitz des Generalrats – zunächst nur für ein Jahr – nach New York zu verlegen, wurde nach hitziger Diskussion angenommen. Er selbst erfüllte seine Aufgabe als Korrespondent für Italien und Spanien weiterhin, aber die IAA verlor zunehmend an Einfluss. 1876 erklärte sie sich für aufgelöst.

Ob Friedrich Engels ein Segen für die Internationale war, sei dahingestellt. Er nützte ihr durch sein organisatorisches Talent und schadete ihr vielleicht noch mehr als „Großinquisitor" in der Auseinandersetzung mit den Bakunisten. Er war seinem Ruf: *„Engels ist eines der gefährlichsten Mitglieder des Generalrats der Internationale. Er ist eine Kreatur von Marx. Er ist fanatisch"* [374] gerecht geworden. Engels und Marx hatten sich skrupellos durchgesetzt, waren nicht vor Lügen und willkürlichen Unterstel-

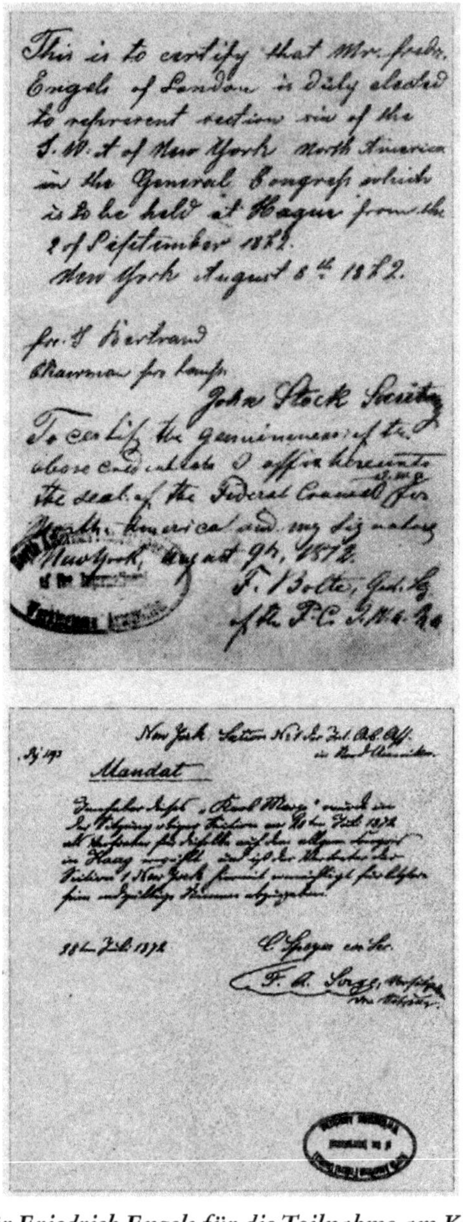

This is to certify that Mr. Fredr. Engels of London is duly elected to represent section six of the S. W. A. of New York North America in the General Congress which is to be held at Hague from the 2 of September 1872.
New York August 6th 1872.

for. Bertrand
Chairman for Comp.
John Stock Secretary

To certify the genuineness of the above credentials I affix hereunto the seal of the Federal Council for North America and my signature
New York, August 9th, 1872.
F. Bolte, Gen. Secy
of the F.C. N.A.

New York. Section No 1 der Int. Arb. Ass. in Nord-Amerika.

Mandat

28ten Juli 1872

F. A. Sorge

Mandat für Friedrich Engels für die Teilnahme am Kongress der 1. Internationalen in Den Haag lungen, insbesondere gegenüber Bakunin und den Anarchisten, zurückgeschreckt. Sie hatten *„die Methode der gnadenlosen Auseinandersetzung mit Rivalen“* angewandt, die für sie *„zum Rüstzeug des Marxismus“*[375] gehörte.

Jean Longuet, ein Enkel von Marx, schrieb später über das vertrauliche Rundschreiben „Die angeblichen Spaltungen in der Internationale“ von Engels und Marx, von dem 2.000 Exemplare verteilt wurden: *„Der schroffe und schneidende Ton, der es kennzeichnet, enthüllt, ganz im Unterschied zu den meisten vorhergehenden von Marx verfassten Zirkularen den bedeutenden Anteil, den Friedrich Engels an seiner Abfassung hatte, der … als Einziger Einfluss auf Marx hatte, was die treuen Freunde … beklagten. Engels … fehlte es in den politischen Kämpfen an Fingerspitzengefühl und er zeigte manchmal in praktischen und theoretischen Kontroversen eine echt preußische Grobheit.“*[376]

Friedrich Engels, mitverantwortlich für die Auflösung der I. Internationalen, wollte sich an der Gründung einer zweiten Internationalen 1889 zunächst nicht beteiligen. Doch Paul Lafargue überzeugte ihn, dass er die Galionsfigur der Arbeiterbewegung sei, vielleicht der Einzige, der für Zusammenhalt sorgen konnte. Eine neue Internationale schien dringend notwendig, um in den industrialisierten Staaten Verbesserungen für die Arbeiter zu erreichen. Ziele waren eine Reduzierung der Arbeitszeit, die Einführung von Arbeitsschutzmaßnahmen und die Bekämpfung der Arbeitslosigkeit. In der Einberufungsadresse zum ersten Kongress der II. Internationalen in Paris wurde auf die grundsätzliche Bedeutung der Arbeiter in der industriellen Produktion hingewiesen: *„Die Kapitalisten laden die Reichen und Mächtigen zu der Weltausstellung ein, die Werke der Arbeiter zu betrachten und zu bewundern, die inmitten des kolossalsten Reichtums, den je eine menschliche Gesellschaft besessen, zum Elend verurteilt sind. Wir Sozialisten, deren Streben die Befreiung der Arbeit, die Abschaffung der Lohnsklaverei und die Errichtung eines Gesellschaftszustandes ist, in dem alle Arbeiter – ohne Unterschied des Geschlechtes und der Nationalität – ein Recht auf den durch ihre gemeinsame Arbeit geschaffenen Reichtum haben, – wir laden die wirklichen Produzenten ein, mit uns am 14. Juli in Paris zusammenzutreffen … Arbeiter, aller Länder, vereinigt euch!“*[377] Ohne Arbeiter – keine Produktion von Waren oder mit Georg Herwegh: *„Alle Räder stehen still, wenn dein starker Arm es will.“*

Am 14. Juli 1889, 100 Jahre nach Ausbruch der französischen Revolution von 1789, trafen sich in Paris Arbeitervertreter aus aller Welt.

Engels war nicht angereist. Er hatte sich über die Einladung von Laura Lafargue zwar gefreut, aber sein Erscheinen mit der Begründung abgelehnt, er gehe nicht gerne zu Kongressen und Ausstellungen. Der Lärm und das Gedränge würden ihn stören, und vor allem fürchte er, von den Teilnehmern mit so vielen Anfragen konfrontiert zu werden, dass er dann zu nichts anderem mehr käme – und überhaupt: *„Der einzige Kongreß, der mich interessiert, ist einer mit Nim bei einer gut gekühlten Flasche Bier.“*[378] Nim war Helena Demuth, seine Haushälterin.

Auf dem Kongress in Paris wurde ganz im Sinne von Engels beschlossen, in allen Industrieländern die gesetzliche Einführung des Acht-Stunden-Arbeitstages und das Verbot von Kinderarbeit zu fordern sowie als Zeichen der weltweiten Solidarität aller Arbeiter und zum Gedenken an die Opfer des Haymarket-Massakers in Chicago von 1886 einen jährlichen „Kampftag der Arbeiterbewegung“ am 1. Mai bzw. am ersten Maisonntag ins Leben zu rufen.

Am ersten „Tag der Arbeit“ am 4. Mai 1890 in London war Engels anwesend, 1891 blickte er von der Tribüne 6 im Hyde Park auf die riesige Menschenmenge, die er auf 500.000 Menschen schätzte, und 1892 stand er auf Tribüne 14, einem Güterwagen, und freute sich über die *„kolossale Demonstration“* und dass *„die Dinge hier in Bewegung“* sind. Er zeigte sich befriedigt, dass die Arbeiter aus ihrem Tag keinen *„Tag mit Krach und Aufruhr“* machten, sondern friedlich demonstrierten. Die Abende dieser für ihn so bewegenden Tage feierte er mit Freunden und mit einer zünftigen Maibowle, die er für sechs Personen(!) mit Maikraut/Waldmeister, 4 Flaschen Moselwein und 2 Flaschen Rotwein zubereitete und zur Vollendung mit einer Flasche Champagner krönte.

Im Sommer 1893 reiste Engels auf den Kontinent zum Jahreskongress der II. Internationalen in Zürich. In seiner Rede auf dem Kongress appellierte er an die Einheit der Sozialisten, betonte das Recht der freien Diskussion, *„um nicht zur Sekte zu werden“*, vorausgesetzt, der *„gemeinsame Standpunkt“* bleibe gewahrt. Zum Jubel der Delegierten hielt Engels, die „graue Eminenz der Arbeiterbewegung“, sein Schlussplädoyer in drei Sprachen und für Bewunderung sorgte, dass er mit den meisten Teilnehmern in deren Muttersprache kommunizieren konnte, sei es in Russisch, Polnisch, Tschechisch, Katalanisch oder Deutsch.

Auf seiner Reise besuchte Friedrich Engels auch Prag, Berlin und Wien. In der deutschen Hauptstadt trat er auf einem Kommers in den Konkordiasälen vor Arbeitern auf, und in Wien verkündete der 73-Jährige voller Genugtuung: *„Alles, was geschieht in der ganzen Welt, geschieht mit Rücksicht auf uns. Wir sind eine Großmacht, die zu fürchten ist, von der mehr abhängt als von anderen Großmächten. Das ist mein Stolz! Wir haben nicht umsonst gelebt und können auf unsere Arbeiten mit Stolz und Zufriedenheit zurückblicken.“* [379]

Engels‘ historisch-materialistische Weltsicht

Friedrich Engels hatte als Befürworter der Industrialisierung, und nicht der mittelalterlichen Wirtschaftsformen, die Annexion von Kalifornien, Neu-Mexiko und Texas nach dem Krieg zwischen den USA und Mexiko (1846–1848) gerechtfertigt. Die US-Expansion, konzedierte er, sei zwar nicht gerecht, aber um der Zivilisation und der Entwicklung der Produktivkräfte willen sei es besser, dass die *„energischen Yankees“* den *„faulen Mexikanern“* die kalifornischen Goldminen weggenommen hätten. Im amerikanischen Sezessionskrieg (1861–1865) stand er als Befürworter der Industrialisierung und als Gegner der Sklaverei aufseiten der Nordstaaten. Der Krieg führte zu einer Verknappung der US-Baumwolle mit der Folge, dass es zu einem Produktionseinbruch in der englischen Textilbranche, auch bei Ermen & Engels in Manchester kam. Die Krise betraf somit Friedrich Engels direkt, da er an den Gewinnen von Ermen & Engels beteiligt war. Aber er hatte dafür die Gelegenheit, sich als Militärexperte zu profilieren. In der „Wiener Presse“, der „Allgemeinen Militärzeitung“ in Darmstadt und im „Volunteer Journal for Lancashire und Cheshire“ berichtete er über das Kriegsgeschehen, über die anfänglichen Siege der Südstaaten dank General Lee, einem ausgezeichneten Strategen, und über den Sieg der Nordstaaten, denen es unter General Grant und nach Verpflichtung fähiger, gut ausgebildeter Offiziere aus Europa wie August Willich, Fritz Anneke und Joseph Weydemeyer gelungen war, sich durchzusetzen. Engels begrüßte die Befreiung der Sklaven, war mit Marx der Überzeugung: *„Die Arbeit in weißer Haut kann sich nicht dort emanzipieren, wo sie in schwarzer Haut gebrandmarkt wird.“* [380]

Engels verurteilte zwar prinzipiell das Abschlachten der Urbevölkerung durch die Kolonialherren, aber die Überheblichkeit des weißen Mannes, sich Slawen, Latinos, Arabern, Afrikanern und Chinesen überlegen zu fühlen, traf auch auf ihn zu. Er war kein strikter Gegner des Kolonialismus, im Gegenteil, er zeigte Verständnis für die Kolonialisierung Afrikas und Asiens durch England und Frankreich. Mit der Herrschaft der Weißen, so glaubte er, käme auch der zivilisatorische Fortschritt zu den dort angesiedelten Völkern. Den in ihrer Entwicklung *„zurückgebliebenen"* Völkern in Afrika und Arabien – für ihn *„Halbbarbaren"* und *„geschichtslos"* – würde durch ihre Unterwerfung und Beherrschung der Weg in eine bessere Zukunft bereitet. Engels war sich seines Widerspruches wohl bewusst: *„Auch wenn wir bedauern mögen, dass die Freiheit der Wüstenbeduinen zerstört wurde, dürfen wir nicht vergessen, dass eben diese Beduinen ein Volk von Räubern waren"*, anfügend, *„der moderne Bourgeois mit Zivilisation, Industrie, Ordnung und zumindest relativer Aufklärung im Gefolge* (ist) *dem Feudalherren oder dem marodierenden Räuber vorzuziehen."* [381]

Später sah Engels in den Aufständen der Einheimischen eine gerechtfertigte Reaktion auf die Grausamkeiten der Kolonialherren. Vor allem verurteilte er als negatives Beispiel für den englischen Kolonialismus die mutwillige, völlige Zerschlagung der weit entwickelten indischen Baumwollindustrie nach dem Aufstand indischer Fabrikanten und Arbeiter 1857. Die Eroberung neuer Länder und neuer Absatzmärkte, betonte er jetzt, diene ausschließlich den Interessen der Regierung und den weltweit agierenden Kapitalisten; nur diese profitierten von den Rohstoffen aus den neuen Kolonien. Die Feststellung: *„Eine Nation kann nicht frei werden und zugleich fortfahren, andre Nationen zu unterdrücken"* [382] galt nach Ansicht von Engels auch für die Arbeiter. Der Arbeiter konnte nicht frei werden, wenn er andere Arbeiter nicht als gleichberechtigt akzeptierte. Daher war es ihm ein besonderes Anliegen, in der IAA das Zusammengehörigkeitsgefühl zwischen den Arbeitern zu stärken: die Proletarier aus den industriell entwickelten Staaten dürften sich den Arbeitern aus weniger entwickelten Staaten und mit anderer Hautfarbe nicht überlegen fühlen. Die Proletarier aller Länder sollten sich ohne Unterschiede vereinigen. Die Solidarisierung weißer, mitteleuropäischer Arbeiter zeigte sich an Spendenaktionen, beispielsweise 1865 für die Buchdruckergesellen in Leipzig, 1866 für die Schneider in London, 1867 für die Bronzearbeiter in Paris und 1868 für die Bauarbeiter in Genf, als diese in Streiks um höhere Löhne traten[383].

Das mächtige Russland spielte in der internationalen Arbeiterbewegung wegen seiner rückschrittlichen, ländlich geprägten Wirtschaft keine Rolle. Erst spät stellte Engels Überlegungen an, wie die marxistische Theorie in dem feudalen System in Russland umgesetzt werden konnte und ob die unterdrückten Bauern nicht den Arbeitern in den Fabriken gleichgestellt werden sollten. Aber auch für Russland galt als Voraussetzung für die Herrschaft des Proletariats, dass die Beseitigung des Feudalsystems durch die kapitalistische Bourgeoisie erfolgen musste. Diese politisch-wirtschaftliche Umgestaltung, prophezeite Engels im Februar 1893, rufe eine Erschütterung hervor, wie sie bisher nie dagewesen sei. *„Der Prozeß der Ersetzung einiger 500.000 Gutsbesitzer und einiger achtzig Millionen Grundbesitzer durch eine neue Klasse bürgerlicher Grundbesitzer könne sich nur unter fürchterlichen Leiden und Konvulsionen vollziehen*; denn, so Engels, *„die Geschichte ist nun einmal die grausamste aller Göttinnen, und sie führt ihren Triumphwagen über Haufen von Leichen, nicht nur im Krieg, sondern auch in ‚friedlicher' ökonomischer Entwicklung.“*[384]

Andere europäische, vor allem slawische Länder wie Bulgarien, Serbien, Bosnien-Herzegowina, spielten als *„Völkerknirpse“* keine Rolle in der internationalen Politik. Die alten Kulturnationen, meinte Engels, seien den slawischen Völkern überlegen und Gebiete, die einmal deutsch geworden seien, sollten auch deutsch bleiben. Nur Polen, Rumänien und Teile der Türkei hätten die Chance, sich zu selbstständigen Staaten zu entwickeln.

Militärexperte Engels

Friedrich Engels fühlte sich jederzeit in der Lage, Zeitungsartikel zu zeitgeschichtlichen Ereignissen zu schreiben, aber für militärische Analysen hielt er sich lange für nicht kompetent genug, trotz seiner militärischen Erfahrungen als Freischärler. Um sich das *„Verständnis der Details ..., das in Preußen durch das Leutnantsexamen hergestellt wird, und zwar in den verschiednen Waffengattungen“* anzueignen, erwarb er die Bibliothek eines Offiziers aus Köln. Denn nach seinen Erfahrungen war es nützlich und notwendig, dass das Proletariat in militärischen Taktiken und Waffenkunde unterrichtet wurde, weil mit *„Heugabeln"* kein Klassenkampf zu gewinnen sei.

Seine militärischen Studien lohnten sich. Friedrich Engels konnte zwischen 1853–1856 mehrere Artikel zum Russisch-Türkischen Krieg, dem sogenannten Krimkrieg, in der „Allgemeinen Militär-Zeitung" und im „The Volunteer Journal" unterbringen. Seine Hoffnung auf eine feste Anstellung als Redakteur mit Schwerpunkt Krieg und Militär bei der „Times" oder der „Daily News" in London zerschlug sich. Er wurde abgelehnt und sah den Grund in Intrigen anderer deutscher Flüchtlinge.

Aber ein Friedrich Engels ließ sich nicht entmutigen; im Gegenteil, er vertiefte sich weiter in das Kriegsgeschehen und seine Artikel stießen auf großes Interesse. Marx schrieb: *„Deine Militaria viel Aufsehen gemacht. Geht noch das Gerücht in New York, General Scott habe sie geschrieben."* [385] Mit einem so bedeutenden General gleichgesetzt zu werden, war für Friedrich schmeichelhaft und er fühlte sich so in seinem Element, dass er seine Arbeit bei Ermen & Engels vernachlässigte. Im April 1854 musste er Marx gestehen, er sei durch den Krimkrieg und durch *„die vielen militärischen Bücher zum Durchochsen, die diversen Saufereien pp. auf dem Comptoir sehr zurückgekommen und habe dabei, weil ich immer andre Geschichten im Kopf hatte, eine Masse Schnitzer gemacht."* [386] Nun müsse er *„ochsen"*, um alles in Ordnung zu bringen, da sein Vater im Sommer komme und die Geschäftsbücher prüfe.

In Mitteleuropa änderten sich die politischen Verhältnisse nach 1849 mit dem Aufstieg von Charles Louis Napoléon Bonaparte zum „ersten" Mann in Frankreich grundlegend. Engels und Marx hatten zunächst den Neffen Napoleons I. nicht ernst nehmen wollen und nicht damit gerechnet, dass es diesem gelingen könnte, als Präsident rigoros die Opposition auszuschalten, die ausländischen Aufrührer, zu denen Karl Marx gehörte, aus Paris zu verbannen und sich 1852 zum Kaiser krönen zu lassen. Kaiser Napoléon III.* verfolgte eine aggressive, imperialistische Außenpolitik, die insbesondere Österreich und Preußen tangierte. Einen

* der Sohn Napoléons (1811–1832) war nach der Abdankung seines Vaters vom 22. Juni bis 7. Juli 1815 Napoléon II. (titularischer Kaiser der Franzosen)

ersten außenpolitischen Erfolg 1859 erzielte der französische Kaiser im Sardinischen Krieg*. Seine Unterstützung des Königreiches Sardinien (auch Piemont-Sardinien), das Österreich aus der Lombardei und Venetien vertreiben wollte, um seinem Ziel der Einheit Italiens näherzukommen, brachten ihm im Frieden zu Zürich die Territorien Nizza und Savoyen ein. Militärexperte Friedrich Engels analysierte diesen Krieg in der „New-York Daily Tribune" und in der Schrift „Rhein und Po". Nach eingehender Schilderung der Kriegsumstände gelangte er zu der Schlussfolgerung, dass der deutsche Rhein am Fluss Po in Italien verteidigt werden müsse, weil der französische Kaiser beabsichtige, die Rheingebiete seinem Herrschaftsbereich einzuverleiben, um Paris zum Zentrum Frankreichs zu machen. Nehme sich Deutschland, d.h. der Deutsche Bund, das Recht auf den Po heraus, so Engels, habe Frankreich das Recht auf den Rhein – und das bedeute einen Konflikt zwischen Frankreich und Preußen. Engels lenkte daher den Blick auf den Zustand der preußischen Armee. Er kam zu dem Ergebnis, dass Reformen dringend notwendig seien, da die Mobilisierung der preußischen Truppen zur Unterstützung Österreichs im Sardischen Krieg nur unter großen Schwierigkeiten erfolgt sei; wolle Preußen militärisch mit den europäischen Großmächten mithalten, müsse die Zahl des stehenden Heeres erhöht und die Ausrüstung entschieden verbessert werden. Das entsprach auch der Meinung des preußischen Königs. Da das preußische Abgeordnetenhaus die Gelder für die dringend notwendige Modernisierung des Heeres nicht ohne Zugeständnisse freigeben wollte, kam es zu einem Heeres- und Verfassungskonflikt, den der neue preußische Ministerpräsident Otto von Bismarck 1862 rigoros beendete, indem er das Budgetrecht der Nationalversammlung kurzerhand ignorierte.

Engels ließ die Thematik nicht los; in seiner Ende 1860 erschienenen Schrift „Savoyen, Nizza und der Rhein" wiederholte er, das eigentliche Ziel der französischen Außenpolitik sei es, die linksrheinischen Gebiete zu erobern und die Rheingrenze als natürliche Grenze durchzusetzen. Engels sagte einen Krieg zwischen Preußen und Frankreich voraus. In dieser Broschüre zeigte Engels so profunden militärischen Sachverstand, dass vermutet wurde, der anonym gebliebene Autor sei ein General.

---

* auch 2. Italienischer Unabhängigkeitskrieg

Zur Überraschung vieler Experten, auch von Engels, wurde die preußische Heeresreform so zügig und kompetent umgesetzt, dass die preußische Armee (zusammen mit der österreichischen) 1864 Dänemark besiegen konnte. Engels reiste nach Ende des Krieges nach Schleswig-Holstein an den Ort des Kriegsgeschehens, um sich ein Bild vom Verlauf der Sprach- und Nationalitätengrenze zu machen. Er gelangte zu dem Schluss, Nordschleswig gehöre zu Deutschland, da die Bewohner dieses Gebietes eine den Dänen *„überlegene Rasse“*[387] seien.

In seiner Ende Februar 1865 publizierten Schrift „Die preußische Militärfrage und die deutsche Arbeiterpartei“ beschäftigte sich Engels mit der Rolle der Arbeiterklasse im preußischen Verfassungskonflikt. Die Arbeiter, schrieb er, hätten sich bis jetzt unparteiisch verhalten, aber ihre Zeit komme, wenn entweder die reaktionären oder die bürgerlichen Kräfte ihre Hilfe bräuchten. Sein Vorschlag war, die Liberalen, die im preußischen Abgeordnetenhaus 1865 noch die Mehrheit hatten, sollten eine Allianz mit den Arbeitern bilden, mit diesen eine Armee aufstellen und mit deren Hilfe die politische Macht an sich reißen.

Engels und mit ihm andere Kriegsexperten hielten es für unvorstellbar, dass das preußische Militär gegen Österreich, eine der führenden Militärmächte in Europa, erfolgreich sein konnte. Noch nach Ausbruch der Feindseligkeiten zwischen den beiden Staaten ging Engels in seiner Artikelserie im „Manchester Guardian“ im Juni/Juli 1866 von einer Niederlage des Königreiches gegen das Kaiserreich aus. Er behauptete, der preußische Oberbefehlshaber von Moltke verfolge die falsche Strategie und die „Friedensarmee“ sei nicht stark genug, um sich gegen das österreichische Heer zu behaupten. Engels musste seine Vorhersage nach dem preußischen Sieg bei Königgrätz am 3. Juli 1866 revidieren, aber er beharrte darauf, der Sieg sei weniger der Strategie von Moltkes als vielmehr dem überlegenen Zündnadelgewehr und den preußischen Soldaten zu verdanken, die sich mit *„Bravour“* geschlagen hätten.

Friedrich Engels sah seit dem Sardischen Krieg 1859 einen bewaffneten Konflikt zwischen Preußen und Frankreich als unvermeidbar an und war dennoch überrascht, als Bismarcks „Emser Depesche“ zur Kriegerklärung Frankreichs führte. Militärexperte Engels berichtete für die liberale „Pall Mall Gazette“ in 60 Artikeln zwischen Juni 1870 und März 1871 über das Kriegsgeschehen, die Strategie der Befehlshaber und die Truppenbewegungen. Er prophezeite den Sieg Preußens, das Ende des französischen Kaiserreiches und die Einnahme Elsass-Lothringens durch deutsche Truppen. Die exakten Vorhersagen und die präzise Beschreibung des Kriegsverlaufs durch Engels sorgten in der Öffentlichkeit für Aufsehen.

Engels hatte sich mit ganzer Leidenschaft in Karten vertieft und Fakten ausgewertet und war zu eigenständigen militärischen Prognosen gekommen, die tatsächlich eintrafen. Aber er soll auch über Insiderinformationen verfügt haben, die Marx direkt aus dem preußischen Hauptquartier von dem ehemaligen Mitglied des Kommunistenbundes, Johannes Miguel, erhalten haben soll, der zum Stab Bismarcks gehörte.[388]

Marx schrieb voller Stolz, Engels werde bald als erste militärische Autorität in London gelten und Frau Jenny nannte ihn den *„jeune"*, den jungen *„Moltke"*.

Bei seinen Beobachtungen des Kriegsgeschehens sah Friedrich Engels eine Gefahr heraufziehen, nämlich die unreflektierte Solidarisierung der deutschen Arbeiter mit dem preußischen Staat. Dieser Entwicklung versuchte er mit seinen „5 Thesen für das taktische Verhalten der klassenbewussten deutschen Arbeiter" vom August 1870 entgegenzutreten: Er gestand den Arbeitern zu, sich der nationalen Bewegung in Deutschland aus deutsch-nationalen Gründen anzuschließen, aber sie müssten sich einem offensiven Angriffskrieg verweigern; denn sie befänden sich nicht im Krieg mit den französischen Arbeitern. Er warnte vor einer Gleichsetzung legitimer deutsch-nationaler Interessen und der dynastischen Interessen der Hohenzollern; die Arbeiter dürften dem preußischen König nicht auf den Thron eines Vereinten Deutschlands verhelfen. Außerdem forderte er die deutschen Arbeiter auf, dass sie entschieden einer *„Annexation von Elsaß-Lothringen entgegenwirken"* sollten. Diese Politik vertraten auch die Abgeordneten der Sozialistischen Arbeiterpartei im Norddeutschen Reichstag, Liebknecht und Bebel. Weil sie vor den Folgen einer deutschen Annexion gewarnt und ihre Zustimmung zu den Kriegskrediten, mit denen der Offensivkrieg geführt werden sollte, verweigert hatten, wurden sie wegen des „Verdachts auf Hochverrat" kaserniert.

Die Ausrufung des (klein)deutschen Kaiserreiches am 18. Januar 1871 im Spiegelsaal des Versailler Schlosses stieß bei Engels nicht auf

Zustimmung. Er hatte ein großdeutsches Reich mit Österreich favorisiert und er konnte auch nicht in Hurraschreie für „Germania" einstimmen, weil der deutsche Kaiser Wilhelm I. für ihn der „Kartätschenprinz" und der „Henker von Rastatt" war und blieb.

Der Krieg war nach dem Sieg der deutschen Truppen bei Sedan Anfang September 1870 und nach der Gefangennahme Napoléons III. und der Kapitulation des Kaiserreiches noch nicht beendet. Die neue republikanische Regierung setzte die Kämpfe auf Druck der Massen bis zum Waffenstillstand im Februar 1871 fort. Der Schock über die Niederlage, die Forderungen der Siegermächte und die Wahl einer monarchistisch geprägten Nationalversammlung führte zum Kommuneaufstand. Die Regierung wich nach Versailles aus und in Paris wurde am 18. März eine neue Stadtverwaltung, die Kommune, eingesetzt und rote Fahnen am Hôtel de ville gehisst. Als die Kommunarden mit der Umstrukturierung des herrschenden Systems begannen, brach für Karl Marx *„ein neuer Ausgangspunkt von welthistorischer Wichtigkeit"* an. Engels und Marx forderten die Arbeiter in Paris auf, mit den Kommunarden zu kämpfen, auch auf die Gefahr hin, dass der Kampf nicht zu ihren Gunsten ausgehe. *„Die Weltgeschichte wäre allerdings sehr schwer zu machen, wenn der Kampf nur unter der Bedingung unfehlbar günstiger Chancen aufgenommen würde"*[389], schrieb Marx an Ludwig Kugelmann.

Im Generalrat der Internationalen in London herrschte hektisches Treiben. Bürger Engels profilierte sich mit Lageberichten, die auf Informationen von Victor Schily und des Pariser Komitees der Internationalen basierten. Er war auch anderweitig gefragt: Marx' Schwiegersohn Paul Lafargue forderte ihn von Paris aus auf, er solle in die französische Hauptstadt kommen und *„seine Talente der Revolution zur Verfügung stellen"*. Kämpfer gebe es genügend, versicherte er, aber es fehlten die Führer. Engels kam nicht, zum einen, weil er die Aufgaben des erkrankten Marx im Generalrat übernehmen musste, und zum anderen, weil er das Ende der Kommune nahen sah. Er erkannte klar, dass nach dem Erreichen des ersten Zieles, der Ausrufung der Kommune, die Differenzen zwischen Proletariern, Handwerkern, Philosophen und Jakobinern eine gemeinsame Politik verhinderten. Folglich beklagte er im Generalrat, es hätte nach den Wahlen zum Rat der Kommune *„mehr Gerede als Taten"* gegeben. Die kampfbereiten Arbeiter, deren Zahl Engels auf 200.000

schätzte, seien zwar besser organisiert als früher, aber angesichts der Turbulenzen innerhalb der Kommune befürchtete er, dass „die Versailler", d.h. die Regierung, die *„Oberhand"* gewinnen würde. Nur wenn Preußen Neutralität bewahre und die Auseinandersetzung zwischen Regierung und Kommune als innerfranzösische Angelegenheit ansehe, gebe es eine Chance für die Kommunarden. Es war nicht so: Die deutschen Sieger riegelten Paris ab, der Personen- und Güterverkehr kam zum Erliegen und damit auch die Lebensmittelzufuhr in die Stadt. Die Bevölkerung musste sich von Ratten-, Pferde-, Katzen- und Hundefleisch ernähren.

Von Vorteil für die französische Regierung war, dass die Deutschen nach dem Frieden von Frankfurt Anfang Mai 1871 Tausende französischer Kriegsgefangener frei ließen. Mit dieser Verstärkung wagten sich die regierungstreuen Truppen nach Paris vor. Acht Tage lang, vom 20. bis zum 28. Mai, dauerten die erbitterten Barrikadenkämpfe an, bevor sich die Kommunarden unter extrem hohen Verlusten geschlagen geben mussten. 30.000 Menschen sollen bei den Kämpfen ihr Leben verloren haben, 40.000 zur Zwangsarbeit verurteilt oder in Straflager in die französischen Kolonien transportiert worden sein. Tausende von Kommunarden flüchteten nach England.

Dennoch schrieb Marx nach dem Ende der Kommune, es sei die *„glorreichste Tat unsrer Partei seit der Pariser Juni-Insurrektion"* gewesen, gegen die *„Wölfe, Schweine"* und *„gemeinen Hunde"* der alten Gesellschaft aufzustehen. Jahre später, als Engels wieder einmal auf die notwendige Voraussetzung der Diktatur des Proletariats als Vorstufe für den Kommunismus verwies, zog er als Beispiel die Herrschaft der Kommune heran: *„Nun gut, ihr Herren, wollt ihr wissen wie diese Diktatur aussieht? Seht euch die Pariser Kommune an. Das war die Diktatur des Proletariats."*[390]

Für Friedrich Engels war die Geschichte der Kommune insofern ein wichtiger Erkenntnisprozess, als sie ihm zeigte, wie *„die Beseitigung des Klassengegensatzes zwischen Kapitalisten und Arbeitern"* erfolgen müsse. *„Namentlich hat die Kommune den Beweis geliefert, dass die Arbeiterklasse nicht die fertige Staatsmaschine einfach in Besitz nehmen und sie für ihre eigenen Zwecke in Bewegung setzen kann"*[391], meinte er. Ergebe sich wieder eine ähnliche Lage, so erläuterte Marx in seiner Schrift „Der Bürgerkrieg in Frankreich", seien die alten Strukturen sofort zu zerstören und durch neue zu ersetzen. Die Verteidigung, die innere Sicherheit, der Justizapparat, die Verwaltung, die Medien und die Wirtschaft müssten vom Proletariat diktatorisch, d.h. ohne Skrupel und Rücksichtnahme übernommen und sozialistisch ausgerichtet werden.

Friedrich Engels beobachtete im folgenden Jahrzehnt sorgenvoll die beispiellose Aufrüstung in der Epoche des Imperialismus. In seiner Einleitung zu Sigismund Borkheims Broschüre „Zur Erinnerung für die deutschen Mordspatrioten 1806–1807“ prophezeite er Ende 1887: Es *„ist kein andrer Krieg für Preußen-Deutschland mehr möglich als ein Weltkrieg und zwar ein Weltkrieg, von einer bisher nie geahnten Ausdehnung und Heftigkeit. Acht bis zehn Millionen Soldaten werden sich untereinander abwürgen und dabei Europa so kahlfressen wie noch nie ein Heuschreckenschwarm. Die Verwüstungen des Dreißigjährigen Krieges zusammengedrängt in drei bis vier Jahre und über den ganzen Kontinent verbreitet; Hungersnot, Seuche, allgemeine, durch akute Not hervorgerufene Verwilderung der Heere wie der Volksmassen; rettungslose Verwirrung unsres künstlichen Betriebs in Handel, Industrie und Kredit, endend im allgemeinen Bankerott; Zusammenbruch der alten Staaten und ihrer traditionellen Staatsweisheit, derart, dass die Kronen zu Dutzenden rollen und sich niemand findet, der sie aufhebt. Absolute Unmöglichkeit, vorherzusehen, wie das alles enden und wer als Sieger aus dem Kampf hervorgehen wird, nur ein Resultat absolut sicher: die allgemeine Erschöpfung und die Herstellung der Bedingungen des schließlichen Sieges der Arbeiterklasse. – Das ist die Aussicht, wenn das auf die Spitze getriebene System der gegenseitigen Überbietung in Kriegsrüstungen endlich seine unvermeidlichen Früchte trägt. Das ist es, meine Herren Fürsten und Staatsmänner, wohin Sie in ihrer Weisheit das alte Europa gebracht haben. Und wenn ihnen nichts andres mehr übrig bleibt, als den letzten großen Kriegstanz zu beginnen – , uns kann es recht sein. Der Krieg mag uns vielleicht momentan in den Hintergrund rücken, mag uns manche schon eroberte Position entreißen. Aber wenn Sie die Mächte entfesselt haben, so mag es gehen wie es will: Am Schluß der Tragödie sind Sie ruiniert und der Sieg des Proletariats entweder schon errungen oder doch unvermeidlich.“*[392] Friedrich Engels sagte den Ausbruch und die Folgen des Ersten Weltkrieges erstaunlich exakt voraus. Engels‘ Zuversicht, dass nach dem Ende dieses Krieges die Herrschaftsübernahme durch das Proletariat erfolge, war zwar erfreulich, aber angesichts der vielen Opfer und Zerstörungen, die auch die Arbeiter betreffen würden, machte er sich doch Gedanken, wie eine solche Katastrophe zu vermeiden war. In acht Artikeln, die 1893 unter dem Titel „Kann Europa abrüsten?“ im „Vorwärts“ erschienen, prophezeite er, dass das Wettrüsten den finanziellen Zusammenbruch der europäischen Staaten nach sich ziehe und forderte eine Umstellung der stehenden Heere *„in eine auf allgemeiner Volksbewaffnung beruhenden Miliz“.* Vom rein militärischen Gesichtspunkt aus sei das kein Problem, aber es sei fraglich, ob die Regierungen auf das stehende Heer verzichten wollten; denn damit verlören sie ein Instrument, das sie gegen den äußern und vor allem gegen den inneren Feind, die Opposition, einsetzen konnten. In diesem Zusammenhang wiederholte Engels die Befürchtung, die ihn schon lange umtrieb: Kämpfe ein Volk um seine Existenz, bestehe die Gefahr des Chauvinismus, der die Arbeiterbewegung weit zurückwerfen würde. Übersteigerter Nationalismus war im ersten Weltkrieg in allen Staaten zu beobachten, sei es in Frankreich, Deutschland, England oder Russland.

Sozialdemokratische Gefährten aus Deutschland

Friedrich Engels hielt von England aus den Kontakt zur deutschen Sozialdemokratie, insbesondere zu Personen, die er seit Revolutionszeiten kannte. Er hatte, wie auch Marx, ein schwieriges Verhältnis zu anderen Sozialisten, weil sie beide die Führung in der sozialistischen Arbeiterbewegung anstrebten und Kompromisse ablehnten. Auch mit engen, treuen Gefährten gab es Auseinandersetzungen um den richtigen Weg zum Sozialismus, aber zum offenen Bruch ließen es Engels und Marx dann doch nicht kommen, weil die befehdete Person vielleicht noch von Nutzen sein konnte.

Zu den politischen Weggefährten der ersten Stunde von Engels und Marx gehörte Ferdinand Lassalle, der Gründer der ersten deutschen Arbeiterpartei 1863, dem Allgemeinen Deutschen Arbeiterverein (ADAV).

Lassalle war, wie Jenny Marx schrieb, ein *„Freund und Schüler von Marx“*, aber seine freundschaftliche Zuneigung wurde von dem Ehepaar Marx nicht geteilt, im Gegenteil: Lassalle wurde hinter seinem Rücken Opfer schlimmster verbaler Entgleisungen. Karl Marx beispielsweise nannte Lassalle einen *„jüdischen Nigger“;* vielleicht meinte sich Marx zur

Wilhelm Liebknecht

August Bebel

Carl Schorlemmer

Ferdinand Lassalle

Bezeichnung *„jüdischer Nigger"* berechtigt, weil er selbst Jude war und wegen seines dunklen Teints in Familie und im Freundeskreis „Mohr" genannt wurde. Trotz seiner bösartigen Worte pflegte Marx enge Kontakte zu Lassalle. Sie besuchten sich gegenseitig: Marx war bei Lassalle in Berlin zu Gast, Lassalle während der Weltausstellung in London drei Wochen lang bei der Familie Marx.

Engels teilte die Antipathie des Ehepaares Marx. Seit Kölner Tagen beäugte auch er in Einklang mit Freund Karl missgünstig Lassalles Erfolge als Schriftsteller und Politiker. Engels tiefe Abneigung gegen das *„Jüdel Braun"* hatte wahrscheinlich ihre Wurzeln in seiner Eifersucht, die immer ins Spiel kam, wenn er befürchtete, ein anderer würde ihm die Gunst von Marx streitig machen.

Engels empfand Lassalles Auftreten als überkandidelt und angeberisch, stempelte es als typisch jüdisch ab. Freund Marx blieb von antisemitischen Vorurteilen verschont, wie alle Juden, die Engels mochte oder deren Schriften er schätzte. Marx selbst höhnte gerne über seine Ethnie. Von einem Seeurlaub in Ramsgate ließ er Engels wissen: *„Viel Juden und Flöhe hierselbst."* [393]

Engels hatte auch Nutzen aus der Beziehung zu Lassalle. Dessen Vermittlung verdankte er es, dass im Duncker-Verlag seine Broschüre „Po und Rhein" ohne Nennung seiner Autorenschaft herauskam.

Auf Lassalles frühen Tod 1864, der an den Folgen eines Duells starb, reagierte Marx sehr betroffen, während Engels keine Trauer erkennen ließ. Immerhin zollte er ihm Respekt: *„Lassalle mag sonst gewesen sein, persönlich, literarisch, wissenschaftlich, wer er war, aber politisch war er einer der bedeutendsten Kerle in Deutschland."* [394] Ein großes Lob posthum.

Mit Wilhelm Liebknecht, dem zweiten bedeutenden Mann der deutschen Sozialdemokratie nach 1860, stand Engels in freundschaftlichem Kontakt. Er war ihm nicht so eng verbunden wie die Familie Marx, die Wilhelm Liebknecht fast täglich in London besuchte. Mit Marx spielte Liebknecht nächtelang Schach; für die Kinder war er „library", denen er alle Geschichten, die er kannte, erzählen musste. Mit Jennychen und Laura verfolgte er als Zuschauer den Trauerzug zu Ehren des Kriegheldes Wellington und er erinnerte sich ein Leben lang an den Schrecken, den er ausstand, als er die beiden kleinen Mädchen in der Menschenmenge verlor, aber zu seiner Erleichterung wiederfand. Mit seiner Frau

Ernestine nahm er ohne zu zögern die drei Marx-Töchter auf, als Mutter Jenny lebensgefährlich an den Schwarzen Pocken erkrankt war. Auch mit Helena Demuth war er befreundet; sie ließ ihm in Zeiten schlimmster Not Essen zukommen und stopfte seine Kleider, damit der arme Flüchtling nicht völlig abgerissen herumlaufen musste.

Im Zuge der Amnestie für politische Gegner kehrte Liebknecht 1862 mit seiner Familie nach Preußen zurück, wurde aber 1865 wegen seiner Kritik an der preußischen Regierung ausgewiesen. Liebknecht ließ sich in Leipzig im Königreich Sachsen nieder und Engels war sofort bereit, den Weggefährten zu unterstützen. Zu Marx: *„Der arme Teufel wird wahrscheinlich Geld nötig haben, und ein paar Pfund werden ihm mehr wert sein in diesem Moment als sonst?"*[395] Da hatte er völlig recht; der Familie Liebknecht ging es elend.

1867 wurde Liebknecht in Schneeberg in Sachsen in den Norddeutschen Reichstag gewählt und war neben August Bebel und Johannes Schraps der erste Sozialist, der in ein deutsches Parlament einzog. Engels jubelte und schrieb an Laura Lafargue, die seit Kindertagen mit „Library" eng befreundet war: *„The right man in the right place."*[396] Auch Engels war aufgefordert worden, sich für Elberfeld als Reichstagskandidat aufstellen zu lassen, aber er hatte mit der Begründung abgelehnt, ihm seien nach mehr als 10 Jahren unerlaubter Abwesenheit aus Preußen die Bürgerrechte entzogen worden. Das war eher eine vorgeschobene Ausrede, denn seit 1860 waren alle juristischen Verfahren gegen ihn eingestellt worden und er konnte sich frei in Preußen aufhalten. Vielleicht rechnete er sich keine Chance gegen seinen Kontrahenten aus, den populären ADAV-Vorsitzenden, Johann Baptist von Schweitzer.

Mit Wohlwollen registrierten die Herren Engels und Marx in London, dass der sozialdemokratische Abgeordnete Liebknecht im Norddeutschen Bund gegen alles opponierte, was der preußische Ministerpräsident Bismarck durchsetzen wollte. Die Gründung der „Sozialdemokratischen Arbeiterpartei" (SDAP)1869 hingegen stieß auf ihren Widerwillen. Liebknecht *„buhlte"* dennoch unverdrossen um ihre Mitarbeit, aber Marx verweigerte sich entschieden und regte sich bei Engels entsetzlich auf, das *„Biederrindvieh"* Liebknecht schreibe ihm vor, was er *„tun muß"*: das „Kommunistische Manifest" *„umficken"*, bei Kongressen erscheinen und sich den deutschen Arbeitern vorstellen. Sie kämen erst, ließ Marx das *„Wilhelmchen“* wissen, wenn die Partei *„anständig“* organisiert sei und der „Internationalen“ angehöre. Nachdem Engels und Marx mit Befriedigung festgestellt hatten, dass ihre Vorstellungen das Eisenacher Parteiprogramm prägten und die Partei sich der I. Internationalen annäherte, wurde die SDAP *„unsere Partei.“* [397] Die neu gegründete proletarische Klassenpartei war nicht die stärkste Arbeitervertretung in Preußen; der von Lassalle gegründete ADAV hatte mehr Mitglieder, mehr Geld, mehr Einfluss. Als die preußische Regierung den ADAV verbot, nahm Liebknecht die Chance wahr und erreichte 1875 in Gotha den Zusammenschluss beider Parteien zur Sozialistischen Arbeiterpartei Deutschlands (SAP).

Engels und Marx waren nicht prinzipiell gegen die neue starke Arbeiterpartei, aber sie lehnten die Kompromisse, die Liebknecht den Lassalleanern hatte machen müssen, strikt ab. Engels stellte klar, er und Marx stünden nicht hinter der neuen Partei, solange deren Programm weniger fortschrittlich, d.h. weniger marxistisch ausgerichtet sei als das von Eisenach. Liebknecht hielt dagegen, nur anhand von Zugeständnissen habe er die Anhänger Lassalles auf seine Linie bringen können, und er betonte zu Recht, seine politische Arbeit sei außerordentlich erfolgreich. Aus dieser Position der Stärke wies er Engels und Marx darauf hin, falls sie sich von der erfolgreichsten Arbeiterpartei Europas abwendeten, der einzigen, die den wissenschaftlichen Sozialismus vertrete, oder die Partei desavouierten, würden sie *„außerhalb der Arbeiterbewegung stehen“*. Für Engels und Marx war es bitter, solche Worte zu hören, aber nach dem Ende der „I. Internationalen“ 1872 bzw. 1876 wussten auch sie, dass ihre Position geschwächt war. Engels, der Pragmatiker, rückte sich seine Wahrheit zurecht und meinte, alle würden in dem Programm sowieso nur das lesen, was darinstehen sollte, nämlich ihre Lehre, die Lehre vom wissenschaftlichen Sozialismus.

Liebknecht ging trotz des Murrens der beiden Herren Engels und Marx im fernen London erfolgreich seinen Weg weiter. Engels wusste sehr wohl, dass sie vor allem Liebknecht ihren Einfluss auf die deutsche Sozialdemokratie zu verdanken hatten, und er meinte daher nachsichtig, dass dessen *„Fehler ‘nur die Kehrseiten sehr wertvoller Eigenschaften‘ waren.“* [398] Liebknecht könne zwar *„in kleinen Dingen viel Unheil anrichten, aber im entscheidenden Moment immer den richtigen Standpunkt annehmen* [399], urteilte Engels in einem Brief an Laura Lafargue freundlich über das Urgestein der sozialdemokratischen Bewegung in Deutschland.

Liebknecht zeigte seine Zuneigung zu Engels und Marx, als er ihnen 1871 die Patenschaft für seinen Sohn Karl anbot. Er versicherte ihnen, sie hätten keine Verpflichtungen, sie sollten dem *„jungen Sozialdemokraten“* nur etwas *„von ihrem Geist einfiltern“*. Ob unter ihrem Einfluss oder nicht, Karl Paul August Friedrich Liebknecht (seine Vornamen wiesen auf Marx, Stumpf, Bebel und Engels hin) wurde zu Beginn des 20. Jahrhunderts einer der führenden Marxisten und Gründer der Kommunistischen Partei Deutschlands. Das Schicksal war ihm nicht so gnädig wie seinen Paten und seinem Vater. Am 15. Januar 1919 wurde er in Berlin von Freikorpsangehörigen brutal ermordet.

In Manchester umgab sich Engels privat nur mit Personen, die dem Sozialismus zugeneigt waren. Dazu gehörten neben dem Engländer Samuel Moore die beiden Deutschen Wilhelm Wolff und Carl Schorlemmer.

Wilhelm Wolff, der „lupus“, ein Jahr älter als Engels, kam aus kleinbäuerlichen, bescheidenen Verhältnissen in Schlesien. Der hochbegabte Wilhelm durfte eine höhere Schule besuchen und studieren. Sein Studium der Altphilologie konnte er nicht abschließen, da er u.a. wegen Mitgliedschaft in einer Burschenschaft und wegen Majestätsbeleidung zu einer Haftstrafe verurteilt wurde, die er in verschiedenen Gefängnissen absaß, zuletzt in der Festung Silberberg *„dem alten Felsennest“,* wie Engels in seiner Artikelreihe „Wilhelm Wolff“ 1876 schrieb. Die *„feuchten Kasematten und bitterkalten Winter“* setzten „lupus“ so zu, dass er nach vier Jahren begnadigt und freigelassen wurde. Die lange Haft hatte ihn nicht von seiner sozialistischen Überzeugung abbringen können, und als er den preußischen Behörden wieder Grund für eine neuerliche Verhaftung gab, floh er 1846 nach Brüssel und lernte dort Engels und Marx kennen. Zusammen mit ihnen gründete er den „Bund der Kommunisten“ und er arbeitete später in Köln als Redakteur für die „Neue Rheinische Zeitung“. 1849 war er für kurze Zeit Abgeordneter der Nationalversammlung, bevor er sich in die Schweiz absetzte. Nach seiner Ausweisung aus der Eidgenossenschaft suchte er 1851 Zuflucht in England, zunächst in London, wo er mit der Familie Marx freundschaftlichen Kontakt pflegte, dann in Manchester, wo er häufig mit Engels zusammentraf. Nach seinem Tode 1864 zeigte sich Wolffs

Zuneigung zur Familie Marx. Er hinterließ Karl Marx 824 Pfund (zzgl. Zinsen), die er als Privatlehrer zusammengespart hatte. Voller Dankbarkeit widmete Karl Marx *„meinem unvergeßlichen Freunde, dem kühnen, treuen, edlen Vorkämpfer des Proletariats"* ,Wilhelm Wolff, den ersten Band des „Kapitals". Engels trauerte um den *„treuesten Freund"*, *„einen Mann von unersetzlichem Wert"*, der *„ein fast instinktiv richtiges Urteil über die Tagesvorgänge"* abgegeben habe. Er behauptete sogar, der Tod von Wilhelm Wolff sei ein viel größerer Verlust für die Arbeiterbewegung gewesen als das Ableben von Ferdinand Lassalle wenige Monate später.

Mit dem englischen Juristen Moore und „lupus" zusammen war der 14 Jahre jüngere Carl Schorlemmer, Sozialist und Professor für Organische Chemie, die wichtigste Bezugsperson für Friedrich Engels in Manchester, neben seinen Lebensgefährtinnen. Jollymeyer, wie er von Engels gerne genannt wurde, war ein *„vollständiger Kommunist"*, der von ihm und Marx nur *„die ökonomische Begründung einer längst gewonnenen Überzeugung zu lernen hatte"*[400], und umgekehrt fand der wissbegierige Friedrich Engels in ihm einen kompetenten Gesprächspartner über naturwissenschaftliche Themen. Schorlemmer war einer der führenden Chemiker seiner Zeit, ein weltweit anerkannter Wissenschaftler, die *„erste Autorität in der Welt auf seinem Spezialgebiet, der Chemie der einfachen Kohlenwasserstoffe"*[401].

Nach Engels' Umzug nach London war Schorlemmer häufig zu Gast in der 122, Regent's Park Road. Beide Herren verstanden sich so gut, dass sie zusammen Reisen, beispielsweise in die USA und nach Norwegen unternahmen. Als Schorlemmer 1892 starb, rühmte Engels, er sei *„nächst Marx entschieden der berühmteste Mann der europäischen sozialistischen Bewegung"* gewesen, auf den die Deutschen stolz sein konnten.

Als alter Herr pflegte Friedrich Engels ein unverkrampftes, freundschaftliches Verhältnis zur jungen Generation der sozialdemokratischen Partei in Deutschland und Österreich. Die Jungen verehrten ihn, würdigten seine Verdienste, schätzten seinen Rat. Engels setzte seine ganze Hoffnung auf Eduard Bernstein, Karl Kautsky, Viktor Adler und besonders auf August Bebel, dessen politisches und rednerisches Talent er ausdrücklich pries und dem er zutraute, die „wahre" Lehre des Marxismus in der Partei durchzusetzen.

Karl Kautsky

Michail Bakunin

Eduard Bernstein

Victor Adler

Kommentare zur politischen Lage im deutschen Kaiserreich

Friedrich Engels war über sein breites Netzwerk auch im fernen England immer über die Entwicklung in der deutschen Sozialdemokratie und in der deutschen Politik auf dem Laufenden. Bisweilen äußerte er sich zu aktuellen gesellschaftlichen oder parteipolitischen Themen im Parteiorgan der SDAP.

Das erste Thema, das Engels 1872 im „Volksstaat" unter dem Titel „Zur Wohnungsfrage" abhandelte, war die Wohnungsnot in Deutschland, damals wie heute hochbrisant.

Die Wohnungsnot, betonte Friedrich Engels, sei nur deshalb ein Thema, weil sie inzwischen die Kleinbürger treffe und nicht mehr nur die Arbeiter. Die Arbeiter hätten immer schlecht, beengt und ungesund gewohnt. Ausführlich beleuchtete Engels das Problem und machte einen interessanten Vorschlag zur Lösung der Wohnungsfrage: *„Soviel ist aber sicher, daß schon jetzt in den großen Städten hinreichend Wohngebäude vorhanden sind, um bei rationeller Benutzung derselben jeder wirklichen Wohnungsnot sofort abzuhelfen. Das kann natürlich nur durch Expropriation* der heutigen Besitzer, resp. durch Bequartierung ihrer Häuser mit obdachlosen oder in ihren bisherigen Wohnungen übermäßig zusammengedrängten Arbeitern geschehen."*[402] Ob die Umsetzung dieser Zukunftsperspektive auch die Herren Engels oder Marx begeistert hätte? Hätten sie ihre komfortablen Häuser in Maitland Park und Regent's Park gerne Obdachlosen oder wohnungssuchenden Arbeitern überlassen und selbst menschenunwürdig im Gartenhaus oder in den Kellerverliesen gehaust?

In einem anderen Artikel, der im „Volksstaat" vom 25./26. Februar 1876 veröffentlicht wurde, setzte sich Friedrich Engels mit dem Ansinnen der preußischen Agrarlobby auseinander, die Reichsregierung aufzufordern, gegen die hohe Besteuerung des preußischen Kartoffelschnapses in England und Italien vorzugehen.

Engels schätzte die Zukunftsaussichten der preußischen „Schnapswirtschaft" düster ein, sprach von der *„Wetterwolke von Osten"*, weil die deutschen Interessen mit denen der russischen Alkoholproduktion

---

* Enteignung

kollidierten und das Reich in dieser Frage keinen Konflikt mit Russland wolle. Nach seinen Ausführungen zu den schlimmen gesundheitlichen Folgen und den betrügerischen Machenschaften der preußischen Schnapsbrenner und der Hamburger Weinpanscher prophezeite er: *„Die ganze übrige Welt wird jubeln, daß es mit der preußischen Fuselölvergiftung endlich einmal zu Ende ist.“*[403] Die preußischen Krautjunker würden untergehen, höhnte er, aber sie mögen sich trösten mit den Worten des Dichters: *„Was unsterblich im Gesang sein soll, muß im Leben untergehen“*. Er spielte mit dem Schiller-Zitat auf den Umstand an, dass die arbeitende Bevölkerung wegen des billigen preußischen Fuselschnapses *„dem Trunk“* verfalle, wie er aus eigener Erfahrung wusste. Er könne bezeugen, dass im Wuppertal *„scharenweise Arm in Arm ... von 9 Uhr abends an die 'besoffenen' Männer unter disharmonischem Gejohle von Wirtshaus zu Wirtshaus und endlich nach Haus ... schwankten.“*[404]

Vielleicht hätte Friedrich Engels der Kartoffelbrennerei in Gegenden, in denen fast ausschließlich Kartoffeln gediehen, etwa Gutes abgewinnen können, wenn die ostelbischen Kartoffelbrennereien nicht im Besitz des Junkertums gewesen wären, einer Klasse, die er ablehnte. Die Junkersöhne, so führte Engels aus, seien das *„Hauptmaterial“* für die *„Offiziere und Bürokratie“* in Preußen, und die Arbeiter der Junker auf dem Feld und in den Brennereien bildeten als *„Klasse sich rasch vermehrender Halbhöriger“* die *„Masse der Kernregimenter“*. Wenn nun die *„Basis für ihre Produktion“*, der Verkauf des Kartoffelschnapses, wegen der hohen Besteuerung und der Konkurrenz aus Russland wegbreche, so Engels, würde die preußische Armee ihre Offiziere und ihre Soldaten verlieren. Preußen, der *„zurückgebliebenste, stabilste, ungebildetste, halbfeudale Teil Deutschlands“*, verliere seine Grundlage, weil es bisher seine militärischen Erfolge allein der Schnapsbrennerei zu verdanken gehabt habe. Die auf den Ruinen der Kartoffelbrennereien entstandene neue Industrie werde, so Engels, nicht dem preußischen Staat, sondern *„der Sozialdemokratie ihre Armee zuführen“*.

Die Frage, wie der Osten sich industrialisieren sollte, beantwortete Engels nicht.

Ein weiterer Beitrag von Friedrich Engels zur deutschen Politik in den 80iger Jahren des 19. Jahrhunderts hatte einen brisanten Anlass. Eugen Dühring hatte in der sozialistischen Arbeiterpartei u.a. mit vernichtender Kritik an Engels und Marx Aufmerksamkeit und Einfluss gewonnen. Er sah den Marxismus als überholt, als „grau und flau“ an, nannte Engels und Marx „wüste und stumpfe Judentheoretiker der Sozialdemokratie“, Marx eine „wissenschaftliche Jammergestalt“, griff die „englisierte Eitelkeit“, die „schöngeistigen Plätzchen und Mätzchen“ und die „philosophische und wissenschaftliche Rückständigkeit“ der beiden an. Seine Attacken und Thesen sorgten für Verwirrung in der SAP und Engels und Marx mussten sich wehren, bevor die Partei sich von ihnen abwandte.

Marx wälzte die Aufgabe auf den Freund ab, da er mit dem zweiten Band des „Kapitals“ beschäftigt war. Engels musste sich notgedrungen mit Dührings Thesen befassen, einer Aufgabe, der er sich gerne verweigert hätte. Vor allem widerstrebte es ihm zunächst, einen so hart vom Schicksal Gestraften zu attackieren; denn Dühring war im Alter von 30 Jahren erblindet. Aber Engels fühlte sich durch Dührings Arroganz und Selbstüberschätzung und dessen steigende Anhängerschaft bis in die Führungsgremien der sozialdemokratischen Partei hinein zur Widerrede herausgefordert. *„Der Fluch der bezahlten Agitatoren, der Halbgebildeten, fällt schwer auf unsre Partei in Deutschland“*, schrieb er an Marx, denn *„in der Vorstellung dieser Leute hat sich Dühring durch seine hundsgemeinen Angriffe gegen Dich uns gegenüber unverletzlich gemacht, denn wenn wir seinen theoretischen Blödsinn lächerlich machen, so ist das Rache gegenüber jenen Personalien. Je gröber D., desto demütiger und sanftmütiger müssen wir sein.“*[405] Überlegt plante Engels seine Vorgehensweise: *„Anfangs geh‘ich rein sachlich und scheinbar ernsthaft auf den Kram ein, … und zuletzt regnet‘s dann hageldick.“*[406]

Engels‘ Antworten auf Dührings Ausführungen erschienen in der Zeit zwischen Januar 1877 und Juli 1878 im „Volksstaat“ und später als Broschüre unter dem Titel „Herrn Eugen Dührings Umwälzung der Wissenschaft. Philosophie, Politische Oekonomie, Sozialismus“. Seine Überlegungen trugen zur Beruhigung in der Partei bei. Es war ihm gelungen, präzise und für jeden verständlich den Marxismus zu erklären. Es gebe, so schrieb er, drei Bestandteile des Marxismus: 1. Den philosophischen Materialismus, 2. die ökonomische Theorie und 3. den wissenschaftlichen Sozialismus. Der Marxismus sei eine in sich abgeschlossene harmonische, einheitliche Weltanschauung, keine Doktrin, wie manche meinten, auch kein *„alleinseligmachendes Dogma"*, sondern *„die Darlegung eines Entwicklungsprozesses, und dieser Prozeß schließt aufeinanderfolgende Phasen ein."*[407]

Dühring reagierte heftig auf Engels' Entgegnung und schimpfte weiter gegen die *„Sozialjudodemokratie"* und gegen Karl Marx, den er für seinen eigentlichen Widersacher hielt. Dieser, so behauptete er, scheue die Auseinandersetzung und lasse ihn *„durch die Larve seines Hausfriedrichs, nämlich eines ehemals Arbeiter anherrschenden Fabrikanten namens Friedrich Engels, verleumderisch und beschimpfend, so verlogen als möglich, anhegeln und anflegeln."*[408]

Nach Erscheinen des „Anti-Dühring", so der Kurztitel der Broschüre, wurde Engels vorgeworfen, Dühring wissenschaftlich getötet zu haben, nachdem die Universität in Berlin bereits dessen Existenz vernichtet habe. Der Jurist Dühring hatte 1877 seine Lehrbefugnis als Privatgelehrter an der Friedrich-Wilhelms-Universität in Berlin verloren, weil er an den Vorlesungen einiger Kollegen Kritik geübt und die Universität als „Platz der Korruption und Verkommenheit" beschimpft hatte. Dühring blieb als Privatgelehrter aktiv und wurde zu einem Wegbereiter der nationalsozialistischen Rassentheorie. Sein Judenhass ließ ihn bereits 1890 die Deportation und Vernichtung des Judenvolkes fordern.

Engels' war wirklich wie angekündigt *„knüppelhart"* vorgegangen; sein verletzender und oberlehrerhafter Ton in den Artikeln im „Volksstaat" stieß zunächst auf vehemente Kritik[409], aber im Nachhinein erwies sich sein „Anti-Dühring" als Segen für das Verständnis der Marxschen Lehre. Karl Kautsky urteilte: *„Der oberflächlichen Vielseitigkeit des Herrn Dühring verdanken wir es, daß der „Anti-Dühring" zu einem Buch ward, das die wichtigsten Punkte des gesamten modernen Wissens vom Standpunkt der Marx-Engelsschen materialistischen Dialektik aus behandelt."*[410] Kautsky erkannte die Bedeutung der Schrift in ihrer historischen Dimension: *„Erst seit dem Engelsschen Anti-Dühring begannen wir tiefer in die Marxistische Denkweise einzudringen, systematisch marxistisch zu denken und zu arbeiten. Erst von da an datiert der Anfang einer Marxistischen Schule."*[411] In anderen Worten: Engels' Erläuterungen waren die Geburtsstunde des Marxismus, der Ausgangspunkt für den Siegeszug des Marxismus. Marx sah in Engels' Ausführungen eine *„Einführung in den wissenschaftlichen Sozialismus"*.

„Herrn Eugen Dührings Umwälzung der Wissenschaft. Philosophie, Politische Oekonomie, Sozialismus" wurde in komprimierter Fassung unter dem Titel: „Die Entwicklung des Sozialismus von der Utopie zur Wissenschaft" zum einflussreichsten Werk von Friedrich Engels. 1892 schrieb er stolz im Vorwort zur englischen Ausgabe: *„Auf Ersuchen meines Freundes Paul Lafargue ... richtete ich drei Kapitel als Broschüre ein, die er (ins Französische) übersetzte."* „Die Entwicklung des Sozialismus von der Utopie zur Wissenschaft" wurde noch zu Engels' Lebzeiten in 14 Sprachen übersetzt, u.a. in Polnisch, Spanisch, Deutsch, Italienisch, Russisch, Dänisch, Holländisch, Rumänisch und Englisch und war auf dem europäischen Festland populärer als „Das Kommunistische Manifest" oder „Das Kapital".

Kaum hatte sich die deutsche sozialistische Arbeiterpartei von dem Wirbel um Dührings Thesen erholt, geriet sie in existentielle Gefahr – und Engels Schriften auf den Index.

„Den Sozialismus in seinem Lauf, hält weder Ochs noch Esel auf"

Die Sozialdemokratie in Deutschland feierte Erfolge, die Engels und Marx nicht für möglich gehalten hatten, da sie über Jahrzehnte ausschließlich auf die Arbeiterbewegungen in England und Frankreich als Vorreiter gesetzt hatten. 1870 erlebten sie zu ihrem Erstaunen, aber mit größtem *„Stolz"*, dass sich die deutschen Arbeiter während des Krieges gegen Frankreich dank ihrer *„Einsicht und Energie ... mit einem einzigen Ruck an die Spitze der europäischen Arbeiterbewegung"*[412] gestellt hatten. Die Sozialdemokratische Arbeiterpartei schickte mit 3,2% der Wählerstimmen zwei Abgeordnete in den Reichstag des neu gegründeten Kaiserreiches, 1874 zogen dank 6,8% bereits 9 Vertreter ein und 1877 wurde die (neue) Sozialistische Arbeiterpartei Deutschlands (SAP) mit 9,1% und 12 Sitzen die viertstärkste Partei. Diese Wahlerfolge ließen Bismarck eine „rote Revolution" befürchten. Nach zwei Attentaten auf Kaiser Wilhelm I. im Mai und im Juli 1878, die ohne stichhaltige Beweise von seiner Regierung den Sozialisten bzw. Sozialdemokraten angelastet wurden, nutzte Bismarck die Gunst der Stunde. Der Reichskanzler legte dem Reichstag umgehend ein Gesetz zur Bekämpfung sozialistischer Umtriebe vor. Die liberale Mehrheit lehnte den Gesetzentwurf ab. Daraufhin machten Bundesrat und Kaiser von ihrem verfassungsmäßigen Recht Gebrauch und lösten den Reichstag auf. Im neu gewählten Reichstag verabschiedete die konservative Mehrheit im Oktober das „Gesetz gegen die gemeingefährlichen Bestrebungen der Sozialdemokratie", das bis 1890 jährlich neu bestätigt wurde. Das Gesetz legte ein Versammlungsverbot für Sozialdemokraten fest, ein Verbot der Mitgliedschaft in der Partei und ein Verbot der Verbreitung von Druckschriften. Der sogenannte „kleine Belagerungszustand" konnte jederzeit verhängt und jede Person, die auch nur im Verdacht stand, den „Sozis" nahezustehen, konnte aus ihrem Wohnort vertrieben werden. Bei Verstoß gegen die Bestimmungen des Gesetzes drohten Geld- und Gefängnisstrafen. Die Sozialistische Arbeiterpartei wurde nicht verboten; sie durfte an Wahlen teilnehmen, allerdings keinen Wahlkampf führen.

Für die Mitglieder der SAP gab es die Alternativen: Anpassung, offener Widerstand oder in den Untergrund zu gehen. Engels und Marx empfahlen *„keine Duckmäuserei"*, *„keine Arschkriecherei"*, sondern Besonnenheit; denn die Regierung arbeite auf den passenden Moment hin, um die Partei völlig zu zerschlagen, wie dies in Frankreich 1871 geschehen sei. Engels' Ratschlag war: *„Nicht sich drehen und winden unter den Schlägen des Gegners, heulen, winseln und stammeln … Wiederhauen muß man, für jeden feindlichen Hieb zwei, drei zurück. Das war unsre Taktik von jeher, und wir haben bis jetzt, glaub' ich, noch so ziemlich jeden Gegner untergekriegt."*[413] Aber das Zurückschlagen müsse mit Verstand erfolgen, nicht blindwütig. Engels riet von einem Generalstreik und von Straßen- und Barrikadenkämpfen ab, weil diese angesichts der Überlegenheit des Militärs zu verlustreich und gefährlich seien: *„Der Revolutionär müßte verrückt sein, der sich die neuen Arbeiterdistrikte von Berlin zu einem Barrikadenkampf selbst aussuchte"*[414], warnte er.

Die Sozialistische Arbeiterpartei hatte sich zur Zufriedenheit von Engels und Marx so entwickelt, wie sie es gefordert hatten: *„Damit am Tag der Entscheidung das Proletariat stark genug ist zu siegen, ist es nötig – und das haben M. und ich seit 1847 vertreten –, daß es eine besondre Partei bildet, getrennt von allen anderen und ihnen entgegengesetzt, eine selbstbewusste Klassenpartei."*[415] Die sozialdemokratischen Wähler hatten 1878 eine schlagkräftige, selbstbewusste Reichstagsfraktion gewählt, deren 9 Abgeordnete aufgrund ihrer Immunität offen und ungefährdet die sozialistische Position vertreten konnten. Engels riet den Abgeordneten Liebknecht und Bebel entschieden Opposition zu betreiben und jegliche Unterwerfung unter die Regierung und die Bourgeoisie zu vermeiden. Engels an Bebel: *„Die Streitfrage ist rein prinzipiell; soll der Kampf als Klassenkampf des Proletariats gegen die Bourgeoisie geführt werden oder soll es gestattet sein, auf gut opportunistisch (oder, wie das in sozialistischer Übersetzung heißt: possibilistisch) den Klassencharakter der Bewegung und des Programms überall da fallen zu lassen, wo man dadurch mehr Stimmen, mehr Anhänger bekommen kann?"*[416] Er vertrat die Ansicht, Erfolg sei nicht alles. Es sei besser eine Minderheit zu bleiben als die Ziele zu verwässern, nur um mehr Reichstagsmandate zu gewinnen. Engels und Marx unterstützten zwar in einem „Zirkularbrief" die politische Linie von Liebknecht und Bebel, aber sie scheinen wenig Einfühlsamkeit für deren Befindlichkeit gezeigt zu haben. Engels jedenfalls sah sich gemüßigt auf einen erregten Hinweis von Bebel, er verstünde ihre extrem schwierige Lage nicht, beruhigend zu antworten: *„Übrigens, dass wir hier, wie man sagt, gut reden haben und Eure Stellung viel schwieriger ist als unsere, verkennen wir keineswegs."*[417]

Zur persönlichen Gefährdung der SAP-Mitglieder kam große Geldnot, weil die Partei keine Mitgliedsbeiträge einsammeln durfte und folglich nicht mehr in der Lage war, in Not geratene Parteimitglieder und deren Familien zu unterstützen. Dank der großen Solidarität der Arbeiter untereinander konnte das Schlimmste abgewendet werden. Die Parteiführer trafen sich unter großer Geheimhaltung im benachbarten Ausland, in der Schweiz und in Dänemark, und beschlossen mehrheitlich, sich nicht auf Kompromisse einzulassen, sondern an ihrem revolutionären Weg festzuhalten, allerdings nicht auf Konfrontationskurs mit der Regierung zu gehen. Bernstein und Bebel wehrten demzufolge den Vorschlag einzelner Parteimitglieder entschieden ab, aus dem Untergrund zu agieren. Damit würden die Sozialisten der Regierung zuarbeiten, die nur darauf warte, auf der Grundlage des Sozialistengesetzes jeden Verdächtigen wegen seiner Zugehörigkeit zu einer geheimen und verbotenen Organisation zu inhaftieren. Die Beschlüsse der Geheimtreffen wurden in der in Zürich gedruckten Parteizeitung „Der Socialdemokrat" veröffentlicht und in 10.000 Exemplaren über die Grenze nach Deutschland geschmuggelt.

Die Hoffnung des deutschen Reichskanzlers Otto von Bismarck auf einen Putsch der „vaterlandslosen Gesellen", nach dessen Niederschlagung er die Partei hätte verbieten können, sei, so Engels, dank der Zurückhaltung der Parteiführung und der Parteimitglieder vereitelt worden. Deren taktisch kluges Verhalten hing seiner Ansicht nach natürlich damit zusammen, dass er und Marx dem deutschen Proletariat ein Programm gegeben hatten, das zu *„einer größeren Klarheit in den Köpfen"* und zu einer *„gründlicheren Umwälzung der Gesellschaft"* geführt hatte. Für Engels war die deutsche Arbeiterbewegung *„die Erbin der deutschen klassischen Philosophie"*[418].

Reichskanzler Bismarck und seiner Regierung gelang es auch nicht, die sozialdemokratischen Arbeiter ihrer Partei zu entfremden und in den Obrigkeitsstaat zu integrieren, trotz der – für die damalige Zeit und bis heute – vorbildlichen sozialen Absicherung durch das Krankenversicherungsgesetz (1883), Unfallversicherungsgesetz (1884) und Alters- und Invaliditätsgesetz (1889). Sogar Engels zollte Bismarck Respekt; dieser denke zwar nicht selbständig, aber er setze fertige Ideen anderer sehr geschickt um.

Der Sozialistischen Arbeiterpartei gelang es, die 12 Jahre der Verfolgung durch den Zusammenhalt ihrer Mitglieder und der klugen Führung wie *„einst die Christen im Römischen Reich"*, so Engels, zu überleben.

Karl Marx und sein *„gefährlicher"*, *„skrupelloser"* und *„fanatischer"* Gefolgsmann Engels wurden auch Opfer des Sozialistengesetzes. Im „Deutschen Reichsanzeiger" und im „Königlich Preußischen Staats-Anzeiger" wurde angekündigt, nach §11 und §12 seien die Schriften „Das Kommunistische Manifest", „Preußischer Schnaps", „Eugen Dührings Umwälzung der Wissenschaft" und „Zur Wohnungsfrage" im gesamten Kaiserreich zu verbieten. Paragraf §11des „Sozialistengesetzes" besagte: *„Druckschriften, in welchen sozialdemokratische, sozialistische oder kommunistische auf den Umsturz der bestehenden Staats- und Gesellschaftsordnung gerichtete Bestrebungen in einer den öffentlichen Frieden, insbesondere die Eintracht der Bevölkerungsklassen gefährdende Weise zu Tage treten, sind zu verbieten."*[419] Im Untergrund kursierten die Werke heimlich weiter. *„Wenn jetzt ein neuer Abdruck nötig wird, so verdanke ich dies zweifellos wiederum der wohlwollenden*

Fürsorge der deutschen Reichsregierung, die den Abdruck durch ein Verbot wie immer prächtig förderte und der ich hiermit meinen Dank ergebenst ausspreche", verkündete Engels am 10. Januar 1887 nicht ohne Genugtuung. Für sein neues Buch „Der Ursprung der Familie, des Privateigenthums und des Staats" plante Engels § 11 und 12 zu umgehen. *„Ich hatte mir vorgenommen und allgemein hier erzählt, ich würde dem Bismarck einen Streich spielen und etwas schreiben, was er platterdings nicht verbieten könne"* [420], schrieb er Kautsky. Es gelang ihm nicht. Er war zu kampfeslustig und konnte sich den Mund nicht verbieten lassen, nicht einmal durch selbst auferlegte Zensur: *„Wie Luther sagt: Hol mich der Teufel, ich kann nicht anders."* [421]

Nach Aufhebung des Sozialistengesetzes 1890 begann für die sozialdemokratische Partei eine neue Zeit, die sich auch in einem neuen Namen manifestierte. Aus der SAP wurde die SPD, die sozialdemokratische Partei Deutschlands. Mit einem Stimmenanteil von 19,8% wurde sie 1890 stärkste Partei im Reichstag mit 35 Mandaten*. Mit diesem Erfolg verschoben sich die Machtverhältnisse im Parlament zugunsten der liberalen und der sozialdemokratischen Partei, und das hatte zur Folge, dass die Sozialistengesetze aufgehoben wurden.

Die neue SPD sollte auf Wunsch von Engels ihr Programm entsprechend der „Randglossen" konzipieren, die er und Marx für das Gothaer Programm entworfen hatten. Engels schrieb an Bebel, Liebknecht habe 1875 zu seinem und Marx' Ärger ihre scharfen Formulierungen durch tönende, unklare und verworrene Phrasen, die nichts aussagten, ersetzt, um es allen recht zu machen. Das hatte Liebknecht eingeräumt: *„Dieses mangelhafte Programm mit der Einigung ist mir tausendmal lieber als das perfekteste Programm ohne Einigung"* [422], konterte er und wies Engels in seine Schranken: *„Dein Gepolter war höchst überflüssig."* [423] Eine derartige Kritik des *„Biedermann … Rindviehs"* Liebknecht gefiel Engels nicht und er vergaß sie auch nicht, wie sein Brief an Bebel zeigte.

* Das Zentrum errang 18,6 % der Stimmen und war mit 106 Abgeordneten im Reichstag vertreten, die Konservativen stellten 73 Abgeordneten mit 12,4%. Der Grund für die Differenz zwischen den Prozenten an Stimmen und der Zahl an Abgeordneten war, dass der Abgeordnete eines ländlichen Wahlkreises mit 5.000 Stimmberechtigten dem Abgeordneten eines Großstadtbezirk mit 100.000 Wählern im Reichstag gleichgestellt war; beide hatten nur je eine Stimme.

Das neue Parteiprogramm von 1890 fand seinen Segen. *„Der Programmentwurf von Kautsky, von Bebel und mir unterstützt, ist zur Grundlage des Programms, theoretischer Teil, genommen worden. Wir haben die Satisfaktion, daß die Marxsche Kritik komplett durchgeschlagen hat"*[424], schrieb er befriedigt an Adolph Sorge.

Friedrich Engels verfolgte jede Wahl zum deutschen Reichstag mit größter Spannung. Er lud Freunde zu einer *„Freinacht"* in die 122, Regent's Park Road ein, spendierte ein Fass deutsches Bier und Brezeln und Berliner Pfannkuchen. Er las der versammelten Gesellschaft jedes Telegramm mit Wahlergebnissen vor. Edward Aveling erinnerte sich, alle Anwesenden hätten begeistert auf Gewinne der deutschen Sozialdemokraten angestoßen, jede Niederlage im Alkohol ertränkt.

„Das Bruderband ist zerbrochen"

Am frühen Nachmittag des 14. März 1883 traf Friedrich Engels zu seinem täglichen Besuch bei Marx in der Maitland Park Road ein. Schon beim Eintreten war *„das Haus in Tränen"*. Engels, der schon seit Wochen besorgt von weitem geschaut hatte, ob die Rollläden von Marx' Zimmer hochgezogen waren, ein Zeichen, dass der Freund lebte, erfuhr von der schluchzenden Haushälterin Lenchen, *„es scheine zu Ende zu gehen"*. Engels wartete und *„unser braves, altes Lenchen, das ihn gepflegt, wie keine Mutter ihr Kind pflegt, ging hinauf, kam herunter: er sei halb im Schlaf, ich möge mitkommen."*[425] Engels folgte und *„als wir eintraten, lag er da schlafend, aber um nicht mehr aufzuwachen. Puls und Atem waren fort. In zwei Minuten war er ruhig und schmerzlos entschlummert."*[426] Engels fühlte den Puls, kontrollierte den Atem und vielleicht schloss er für immer dem Freund die Augen. Obwohl er sicherlich gerne an Marx' Seite in dessen Todesminute gewesen wäre, tröstete er sich damit, dass der Freund keinen langen Todeskampf durchleiden musste, sondern friedlich in der Nähe seiner liebsten Menschen, nur Laura fehlte, eingeschlafen war. Stunden später, als Engels den Toten auf dem Bett aufgebahrt liegen sah, *„die Leichenstarre im Gesicht"*, konnte er den Verlust noch immer nicht fassen.

Am Abend des Todestages informierte er Marx' Schwiegersohn Charles Longuet in Paris, Adolph Sorge in den USA, Eduard Bernstein und Wilhelm Liebknecht in Berlin über den großen Verlust. *„Die Menschheit ist um einen Kopf kürzer gemacht, und zwar um den bedeutendsten Kopf, den sie heutzutage hatte. Die Bewegung des Proletariats geht ihren Gang weiter, aber der Zentralpunkt ist dahin, zu dem Franzosen, Russen, Amerikaner, Deutsche in entscheidenden Augenblicken sich von selbst wandten, um jedes Mal den klaren, unwidersprechlichen Rat zu erhalten, den nur ein Genie und die vollendete Sachkenntnis geben konnte"* [427], umschrieb Engels bei Adolph Sorge den Verlust, den die Menschheit, insbesondere die weltweite Arbeiterbewegung, mit dem Tod von Marx erlitten hatte. Er war dennoch zuversichtlich, dass das Proletariat auch nach dem Dahinscheiden des *„Zentralpunktes"* seinen Weg bis zum Sieg fortsetzen werde, wenn auch *„Lokalgrößen und die kleinen Talente, wo nicht die Schwindler"* sich jetzt wichtig tun könnten. Aber es wäre nicht Engels, wenn er nicht bereit gewesen wäre: *„Nun – wir müssen's durchfressen, wozu anders sind wir da? Und die Courage verlieren wir darum noch lange nicht."* [428] Das hätte auch seinem Charakter nicht entsprochen.

Drei Tage später erinnerte Engels bei der Beisetzung von Marx vor einem Dutzend Trauernder an die Verdienste des Verstorbenen. Marx sei der Entdecker des *„Entwicklungsgesetzes der menschlichen Geschichte"* gewesen, des *„speziellen Bewegungsgesetzes der heutigen kapitalistischen Produktionsweise und der von ihr erzeugten bürgerlichen Gesellschaft wie auch des 'Mehrwerts'."* Marx' *„Lebensberuf"* sei es gewesen, an der Befreiung der unterdrückten und besitzlosen Klasse mitzuwirken. Er habe dem Proletariat *„zuerst das Bewußtsein seiner eigenen Lage und seiner eigenen Bedürfnisse, das Bewußtsein der Bedingungen seiner Emanzipation gegeben"*. Über jede Entdeckung, die unmittelbar revolutionär in die Industrie eingegriffen habe, habe sich der Verstorbene gefreut: Denn er sei vor allem *„Revolutionär"* gewesen, *„der Kampf … sein Element"* [429]. Marx, so hob der Freund am Grabe hervor, habe sich selbst in schlimmsten Zeiten, arm und verfemt, nie entmutigen lassen: *„Regierungen, absolute wie republikanische, wiesen ihn aus, Bourgeois, konservative wie extremdemokratische, logen ihm um die Wette Verlästerungen nach. Er schob das alles beiseite wie Spinnweb, achtete dessen nicht, antwortete nur, wenn äußerster Zwang da war. Und er ist gestorben, verehrt, geliebt, betrauert von Millionen revolutionärer Mitarbeiter, die von den sibirischen Bergwerken an über ganz Europa und Amerika bis hin zu Kalifornien wohnen."* [430] Engels ignorierte, dass Karl Marx nicht alle

Anschuldigungen, man denke nur an die Kontroverse mit Carl Vogt, *„wie ein Spinnweb“* beiseiteschob, sondern mehr unter Anfeindungen litt, als er zugeben wollte. Nur sein unmittelbares Umfeld spürte seine seelische Not und in diesen Momenten war es tröstlich und aufbauend, dass er immer mit dem Beistand und der Rückendeckung seines Freundes Friedrich rechnen konnte.

Die Idee, ein Denkmal für Karl Marx auf dem Friedhof zu errichten, zerschlug sich. Die Familie sei dagegen, schrieb Engels an August Bebel. Erst Jahrzehnte später wurde für Karl Marx auf dem Highgate Friedhof in London ein seiner Bedeutung angemessener Grabstein errichtet.

Tröstlich war es für den trauernden Engels, dass es Marx erspart geblieben war, nicht bei vollem Verstand dahinzusiechen, gequält von dem Gedanken, sein Werk noch vollenden zu müssen, wozu ihm die Kraft fehlte. Dass eine solche Schaffenskrise bereits seit längerem eingetreten war, bemerkte Engels, als er den Nachlass von Marx ordnete und statt des erwarteten fertigen Manuskriptes des zweiten Bandes des „Kapitals“ nur einen *„äußerst lückenhaften ersten Entwurf“* vorfand, der zudem auf veraltetem Material beruhte.

Im Freundeskreis machte man sich Sorgen, wie Engels den Verlust des engen Partners verkraften würde. Vorschläge, er solle England verlassen und in die Schweiz oder die USA übersiedeln, verwarf er. Nach Deutschland, so versicherte Engels im Frühjahr 1883 August Bebel, werde er nur zurückkehren, wenn sich eine Situation ergebe wie *„48 und 49, da stieg ich wieder zu Pferd, wenn's sein muß.“*[431] Den gutgemeinten Ratschlägen der Freunde erteilte er mit der Begründung eine Abfuhr, er wolle nicht in die deutsche Parteiarbeit hineingezogen werden, sondern er sehe seine Aufgabe in der Bearbeitung des Marxschen Nachlasses. *„Das sei zwar kein Spaß“*, versicherte er dem *„lieben Alten“*, seinem Freund Becker, aber *„es ist mir eine liebe Arbeit, ich bin doch wieder mit meinem alten Kameraden zusammen.“*[432] Engels Ziel war es, und daran erinnerte er auch Laura Lafargue während einer Streitphase mit Schwester Eleanor um das Erbe des Vaters: *„Alles, was wir anstreben, ist, das Andenken an Mohr in würdiger Weise zu verewigen.“*[433]

Friedrich Engels musste nach dem Tod der Überfigur Karl Marx, ob er wollte oder nicht, die „erste Geige“ spielen und durfte sich nicht, wie er es viel lieber getan hätte, *„auf den reinen Stubengelehrten zurückziehen“*. Seinem Freund Becker gegenüber legte Friedrich Engels sein Vermächtnis ab: *„Ich habe mein Leben lang das getan, wozu ich gemacht war, nämlich zweite Violine spielen, und glaube auch, meine Sache ganz passabel gemacht zu haben. Und ich war froh, so eine famose erste Geige begleitet zu haben wie Marx. Wenn ich nun aber plötzlich in Sachen der Theorie Marx‘ Stelle vertreten und erste Violine spielen soll, so kann das nicht ohne Böcke abgehen, und niemand spürt das mehr als ich.“*[434] Pflichtbewusst wie er war, nahm er die Führungsrolle an und das bedeutete Anfragen aus aller Welt zu beantworten. Um die Probleme der Arbeiter in den einzelnen Ländern besser verstehen zu können, informierte er sich umfassend über die dort herrschenden politischen und wirtschaftlichen Umstände. Zu diesem Zweck hielt er sich *„an Tageszeitungen 3 deutsche, 2 englische, 1 italienische und … die Wiener Tageszeitung, insgesamt 7. An Wochenzeitungen erhalte ich 2 aus Deutschland, 7 aus Österreich, 1 aus Frankreich, 3 aus Amerika (2 in Englisch, 1 in Deutsch), 2 italienische und je eine in Polnisch, Bulgarisch, Spanisch und Tschechisch; davon sind drei in Sprachen, die ich erst allmählich lerne.“*[435]

Nicht nur um das schriftliche Vermächtnis des Freundes kümmerte sich Engels, sondern auch um Helena Demuth. Die langjährige Haushälterin hätte sonst nach 38 Jahren im Dienst der Familie Marx ohne soziale Absicherung auf der Straße gestanden, es sei denn Laura Lafargue hätte sie zu sich nach Paris geholt. Friedrich Engels nahm die 63-Jährige bei sich auf und übertrug ihr die Aufsicht über seinen Haushalt. Sieben Jahre lang bildeten die beiden eine harmonische Wohngemeinschaft.

Mit der tatkräftigen Helena an seiner Seite machte sich Engels an das mühsame Sortieren des Nachlasses, der auf dem Dachboden des Marxschen Hauses lag. Helena staubte die alten Papiere ab, bevor Engels die fast unleserliche Handschrift von Marx zu entziffern suchte. Ein Jahr lang waren sie beschäftigt, bevor sie den Nachlass in sechs großen Kisten auf Engels‘ Dachboden deponieren konnten.

Die *„höllisch viele“* Arbeit, die Engels *„völlig überlastete“*, wurde durch eine schwere Erkrankung im Herbst unterbrochen. Mehrere Wochen lang musste der Kranke auf dem Sofa bewegungslos liegen, um eine *„lästige und vernachlässigte chronische Krankheit“*, eine Leistenentzündung, auszukurieren. Die *„alte Geschichte“* hatte er sich in Manchester durch einen Sturz vom Pferd bei der Fuchsjagd zugezogen. Um sein Arbeitspensum absolvieren zu können, stellte er Oskar Eisengarten, einen sozialdemokratischen Flüchtling, ein, dem er täglich von Juni 1884 bis November 1885 mehrere Stunden lang seine Exzerpte diktierte. „Das Kapital“, Band II, kam im Juli 1885 heraus, Band III in zwei Teilbänden im Dezember 1894 und im März 1895. Seinen Plan, eine Biografie über Karl Marx zu schreiben, konnte Friedrich Engels aus Zeitmangel nicht verwirklichen, obwohl er eine Menge an Material für die Zeit vor 1848 auf dem Dachboden des Marxschen Hauses gefunden hatte.

TEIL VII – WEGGEFÄHRTINNEN

Das Frauenbild von Friedrich Engels

Friedrich Engels liebte und verehrte Frauen und machte, wie sein englischer Freund Julian Harvey meinte, den Eindruck eines Gentleman. In seinem großbürgerlichen Elternhaus hatte man Friedrich seit Kindertagen vorgelebt, dass sich ein Herr gegenüber einer Dame zuvorkommend, ritterlich und höflich zu verhalten habe.

Friedrichs Bild der Frau wurde insbesondere durch seine Mutter geprägt. Sie lebte vor, dass eine Frau auch im Rahmen der ihr zugewiesenen traditionellen Rolle eine selbstbestimmte, selbstbewusste Persönlichkeit sein konnte. Ihre Briefe aus den Revolutionsjahren 1848/49 beweisen ihre Willensstärke und Durchsetzungskraft. Von ihr, nicht nur vom Vater, erbte Friedrich die Kämpfernatur.

Starke Frauen wie seine Mutter Elise, Schwester Marie, seine Lebensgefährtinnen Mary und Lizzie und Frau Marx schätzte Friedrich Engels, aufmüpfige, in der Öffentlichkeit für Frauenrechte kämpfende Frauen hingegen gefielen ihm nicht. Frauen wie Annie Besant oder Gräfin Gertrud Schack von Wittenau-Guillaume, beide engagierte Frauenrechtlerinnen und Aktivistinnen, begegnete er mit *„instinktiver Misogynie“* und nannte sie abwertend *„Mütter“*. Von *„Mutter“* Florence Kelley-Wischnewetzky fühlte sich Friedrich sogar in seiner Ehre als Gentleman herausgefordert. Engels hatte versucht, seine Amerikareise 1888 geheimzuhalten, weil er frei herumreisen, Freunde besuchen und *„nicht in die Hände der Herren deutschen Sozialisten geraten“*[436] wollte oder in die amerikanischer Ladies. Das war ihm nicht gelungen und sorgte für Unmut. Die SLP*-Aktivistin Kelley-Wischnewetzky hatte mit seinem Besuch bei sich in Long Branch gerechnet und als er nicht erschien, ihm *„Etikettenbruch und Mangel an Galanterie gegen ladies“* vorgeworfen. Daraufhin erklärte Engels fast beleidigt seinem Freund Sorge, er *„erlaube aber nicht den Women-Rights-Madämchen, von uns Galanterie zu verlangen: wollen sie Männerrechte, sollen sie sich auch als Männer behandeln lassen.“*[437] Eine über-

* Sozialist Labor Party

hebliche Aussage: Waren das Recht auf politische Mitbestimmung, insbesondere das Wahlrecht, das Recht auf Bildung, auf Ausbildung und Arbeit außerhalb von Haushalt und Familie, das Recht auf eigenen Besitz nur Rechte, die ausschließlich den Männern zustanden?

Auch Engels' Vorstellungen zur Gleichberechtigung der Frau waren interessant. In einem Briefentwurf an Frau Schack formulierte er: *„Eine wirkliche Gleichberechtigung von Frau und Mann kann nach meiner Meinung erst eine Wahrheit werden, wenn die Ausbeutung beider durch das Kapital beseitigt und die private Hausarbeit in eine öffentliche Industrie verwandelt ist."*[438] Hinweise, wann und wie dies erreicht werden könnte, gab Engels nicht; vermutlich sah er diese neue Zeit mit der sozialen Revolution anbrechen. Auch in diesem Zusammenhang sprach er nicht von der Emanzipation der Frau oder ihrer Gleichstellung, sondern dass die Hausarbeit in eine öffentliche Industrie verwandelt werden sollte – was immer das heißen sollte.

Friedrich Engels rüttelte nicht an der gesellschaftlichen, rechtlichen, ökonomischen und politischen Dominanz des Mannes; er forderte nicht die Gleichstellung und Gleichberechtigung von Mann und Frau im öffentlichen Leben ein; er tastete nicht die vermeintlichen Vorrechte des Mannes in der Gesellschaft an, sondern sah es als gegeben an, dass Männer die Angelegenheiten von Frauen regelten. In der Diskussion über ein Verbot der Prostitution bzw. härtere Strafen für Prostituierte und Zuhälter in Deutschland sprach er sich dafür aus, die *„Interessen der Mädels selbst, als Schlachtopfer der heutigen Gesellschaftsordnung, ins Auge zu fassen und sie vor dem Verlumpen möglichst zu schützen"*[439]. Die Bezeichnung *„Mädels"* zeigt, dass er diese Frauen nicht als mündige Wesen ansah.

Das soziale Schicksal der bürgerlichen Frau berührte ihn vor allem dann, wenn diese im Falle einer Scheidung *„ihre ganze Stellung"* verlor und vor dem Nichts stand. Er empfand es als Unrecht, dass beispielsweise Karl Kautsky nach seiner Scheidung wie gewohnt in alten Bahnen weitermachen konnte, während dessen geschiedene Frau Louise sich ein neues Leben aufbauen musste. Engels erkannte in einzelnen Fällen durchaus die Leistungsfähigkeit von Frauen an; so wählte er einmal eine Frau, einen *„alten Besen"*, in die Schulaufsicht mit der Begründung, sie leiste mehr als alle ihre männlichen Mitbewerber zusammen.

„Frauenemanzipation", Zeichnung von Friedrich Engels

In seinem Privatleben fand Friedrich Engels nach eigenem Bekunden Frauen aus dem Proletariat ehrlicher, treuer, spontaner und natürlicher als die *„schöngeistigen und klugtuenden"* bürgerlichen Frauen. Er sprach es zwar nicht offen aus, aber er fand „Frauen aus dem Volk" sexuell anziehender. Die Arbeiterinnen Mary und Lizzie Burns waren seine Geliebten, mit Grisetten hatte er sich in Paris als junger Mann vergnügt; nur einmal scheint er ernsthaft in eine bürgerliche Frau verliebt gewesen zu sein.

In seiner Schrift „Der Ursprung der Familie, des Privateigenthums und des Staats" (1884) beschäftigte sich Friedrich Engels mit der gesellschaftlichen Stellung der Frau. Er meinte im Rahmen seiner Darstellung der historischen Rolle der Frau herausgefunden zu haben, dass in der Urgesellschaft Frau und Mann gleichberechtigt gewesen seien. Das *„Weib"* in wilden und barbarischen Gesellschaften habe, schrieb er, im Gegensatz zu der *„Dame der Zivilisation"* eine freie, hochgeachtete Stellung gehabt. Die bürgerliche *„Dame"* hingegen, umgeben von Scheinhuldigung und wirklicher Arbeit entfremdet, habe bei genauerer Betrachtung im Vergleich zu der Frau in der Vorzeit eine unendlich niedrigere gesellschaftliche Stellung. Die hart arbeitende Frau in der *„Barbarei"* sei die *„wirkliche Dame in ihrem Volk"*.

Die Degradierung der Frau zu einem *„minderen Wesen"* sei erst mit der männlichen Dominanz im Wirtschaftsleben erfolgt. Die ökonomische Vorherrschaft des Mannes habe nicht nur zur Sklavenhaltergesellschaft geführt, sondern auch zur *„Sklaverei"* in den privaten Verhältnissen. Engels schrieb: *„Der erste Klassengegensatz, der in der Geschichte auftritt, fällt zusammen mit der Entwicklung des Antagonismus von Mann und Weib in der Einzelehe, und die erste Klassenunterdrückung mit der des weiblichen Geschlechts durch das Männliche."*[440] Die weltgeschichtliche Niederlage des weiblichen Geschlechts sei mit dem Umsturz des Mutterrechtes erfolgt. In der patriarchalischen Gesellschaft sei die Frau nur noch eine *„Sklavin"* der männlichen Lust, entwürdigt und geknechtet, *„ein bloßes Werkzeug der Kindererzeugung"*. Dazu trage auch die Monogamie bei, die zu Prostitution und zu Ehebruch führe, für den allerdings nur die Frau drastisch bestraft werde. Der Bourgeois sehe in seiner Frau ein bloßes Produktionsinstrument und um seine Lust zu befriedigen, verführe er bürgerliche Ehefrauen und bediene sich der Proletarierinnen.

Engels kam zu dem Schluss, das Familienglück sei zu einer ehelichen Gemeinschaft mit *„bleierner Langeweile"* verkommen, zu einer *„Paarungsfamilie"*. *„Konvenienz-Ehen"* würden aus Gründen des Klassenerhalts und des Geldes geschlossen.

Wie schon im „Kommunistischen Manifest" sprach Engels in „Der Ursprung der Familie, des Eigenthums und des Staates" die Befreiung der Frau an. Er hoffte, mit der politisch-gesellschaftlichen Revolution erfolge auch eine sexuelle Revolution. Diese sollte zu einem ungenierteren Umgang der Geschlechter miteinander führen und die Diskussion beenden, ob der Verlust der Jungfräulichkeit der Frau eine Frage der Ehre und eine Schande für die Familie sei.

Vielleicht sah sich Friedrich Engels als Vorreiter für ein neues Modell des Zusammenlebens; für ihn waren Liebe und Freiwilligkeit die Basis für sein Zusammensein mit „seinen Frauen". Das traf aber, wie er in seinem Umfeld vorgelebt bekam, auch auf viele zivilrechtlich geschlossene Ehen zu. Seine Eltern, Schwester Marie und Emil Blank, Karl und Jenny Marx hatten aus Liebe geheiratet, nicht wegen des Geldes oder des Klassenerhalts.

Die Ungleichheit der Geschlechter und die Unterdrückung der Frau, so Engels in seiner Schrift weiter, sei ein vorübergehender Zustand, denn im Zuge der allgemeinen Befreiung des Arbeiters aus der kapitalistischen Unterdrückung werde auch die Frau befreit. Der letzte Rest der Männerherrschaft werde zerstört, da mit dem Übergang der Produktionsmittel in Gemeineigentum auch die Einzelfamilie zu existieren aufhöre; die Pflege und Erziehung der Kinder werde zur öffentlichen Angelegenheit.

Die von Engels und Marx propagierten sozialistischen Vorstellungen wurden nach dem Zweiten Weltkrieg im neu gegründeten Staat Israel aufgegriffen. Es wurden ländliche Kollektivsiedlungen, Kibbuzime, mit basisdemokratischen Strukturen gegründet. Es war eine klassenlose Gemeinschaft im Kleinen mit kollektiv organisiertem Leben. In dieser klassenlosen Gesellschaft sollten auch die Frauen den Männern in allen Belangen gleichgestellt sein. Dies erinnert an die Vision einer kommunistischen Gesellschaft, in der nach Marx jede-r frei sein sollte, um: *„Heute dies, morgen jenes zu tun, morgens zu jagen, nachmittags zu fischen, abends Viehzucht zu treiben, nach dem Essen zu kritisieren, wie ich gerade Lust habe."* [441]

Trotz aller großen Worte über die Befreiung der Frau und über die von Tabus befreite Sexualität achtete Engels bei den von ihm wirtschaftlich abhängigen Frauen streng auf die Einhaltung moralischer Maßstäbe. Ein Dienstmädchen, das mehrere Jahre bei ihm zu seiner Zufriedenheit gedient hatte, wurde entlassen, weil es schwanger war. Und er drängte seine Nichte Pumps auch zur Heirat mit Percy Rosher, als sie schwanger wurde. Die bürgerliche Fassade musste gewahrt bleiben, wenn Friedrich Engels sich anderen gegenüber in der Verantwortung sah.

Friedrich Engels war heterosexuell; er konnte ausschließlich die Sexualität zwischen Frau und Mann akzeptieren. Homosexualität, die gleichgeschlechtliche Liebe zwischen Männern, sah Engels als *„widernatürlich"* an. Mit Karl Marx war er sich einig: *„Die Päderasten fangen an sich zu zählen und finden, dass sie eine Macht im Staat bilden... Guerre en cons, paix trous-de-cul** wird es jetzt heißen. Es ist nur ein Glück, dass wir persönlich zu alt sind, als dass wir noch beim Sieg dieser Partei fürchten müssten, den Siegern körperlich Tribut zahlen zu müssen ... Uns armen Leuten von vorn, mit unsrer kindischen Neigung zu Weibern, wird es dann schlecht genug gehen."*[442] Entsprechend dem Sprachgebrauch der damaligen Zeit machte Friedrich Engels keinen Unterschied zwischen homosexuellen Männern und Päderasten.

Die verehrte Frau Marx

Friedrich Engels begegnete Jenny Marx zum ersten Mal im April 1845 in Brüssel. Er kannte die Liebesgeschichte seines Freundes Karl mit der Baronesse Jenny von Westphalen, der *„Ballkönigin"* und dem *„schönsten Mädchen von Trier"*, und das Happyend mit Hochzeit nach sieben Jahren Verlobung. Die schöne, kluge Frau nahm auch Friedrich Engels für sich ein. Vielleicht machte Jenny einen Teil der Faszination aus, die Marx auf ihn ausstrahlte. Eine Frau, eine Adlige, die aus Liebe zu seinem bürgerlichen Freund Karl Marx ein entbehrungsreiches Leben abseits ihres privilegierten Standes auf sich nahm, war für Friedrich Engels etwas Besonderes und sprach seine mitfühlende Seite an.

* Krieg den vorderen, Friede den hinteren Körperöffnungen

In Brüssel erschien Engels täglich bei ihr zuhause, um mit Karl das erste gemeinsame Werk „Die Heilige Familie" zu konzipieren. Die enge Arbeitsbeziehung konnte Jenny akzeptieren, aber zu viel Nähe und Vertrautheit zwischen den beiden behagte ihr nicht; sie wollte ihren Mann nicht mit einem anderen Menschen teilen. Ihr missfiel vermutlich auch, dass sich Engels ganz in ihrer Nähe mit seiner irischen Geliebten Mary Burns niedergelassen hatte. Sie wahrte Distanz zu dem Paar. Sie blieb auch, wie es der Etikette der damaligen Zeit entsprach, ein Leben lang beim „Sie".

Die 68 Briefe, 12 von Engels, 56 von Jenny, die sie sich zwischen 1849 und 1878 schrieben, zeigen, dass ihre Beziehung im Laufe der Jahre immer vertrauter und tiefer wurde; so löste *„mein lieber Herr Engels"* die Anrede *„Lieber Herr Engels"* ab und *„ihr treuer Engels"* die steife Grußformel *„Ganz der Ihre. Engels"*. Es gab ein starkes Band zwischen Jenny und Friedrich: Sie stimmten in ihrem politischen Denken und ihren Zielen überein, und beide fühlten sich demselben Mann eng verbunden.

Es war kein regelmäßiger Briefwechsel. Jennys Briefe waren von der Notwendigkeit bestimmt. Sie schrieb auf *„hohen obrigkeitlichen Befehl"*, wenn Marx im Lesesaal des Britischen Museums war *„und … da seine Zeit tot … schlägt"* [443], wenn Bitten um Geld und Artikel oder Krankenberichte und Dankesschreiben für Genesungswünsche oder Geschenke anstanden.

Den Briefwechsel eröffnete Ende Juli 1849 Friedrich Engels aus seinem Asyl in der Schweiz. Besorgt bat er Frau Marx in Paris, ihm doch mitzuteilen, ob es ihrem Mann gut gehe und dieser nicht, wie er gehört habe, in den Nachrevolutionswirren verhaftet worden sei. *„Ich habe oft daran gedacht, daß ich mitten unter den preußischen Kugeln an einem weit weniger gefährlichen Posten war als die andern in Deutschland und namentlich Marx in Paris"* [444], sinnierte Engels, der 1849 an vier bewaffneten Kämpfen teilgenommen hatte. Beide Männer überstanden die unruhigen Zeiten ohne Blessuren und Verhaftungen und trafen sich in London im Herbst 1849 wieder.

Die ersten Zeilen von Frau Marx waren einem Brief ihres Mannes beigelegt. Sie dankte Engels für seine Anteilnahme und seinen Trost nach dem Tode des ersten Kindes, das sie zu Grabe tragen musste. Föxchens Leben hatte Engels von der Geburt am Guy Fawkes Day 1849 bis zum Tod im November 1850 begleitet; daher konnte er den Verlust und die Trauer Jennys nachempfinden. In ihrem Brief ging Jenny auch auf Engels' neue Tätigkeit bei Ermen & Engels ein und prophezeite ihm, wie bereits erwähnt, er werde sich in der Textilbranche durchsetzen und ein großer *„Cotton lord"* werden. Aber er solle der *„alte Fritze bleiben"* und sich *„der heiligen Sache der Freiheit nicht entfremden"*. Einmal in Plauderlaune, ergänzte sie die Ausführungen ihres Mannes zur *„hiesigen Schmiere"* und klatschte über Freund und Feind. Besonders dürfte Engels gefreut haben zu lesen, dass alle in der Familie, auch Jenny, ihn vermissten, die Kinder viel von ihm plauderten und der „Musch", Sohn Edgar, mit größtem Vergnügen aus voller Kehle das Lied *„Gott grüß Dir Bruder Straubinger"* singe, das ihm *„Onkel Angels"* beigebracht hatte. Musch hing besonders an Friedrich, wie die Mutter ein anderes Mal verriet: *„Colonel Musch schreibt täglich drei Briefe an den Frederik in Manchester und klebt alte stamps mit der größten Gewissenhaftigkeit darauf."* [445]

Fürchtete Frau Marx, von Engels als zu strenge Gattin wahrgenommen zu werden, griff sie zur Feder. *„Karl, der père"* hatte sich zur Jahreswende 1851/52 bei einer *„nächtlichen philosophischen Wanderung mit dem ‚Neffen des Erzbischofs'"*, so stark erkältet, dass er drei Nächte lang *„phantasiert"* hatte und *„sehr schlimm"* war. Um bei Engels nicht als eine Ehefrau dazustehen, die ihrem Mann einen vergnügten Abend in Männergesellschaft nicht gönnte, stellte Jenny klar, sie habe nicht *„wegen der kleinen Kneiperei"* gezürnt, sondern nur mit ihrem *„hohen Herrn etwas"* geschmollt. Es ist nachvollziehbar, dass die Frau von den Folgen dieser Zechtour nicht begeistert war. Sie durfte den Kranken pflegen und seine schlechte Laune ertragen; denn Marx war ein schwieriger, ungeduldiger Patient. Engels antwortete umgehend auf Jennys *„angenehmen Brief"* und hoffte, dass der *„pater familias"* sich wieder *„von seinem Straf- und Schmerzenslager"* erhoben habe.

Lange Zeit blieb es Jenny Marx erspart, einen Bittbrief an Engels schicken zu müssen, aber Ende April 1853 war sie gezwungen *„um Geldsachen"* an ihn zu schreiben, obwohl es ihr *„furchtbar unangenehm"* war. Karl litt seit Wochen unter einem Leberleiden und konnte folglich nicht arbeiten und nichts verdienen. Jenny selbst fühlte sich so elend, dass ihr die Kraft fehlte, ihre desolate häusliche Lage zu schildern; sie beschränkte sich auf die kargen Worte: *„Ausmalen, wie es hier aussieht, kann ich nicht“*. Sogar der Bäcker hatte ihnen wegen Zahlungsunfähigkeit die Brotlieferung aufgekündigt, aber dank Sohn Musch hatten sie noch für zwei, drei Tage das notwenige Grundnahrungsmittel. *„Gestern hat der Musch ihn noch abgewehrt, indem er dem Bäcker auf seine Frage: 'Is Mr. Marx at home' anwortete: 'No, he a'nt upstairs' und dann mit seinen drei Broten unter dem Arm pfeilschnell davonlief und seinem Mohr erzählte“*[446], berichtete sie Engels, dem die Cleverness des sechsjährigen Musch gefiel. Engels half umgehend; er konnte Frau Marx nicht im Stich lassen und Musch und seine Geschwister nicht hungern lassen.

Dass Frau Marx wie eine Löwin ihren Mann verteidigte, stellte Engels immer wieder fest. Im September 1853 hatte ein *„kleiner Vorfall“* bei Marxens für größte Aufregung gesorgt. Karl hatte eine spanische Grammatik von Wilhelm Wolff ausgeliehen, die dieser vor seiner Übersiedlung nach Manchester zurückforderte. Marx versicherte gegenüber Engels, man habe „lupus“ freundlich erklärt, ihm die Grammatik zurückgegeben zu haben, und doch habe dieser es gewagt, ihm zu unterstellen, die Grammatik *„verkloppt“* zu haben. Der Vorwurf war nicht ganz aus der Luft gegriffen, denn die finanzielle Lage von Marx war desaströs. Er selbst hatte nachweislich aus Geldmangel Bücher verkauft.

Bevor „lupus“ ihren Karl bei Engels in ein schlechtes Licht setzen konnte, worüber Engels sich wahrscheinlich nur amüsiert hätte, meldete sich Jenny bei ihm brieflich. Sie bat ihn bei der Klärung des Vorfalls zu helfen; denn sie sei noch immer entsetzt über Wolffs *„bäuerisch rohen Ton“*, sein *„flegelhaftes Auftreten, brutales Schreien“*, und dies alles *„in meiner und der Kinder Gegenwart“*. Engels hielt sich zurück. Obwohl er Wolff fast täglich sah, spielte er die Freunde Marx und Wolff nicht gegeneinander aus. Die Zeit ließ den Konflikt als das erscheinen, was er nach den Worten von Marx letztendlich war, eine *„dumme Geschichte“*. Die Familie Marx kehrte wieder zum vertrauten Umgang mit „lupus“ zurück. Wolff erfuhr vielleicht von der ganzen Erregung nichts, weil Engels schweigen konnte.

Ein wichtiges Thema in dem Briefwechsel Jenny Marx – Friedrich Engels spielte die Korrespondententätigkeit von Marx für die „New-York Daily Tribune“. Auf Geheiß ihres Mannes fragte Jenny im Mai

1854 in einem kurzen Brief den *„lieben Herrn Engels“,* ob er einen Artikel für die „Tribune“ schreiben könne, weil sonst die *„Lücken in der Kasse … gar zu groß“* würden. Als Grund für Karls Arbeitsunfähigkeit gab sie *„heftiges rheumatisches Zahn-Ohren-Gesichtsweh“* an. Wegen der schrecklichen Schmerzen könne der Mann erst Schlaf finden, wenn er die „spanische Fliege“, d.h. Opium genommen habe. Obwohl Engels sofort zwei Pfund schickte, musste Jenny ihn wenige Tage später, so *„fatal“* es ihr war, *„tribulieren“*, einen weiteren Artikel *„zu fabrizieren“,* egal, worüber. Der Gesundheitszustand von Marx erforderte über Jahre, dass Jenny den treuen Helfer immer wieder um *„Hilfsartikel“* für die „Tribune“ bat. War Engels selbst leidend, zeigte Jenny zwar Verständnis, wenn er ihrem Wunsch nicht entsprechen konnte, aber gleichzeitig unterstrich sie die Dringlichkeit ihrer Bitte, indem sie knapp die Befindlichkeit von *„Chaley“* umschrieb. Er leide unter *„Zahn-, Ohren-, Augen-, Hals und Gott weiß was noch für Wehen“* und müsse unbedingt einen Zahn gezogen bekommen, scheue sich aber noch davor. Da dieser Krankenbericht nur kurz nach dem doch eigentlich gesundheitsfördernden Umzug in eine luftige Gegend erfolgte, rätselte Engels in seiner Antwort, warum die ländliche, romantische Umgebung und die Landluft in Grafton Terrace bei der Familie Marx nur *„Unwohlsein, geschwollene Köpfe und gestörte Verdauung“* mit sich brächten. Die Beschwerden von Frau Marx hingen nicht mit der neuen Wohngegend zusammen, sondern mit ihrer Schwangerschaft. Am 7. Juli 1857 brachte sie ihr siebtes und letztes Kind zur Welt. Es atmete nur *„einmal“,* um dann *„hinausgetragen zu werden zu den andern 3 lieben Geschwistern“,* notierte sie in ihren „Erinnerungen“. Engels schickte ihr nach diesem traurigen Ereignis zur Aufheiterung eine Kiste Wein und sie bedankte sich herzlich für den *„grün versiegelten Sherry“*, den *„blasslila Portwein“* und den Bordeauxwein, der sie *„in seiner roten Farbe anlächle“.*

Engels zeigte sich stets mitfühlend und auch das Ehepaar Marx nahm durchaus Anteilnahme an seinen Krankheiten. Frau Marx bekundete sogar einmal, ihr Mann sei ganz angegriffen *„durch Ihr Unwohlsein“.* Zur Linderung seiner Beschwerden ließ ihm das Ehepaar Marx ein spezielles Augenwasser zukommen. Als Engels 1857 monatelang an einem Drüsenfieber litt, recherchierte Marx laut Aussage seiner Frau im Britischen Museum nach dem besten Heilmittel und fand heraus, dass nach

Ansicht der Ärzte Eisen die beste Medizin war, effektiver als Lebertran. Engels hielt nicht viel von dem neuen Wundermittel.

Im April 1858 hinderten Galle- und Leberbeschwerden Marx an der Fertigstellung seines Buches „Zur Kritik der politischen Ökonomie" und an seiner Korrespondenzpflicht für die „New-York Daily Tribune". Frau Marx musste bei Engels um einen Beitrag anfragen. Dieser konnte wegen heftiger Zahnschmerzen nicht pünktlich liefern und gab stattdessen den vernünftigen Rat, Marx solle für solche Notfälle ein *„sujet in petto"* haben, damit er immer *„liefern"* könne. Jenny dürfte ähnlich gedacht haben. Das war möglich, da die Berichte von Engels und Marx nicht tagesaktuell sein konnten, weil sie per Eisenbahn und Schiff mehrere Tage unterwegs waren, bevor sie bei der „New-York Daily Tribune" eintrafen.

Um nicht dem Verdacht ausgesetzt zu sein, er wolle sich drücken oder habe keine Lust oder kein Thema für einen Zeitungsbeitrag, ging Engels in seinem Brief ungewohnt ausführlich auf seine Befindlichkeit ein. Körperlich habe er sich gut von der langwierigen Krankheit des vergangenen Jahres erholt, aber sein Gedächtnis sei lückenhaft und er sei *„abends sehr dumm und schlaff"*. Wenn er dann doch arbeite, leide er unter *„großer Aufregung und Schlaflosigkeit"*.

Bettelbriefe zu schreiben, lastete schwer auf Jenny. *„Sie glauben nicht, lieber Herr Engels, wie peinlich es Karl und mir ist, Ihnen beständig so lästig zu werden und mit jedem Brief durch eine neue Hiobsbotschaft an Ihre Freundschaft und Güte zu appellieren*[447], gestand sie im September 1859. Durch ihr eigenes Versäumnis war eine Schuldensache vor das Amtsgericht, den County Court gekommen. *„Die Geschichte ist umso ärgerlicher, als ich nur 5 Minuten zu spät kam, sonst hätte mir der Richter sicher auch, wie beim ersten Fall, das Recht monatlicher Zahlung zugestanden"*[448], schrieb sie, ohne die Hintergründe zu erläutern. Ausgerechnet in diesen Tagen voller Anspannung schickte Engels erst nach einer Abmahnung Jennys den dringend benötigten Artikel. Immerhin entschuldigte er sich in aller Form *„wegen meiner Vergesslichkeit"* und bedauerte, *„dass der Mohr schließlich Sie in Bewegung"* setzen musste, *„um den betreffenden Artikel aus mir zu extrahieren."*[449] Engels sollte doch nur einen Artikel *„fabrizieren"*, oder *„vielleicht etwas Gekohle über den Angriff auf Venedig"*. Engels war immer willens, seinen Beitrag zu leisten, aber er erwartete von Marx im Gegenzug, seine groß

Jenny Marx

angekündigten Pläne zu realisieren. Ungewohnt deutlich kritisierte er es im August 1860 als *„Unsinn“*, dass Marx noch immer keinen Verleger für seine Schrift „Herr Vogt“ gesucht habe. Engels schrieb weiter, wenn die Veröffentlichung sich wegen der Gründlichkeit des *„Herrn Mohr“* hinzöge, sei niemand außer Marx selbst daran schuld. Das Interesse des Lesers an der Kontroverse Marx-Vogt sei zeitlich begrenzt. *„Wir machen immer die famosesten Sachen, aber wir sorgen stets dafür, dass sie nie zur rechten Zeit kommen, und so fallen sie alle ins Wasser“*[450], stellte Engels nüchtern fest. Jenny dürfte nach diesen klaren Worten ihren Mann zur Fertigstellung gedrängt haben, mit Erfolg. Anfang Oktober 1860, für Marx sehr flott, wurden bereits die Korrekturbögen durchgesehen und das Buch „Herr Vogt“ erschien noch im Oktober.

Carl Vogt, Wissenschaftler und „einst neben Robert Blum Führer der Linken in der Frankfurter Nationalversammlung“, hatte Karl Marx beschuldigt, ein „Agent“ im Dienst der österreichischen Regierung und Anführer der Schwefelbande zu sein. Der Vorwurf traf Marx hart, er tobte, litt und ließ alle anderen Projekte ruhen, um seine Verteidigungsschrift zu schreiben, in der er mit Vogt abrechnete. Es blieb nicht bei einer schriftlichen Replik, sondern Marx strengte einen Prozess gegen die Berliner „National-Zeitung“ *„wegen übler Nachrede“* an, weil diese Vogts Anschuldigungen aufgegriffen hatte. Marx‘ juristisches Vorgehen war vergeblich, die Rechtsanwaltskosten erheblich und trieben das Ehepaar Marx noch weiter in die Finanzmisere.

Die „Vogt“-Angelegenheit hatte die nervlich instabile Jenny Marx so mitgenommen, dass sie im November lebensgefährlich an den Schwarzen Pocken erkrankte. Engels nahm großen Anteil und schickte zur Genesung *„guten, reinen“* Wein, der im Familienkreis sofort getestet wurde; danach seien die *„trinkfreudigen“* Kinder *„kreuzfidel“* zu Bett gegangen. Einige Flaschen des Weines *„ganz ohne Säure und sehr angenehm im Geschmack“* hielt Jenny *„als Sorgenbrecher für meinen baldigen Strohwitwenstand“* zurück. Karl Marx hatte seine Frau über Wochen aufopferungsvoll gepflegt hatte und damit einher war ein *„Aufhören aller Einnahmequellen“* gegangen. Um Geld zu beschaffen, brach er nach einem *„recht traurigen, sorgen- und angstvollen Winter“*, wie Jenny die Monate nach ihrer Pockenerkrankung umschrieb, Ende Februar 1861 zu einer zweimonatigen Holland- und Deutschlandreise auf. Während seiner

Abwesenheit erkrankte das treue Hausmädchen Helena Demuth lebensgefährlich. Engels ahnte, dass Marx die Familie mit wenig Geld zurückgelassen hatte und schickte Jenny 50 Pfund und einige Pfundnoten für Lenchens *„comforts"* wie Kohlen für ein warmes Zimmer, Wein und den Luxusartikel eau de Cologne. Jenny schrieb voller Dankbarkeit an Engels, den Retter in ihrer Not: *„Wie soll ich Ihnen für all die Liebe und Treue danken, mit der Sie uns seit Jahren in unsern Leiden und Nöten zur Seite gestanden haben! Ich war so froh, als ich das Fünffache sah von dem, was ich erwartet hatte, es wäre Heuchelei, das nicht einzugestehn, und doch war meine Freude gering gegen die Lenchens. Wie freudig leuchteten ihre fast erloschenen Augen auf, als ich herauflief und ihr sagte: Engels hat 5 (Pfund) geschickt für deine comforts."* [451] Zur Erleichterung aller überlebte die treue Hausmagd.

Während in London größte Sorgen herrschten, verbrachte Marx vergnügte Tage in Holland bei seinem Onkel Lion Philips und seiner liebreizenden Cousine Nettchen und angenehme Wochen in Berlin bei Lassalle und der Gräfin Hatzfeldt. Jenny erhielt nur kurze Berichte, Engels keine einzige Zeile. Aber sie erfuhren aus den Zeitungen eine höchst interessante Neuigkeit über den Mann und Freund: Karl Marx, war zu lesen, wolle nach Berlin übersiedeln und habe einen Antrag auf Wiedereinbürgerung gestellt. Jenny sah sich gemüßigt Engels gegenüber klarzustellen, dass es sich um eine Falschmeldung handele. Karl habe sich nur um eine Renaturalisation in Preußen bemüht, um zusammen mit Lassalle in Berlin eine Zeitung herausgeben zu können. Sie gestand zugleich, sie könne die Eile ihres Mannes nicht nachvollziehen, wieder *„königlich-preußischer ‚Untertan'"* zu werden, denn sie habe nicht die geringste Sehnsucht nach Deutschland zurückzukehren, und ihre Töchter schon gar nicht. Jenny und Karl Marx waren seit 1845 staatenlos und blieben es, da ihnen sowohl Preußen 1860 als auch England 1869 die Staatsbürgerschaft verweigerten.

Bei Geldmangel und Krankheiten konnte Jenny zur Feder greifen, aber der plötzliche Tod von Mary Burns, der Lebensgefährtin von Engels, Anfang Januar 1863 war ihr keine Zeile wert. Erst nach Monaten meldete sie sich bei Engels, um ihn zu unterrichten, dass bei Marx zwei Blutgeschwüre auf der Backe und ein riesiges, bereits entzündetes auf dem Rücken ausgebrochen waren, die ihn daran hinderten, an dem *„unseligen Buch"* zu arbeiten. „Das Kapital", räumte sie ein, sei noch immer nicht fertig und lastete wie *„ein Alp auf uns allen"*. Der Arzt habe die Karbunkel aufgeschnitten und zur Kräftigung gutes Essen, Stout und Portwein empfohlen. Jenny bat den Freund *„zur Hülfe zu kommen"* und *„bitte sofort"* Wein zu schicken. Jede Flasche aus seinem Weinbestand sei besser als der billige, den sie sich leisten könnten. Noch rekonvaleszent, musste Karl Marx im Dezember nach Trier eilen, um an der Beisetzung seiner Mutter teilzunehmen. Engels schickte nicht nur das Reisegeld für Karl, sondern unaufgefordert 10 Pfund an Jenny, damit diese nicht völlig mittellos in London zurückblieb. Jenny rechnete ihm hoch an, dass er auch an sie dachte und bedankte sich dafür, dass *„nicht beständig an Ihre Freundschaft appelliert werden muß."*[452] Die Summe reichte nicht lange, und da Karl von Trier aus noch kein Geld aus dem Erbe nach London schicken konnte, musste sich Jenny wieder direkt an Engels wenden, nachdem sie erfolglos versucht hatte, *„hier und da kleine Schulden zu machen"*. Sie gestand: *„Sie ahnen nicht, wie schwer mir diese Zeilen werden und wie ich lieber alles andre täte als stets Freunden lästig zu werden – doch ich kann nicht anders. Bitte schicken Sie mir ein paar £."*[453]

Auf der Rückreise nach London erkrankte Karl wieder so schwer an Karbunkeln, dass er bei Onkel Lion Philips in Zaltbommel für zwei Monate verweilen musste. Trotz Krankheit verbrachte er ein angenehmes Weihnachtsfest im Kreise der reichen Verwandtschaft, während Jenny und die Töchter eine einsame, *„freudarme"* Zeit durchmachten. Sogar ihren 50. Geburtstag im Februar 1864 musste Jenny Marx ohne *„ihren Herzens-Karl"* verbringen.

Größer als die Trauer um Karls Mutter war die Freude über das Erbe, dem einige Monate später ein Geldsegen nach dem Tod von „lupus" folgte. Endlich konnte Jenny Geld ausgeben und sich bei Engels erkenntlich zeigen. Sie ließ ihm ein Fischbesteck mit dem Wunsch *„bon apetit zum Sonntags-Fisch"* zukommen.

Engels blieb seiner Gewohnheit treu und ließ der Familie Marx auch in diesem Jahr 1864 einen Geschenkkorb mit alkoholischen Getränken zum Weihnachtsfest zukommen. Der neue Prinzipal bei Ermen & Engels schickte Champagner und die Familie Marx ließ *„gleich den ersten Stopfen springen"*. Das prickelnde Gesöff brachte sie *„fidel"* ins neue Jahr 1865. Eine weitere Weinsendung mit 6 Flaschen Bordeaux und 6 Flaschen Portwein kam Mitte Mai an, als Marx wieder gefährlich an

Karbunkeln erkrankt war. Die Ehefrau berichtete, dass der Kranke sogleich ein Glas des *„ehrwürdigen 47ger Bordeauxwein mit großem Genuß verschluckt“* habe. Detailliert schilderte sie die wenig appetitliche Operation eines riesigen Karbunkels, der nach Aussage des Arztes hätte gefährlich werden können. Bei Karl Marx traten Karbunkel immer dann auf, wenn er großen nervlichen Belastungen ausgesetzt war. Ein Stressfaktor aus Jennys Sicht war, dass ihr Mann sich mit *„den Geldverhältnissen abängstigt ...Seit der Amerikanischen Geschichte und dem Versiegen aller regelmäßigen Subsistenzquellen hat er keine Ruhe mehr gehabt.“*[454] Die Korrespondenztätigkeit für die „New-York Daily Tribune“ und die „Wiener Presse“ hatte im Frühjahr 1862 geendet. Es ist möglich, dass Frau Marx den Freund auf neuerliche Geldforderungen vorbereiten wollte. Fast unvorstellbar, aber dem Ehepaar Marx war es gelungen, innerhalb eines einzigen Jahres 1.400 Pfund auszugeben. Keine Erbschaft war mehr in Sicht und die Hoffnung auf Einnahmen durch eine rege Nachfrage nach dem „Kapital“ nicht gegeben, da das Manuskript noch immer nicht abgeschlossen war. Da Jenny sehr wohl wusste, dass Engels auf Fertigstellung des Buches drängte, beruhigte sie ihn im Januar 1866 mit dem Hinweis, es liege *„schon ein ganzer schwerer Haufen zum Druck parat“*, aber neue Karbunkel hinderten ihren Mann am zügigen Weiterarbeiten. *„Das zu anhaltende Sitzen und Schreiben bis tief, tief in die Nacht hinein und die damit verbundene Aufregung sind sicher Schuld an dem neuen Ausbruch der Krankheit“*[455], begründete Jenny das Wiederauftreten der lästigen, schmerzhaften Hautkrankheit. Engels zeigte Verständnis, schickte Wein und Geld und erhielt von Jenny Dank und die Mitteilung, Karls Blut sei in völliger Dekomposition und er magere zusehends ab. Marx musste zur Kur nach Margate, erholte sich auch recht gut, zog sich aber wegen des kalten, windigen und regnerischen Wetters Rheumatismus in der Schulter zu und so heftiges Zahnweh, dass er die Kur vorzeitig abbrechen musste. Engels hatte in der Zwischenzeit Jenny zwanzig Pfund zukommen lassen, für die sie sich von Herzen mit den schönen Worten bedankte: *„Was fängen wir ohne Sie an?, da Karl seit Jahren durch das Aufhören der Amerikanischen Korrespondenz und Krankheit so gänzlich hilflos ist.“*[456] Ein halbes Jahr später rief sie in einem Dankschreiben für 10 Pfund und einen Weinkorb mit Hochheimer-Rheinwein aus: *„Wie sollen wir Ihnen für alle Ihre Freundschaft danken!“*[457] Das war nicht möglich, die Freundschaft und die Hilfsbereitschaft von Engels waren einmalig.

In ihren Briefen hielt Jenny den Freund über alle wichtigen Ereignisse in ihrer Familie auf dem Laufenden, weil sie wusste, *„welch' ein Interesse Sie an allem nehmen was uns betrifft"*. Sogar in eine Westphalsche Familienangelegenheit, die sie schrecklich aufregte, weihte sie Engels ein. Im Nachlass ihres 1855 verstorbenen Onkels, Heinrich Georg von Westphalen, waren die Erinnerungen ihres Großvaters aus dem Siebenjährigen Krieg aufgefunden worden. Philipp Westphal hatte sich als Privatsekretär und Berater des Herzogs von Braunschweig große Verdienste erworben und war zum Dank zum „Edlen von Westphalen" erhoben, d.h. geadelt worden. Jenny hatte in einer Vollmacht ihrem Stiefbruder Ferdinand, bis 1858 preußischer Innenminister, alle Rechte bezüglich der Regelung des Erbes überlassen. Aber sie sei, schrieb sie Engels, nicht willens stillschweigend hinzunehmen, dass der devote Ferdinand „seinem König" Friedrich Wilhelm IV. die kostbaren Erinnerungen zum Geschenk machte. Das war nicht der Fall. Vier Jahre später veröffentlichte Ferdinand die Aufzeichnungen in drei Bänden unter dem Titel „Christian Philipp von Westphalen: Geschichte der Feldzüge des Herzogs Ferdinand von Braunschweig-Lüneburg im siebenjährigen Krieg". Wieder musste sich Jenny maßlos ärgern. Im Vorwort hatte der Bruder, Sohn aus der ersten Ehe ihres Vaters, eine Familienchronik derer von Westphalen zusammengestellt, und in seinem Überblick die zweite Ehe von Johann Ludwig von Westphalen gänzlich verschwiegen. Demnach existierten Jenny und ihr Bruder Edgar genealogisch überhaupt nicht, sie waren nach Aussage von Jenny schlichtweg um ihr *„Dasein"* gebracht worden. Vermutlich wollte Ferdinand keine Spur in der Öffentlichkeit legen, die zu seiner Halbschwester führte, die mit dem berühmt-berüchtigten Karl Marx, dem „Staatsfeind Nr.1", verheiratet war. Jenny betonte, sie stehe über dieser Sache, aber man müsse Vater und Mutter ehren, und da der Halbbruder dies nicht getan habe, müsse er dafür *„büßen"*. Große Worte, die Engels gegenüber gut klangen und moralische Überlegenheit suggerierten, aber nicht die geringste Konsequenz für den Bruder hatten. Womit sollte Jenny einem gutsituierten ehemaligen preußischen Innenminister, der allgemein als erzkonservativ, aber persönlich als integer galt, in dieser Sache drohen oder schaden können? Die Aufregung legte sich.

Hatte Jenny bei Engels zurückhaltend den adligen Bruder kritisiert, zügelte sie sich ihm gegenüber nicht, wenn es um Ferdinand Lassalle ging. Dessen parvenühaftes Angebertum forderte die feine Dame von Westphalen zu hämischen, fast schon gehässigen Äußerungen heraus. Ungeprüft wiederholte sie in einem Brief an Engels die Behauptungen eines Lassalle-Gegners. Lassalle, kolportierte sie, trinke ständig Champagner, gebe sich „Ortolan dinners" hin, spiele beständig auf der Börse, werfe mit Geld um sich, allerdings nur für sich; andern gegenüber sei er empörend geizig. Unterstütze er einmal arme Arbeiter, mache er eine Show daraus. Die Arbeiter hätten dies erkannt und mit dem Genießer Lassalle gänzlich gebrochen. Das traf nicht zu, wie die Trauer der Arbeiter nach Lassalles Tod bewies.

Friedrich Engels war ein gern gesehener Gast bei der Familie Marx und entsprechend groß war die Enttäuschung, wenn er, wie an Weihnachten 1859, seinen geplanten Besuch wegen Veränderungen im Comptoir bei Ermen & Engels absagen musste. Wenigstens war *„er so frei"* eine Kiste mit Champagner, Bordeaux- und Portwein zu schicken und Jenny in seinem Begleitschreiben über ihren Kummer wegen Ferdinand Freiligrath, den er seit Jugendtagen aus Barmen kannte, hinwegzutrösten. In süffisantem Ton mokierte er sich über den Dichter, der es gewagt hatte, zum Gedenken an die verstorbene Johanna Kinkel, Frau ihres „Feindes" Gottfried Kinkel, ein Gedicht zu verfassen. Seine Worte über den *„feisten Philister"* Freiligrath hätten ihr gutgetan, schrieb Jenny in ihrer Antwort; denn sie habe sich vor allem darüber geärgert, dass sie sich über dieses *„Gesindel"* so *„schrecklich geärgert"* hatte. Ihr war bewusst, dass sie den *„ganzen Dreck humoristischer"* genommen hätte, wenn es ihr materiell besser gegangen wäre, aber der Humor gehe bei so viel Misere *„flöten"*. Daher sei ihnen auch der *„Weihnachtshamper"* so gelegen gekommen, der ihnen, obwohl sie kein *„Christbäumchen"* gehabt hätten, doch noch einen heiteren Heiligen Abend bereitet habe.

Die finanzielle Lage des Ehepaares Marx entspannte sich mit Engels' Rückzug aus dem Geschäftsleben und dem festen Betrag, den er ihm regelmäßig zukommen ließ. Wie sehr Jenny seine Anwesenheit in London herbeisehnte, ließ sie ihn wenige Monate vor seinem Umzug wissen. Nachdem sie, was sehr selten vorkam, über ihren Mann geschimpft hatte, dass dieser sich nicht schone, *„auf Mord und Brand Russisch"* lerne, ungesund lebe, huste, wenig ausgehe und unregelmäßig esse, gestand sie: *„Wie oft habe ich Sie, lieber Herr Engels, seit Jahren im stillen hierher gewünscht!! Manches wäre anders.“* [458] Allerdings bat sie um Vertraulichkeit und Verschwiegenheit, da ihr Mann im Moment *„so leicht irritiert“* sei und *„sich sehr“* über sie *„ärgern“* würde. Auf Engels war Verlass.

Natürlich musste der Freund auch erfahren, dass Jenny und Karl am 1. Januar 1870 zum zweiten Mal Großeltern geworden waren. Die Großmutter hoffte, dass die rasche Kinderfolge nicht anhalte, *„sonst könnte man ja bald singen 1,2,3,4,5-6-10 little nigger-boys!“* [459]

Karl Marx hatte angeboten, sich für Engels und Lizzie nach einem geeigneten Haus in London umzusehen. Er trödelte so, dass Engels ihn ermahnen musste, endlich voranzumachen, da er sein Haus in Manchester bereits aufgekündigt hätte. Jenny übernahm die Wohnungssuche und fand mit Unterstützung des Dienstmädchens Helena und der Töchter Jennychen und Eleanor ein entzückendes Objekt in *„wunderschöner freier Lage“*. Es lag dicht am Primrose Hill und am Regent‘s Park in der Nähe des Zoologischen und Botanischen Gartens und in der Nähe gab es Einkaufsgelegenheiten für *„Ihre Frau“*. Engels vertraute Jennys Geschmack und mietete das Haus aufgrund ihrer Beschreibung: Im Souterrain sei eine große Küche mit großem Herd, ein großes Badezimmer mit großer Badewanne und Kamin, eine Außenküche, Schränke zur Aufbewahrung, ein Kohlenkeller und ein tiefer liegendes Verlies, das sich wegen seiner Kühle als Weinkeller eigne. Der Garten sei klein, reiche nur zum Wäschetrocknen. Im Erdgeschoss seien zwei durch Flügeltüren getrennte Stuben, von denen die hintere statt der Fenster ein hübsches Greenhouse habe. Vom Frontfenster aus habe man die herrlichste und freieste Aussicht auf die schöne Umgebung. Im ersten Stock, der bel étage, sei ein großes und ein kleineres Zimmer, geeignet zum Wohnen und Essen, und im zweiten Stock befänden sich zwei große und ein kleineres Schlafzimmer. Jenny bot an, bis das Haus bezugsfertig sei, Engels, Lizzie, die sie als *„Frau Engels“* akzeptierte, und deren Dienstmädchen Sarah bei sich unterzubringen. Sie versicherte, gerne alle notwendigen Botengänge zu übernehmen, dann habe sie einen *„nützlichen Vorwand“* für ihre *„Wanderungen“* durch London.

Neben dem Thema Haus und Umzug war für Jenny und Friedrich Engels in diesem Sommer 1870 der preußisch-französische Krieg das vorherrschende Thema. Die Sicht auf den Krieg war im Hause Marx indifferent: Jenny hoffte 1870 auf einen Sieg der ihr an sich so verhassten Preußen und deren Verbündeter, während Tochter Jennychen unter dem *„Downbreak ihrer Lieblingsnation"*, der *„grande nation"* Frankreich, litt. Frau Marx war sich mit Engels einig, die Franzosen verdienten die preußische Zuchtrute. Engels hatte, wie bereits erwähnt, mehrere Artikel zur Kriegslage in der Presse unterbringen können und nachdem seine Prognosen zum Kriegsverlauf durch das aktuelle Geschehen bestätigt wurden, verhalten stolz geschrieben: *„So was ist reines Glück und imponiert dem Philister enorm."* [460]

Mit Engels' Umzug brach der Briefwechsel bis auf drei Briefe von Ferienaufenthalten ab. Einmal informierte Engels von Ramsgate aus Frau Marx, *„Lehnchen"*, die bei ihm zu Gast war, könne aus Krankheitsgründen nicht pflichtgerecht ihren Dienst in London aufnehmen. Im Juli 1877 meldete Jenny von einem Kuraufenthalt mit Lizzie, mit der sie inzwischen befreundet war, dem besorgten Mann, es gehe *„seiner Frau"* sehr viel besser, sie sei *„nicht mehr so beklemmend kurzatmig"*, könne längere Spaziergänge absolvieren und *„traktiere … uns heute mit einer Ente."* Da sie wusste, dass Engels auch ihr Wohlbefinden interessierte, fügte sie an, sie könne erstmals seit Jahren auf Pillen und Medizin für ihre Magen- und Darmbeschwerden verzichten.

Der Briefwechsel zwischen Jenny Marx und Friedrich Engels endete mit einem Brief, den Jenny im September 1878 aus traurigem Anlass von ihrem Seeaufenthalt aus Malvern schreiben musste. Es war ein Kondolenzschreiben nach dem Tod von Lizzie Burns. Jenny gestand, sie habe zwar seit Wochen, seit Monaten mit dem Ableben Lizzies gerechnet, aber die Trauerbotschaft hätte sie doch sehr ergriffen. Aus Erfahrung wusste Jenny Marx, dass man sich immer Gedanken machte, ob man nicht noch mehr für den Menschen, den man verloren hatte, hätte tun können. In diesem Sinne schrieb sie dem trauernden Witwer: *„Der größte Trost, lieber Herr Engels, bleibt Ihnen in dem Bewusstsein alles was nur denkbar war in guten und bösen Tagen, in Wohlsein und Krankheit für die Dahingeschiedene getan zu haben."* [461] Diese Worte hätte man auch nach ihrem Tode sagen können; Friedrich Engels hatte auch für Jenny Marx alles nur Denkbare getan.

Die Marx-Töchter

Jennychen Longuet

Das erste Kind des Ehepaares Marx lernte Friedrich Engels in Brüssel kennen, als es ein Jahr alt war. Er hatte sich zwar im August 1844 in Paris bei Marx aufgehalten, aber dort weder Jenny Marx noch das am 1. Mai geborene Mädchen gesehen. Die junge Mutter war in höchster Not mit dem todkranken Säugling nach Trier gereist. Dank einer Amme und der Pflege von Großmutter und deren Dienstmädchen Helena Demuth überlebte das Baby.

Seinen ersten Geburtstag feierte das kleine Mädchen in Brüssel und Friedrich, der gerade dort eingetroffen war, wird ihm vielleicht ein Geburtstagsständchen gesungen haben. Jennychen war ein aufgewecktes, hübsches, hoch begabtes Mädchen und eine gute, fleißige Schülerin. Nur ihre Gesundheit bereitete zunehmend Sorgen. Schon als junges Mädchen litt sie an Asthma, und als Essstörungen hinzukamen und sie zusehends dünner wurde, erfuhr Engels vom besorgten Vater: *„Das Kind ist zu 'leicht' geworden ... Ich muß Dir offen sagen, daß ich in großer Angst bin wegen dem Kind. Das Abnehmen von Fleisch in diesem Alter scheint mir sehr bedenklich."*[462] Die Krankheitssymptome der 19-Jährigen weisen auf Magersucht hin. Engels schickte spezielle Weinpakete mit Portwein, Sherry und Claret für Jennychen und überwies Geld für eine Kur an der See. Zudem forderte er Vater Karl freundlich-scherzhaft auf: *„Du solltest als Haustyrann bei solchen Gelegenheiten durchgreifen."*[463] Er spielte darauf an, dass die Töchter nicht immer den gut gemeinten väterlichen Anordnungen folgten.

Jennychen überwand die gesundheitliche Krise mit Gartenarbeit und Sport. Sie besuchte mit ihren Schwestern einen gymnastischen Kurs, wie Engels Anfang 1865 von der stolzen Mutter erfuhr. Die 20-Jährige war eine vielseitige Turnerin, die in einem *„Bloomer Kostüm"*, d.h. in Hosen, Rock und Stiefeln *„sprang, schwebte und kletterte"*. Besonders imponierte der Mutter, dass sich ihre Älteste *„mit Händen und Füßen, Kopf, Hals usw. an einen Stuhl anbinden"* lasse und sie *„so gut mit den 'sperrets'* (steht)*, daß sie nur 1 Minute und oft weniger braucht, um sich aus* *den künstlichen und verstricktesten Banden loszumachen.“*[464] Diese Übungen stärkten Körper und Geist, freute sich die Mutter.

Zur Entspannung und Ablenkung arbeitete die junge Frau stundenlang in ihrem Greenhouse, pflanzte Weinreben und Schlingpflanzen, Tulpen, Krokusse und Hyazinthen, deren Duft das ganze Haus betörten. Jennychen war die künstlerisch talentierteste Marx-Tochter; ihre Zeichnungen zierten die Wände im Hause Marx und erfreuten als Geschenke, vielleicht auch Engels. Für Freund „lupus“ jedenfalls fertigte sie Nachzeichnungen der Raphael‘schen Madonnen an.

„Ihr Haupttalent“, so die Mutter, sei jedoch ihre *„tiefe, große Neigung zur dramatischen Darstellung, und in der Tat würde sie längst die Bühne betreten haben, wenn sie nicht Rücksicht auf die Familie genommen hätte.“*[465] Obwohl die Familie Marx das Theater liebte und die Tochter auch unterstützt hätte, war der Beruf der Schauspielerin kein ehrenhaftes Gewerbe für eine Marx-Tochter. Vermutlich veranlasste diese Einstellung Jennychen, auf eine Bühnenkarriere zu verzichten, auch wenn ihre Mutter als Grund deren schwache Konstitution angab. Erst zwei Jahrzehnte später lenkte Karl Marx bei Eleanor ein.

Wie ihre Schwestern hatte Jennychen das Schreibtalent ihrer Eltern geerbt und verfasste mehrere Artikel unter dem Pseudonym J. Williams, in denen sie die englische Politik in Irland kritisierte. Engels war begeistert und schrieb ihr: *„Mr. J. Williams hat allerdings einen famosen und wohlverdienten Erfolg … Bravo Jenny.“*[466] Für ihre politische Überzeugung ging sie auf die Straße und bekannte „Farbe“. Nach der Hinrichtung von drei irischen Freiheitskämpfern in Manchester im November 1867 trug sie, wie ihr Vater an Engels schrieb, schwarze Kleidung und ihr polnisches Kreuz an einem grünen Band. Das Kreuz erinnerte an den Aufstand der Polen 1830. Das Interesse an Irland gefiel Engels, in dessen Haus in diesen Tagen auch Schwarz und Grün vorherrschten, die irischen Nationalfarben. Zusammen mit Mutter und Schwester Tussy, die unter dem Einfluss von Lizzie Burns zu einer fanatischen Anhängerin der irischen Fenierbewegung geworden war, nahm Jennychen 1869 an einer Massendemonstration für die Freilassung irischer Freiheitskämpfer im Hyde Park teil. Tief beeindruckt wiederholte sie in einem Brief an die befreundete Familie Kugelmann die Parolen der Demonstranten: *„Haltet euer Pulver trocken! Ungehorsam gegen Tyrannei ist Pflicht gegen Gott“*

Jenny und Charles Longuet

und „Das Volk, das ein anderes Volk unterjocht, schmiedet seine eigenen Ketten.“ [467]

Jennychen hätte Karriere als Journalistin oder als Künstlerin machen können, aber die Umstände der Zeit verhinderten – abgesehen von einigen Ausnahmen – eine Berufstätigkeit von Frauen. Nach wie vor war die Bestimmung der Frau zu heiraten und Kinder zu bekommen. Immerhin rebellierte die älteste Marx-Tochter gegen dieses Frauenbild, als sie nach Beendigung ihrer schulischen Studien, statt nur ihrem Vater beim Kopieren, Recherchieren und seiner Korrespondenz sowie im Haushalt zu helfen, eine Stelle als Erzieherin in einem Privathaushalt annahm. Der Vater war mit dem Schritt seiner 24-jährigen Tochter nicht einverstanden, sah aber ein, wie er Engels wissen ließ, dass sie *„aus den 4 Wänden hier geschafft“* werden musste, weil ihre Mutter *„mit ihrem Jammer und ihrer Reizbarkeit und bad humour die Kinder zu Tod“* [468] quäle. Wieder war Frau Marx für die Störung des harmonischen Familienlebens verantwortlich. Jennychen verlor ihren Job drei Jahre später, nachdem ihre Arbeitgeberin *„die entsetzliche Entdeckung gemacht“* hatte, dass eine Tochter des berüchtigten *„Haupt-Petroleurs“* der *„verruchten Kommune-Bewegung“* ihre Kinder unterrichtet hatte.

Friedrich Engels und Jennychen hatten ein enges, liebevolles Verhältnis zueinander. Sie mochte seine heitere Art und war ihm dankbar für die Hilfe, die er ihrer Familie zukommen ließ. Als Marx 1867 endlich mit dem Manuskript des „Kapitals“ auf dem Weg zu seinem Verleger in Hamburg war, schrieb sie dem Vater, dass die Mutter von Engels 10 Pfund erhalten habe, weil *„der gute alte Kerl … verrückt vor Freude* (ist*). Er sagt, es hätte nichts ihn je so gefreut wie Dein letzter Brief.“* [469] Ob die Töchter von dem Ausmaß der finanziellen Unterstützung durch Engels erfuhren, ist nicht eruierbar, aber dass er ihren Eltern Geld zukommen ließ, war kein Familiengeheimnis.

Wie alle in der Familie begrüßte Jennychen Engels‘ Umzug nach London. An Ludwig Kugelmann schrieb sie, ihrem Vater gehe es gesundheitlich recht gut, er lebe sichtlich auf, *„eine Tatsache, die zweifelsohne zum großen Teil den energischen Maßnahmen zu danken ist, die unser guter ‘Doktor‘ Engels getroffen hat. Engels – oder ‘General Staff‘, welchen Titel wir ihm jetzt verliehen haben (den Generalstitel verdankt er seinen großen militärischen Leistungen in der Zeitung ‘Pall mall Gazette‘ und den Titel ‘Staff‘ dem* *komischen Fehler des 'Figaro', welches Blatt seine grobe Unwissenheit zeigte, indem es vom Generalstab (=Generall Staff) als von einer Person sprach) – wohnt jetzt ganz in unserer Nähe, und er tut Mohr besser, als ihm noch soviel Arznei täte, indem er ihn auf lange Spaziergänge mitnimmt. Wir sehen 'den General' jeden Tag und verbringen sehr fidele Abende miteinander.“*[470] An einem dieser fröhlichen Abende hätten Freund und Vater sogar „Die Wacht am Rhein“ nach einer Melodie von „Krambambuli“ gesungen.

Jennychen engagierte sich nach dem Zusammenbruch der Kommune 1871 zusammen mit Engels in der Flüchtlingsarbeit. Im Rahmen dieser Tätigkeit lernte sie Charles Longuet kennen und lieben. Engels blieb dies nicht verborgen und er klatschte bei Laura: *„Bei Euch zuhause herrscht jetzt großer Jubel seit der Geschichte mit Longuet, und wenn zur Zeit Deiner Verlobung hier und da schlechte Witze gerissen wurden wegen casting sheep's eyes, so bist Du vollständig gerächt: Jenny leistet hierin das Mögliche.“*[471] Engels war mit der Wahl einverstanden, nannte den Bräutigam *„einen sehr liebenswürdigen Kameraden“*. Longuet glaubte als Franzose ein guter Koch zu sein, aber Engels konnte sich nicht enthalten an Laura zu schreiben, er sei gespannt, ob das *„sol á la normand“* besser schmecke als das *„Boeuf á la mode“*, das er schon hatte probieren dürfen.

Im Oktober 1873 heirateten Jennychen Marx und Charles Longuet, im September des folgenden Jahres kam Sohn Charles zur Welt, der mit 10 Monaten *„an einer foudroyanten Cholerine“* starb. Engels, der die Tragödie aus nächster Nähe miterlebte, machte von seinem Urlaubsort auf der Insel Jersey der trauernden Mutter den Vorschlag, sie solle zu Lizzie und ihm kommen. Sie habe nach all dieser Anspannung und dem Kummer einen Aufenthalt an der See dringend nötig, sie brauche Luftveränderung und einen Wechsel der Umgebung. Jennychen nahm die Einladung des verständnisvollen väterlichen Freundes an. Tagsüber hielt sie sich tapfer, aber nachts konnte sie nicht schlafen. Engels zu ihrem Vater: Sie *„denkt die ganze Nacht an ihr totes Jüngelchen und da ist nichts zu machen.“*[472] Die Freude war groß, als Jennychen zwei Jahre später im Mai 1876 ihr zweites Kind zur Welt brachte, Jean Laurent Frederick, genannt Johnny. Den dritten Vornamen erhielt das Baby zu Ehren von Friedrich Engels.

Nach der Amnestie für die Kommunarden im Juli 1880 kehrte Charles Longuet nach Frankreich zurück und seine Familie folgte ihm im April 1881 nach. In ihrem neuen Wohnort Argentieul war Jennychen nicht glücklich. Ihr Mann arbeitete in Paris als Journalist, sie kümmerte sich um den Haushalt und die mittlerweile vier Kinder Johnny, Harry, Marcel und Edgar. Ihre Hoffnung, neben der Kindererziehung und dem Haushalt sich weiterhin journalistisch betätigen zu können, zerschlug sich; sie fühlte sich zu angespannt und überfordert. Zu dem Gefühl der *„Verdummung"* und des Verlassenseins kam Heimweh nach ihrem *„lieben, alten"* England und den Eltern, den Schwestern, Lenchen und Engels. Ein Besuch in London hätte ihren Schmerz lindern können, aber sie fühlte sich nicht in der Lage zu reisen. *„Ich bin elend und hoffnungslos nervös – fühle mich seelisch und körperlich unwohl"*[473], schrieb sie an Laura. Die junge Mutter litt zunehmend unter Unterleibsschmerzen, die mit der Geburt von Tochter Jenny im September 1882 nicht wie erhofft aufhörten, sondern schlimmer wurden. Engels nahm großen Anteil und tauschte sich mit Helena Demuth, deren Liebling Jennychen war, über den Zustand der jungen Mutter aus und versuchte *„meiner tapferen Jenny"* Mut zuzusprechen.

Jenny Longuet starb im Januar 1883 mit nur 38 Jahren an Unterleibskrebs. Friedrich Engels schrieb im „Sozialdemokrat" in einem Nachruf über „seine Jenny": *„Das Proletariat hat an ihr eine heldenmütige Kämpferin verloren."* Jenny Longuet sei *„inmitten der proletarischen Bewegung aufgewachsen und auf's innigste mit ihr verwachsen"* gewesen. Er rühmte, sie habe *„bei einer Zurückhaltung, die fast für Schüchternheit gelten konnte ... eine Geistesgegenwart und Energie"* entwickelt, *„um die mancher Mann sie beneiden durfte."*[474] Sie habe in der französischen Presse die *„infame Behandlung"* der im Zuchthaus sitzenden Feniers so eindrucksvoll geschildert, dass die englische Regierung gezwungen war, einen Großteil der Inhaftierten freizulassen. Engels erwähnte auch, dass Jenny bei einem Verhör durch französische Behörden im Sommer 1871 große Geistesgegenwart gezeigt habe, als sie einen Brief des gefallenen Kommuneführers Gustave Flourens in einer unbeaufsichtigten Minute in einem verstaubten Registerbuch, das im Verhörraum herumlag, versteckte. Wäre der Brief bei ihr entdeckt worden, hätte dies eine Deportation nach Neukaledonien bedeuten können. Es gibt auch die Version, Jennychen habe den Brief verschluckt. Am Schluss des Nachrufes wollte Engels dem alten, kranken Marx signalisieren, dass er nicht alleine war. Er schrieb: *„Ihr* *trauernder Vater hat wenigstens den Trost, dass Hunderttausende von Arbeitern in Europa und Amerika an seinem Schmerz Anteil nehmen."* [475] Karl Marx starb nur zwei Monate nach seiner geliebten Tochter im März 1883.

Friedrich Engels vergaß Jenny Longuet nicht. Er hielt Kontakt zu ihren Kindern, *„den armen Kleinen in Argentieul"*, sorgte dafür, dass sie Kuchenpakete aus London erhielten, lud sie zu sich nach Hause ein, wenn sie in London Tante Eleanor besuchten, und nahm sie zur Erholung mit an die See. Wie sehr er Jennychen in sein Herz geschlossen hatte, zeigte sein Testament: Er verfügte, dass ihre Kinder ein Viertel seines Barvermögens erben sollten.

Laura Lafargue

Friedrich Engels lebte bereits in Brüssel, als das zweite Kind von Jenny und Karl Marx, Tochter Laura, im September 1845 zur Welt kam; als Nachbar begleitete er das kleine Wesen ein Jahr lang; er hörte die kleine Laura ihre ersten Worte plappern und sah sie ihre ersten Schritte gehen.

Laura war wie ihre ältere Schwester eine gute Schülerin, bekam manche Auszeichnung und fiel durch musikalisches Talent auf. Bei einer „creation" * ihrer Schule sang sie zum Stolz der Mutter das große Sopransolo „on mighty pinions" **. In dem Institut für junge Ladies, das sie mit Schwester Jenny zusammen besuchte, lernte sie das, was für eine Ehefrau und Mutter nützlich war. Als einzige Marx-Tochter hatte sie mit der Rolle der Hausfrau keine Probleme, zeigte hausfrauliche Begabung. Ihre Mutter rühmte ihre Kochkünste, vor allem ihre Pasteten und Saucen, und Laura selbst meinte einmal, sie habe *„zur allgemeinen Zufriedenheit ... einen sehr schmackhaften und nicht besonders unverdaulichen Pudding"* [476] zubereitet.

Laura, nach der früh verstorbenen Schwester ihrer Mutter genannt, entwickelte sich zu einer schönen, klugen, *„sehr anmutigen"* Frau und soll „zufrieden mit pragmatischer Selbsterhaltung" gewesen sein. Sie

* Aufführung von Haydns „Schöpfung"

** „auf mächtigen Flügeln"

war die selbständigste der Marx-Töchter, emanzipierte sich früh von der Überfigur Karl Marx.

An Verehrern mangelte es ihr nicht. Im Frühjahr 1866 begegnete sie Paul Lafargue, einem jungen Medizinstudenten mit karibischen Wurzeln. Lafargue war von der Universität von Paris verwiesen worden, weil er sich während seines Studiums in der sozialistischen Bewegung engagiert und für das Studentenblatt „La Rive Gauche" geschrieben hatte, das von Charles Longuet ediert wurde, dem späteren Ehemann Jennychens.

Paul verliebte sich in Laura, die *„ihn wie die andern"* behandelte, aber, so Vater Karl zu Engels, *„die Gemütsexzesse solcher Kreolen, etwas Furcht, daß der jeune homme (er ist 25 Jahre) sich umbringen würde usw., etwas Zuneigung für ihn, kalt wie immer bei Laura (er ist ein hübscher, intelligenter, energischer und gymnastisch entwickelter Bursche) haben mehr oder minder zu einem halben Kompromiß geführt."*[477] Das Paar verlobte sich an Lauras 21. Geburtstag im September 1867, aber erst nachdem Engels' Einverständnis, sein *„consent da"* war. Engels erklärte sich mit Lauras Wahl einverstanden und schickte dem jungen Paar 50 Pfund zur Verlobung. Er ließ auch Marx größere Summen zukommen, damit dieser den zukünftigen Schwiegersohn bewirten und eine schöne Hochzeit ausrichten konnte. Am 2. April 1868 reiste Friedrich Engels nach London, um die standesamtliche Zeremonie und die Feier nicht zu versäumen. Eine kirchliche Trauung fand nicht statt. Dieser Verstoß gegen die Gepflogenheit hatte Mutter Jenny zunächst wegen der Nachbarn in Erklärungsnöte gestürzt. Da auch Marx keine geeignete Antwort wusste, wandte er sich an Engels, der ihnen kurzerhand empfahl: *„Den Philisternachbarn kann Deine Frau sagen, dieser Weg sei gewählt, weil Laura protestantisch und Paul katholisch ist."*[478] Ganz entsprach dies nicht der Wahrheit; es gibt keinen Hinweis, dass Laura überhaupt einer Religion angehörte.

Paul schloss in London sein Medizinstudium ab, wurde im Juli 1868 „Mitglied des königlichen Kollegiums der Wundärzte", war nach Marx *„patentiert zum Killing of men and beasts"*. Das junge Ehepaar kehrte in Pauls Heimat zurück. Am 1. Januar 1869 brachte die 24-jährige Laura ihr erstes Kind Charles zur Welt, am Neujahrstag des folgenden Jahres Tochter Jeanne. Das Baby lebte nur wenige Wochen.

In den Kriegswirren 1870 musste die Familie Paris verlassen, weil ihr Häuschen im Angriffsbereich der deutschen Truppen lag, und nach

Südfrankreich ausweichen. Laura verfolgte mit leidenschaftlicher Anteilnahme den Kommuneaufstand 1871 in Paris, an dem ihr Mann sich aktiv beteiligt hatte; sie bedauerte, dass sie an die Kinder gebunden war und nicht mitkämpfen konnte, um *„die Gefallenen zu rächen“*. In dieser unsicheren Zeit wollte sie als Frau eines Kommunarden und als Tochter des berühmten Chefs der Internationalen verteidigungsfähig sein. *„Ich habe vor, mich in den hiesigen Wäldern und auf den Fluren im Pistolenschießen zu üben, da ich sehe, wie tapfer sich die Frauen bei den kürzlichen Kämpfen schlugen, und man nicht weiß, was noch geschehen kann“*[479], schrieb sie im Juli 1871 aus ihrem Zufluchtsort in den Pyrenäen an ihren Vater. So viel Opferbereitschaft, so viel Leidenschaft für die revolutionäre Sache vernahmen die Eltern Marx gerne, aber sie wollten nicht, dass Laura sich in Gefahr begab. Auch Engels, der im Gegensatz zu Marx 1849 für die Revolution nicht nur mit der Feder, sondern auch mit der Waffe gekämpft hatte, dürfte von ihren Plänen nicht begeistert gewesen sein.

Laura machte Schlimmeres durch als Barrikaden- und Straßenkämpfe. Ihr drittes Kind Marc-Laurent, Ende Januar 1871 geboren, starb im Sommer 1871 und ein Jahr später Liebling Charles mit 3 1/2 Jahren. Laura bekam keine weiteren Kinder mehr. Drei Kinder hatte sie geboren und alle musste sie im Säuglings- bzw. Kleinkindalter begraben.

Laura und Paul kehrten nach London in die Nähe ihrer Eltern und Engels‘ zurück.

Wie seine Frau stand Paul bald in einem vertrauensvollen Verhältnis zu Friedrich Engels. Die beiden Männer vereinte die politische Grundeinstellung und die Freude am Genuss; so richtete Paul einen Brief an Engels, *„den großen Enthaupter von Champagnerflaschen, unermüdlichen Vertilger von ale und anderem gepanschten Zeugs“* und endete mit *„und möge der Gott der guten Zechereien über Euch wachen.“*[480]

Wie für Jenny und Karl war Friedrich Engels auch für Laura und Paul Ratgeber und Geldgeber. Engels half Paul, als dieser nach dem Tode seines Vaters im September 1870 sein Erbe über 4.000 Pfund, die u.a. in Hypotheken in Frankreich angelegt waren, ins sichere England transferieren wollte. Wie sein Schwiegervater bat auch Paul den spendablen Engels immer wieder um finanzielle Unterstützung. Er forderte 15 Pfund, 50 Pfund, 60 Pfund, weil das Ehepaar entweder im Mietrückstand war oder Laura neue Unterwäsche brauchte. Engels kam den

Bitten, manchmal auch Aufforderungen nach. Laura sollte es an nichts fehlen und sie sollte nicht in lumpigen Unterkleidern herumlaufen müssen. Als über einen längeren Zeitraum keine Geldforderungen von Paul bei Engels eingingen, war dieser so erstaunt, dass er Laura fragte: *„Braucht denn Paul kein Geld?"* [481]

Saß Paul Lafargue für seine politische Überzeugung im Gefängnis, und dies war mehrmals der Fall, sah es Engels als seine selbstverständliche Pflicht an, bei Bedarf Laura mit ausreichenden Geldmitteln zu unterstützen.

Nach dem Tode des Ehepaares Marx fühlte sich Engels für dessen Töchter Laura und Eleanor verantwortlich, auch wenn diese längst erwachsen waren. Er versuchte zusammen mit Helena Demuth für Frieden zwischen den Schwestern zu sorgen, als es zu Verstimmungen wegen unterschiedlicher Ansprüche bei der väterlichen Nachlassregelung gekommen war.

Engels und das Ehepaar Lafargue sahen sich selten, führten aber vor allem seit der Gründung der II. Internationalen einen sehr intensiven Briefwechsel; es ging neben der Politik um Lauras Übersetzungen, um Klatsch und um *„Wehklagen bei allen"*, als Lauras Hund Diana weggelaufen war oder gestohlen wurde. Engels schrieb an die *„liebe Laura"*, *„das liebe Löhr"* immer mit *„wahrer Freude"*. Seine Abschiedsformeln waren liebevoll und humorvoll; als er im März 1884 an starkem Rheumatismus litt, schickte er ihr *„eine Unmenge von Küssen von Nim und Deinem Dir zugeneigten alten Krüppel. F. Engels."* [482] Einen Brief an Paul unterzeichnete Engels im Januar 1872 erstmals mit *„Der General"*, dem Titel, den ihm die Familie Marx wegen seiner hervorragenden militärischen Expertisen im deutsch-französischen Krieg verliehen hatte.

Für Engels war es selbstverständlich, dass Laura nach dem Tode ihrer Eltern immer zu ihm kommen konnte. Da die Marx-Tochter sehr zurückhaltend war, ergriff Engels wiederholt die Initiative, um sie zu einem gemeinsamen Urlaub an der See oder zu einem Besuch bei sich in London zu überreden. Für diesen Fall wollte er *„eine Kiste des besten und superbesten Clarets"* besorgen, den sie *„sich dann still zu zweit zu Gemüte führen"* wollten. Er versuchte Laura zu sich zu locken, damit auch sie in den Genuss der neuesten technischen Errungenschaft kommen konnte. Engels hatte eine Warmwasserleitung in seinem Badezimmer installie-

Laura und Paul Lafargue

ren lassen und versprach Laura, sie könne jetzt jederzeit in seinem Hause ein warmes Bad nehmen.

Laura war wie ihre Schwestern eine politische Frau, nahm größten Anteil am politischen Geschehen, aber sie hatte selbst keine Ambitionen auf politische Ämter; das überließ sie ihrem Mann. Als Paul 1887 bei den Gemeinderatswahlen im Pariser Arrondissement Jardin des Plantes den zweiten Platz erreichte, gratulierte Engels *„le candidat du jardin des Plantes – et des Animaux“*. Aus heutiger Sicht fügte er sehr rassistisch klingend an: Da Paul, *„in seiner Eigenschaft als Nigger dem übrigen Tierreich um einen Grad näher steht als wir andern, so ist er unzweifelhaft der passendste Vertreter für diesen Bezirk.“* [483] Engels fand das witzig, und Laura wird derartige Sprüche über ihren Mann gewohnt gewesen sein. Schon ihr Vater hatte Paul einen *„Abkömmling eines Gorillas“* und *„Negrillo“* genannt. Paul war auf Kuba geboren; sein Vater war Franzose, seine Mutter eine Creolin, der er nach Aussage von Jenny Marx mit seinem *„dunklen, oliven Colorit mit den eigenthümlichen Augen“* sehr ähnlich sah. Paul selbst bezeichnete sich als „Mulatte“.

Laura liebte das Rampenlicht nicht, aber sie leistete ihren Beitrag zur Weiterverbreitung der Marxschen Theorie von zuhause aus, indem sie zur Freude von Engels das „Kommunistische Manifest“ aus dem Deutschen ins Französische übersetzte. Engels lobte ihre Arbeit sehr, wahrscheinlich auch ihre Übersetzung der Gedichte von Adalbert von Chamisso. Neben diesen geistigen Beschäftigungen erledigte Laura die Arbeiten, die in Haus und Garten anfielen. Zu Engels meinte sie einmal, eine Schreibfeder sei zu leicht für ihre Hand, die an Mopp und Teppichbesen gewöhnt sei – und später zusätzlich an das Hantieren mit Spaten, Rechen und Scheren in ihrem Garten. 1889 kam sogar Engels in den Genuss ihres Obstes. Helena Demuth hatte Laura während eines Besuches bei der Gartenarbeit geholfen und als Dank eine Kiste mit Obst in die 122, Regent‘s Park Road geschickt bekommen. Engels fand besonders die Weintrauben und Birnen köstlich.

Laura Lafargue, von Engels großzügig in seinem Testament bedacht, legte das Geld aus dem Erbe, wie es ihrem praktischen Sinn entsprach, gut an. Sie kaufte sich ein Haus in Draveil in der Nähe von Paris, ein stattliches Anwesen mit einem Haus mit dreißig Zimmern, einer Wohnung für den Gärtner, Nebengebäuden, Gewächshäusern, einer Orangerie, einem Park, der sich bis an die Seine und den Wald von Sénart erstreckte und einen Lustgarten, Gemüsegarten und Obstgarten, Hühnerhof etc. einschloss.[484] Dort empfing sie gemeinsam mit ihrem Mann Sozialisten aus aller Welt, auch Lenin und dessen Frau Nadeschka Krupskaja.

Im November 1911 begingen die 66-jährige Laura und Paul Lafargue gemeinsam Selbstmord. In ihrem Abschiedsbrief nannten sie als Grund für ihren Suizid, niemandem im Alter zur Last fallen zu wollen.

Eleanor Marx-Aveling

Friedrich Engels entwickelte auch zur jüngsten Marx-Tochter eine freundschaftlich-väterliche Beziehung.

Eleanor kam am 15. Januar 1855 zur Welt. Marx war zunächst nicht glücklich gewesen, dass seine Frau wieder ein Mädchen, *„leider of the sex par excellance"* geboren hatte, aber wichtiger war, dass Jenny mit 41 Jahren in fortgeschrittenem Gebäralter die Schwangerschaft und die Geburt gut überstanden hatte. Das Baby bekam nicht die ungeteilte Aufmerksamkeit der Eltern, denn bei Sohn Edgar, dem Musch, zeigten sich Anfang des Jahres erste Symptome der Krankheit, die im April zu seinem Tode führte. Während der Abwesenheit der Eltern, die bei Engels in Manchester nach dem Tode ihres Sohnes für einige Tage Trost suchten, versorgten Jennychen und Laura, 11 und 10 Jahre alt, das Baby *„ganz und gar und hielten die irische Amme unter strenger Aufsicht und Kontrolle, was bei ihren besondern Unarten und Angewohnheiten sehr nötig ist. Die Kinder des grünen Erin neigen gewaltig zu Gevatter Gin und Brandy."*[485] Die Mädchen mussten nicht die ganze Verantwortung übernehmen, Haushälterin Helena Demuth stand ihnen zur Seite.

Eleanor, nur Tussy im Familien- und Freundeskreis genannt, war ein vergnügtes *„bildhübsches"* Kind mit *„launigem Humor"*, das viel lachte und dem Vater *„manche Sorge wegschwatzte"*. Später sagte Karl Marx, von seinen Töchtern sei Jennychen ihm am ähnlichsten gewesen, aber Tussy: *„that's me"*.

Paul Lafargue nannte sie *„ein reizendes Kind mit sonniger Laune"* und ihr Vater schrieb an Engels über seine zweijährige Tochter, das *„Baby"* sei ein *„merkwürdiger Witzbold und behauptet, dass sie got two brains."*[486] Tussy hatte ein vorzügliches Gedächtnis und alle mussten sich mit dem, was sie sagten, in Acht nehmen, denn *„gleich plappert der Papagei alles nach"*. Ihre Muttersprache war das Englische, aber sie lernte zuhause natürlich Deutsch, das sie, so ihre Mutter, *„zu unsrer größten Belustigung mit einem starken foreign accent und so gewissenhaft korrect und regelmäßig spricht, wie … man sich eine Sprache durch Lehrer und Grammatik aneignet."*[487] Mit Begeisterung lauschte Tussy den Grimm'schen Märchen, die ihr in Deutsch vorgelesen wurden, und bemerkte sofort, wenn auch nur mit einem Wort vom Originaltext abgewichen wurde. Im Nibelungenlied gefiel ihr besonders Alberich mit der Tarnkappe, der König der Elfen und Zwerge. Als Engels einmal auf einen Brief von ihr nicht umgehend antwortete, rüffelte ihn der *„grimmige Gezwerg Albarich"*, wie sie sich selbst nannte. Aber sie lernte auch früh die englische Literatur kennen, und konnte, wie sie selbst später schrieb, schon als Kind ganze Passagen aus den Werken von Shakespeare deklamieren, der Marxschen „Hausbibel".

Tussy war am liebsten zuhause in der Nähe des Vaters und ging nicht gerne zur Schule. Sie hatte Wichtigeres zu tun, beispielsweise auf ihrer Schaukel zu sitzen, einem Geschenk von Paul Lafargue. *„Letzten Sonntag hat er wie ein Neger an der Schaukel gearbeitet. Das ganze Eisen ist jetzt mit hübschem crèmefarbenem Leder überzogen"*,[488] verriet Jennychen der kleinen Schwester, als diese in Hastings Ferien machte. Schule war für Tussy Zeitverschwendung und sie fand das intellektuelle Umfeld zuhause interessanter. Folgerichtig nannte die 10-Jährige in ihren „Bekenntnissen", das „Laster", das sie am ehesten entschuldige, sei *„Schulschwänzen"*. Die einzige Schule, die sie gerne besuchte, war die Turnschule, weil sie dort ihrer „Lieblingsbeschäftigung", dem *„Turnen"*, nachgehen konnte.

Ihre Bildungsgrundlage erhielt sie durch ihre Eltern, die Schwestern und gelegentlich durch „Onkel" Engels. Mit sechs Jahren konnte sie lesen und schreiben. Dennoch musste sie eine Schule besuchen, auch wenn ihre Eltern das Schulgeld häufig nur mit Engels finanzieller Unterstützung aufbringen konnten. Im Januar 1868 beispielsweise bat Marx ihn um 5 Pfund für die Schule und 5 Schilling für die Turnschule seiner Jüngsten.

Nach ihrem 14. Lebensjahr scheint sich das leidige Thema Schule für sie erledigt zu haben; jedenfalls gibt es keine Hinweise auf einen weiteren Schulbesuch. Ihre Schwestern hatten in diesem Alter noch eine typische Mädchenschule besucht, um in Singen, Zeichnen, Nähen, Piano spielen und Benehmen unterwiesen zu werden. Als Erwachsene erkannte Tussy, dass ihre Bildung rudimentär war, ihr eine systematische Ausbildung fehlte.

Statt weiterhin in eine Schule zu gehen, besuchte die Heranwachsende lieber Friedrich Engels. Engels war für sie kein Fremder; sie kannte ihn von seinen Besuchen bei ihren Eltern und sie hatte wie ihre Schwestern seit Kindesbeinen eine enge Beziehung zu ihm. Schon als kleines Mädchen hatte sie über die schönen bunten Briefmarken auf seinen Briefen gejubelt, mit denen sie spielen durfte, und über die Kisten und das Verpackungsmaterial seiner Weinsendungen, mit denen sie Hütten baute. Engels war für sie der Weinmann, den sie sogar aufforderte, ihrer Mutter zum Geburtstag Rotwein zu schicken. Ihr Wunsch wurde sicherlich erfüllt.

Seit Tussy über Pfingsten 1868 ihren Vater nach Manchester zu Engels hatte begleiten dürfen, sehnte sie sich dorthin. *„Das Tussychen setzte fast bös Blut hier im Hause mit seinem dithyrambischen Lob auf Manchester home und dem offen erklärten Wunsch, möglichst bald dahin zurückzukehren“*[489], schrieb Marx an Engels. Vater Karl verriet dem Freund auch, Tussy sei eine fanatische Anhängerin von Mrs. Lizzie, von Irland und von Friedrich Engels selbst. Eleanor setzte ihren Willen durch und durfte ein Jahr später alleine „Tante“ Lizzie und „Onkel“ Friedrich besuchen.

Die Heranwachsende genoss in Manchester den lockeren Lebensstil. Sie wurde wie eine junge Dame, nicht wie ein Kind behandelt, und sie durfte Alkohol trinken. Engels jedenfalls schrieb im Juli 1869 an Vater Marx, man habe ihm *„speziell aufgetragen“*, mitzuteilen, dass Tussy und ein anderes junges Mädchen, vermutlich die 12-jährige Pumps, dass *„diese beiden liebenswerten Damen“* jede zwei Glas Bier getrunken hätten. Ihrer Schwester Jenny berichtete Tussy stolz, sie hätte an einem besonders heißen Sommertag mit Lizzie und dem Dienstmädchen Sarah den ganzen Tag auf dem Boden gelegen und Bier und Weißwein getrunken. Als Engels abends von der Arbeit nach Hause gekommen sei, hätte er sie *„ohne Korsett, ohne Schuhe, mit nur einem einzigen Unterrock und einem Baumwollkleid an“* [490] angetroffen. Der lachte vermutlich und freute sich, dass die Damen entspannten. Das wäre im Hause Marx unmöglich gewesen, dort ging es steifer zu.

Später schrieb Eleanor, eine diesbezügliche Bemerkung von Vater oder Mutter mag ihr in Erinnerung geblieben sein, dass alle Frauen an der Seite von Friedrich Engels sehr dem Alkohol zugesprochen hätten. Sie selbst tat dies auch. Mit 14 Jahren trank sie Alkoholika und seit ihrem mehrwöchigen Aufenthalt Anfang des Jahres 1869 bei Laura in Paris frönte sie auch einem anderen Laster, dem Rauchen.

Engels sorgte nicht nur für leibliche Genüsse, sondern er animierte Tussy zum Klavierspielen und zur Lektüre von Werken seines Lieblingsschriftstellers Goethe. Sie las „Hermann und Dorothea“, den „Götz von Berlichingen“ und „Egmont“, aber auch die „Edda“ und die „Königsbücher“ des persischen Dichters Firdausi in der Übersetzung von Graf von Schack, die gerade in drei Bänden erschienen waren.

Tussy vermisste bei Engels nichts, nicht den Vater und nicht ihre Tiere. Sie wusste ihren Hund, die Katzen und ihren Vogel Dicky zuhause in guten Händen. Engels hatte in seinem Haushalt auch Hunde, u.a. Dido und Carlo, einen Kater Felix und sogar einen zahmen Igel. Der Igel faszinierte Tussy so, dass Engels sie über dessen Tod informierte.

Dass Tussy sich bei Engels so wohl, geborgen und verstanden fühlte, lag nicht nur an ihm, sondern auch an *„Tantchen“* Lizzie, die für das junge Mädchen eine Freundin wurde. Die Marx-Tochter wusste zwar, dass Engels‘ Lebensgefährtin eine *„ungebildete“* Arbeiterin war, aber sie war von deren Herzensbildung und Lizzies unbedingter Unterstützung für die irische Befreiungsbewegung fasziniert. Dieser von England geknechteten Insel gehörte Tussys ganze Sympathie; sie las den Irishman, eine irisch-nationalistische Zeitung, und verkündete im Alter von vierzehn Jahren: *„Früher hing ich einem Mann an, jetzt hänge ich an einem Volk.“* [491] Ihre Briefe an Lizzie, die Engels seiner Lebensgefährtin vorlesen musste, da diese Analphabetin war, unterzeichnete sie mit „F.F.“, Fenian Sister.

Tussy durfte Engels und Lizzie im September 1869 nach Irland begleiten, und es verwundert nicht, dass sich das junge Mädchen nach ihrer Rückkehr noch entschiedener für die Unabhängigkeit Irlands einsetzte.

Unter dem Einfluss von Lizzie und Engels (und ihrer Familie) entwickelte sich *„das junge wilde Mädchen"* zu einer *„Politikerin vom Scheitel zur Sohle"*, wie ihre Mutter an Liebknecht schrieb, und wurde zur *„personifizierten Internationalen Arbeiterassoziation"*.

Nach der Niederschlagung der Kommune 1871 flohen Hunderte von Kommunarden nach England, und in einen der Flüchtlinge, Hippolyte Prosper Olivier Lissagaray, einen französischen Basken, verliebte sich die 16-jährige Tussy. Engels, der täglich bei Marxens zu Besuch war, hatte ihre Verliebtheit früh bemerkt und war nicht überrascht, als er von ihrer zunächst heimlichen Verlobung erfuhr. Ihr Vater war mit der Liaison nicht einverstanden und wurde in seiner Ablehnung von Schwester Laura unterstützt. Lissagaray passte durchaus in die Familie Marx; er war politisch auf gleicher Längenwelle und über sein Buch „Histoire de la Commune", das 1876 in Brüssel erschien, meinte Jennychen, es sei als einziges *„kein reiner Plunder"*. Dennoch muss etwas gegen ihn gesprochen haben. Marx schrieb im Mai 1873 an Engels, er habe Tussy, nachdem diese ihn beschuldigt habe, ungerechtfertigt und unbegründet Vorurteile gegen ihren Verlobten zu haben, erklärt, dieser solle erst beweisen, dass er besser als sein Ruf sei, dass man irgendein Recht habe, sich auf ihn verlassen zu können und dass er statt Phrasen Beweise geben solle. Diese Begründungen sind zu allgemein, um die Ablehnung nachvollziehen zu können. Vater Marx beschloss zwar, *„wegen des Kindes sehr schonend und vorsichtig auf(zu)treten"*, aber der Konflikt zwischen ihrer Liebe zu Lissagaray und ihrer Liebe zu ihrem Vater zermürbte Tussy sichtbar. Die einst so vergnügte junge Frau zeigte Symptome von „Hysterie" und nervlicher Zerrüttung. Der besorgte Vater fuhr mit ihr nach Karlsbad und konnte bald Engels melden: *„Tussy befindet sich besser. Ihr Appetit wächst in geometrischer Proportion, aber das ist das Eigentümliche bei diesen Frauenkrankheiten, wo das Hysterische mit hineinspielt."*[492]

Eleanor Marx war wie ihre älteren Schwestern eine ansprechende Erscheinung, die sehr unterschiedlich wahrgenommen wurde; einmal wurde sie als schlankes, attraktives Mädchen vom „deutschen Typus" beschrieben, ein anderes Mal hieß es, sie habe den „jüdischen Typus" des Vaters geerbt. Ein russischer Besucher fühlte sich bei ihrem Anblick gar an das romantische Gretchen in Goethes „Faust" erinnert. Für Eduard Bernstein war sie *„ein blühendes Mädchen …, mit dem schwarzen Haar und* *den schwarzen Augen des Vaters, einer äußerst wohlklingenden Stimme, ungemein lebhaft, und* (sie) *nahm in sehr temperamentvoller Weise an unseren Unterhaltungen über Parteiangelegenheiten teil.“* [493]

Die Männer buhlten um ihre Gunst, trotz der Verlobung mit Lissagaray. Karl Hirsch beispielsweise, der später Pumps verehrte, schenkte Tussy zum 21. Geburtstag feinste Zigaretten und ein pince-nez, einen Nasenzwicker, ein sehr teures Geschenk. Hirsch soll sogar um ihre Hand angehalten haben.

Der weibliche Blick sah hinter die äußere Fassade. Auf Beatrice Potter wirkte Eleanor einnehmend, aber sie sei *„mit pittoresker Schlampigkeit gekleidet, das schwarze Lockenhaar in alle Richtungen zerstiebend. Die schönen Augen sind voller Leben und Mitgefühl, sonst hässliche Gesichtszüge, die Spuren einer ungesunden leidenschaftlichen Lebensweise zeigt, die durch Reizmittel aufrechterhalten und durch Betäubungsmittel eingedämmt wird.“* [494] Dem kritischen Blick dieser Frau war nicht entgangen, dass die eigentlich noch junge Frau mit 28 Jahren vor der Zeit alterte, weil sie sehr viel rauchte, viel Alkohol trank und Drogen in Medikamentenform einnahm.

Eleanor unterstrich mit ihrem Kleidungsstil ihr Nicht-Angepasstsein. Sie trug legere Kleidung und zwängte sich angeblich nie in ein Korsett, obwohl sie als 14-Jährige noch von einem Korsett gesprochen hatte, dessen sie sich entledigt hatte. Diese Rebellion nach außen hin verdeckte, dass sie seelisch instabil war. Der Zwiespalt zwischen kindlicher Pflicht und eigenen Lebensvorstellungen ließ sie unter „krankhafter Melancholie“ leiden. Nach dem Tode der Mutter im Dezember 1881 machte die 26-Jährige eine tiefe Sinnkrise durch, die sie krank werden ließ. Ihrer Schwester in Paris vertraute sie ihr Leid an, nicht ihren Ärzten, denn diese *„können oder wollen nicht sehen, daß seelische Bedrängnis genau so eine Krankheit ist, wie körperliche Beschwerden es wären.“* [495]

Eleanors Traum war es von klein auf gewesen, Schauspielerin zu werden und eine entsprechende Ausbildung zu erhalten; sie war in der „Neuen Shakespeare Gesellschaft“ und im „Dogberry Club“ aktiv gewesen, trat 1880 als Rezitatorin des „Rattenfängers von Hameln“ auf und stand erstmals im Juli 1881 als Schauspielerin auf der Bühne. Engels war unter den Zuschauern gewesen und berichtete dem abwesenden Vater, dass die *„Kleine“* schon viel Selbstbewusstsein gezeigt und *„ganz allerliebst“* ausgesehen habe. Sie sei gut in den leidenschaftlichen Szenen

Edward und Eleanor Aveling

gewesen, müsse aber noch einen eigenen Stil entwickeln, um in der Öffentlichkeit Eindruck zu hinterlassen. Ein Urteil, das sehr wohlwollend, aber durchaus kritisch war.

Karl Marx erkannte spät, dass seine Tochter litt, nicht weil sie Ruhe brauchte, wie er gedacht hatte, sondern Unruhe, Betätigung, Leben. Um sich nicht den Vorwurf machen zu müssen, das Glück seiner Tochter auf dem Familienaltar geopfert zu haben, damit er, der alte Mann, eine Gesellschafterin und Pflegerin hatte, akzeptierte er ihren Wunsch Schauspielerin zu werden. Mit seinem Einverständnis meldete sich Eleanor zur Schauspielausbildung bei Elisabeth Vézin an, die für ihre Mutter Jenny einst die *„beste … einzige vortreffliche Darstellerin Shakespear'scher Charaktere"*[496] gewesen war. Engels schien diese Entscheidung begrüßt zu haben, denn er erklärte sich bereit, die Schauspielstunden zu finanzieren. Eleanor lehnte ab. Sie wollte unabhängig sein, und um völlig frei und ohne Altlasten ihr neues Leben zu beginnen, löste sie nach 14 Jahren ihre Verlobung mit Hippolyte Prosper Lissagaray auf. Das Paar hatte sich auseinandergelebt.

Der Tod ihres Vaters im März 1883 ließ Tussy nicht, wie befürchtet, zusammenbrechen, sondern gab ihr die Gelegenheit, endlich ihr Leben selbst ohne Rücksichtnahme auf andere bestimmen zu können. Daher wehrte sie sich auch dagegen, von ihrer Aufgabe als Testamentsvollstreckerin vereinnahmt zu werden. An Laura, das einzige noch lebende Familienmitglied, schrieb sie: *„Natürlich kann ich mich nicht hinsetzen und nur das tun. Ich muß meine Unterrichtsstunden geben und mich soviel wie möglich um andere Arbeit bemühen. Ich weiß, dass Engels die Güte selbst ist und mir nie etwas fehlen wird, aber ich glaube, Du wirst verstehen, dass ich mehr denn je daran interessiert bin, meinen Lebensunterhalt selbst zu verdienen."*[497] Auf dem Dachboden im elterlichen Haus lagen Manuskripte, Zettelchen, angenagte Blätter und Briefe des Vaters, die entstaubt, sortiert, entziffert und geordnet werden mussten. Eleanor überließ den größten Teil der Arbeit Engels und Helena, aber sie las die Briefe ihrer Eltern, und im Einverständnis mit Laura verbrannte sie vermutlich manche Briefe, vor allem Briefe, die Engels nicht sehen durfte, weil die Eltern sich in verletzender Form über ihn geäußert hatten. *„Ich brauche Dir nicht zu sagen, daß ich mit der größten Sorgfalt darauf achten werde, daß unser guter General nichts sehen wird, was ihn verletzen könnte"*[498], versicherte sie Laura.

Die 28-jährige Eleanor vereinsamte nicht. Ein Jahr nach dem Tode ihres Vaters begann sie ein neues Leben an der Seite von Edward Bibbins Aveling, einer schillernden Persönlichkeit. Aveling, sechs Jahre älter als Eleanor, hatte Medizin studiert, in Naturwissenschaften promoviert und war Dozent am King's College in London. Seine Zuhörer begeisterte er durch interessante, humorvolle Vorträge. Beeindruckt von seiner Intelligenz und Redegewalt und fasziniert von seinem einnehmenden Wesen, verliebte sich die Marx-Tochter in ihn. Dass Aveling aufgrund einer Rückgratsverletzung leicht gekrümmt ging, interessierte sie nicht. Es störte sie auch nicht, dass er vor ihr mit der Sozialistin Annie Besant liiert gewesen und noch mit Isabell Campbell verheiratet war. Er lebte zwar von seiner Ehefrau seit langem getrennt, aber er ließ sich angeblich von ihr nicht scheiden, weil er sie beerben wollte. Edward Aveling muss das „gewisse Etwas" gehabt haben, das Frauen in seinen Bann zog. Henri Mayers Hyndman schrieb jedenfalls: *„Aveling war einer jener Männer, die eine für das männliche Geschlecht völlig unerklärliche Anziehungskraft auf Frauen ausüben. Hässlich und in gewissem Sinne sogar abstoßend, wie er aussah, genügte ihm nur eine halbe Stunde Vorsprung, um vor dem bestaussehenden Mann Londons ans Ziel zu kommen."*[499]

Eleanor sah in Aveling einen Seelenverwandten: Beide liebten das Theater, waren politisch auf einer Wellenlänge und Atheisten. Das Paar beschloss, ohne Trauschein in einer festen Beziehung wie Eheleute zusammenzuleben, wie einst Engels. Eleanor nannte sich seit Sommer 1884 stolz Mrs. Marx-Aveling.

Engels mochte Aveling und meinte, dieser sei der richtige Mann für Eleanor. Er verschloss Augen und Ohren, wollte nichts Negatives über Aveling hören, bis dieser 1886 für öffentliches Aufsehen sorgte, das auch Eleanors guten Ruf zu beschädigen drohte. Auf einer gemeinsamen Reise des Paares 1886 durch die USA lebte Aveling verschwenderisch auf Kosten der SLP, der Socialist Labor Party of America, Sektion New York, die ihn eingeladen hatte. Nach ihrer Rückkehr wurden Edward Avelings übermäßig hohe Geldforderungen an seine Gastgeber publik. In einem Artikel im „New York Herald", den der „Evening Standard" in London abdruckte, wurden mit Blick auf ihn Einladungen an Berufsagitatoren aus „abgenutzten Monarchien" als kostspieliger Luxus kritisiert. Aveling wurde vorgeworfen, er habe für 13 Vorträge 1300 Dollar verlangt, und das sei viel zu viel für einen Sozialisten, dem die Wohlfahrt der Armen am Herzen liege. „Vorträge über Sozialismus scheinen alles in allem ein lukratives Geschäft zu sein", hieß es. Außerdem wurde Aveling verübelt, dass er den Gastgebern die Reisekosten für seine Frau und 25 Dollar für ihre „Blumensträuße am Mieder" in Rechnung gestellt hatte.

Das Paar flüchtete sich nach seiner Rückkehr aus den USA zu Engels, der es bei sich aufnahm und ihm beistand. In einem Brief an Florence Kelley-Wischnewtzky, die der Sozialist Labor Party angehörte, reagierte Engels aufgebracht; er betonte, er vertraue Aveling, der um der sozialistischen Sache wegen auf eine Universitätskarriere verzichtet habe, und hob hervor: *„Hätte er die Partei zu beschwindeln versucht, wie hätte er das während seiner Reise tun können, ohne dass seine Frau darum wusste! Und in diesem Fall träfe die Anschuldigung auch auf sie zu. Und dann wird sie völlig absurd, wenigstens in meinen Augen. Ich kenne sie von Kindesbeinen an, und in den letzten siebzehn Jahren ist sie ständig unter meinen Augen gewesen. Außerdem hat Marx mir als Vermächtnis die Verpflichtung hinterlassen, seinen Kindern beizustehen, wie er es selbst getan hätte, und darauf zu achten, soweit es in meinen Kräften steht, dass ihnen kein Unrecht geschieht, und das werde ich trotz fünfzig Exekutiven – Marx' Tochter die Arbeiterklasse beschwindeln – das ist wirklich zu stark."*[500] Engels gab eine Ehrenerklärung ab, die erstaunt. Eleanor wusste sehr wohl von den Kosten für ihre Miedersträußchen und den vielen Flaschen Wein, die sie mitgetrunken hatte, und wenn ihr Mann sich ihre privaten Ausgaben von den Gastgebern erstatten lassen wollte, war das auch für sie beschämend. Engels verteidigte wider besseres Wissen einen Lügner und Betrüger; denn er hatte durchaus Warnungen über Avelings unsauberen Charakter erhalten, diese jedoch als bösartig abgetan und ignoriert.

Er hielt unbeirrt zu Aveling. *„Der arme Edward erhielt einen furchtbaren Schock durch diese lächerlichen Anschuldigungen"*, verteidigte er ihn auch bei Laura. Aveling einigte sich mit den amerikanischen Gastgebern auf eine angemessene Kostenerstattung. Engels beruhigte sich und schrieb etwas nachdenklicher an seinen Freund Sorge: *„Der Junge hat all sein Pech selbst verschuldet durch seine totale Unkenntnis der Welt, der Menschen und der Geschäfte … Ich habe ihn aber aufgerüttelt, und Tussy wird den Rest besorgen."*[501] Weder Engels noch Helena Demuth, Eleanors „zweite

Mutter", bemerkten hinter der charmanten Fassade den verwerflichen Charakter Avelings. Im Gegenteil, Engels gefiel der Atheist und Sozialist und lange wies er jegliche Kritik an diesem entweder strikt zurück oder relativierte die Vorwürfe. Aveling war ein Lebemann, machte, um gut leben zu können, Schulden, die er nie zurückzahlte, war ein gewissenloser Lügner und schien neben Tussy noch andere Liebesbeziehungen gehabt zu haben. Erst kurz vor seinem Tode soll Engels seine Fehleinschätzung erkannt haben. Hyndman meinte: *„Ich mochte den Mann von Anfang an nicht. 'Niemand kann so schlimm sein, wie Aveling aussieht', war eine Bemerkung, die in meinem Fall in die Tat umgesetzt wurde. Trotz der unangenehmsten Gerüchte über seinen persönlichen Charakter, gleichviel, ob in Bezug auf Geld oder sexuelle Beziehungen, hielt ich an mich und zwang mich zu glauben, dass ... sein abschreckendes Gesicht nicht wirklich seinen abstoßenden Charakter anzeigen könnte."* [502]

Zwei Jahre später sorgte Engels, begleitet von seinem Freund Carl Schorlemmer dafür, dass eine zweite USA-Reise des Paares Marx/Aveling wesentlich harmonischer verlief. Ein Skandal wegen überhöhter Abrechnungen war nicht zu befürchten, da Engels bei Bedarf für die Ausgaben des Ehepaares Aveling aufkam.

Eleanor lebte mehrere Jahre lang ihre Schauspielambitionen aus und stand an der Seite Avelings auf der Bühne. Sie erhielt wohlwollende Kritiken, aber auch weniger ermutigende. Letztendlich gelangte sie selbst zu der Erkenntnis, nur eine mittelmäßige Schauspielerin zu sein. Sie wandte sich den Belangen der Arbeiter und insbesondere denen der Arbeiterinnen zu. Mit Genugtuung verfolgte Engels ihre öffentlichen Auftritte und sah in ihr eine würdige Tochter seines verstorbenen Freundes. Eleanor Aveling hatte ihre Rolle im Leben gefunden. Von Kindheit an mit der Lehre des Sozialismus und der Arbeiterbewegung vertraut, war sie zu einer der besten Kennerinnen der Gewerkschaftsbewegung, insbesondere der englischen geworden. Dennoch konnte sie *„sich nicht als sozialistische Historikerin etablieren. Sie scheint geistig zu unstabil zu sein, um die notwendige Fähigkeit zu entwickeln, die Ergebnisse ihrer Untersuchungen zu einem einheitlichen Ganzen zusammenzufügen und auszuarbeiten."* [503] Eleanors Problem war, dass sie sich den „studierten" Männern unterlegen fühlte. Hyndman verglich sie mit ihrem Vater und schrieb durchaus anerkennend: Sie *„besaß eine physische Energie, die der seinen nicht nachstand, und eine*

Intelligenz, der aber der literarische und politische Erfolg ... dessen sie fähig gewesen wäre, stets versagt blieb. Wahrscheinlich hatte sie das Gefühl, ein bißchen im Schatten von ihres Vaters Genie zu stehen, dessen Schwächen sie zu erkennen sie sich außerstande sah."[504] Eleanor hatte das Talent, aber nicht das nötige Durchhaltevermögen. Sie selbst behauptete, sie habe vom Vater *„nicht sein Genie"* geerbt, leider nur die Nase, die ihr nicht gefiel.

Trotz dieser Selbstzweifel setzte sich Eleanor als Gewerkschaftlerin durch. Auch ihr war es zu verdanken, dass die Londoner Gasarbeiterinnen sich organisierten und als erste Frauengruppe in die National Union of Gas Workers and General Labourers aufgenommen wurden. Sie beteiligte sich an der Vorbereitung eines Streiks der Londoner Dockarbeiter, der am 14. August 1889 London stilllegte. *„Und der Bourgeois, der vor fünf Jahren noch geflucht und geschimpft hätte, muß jetzt verzagten Beifall klatschen, während und weil ihm der Allerwerteste mit Grundeis geht. Hurrah"*[505], jubelte Engels über die Erfolge der Streikenden. Beim Streik der Arbeiterinnen einer Gummifabrik in Silvertown übernahm Eleanor eine Führungsrolle und vertrat die Frauen und Mädchen in der Öffentlichkeit. Sie wurde zur Freude von Engels *„so populär, dass sie nur our mother genannt wird"*. Um sich Gehör zu verschaffen, stieg Eleanor auch auf Tische. Engels schrieb stolz, sie sei im Stillen die Leiterin der „Gasleute", *„Our Old Stoker"**. Ihr kämpferisches Auftreten gefiel ihm, obwohl sie es aus seiner Sicht auch übertrieb und sich dadurch in Gefahr brachte. Am 13. November 1887, er ging in die Geschichte als „bloody Sunday" von London ein, hatten Polizisten zu Pferd Demonstrant-innen, die gegen Arbeitslosigkeit und Verelendung protestierten, niedergeknüppelt. Auch Eleanor wurde attackiert. Ihr Mantel und ihr Hut seien völlig zerfetzt worden, schrieb sie an die „Pall mall Gazette". Sie habe einen schlimmen Hieb über den Arm bekommen und sei durch einen Schlag auf den Kopf zu Boden gegangen. Wäre nicht ein kräftiger alter Ire, obwohl selbst blutig geschlagen, zur Stelle gewesen, so berichtete sie, wäre sie von den berittenen Polizisten zertrampelt worden. Engels stellte bei Natalie Liebknecht allerdings klar, dass nicht Tussy die Angegriffene, sondern die Angreiferin gewesen sei.

---

* unser alter Heizer

Eleanor wurde durch ihr Engagement und ihre furchtlosen Auftritte zu einer „nationalen Figur", zur Mutter „der radical British national for her Friends and followers". Für ihre Gegner in England und im Ausland war sie als eine der führenden sozialistischen Rednerinnen und Aktivistinnen eine „fire-eating, rabble-rousing, class-warmengering, a dubious Jewish immigrant, witch, strident bluestocking and harridan*."[506]

Eleanor, die *„klügste Frau"*, so Will Thorne, und *„die fähigste Frau"*, so Tom Mann, stieß auf Vorbehalte und Ablehnung. Zum Kongress der Trade Union 1890 wurde sie, obwohl zur Vertreterin Londons bestimmt, als Delegierte mit der Begründung nicht zugelassen, sie sei keine Gasarbeiterin – und überhaupt keine arbeitende Frau! Nachdem sie entschieden widersprochen und darauf hingewiesen hatte, dass sie eine Maschinenschreiberin sei – sie war schon im Besitz einer Schreibmaschine –, konnte sie als Journalistin teilnehmen.

Wie einst ihr Vater und Friedrich Engels in der I. Internationalen, engagierte sie sich in der neu gegründeten II. Internationale und trat auf dem ersten Kongress in Paris als Dolmetscherin auf. Mit dem 13-jährigen Johnny und dem neunjährigen Edgar Longuet, den Kindern ihrer verstorbenen Schwester Jennychen, besuchte *„my loved Ant Tussy, who was so good to her nephews*[507] den neu erbauten Eiffelturm, das Wahrzeichen der Weltausstellung. Engels lehnte die Ausstellung als *„monströse, vulgar capitalist gimcrack"*** ab.

Auf der ersten großen Mai-Demonstration der II. Internationalen 1890 in London hielt Eleanor eine viel beachtete Rede vor einer riesigen Menschenmenge. Auch Engels lauschte ihr.

Doch trotz ihrer Erfolge war Eleanor ruhelos, wirkte angestrengt und litt darunter, dass ihr Mann schon nach kurzer Ehe sein eigenes Leben lebte, aus dem er sie ausschloss. Ihrer Freundin Olive Schreiner vertraute sie nach einem Jahr Ehe an: *„Ich bin allein ... Ich bin so müde ... der dauernde Druck ... die ständige Anstrengung, nicht zusammenzubrechen, wird manchmal unerträglich. Wie beneidenswert sind doch Naturen wie die Edwards ..., die innerhalb einer Stunde alles vergessen. Wenn Du ihn zum Beispiel*

---

* eine feuerspuckende, demagogische, klassenkriegshetzende, eine dubiose jüdische Immigrantin, (eine) Hexe, (ein) munter daherlaufender Blaustrumpf und Drache

** Kinkerlitzchen

heute gesehen hättest, wie er wie ein glückliches Kind sündenlos und sorgenlos umherging, würdest Du erstaunt gewesen sein.“ [508] Aber sollte man, fuhr sie fort, nicht Menschen beneiden, die alles Belastende abstreifen konnten, sich um nichts kümmerten, außer um sich selbst? Und doch war sie froh, überhaupt Gefühle zu haben: *„Bei allem Schmerz und Leid (und nicht einmal Du, liebe Olive, weißt genau, wie unglücklich ich bin), ist es besser, diese stärkeren Gefühle zu haben als praktisch überhaupt keine Gefühle.“* [509] Eleanor litt unter diesem Mann, aber sie hatte nicht die Kraft sich von ihm zu lösen. Nur ihren Freundinnen Olive Schreiner und Dollie Radford gegenüber machte sie Andeutungen über ihre unglückliche Verbindung. Eleanors vertraute Freundin Olive Schreiner fand Aveling abschreckend; er mache sie unfroh, sie fühle sich in seiner Gegenwart eingeengt, verspüre Angst und Schrecken, wenn er in ihrer Nähe sei, schrieb sie.

Eleanor überspielte bei den Sonntagseinladungen von Engels ihren Kummer, zumal Aveling den reizenden, zuvorkommenden Partner spielte, der andere für sich einzunehmen verstand. Aveling freute sich, bei dem bedeutendsten lebenden Sozialisten ein- und ausgehen zu dürfen und eine Marx-Tochter an seiner Seite zu haben, die ihm verfallen war. Ihr größter Wunsch, ein Kind, wurde Eleanor nicht erfüllt. Es gibt keine Hinweise, ob das an Aveling lag, der vielleicht nicht zeugungsfähig war oder keine Kinder wollte, oder ob andere Gründe vorlagen.

Edward Aveling verfasste unter seinem Künstlernamen Alec Nelson im Auftrag der II. Internationalen den Einakter „The Train“. Bei der Aufführung auf dem Kongress im Juni 1890 spielte er selbst die männliche Hauptrolle, die weibliche eine Lilian Richardson. Ein Augenzeuge beobachtete, dass Aveling mit seiner Spielpartnerin *„sehr vertraut verkehrte“*. Zwei Jahre später wurde Avelings Komödie „The Landlady“ aufgeführt, in der die 22-jährige Eva Frye die Hauptrolle spielte und sang und diese *„muß mit der Schauspielerin identisch gewesen sein, die unter dem Namen Miss Richardson … die Rolle einer charmanten Witwe gespielt hatte, und anscheinend war Nelson ihr Liebhaber.“* [510] Eleanor ahnte nichts von der engen Beziehung. Im Juli 1897 heiratete Aveling unter seinem Künstlernamen Alec Nelson die junge Eva Frye, lebte aber weiterhin mit Eleanor zusammen.

Im Kreis um Eleanor war bekannt, dass sie nachweislich einen Suizidversuch unternommen hatte. Daher überraschte es ihre Freunde nicht wirklich, als sie sich am 31. März 1898 das Leben nahm. Die Rolle, die Aveling bei Eleanors Selbstmord spielte, war zwielichtig. Er soll für das Töten eines Hundes ein Rezept für Blausäure ausgestellt haben und leistete damit indirekt Hilfe zum Selbstmord; denn mit diesem Gift brachte sich Eleanor um. Aveling, so ging das Gerücht, habe einen Abschiedsbrief gefunden, den er vernichtete, weil ihm der Inhalt nicht behagte; denn: Eleanor soll ihn noch in ihren letzten Lebensstunden enterbt haben. Vor dem Untersuchungsrichter konnte der Schauspieler Aveling glaubhaft seine Unschuld am Selbstmord „seiner Frau" versichern und anschließend deren Erbe antreten. In dem vorgefundenen Testament hatte Eleanor verfügt, ihre gesamte Habe sollte, mit Ausnahme der Manuskripte ihres Vaters, die sie den Kindern Longuet vermachte, an ihren Mann Edward Aveling fallen.

Wilhelm Liebknecht war außer sich über die *„Niederträchtigkeit"* Avelings *„zu behaupten, Tussy habe eine krankhafte Neigung zum Selbstmord gehabt. Das stimmt einfach nicht"*[511], versicherte der alte Freund gegenüber Laura. Eleanors Freunde glaubten an eine Mitschuld Avelings am Tode Eleanors. Da dieser im August 1898, nur vier Monate nach Eleanor starb, erübrigte sich eine Anklage.

Avelings Frau, Eva Nelson, erbte 852 Pfund, den Rest der Summe, die Engels einst Eleanor Marx vermacht hatte.

Helena Demuth, Haushälterin

Helena Demuth, das Lenchen oder Nim/Nimmy, war als Haushälterin für die Familie Marx unentbehrlich. Sie hatte, wie Liebknecht hervorhob, die *„Diktatur im Hause"* inne, *„Frau Marx die Herrschaft"*. Marx behauptete sogar, wie sich Tochter Eleanor erinnerte, *„his 'Demuth, Wehmuth, Hochmuth' … could have managed the universe."*[512]

1820 in St. Wendel geboren, wuchs Helena sehr bescheiden auf und ging schon als junges Mädchen nach Trier „in Stellung". Mit ca.15 Jahren wurde sie Hausmädchen bei der Familie von Westphalen und diente dort auch Tochter Jenny bis zu deren Heirat 1843 mit Karl Marx. Nach 10 Jahren Dienst wechselte sie im April 1845 auf Wunsch ihrer Arbeitgeberin, Frau von Westphalen, nach Brüssel, um dort deren völlig über-

Helena Demuth

forderte Tochter im Haushalt und bei der Kinderbetreuung zu unterstützen.

Bei Jenny und Karl Marx begegneten sich in Brüssel Helena Demuth und Friedrich Engels zum ersten Mal. Obwohl Helena „nur" ein Dienstmädchen war, freundeten sie sich an. Engels lernte ihre Verschwiegenheit, ihre praktische Intelligenz, ihre Warmherzigkeit und ihr unverfälschtes Urteilungsvermögen kennen und registrierte früh ihre Fähigkeit, als einzige den Überblick im Chaos der Familie Marx zu behalten. Es imponierte ihm auch, dass sie sich *„das Recht vorbehalten hatte geradeaus ihre Meinung zu sagen."*[513]

Das „Lenchen" und Engels schienen mit der Zeit einen so vertrauten Umgang gepflegt zu haben, dass Karl Marx seiner Frau einreden konnte, dass die beiden ein Verhältnis mit Folgen gehabt hätten und Friedrich der Vater von Helenas Kind Frederick sei, das am 19. Juni 1851 in London zur Welt kam. Diese bereits erwähnte „Lügengeschichte" schweißte Helena und Engels ein Leben lang zusammen.

Nach dem Tod von Marx bot Engels der 63-Jährigen die Stelle der „housekeeperin" in seinem Haushalt an. Es ist durchaus möglich, dass die beiden bei einem der morgendlichen Besuche, die Engels bei Abwesenheit von Marx stattdessen Helena in ihrer Küche abstattete, bei *„einem Pilsener Bier"* über ihr Schicksal im Falle des Todes von Marx gesprochen haben.

Über Engels' Verhältnis zu „seinem Sohn" Freddy, wie Frederick Demuth genannt wurde, ist wenig bekannt. Freddy besuchte seine Mutter im Haus von Engels und scheint des Öfteren mit Engels zusammengewesen zu sein. In einem Brief an Johnny Longuet erwähnte er, er habe seine Sorgen und sein Glück mit dem General geteilt, aber mit dem Tode seiner Mutter sei diese *„wunderbare Freundschaft"* zu Ende gewesen. Eleanor Marx, die lange nicht wusste, dass Engels nicht Freddys Vater war, meinte, nach dem Tode Helenas sei Engels sehr gereizt *„seinem Sohn"* gegenüber gewesen, was sie als ungerecht, aber verständlich empfand, denn niemand *„würde gerne seiner Vergangenheit in Fleisch und Blut begegnen."*[514]

Der großzügige Engels vererbte Frederick Demuth nichts, vielleicht 30 Pfund, wie Eleanor Marx sich zu erinnern glaubte. Dies sei, so Freddy, dem Einfluss von Louise Freyberger, Engels' letzter Haushälterin, zu verdanken gewesen, die alles tat, um ihn als Erben zu verhindern. Louise wollte selbst möglichst viel erben. Nach seiner Aussage hatte Engels jedoch seine Mutter für den Fall, dass sie ihn überlebte, in seinem Testament *„sehr bevorteilt"*.

Sieben Jahre lang, vom Frühjahr 1883 bis Herbst 1890, war Helena die wichtigste Vertrauensperson des „Generals", wie auch sie ihren Dienstherrn nannte. Trotz ihrer exponierten Stellung als „housekeeper", als „Hausfrau", ließ sie sich nicht davon abhalten, im Haushalt anzupacken. Das hatte sie ein Leben lang gemacht. Bei Engels hatte sie allerdings das Privileg, Arbeiten, die für sie inzwischen aus Altersgründen zu anstrengend waren, an die Dienstmädchen zu delegieren. Das galt nicht für das Kochen und Backen. *„Helen war eine ausgezeichnete Köchin – ihre Obsttörtchen sind mir bis zum heutigen Tage eine ständige süße Erinnerung"*[515], schrieb eine Freundin von Eleanor Marx. Helena hatte das Talent zum Kuchenbacken von ihrem Großvater und Vater geerbt, die Bäcker gewesen waren. Um ihr die Arbeit beim Kochen und Backen zu erleichtern, ließ der Hausbesitzer auf Betreiben von Engels einen Gasherd installieren, die modernste Errungenschaft der damaligen Zeit in der Küche. Fröhlich schrieb Engels an seinen Bruder Hermann: *„Dieser Übergang vom schweren zum leichten Kochen hat meine alte Haushälterin in eine wahre Kuchenbegeisterung versetzt, die ich jetzt ausessen muß."*[516]

Engels ließ sich gerne von Helena verwöhnen und fühlte sich an ihrer Seite wohl. Viele Stunden verbrachten sie am Abend mit Kartenspielen wie Matrimony und Nap, tranken Bier und Wein und schwelgten in Erinnerungen.

Helena war auch bei Engels nicht irgendeine Hilfskraft, die im Hintergrund zu verschwinden hatte, wenn Gäste kamen, im Gegenteil: Bei den sonntäglichen Tafelrunden war sie die Gastgeberin an der Seite des Hausherrn.

Engels kannte die enge, innige Beziehung zwischen den Marx-Töchtern und Helena und erwähnte in allen Briefen an Laura oder Eleanor, wie es Nim ging und was sie so machte. Er berichtete über ihre Theaterbesuche, ihre Spaziergänge durch den Zoo und ihre Einkehr in einem Wiener Gasthaus nach anstrengenden Einkaufstouren. Wie ein besorgter Ehemann informierte er Laura über Nimmys Wohlergehen; nur wenige Tage vor ihrem Tode schrieb er Laura und Paul noch einen langen Bericht über ihren Gesundheitszustand.

Als Helena Demuth am 4. November 1890 starb, war Engels erschüttert. *„Bis jetzt schien die Sonne in meinem Hause, nun ist Dunkelheit"*, rief der Trauernde, wie sich Bernstein erinnerte, weinend am Grabe Helenas aus, anfügend: *„Was mich betrifft, alle Arbeit, die ich seit dem Tode von Marx zu leisten fähig war, danke ich zum großen Teil dem Sonnenschein und der Hilfe ihrer Persönlichkeit in meinem Haus."*[517] Helena blieb Friedrich Engels als die Frau in Erinnerung, die ihm wie einst Karl Marx den Rücken für seine literarische Arbeit freigehalten hatte. Das Leben ohne Lenchen erschien ihm nach ihrem Tod *„furchtbar öde und wüst"*.

Er war nicht allein mit seiner Trauer. Kautsky schrieb, Nim sei für sie alle *„eine zweite Mutter"* gewesen und für Engels *„durch ihr reiches Gemüt, ihre liebenswürdige Heiterkeit, ihre hingebungsvolle Selbstlosigkeit ... nicht bloß eine Freundin, sondern eine wirkliche Stütze gewesen."*[518] Bernstein schrieb, er sei gerührt gewesen, dass Engels das Lenchen *„wie ein Familienmitglied mit rührender Liebe und Aufmerksamkeit"* behandelt habe. August Bebel schrieb an Engels, er habe an ihr eine *„zweite Frau verloren, die vielleicht besser als manche Ehefrau Deinen Wünschen und Bedürfnissen Rechnung zu tragen wusste und eine treue Genossin Dir war."*[519]

Ein Beileidstelegramm von Louise Kautsky aus Wien tröstete den trauernden Engels und führte zu einer Wende in seinem Leben. Umgehend antwortete er und fragte Louise, ob sie nicht als Hausdame zu ihm kommen wolle. Mit Helena habe er einmal überlegt, wer deren beste Nachfolgerin sei und, so schrieb er Louise, *„da sagte ich wie Nimmy: Ach, könnte ich nur die Louise haben."*[520] Diesen Wunsch sprach er jetzt aus, machte aber die junge Frau auf die Nachteile seines Stellenangebotes aufmerksam: *„Und eben deswegen bitte ich sie mir kein Opfer zu bringen, und bitte Adler durch Sie, Ihnen davon abzuraten. Sie sind jung und haben eine schöne Zukunft vor sich. Ich werde in drei Wochen siebzig und habe doch nur noch kurze Zeit zu leben. Diesen paar Jahren darf kein junges hoffnungsreiches Leben geopfert werden. Kraft, mich durchzuschlagen, habe ich ja doch noch"*, schrieb Engels *„in unvergänglicher Liebe."*[521] Louise erkannte die Chance ihres Lebens und traf wenige Tage nach der Beisetzung Helenas in London ein, noch rechtzeitig zu Engels 70. Geburtstag.

Louise Kautsky-Freyberger, Haushälterin und Sekretärin

Louise Freyberger, geschiedene Frau Kautsky, kam das Angebot von Engels sehr gelegen – und auch der Parteileitung der SPD. August Bebel, dessen Geliebte sie zeitweise war, und Eduard Bernstein sollen ihr geraten haben zuzusagen, weil sie sich über Louise Informationen aus erster Hand von dem bedeutendsten lebenden „Marxisten" erhofften.

Louise, am 15. Juni 1860 als Louise Strasser in Wien geboren, passte zu Engels, denn sie hatte schon früh Interesse an sozialen Fragen gezeigt. Die junge Frau verkehrte in den politisch fortschrittlichen Kreisen Wiens und hatte dort Karl Kautsky kennengelernt, den sie 1883 heiratete und 1885 nach England begleitete. In London war sie zusammen mit ihrem Mann ein gern gesehener Gast in der Sonntagsrunde in der 122, Regent's Park Road. Engels, der alte Herr, sah die 40 Jahre jüngere Frau gerne bei diesen geselligen Essen, die pünktlich um 14.30 Uhr begannen und bis in die Abendstunden gingen. An diesem Tag lud Engels nur persönliche Freund/innen ein. Wollte jemand mit ihm über geschäftliche Angelegenheiten sprechen, musste er zu einem anderen Zeitpunkt kommen.

Die schöne junge Frau nahm Engels und Helena Demuth für sich ein; für Engels war sie, wie er Laura Lafargue schrieb, *„eine Wienerin, ein nettes kleines Ding"*. Als das Paar Kautsky sich 1888 trennte, konnten es die beiden Alten, Helena und Friedrich, nicht fassen, Louises *„liebes Gesicht"* nicht mehr zu sehen. Die Scheidung sei *„die größte Dummheit"* in Kautskys Leben, schrieb Engels an Laura Lafargue, und auch in einem langen Brief an Kautsky sprach er offen sein Unverständnis über die Trennung des Paares aus. Louise kehrte nach Wien zurück, machte eine Ausbildung als Hebamme und war aktiv in der sozialdemokratischen Partei Österreich, bis Engels sie nach Helenas Tod zu sich nach England rief.

Die letzte Frau an Engels' Seite war eine bürgerliche Frau. Entsprechend durfte sie aus seiner Sicht nur als Hausdame und Privatsekretärin agieren, denn die Ausübung von *„manual services"* im Haushalt führte nach seiner Meinung dazu, dass sie von den Dienstmägden nicht voll respektiert werde. Eine Ausnahme sei Nimmy gewesen, die auf ihrer Küche bestanden habe, weil sie leidenschaftlich gerne kochte und Kuchen backte. Zudem kam Helena Demuth nicht wie Louise aus dem

Bürgertum, sondern aus dem Proletariat, und sie hatte ihr ganzes Leben lang im Haushalt alle Arbeiten ausgeführt. Louise, so die Abmachung mit Engels, sollte nur die Aufsicht über die Dienstmädchen führen und diesen Anweisungen geben, ansonsten könne sie frei über ihre Zeit verfügen.

Nachdem Louises Mutter in Wien ihre Zustimmung gegeben hatte, sagte die Dreißigjährige zu. Louise zog ein Glückslos: sie wurde von dem verehrten Altmeister der sozialistischen Arbeiterbewegung umworben und gebraucht und durfte in dem komfortablen Haus des reichen, großzügigen Mannes leben. Sie zog das sorglose Dasein einer Hausdame dem Dasein einer Hebamme vor und verzichtete *„Kindern anderer Leute zur Welt zu helfen“*[522]. Dennoch hatte sie weiterhin Interesse am Beruf der Hebamme, denn Engels las gynäkologische Sachbücher, um mitreden zu können.

Engels war mit Louise glücklich; es gab nur einen Wermutstropfen: Die schöne Louise war eine attraktive Frau und gefiel Engels ausgesprochen gut. Aber bei dem Altersunterschied von 40 Jahren sei *„Eheliches und Außereheliches gleichmäßig ausgeschlossen“*, schrieb der 71-Jährige bedauernd an August Bebel, Louises Liebhaber. Dennoch freute er sich, jeden Tag die junge, charmante Frau, die er auch die *„Hexe“* nannte, um sich zu haben. Louise erfüllte ihre Aufgaben als Sekretärin, Korrektorin und Hausdame souverän und es blieb ihr genügend Zeit Artikel für die Wiener „Arbeiterinnen-Zeitung“ zu schreiben, die erstmals im Januar 1892 erschien. Für die *„Louise Hyänen-Zeitung“*, wie Engels das Blatt nannte, verfassten auch Eleanor Marx und Laura Lafargue Beiträge.

Zu Beginn ihrer Tätigkeit musste sich Louise gegen die eifersüchtige Engels-Nichte Pumps behaupten, die nach Helenas Tod wieder das Regiment im Haushalt von Engels übernommen hatte. Engels schien Skrupel gehabt zu haben, die Nichte nach so kurzer Zeit durch eine neue Hausdame zu ersetzen; jedenfalls behauptete Eleanor bei ihrer Schwester, er habe Pumps *„vorgegaukelt, nicht er, sondern Tussy habe Louise eingeladen und sie sei anständig zu“* behandeln. Engels kannte den Jähzorn seiner Nichte und drohte ihr mit einer Testamentsänderung, d.h. mit Enterbung, wenn sie sich Louise gegenüber nicht zurückhalte. *„Diesmal kann und werde ich Herr im Hause sein“*[523], versicherte er Laura. Pumps lenkte ein.

Louise Freyberger

Louise hatte sich angesichts der Feindseligkeit von Pumps sehr geschickt verhalten, wie Eleanor beobachtete. Die sanftmütige Louise habe ihren Dienstherrn gebeten, klatschte sie bei Schwester Laura, *„er möchte seine feindseligen Äußerungen lassen, weil sie sonst unmöglich höflich zu ihr sein könnte. 'Wie kann ich mich mit ihr anfreunden, wenn Sie sagen, daß sie nur auf ihren Tod wartet?'"*[524] Louise gelang es, Pumps in den Hintergrund zu schieben.

Bei einem Heimaturlaub in Wien 1891 lernte die geschiedene Frau Kautsky den Arzt Ludwig Freyberger kennen, der ihr ein Jahr später nach London folgte und zunächst, so Engels, *„Kostgänger seiner Frau"* wurde. Freyberger absolvierte in England die vorgeschriebenen Prüfungen, um „Mitglied des Royal College of Physicians" zu werden und als Arzt praktizieren zu können. Im Februar 1894 heiratete das Paar. Eleanor fand diesen Mann widerlich und war fassungslos, als Freyberger bei Engels einzog. Freyberger war für sie ein habgieriger Mensch, der nur auf seinen eigenen Vorteil aus war. Aus Eleanors anfänglicher Sympathie für Louise wurde tiefe Abneigung. Engels, der in Eleanors Augen zunehmend alt und senil wurde, werde von diesem Paar schikaniert und überwacht, schrieb sie nicht nur einmal ihrer Schwester. Wie sich Engels fühlte, wissen wir nicht, aber er hielt sowohl Eleanor als auch Louise für *„famose Frauenzimmer"*.

Engels war von seiner neuen Hausdame so angetan, dass er deren Ex-Ehemann Karl Kautsky schrieb, er habe Louise so ins Herz geschlossen, *„dass sie für mich dasselbe ist wie Pumps, Tussy, Laura, dasselbe, als wäre sie mein eigen Kind."*[525] Friedrich Engels tat alles, damit Louise bei ihm blieb. Im Herbst 1894 zog er in ein größeres Haus in 41 Regent's Park Road, weil das Ehepaar ein Kind erwartete und entsprechend mehr Platz benötigte. Louise und ihr Mann richteten es sich in dem neuen Domizil gut mit ihrer am 6. November 1894 geborenen Tochter Louise-Frederica (!) ein. Ob sie schon für die Zeit nach Engels' Tod planten, ist durchaus möglich. Freyberger als Engels' betreuender Arzt jedenfalls erkannte die fortschreitende Hinfälligkeit des 74-Jährigen, der allerdings keine geistigen Verfallserscheinungen zeigte, wie Eleanor meinte.

Der große Einfluss der Freybergers auf Engels missfiel Eleanor und sie entwickelte eine panische Angst, die Manuskripte und die privaten Briefe ihres Vaters könnten in den Besitz der Freybergers oder der SPD übergehen. Entgegen ihrer Befürchtung regelte Engels die Besitzrechte an den Manuskripten und Briefen von Karl Marx in seinem Testament im Sinne der Marx-Töchter.

Eleanors Gefühl trog hingegen nicht, dass die Freybergers den alten Mann beeinflussten und geschickt manipulierten. In der Tat änderte Engels nur neun Tage vor seinem Tode sein Testament ein letztes Mal, zu Gunsten des ihn umsorgenden Ehepaares. Aber das tat er nicht, weil er debil war, sondern weil er sich über Louises Anwesenheit freute, sich von ihr gut versorgt fühlte und in ihrer Anwesenheit morgens sein Pilsner trinken wollte; und er war ihr dankbar, dass sie seine *„alte rheinische Fröhlichkeit nicht einrosten"* ließ. Engels hatte keine leiblichen Erben und warum sollte er dann nicht die Menschen bevorzugen, die sich täglich liebevoll um ihn kümmerten?

Für Louise Freyberger lohnten sich die Jahre an Engels Seite. Engels verfügte zwar in seinem Testament, dass sein Barvermögen, die Aktien und Wertpapiere gerecht zwischen Louise, Eleanor und Laura geteilt werden sollten, aber sie erhielt seine Kleider und Möbel sowie die Möglichkeit in seinem Hause weiterhin zu wohnen. Louise blieb nach seinem Tod in dem Haus in der Regent's Park Road und residierte dort mit ihrem Mann wie *„der Herzog und die Herzogin"*. Dies missfiel Eleanor und sie empörte sich bei ihrer Schwester: Sie, gemeint waren Freybergers, *„'legen los' im großen Stil. Sie haben – oder sagen, sie hätten – 300 Pfund für neue Möbel ausgegeben und sprechen nur noch abfällig von dem, was sie den armen alten General haben kaufen lassen."* [526] Louise wohnte noch 46 Jahre dort, bevor sie im Februar 1941 in die Camden Road 238 umziehen musste.[527] 1950 verstarb sie im Alter von 90 Jahren in London.

Der Publizist und Schriftsteller Walther Victor berichtete in seinem 1932 verfassten Essay „General und die Frauen" über einen Besuch bei Louise Freyberger, *„eine der anziehendsten Persönlichkeiten im europäischen Sozialismus"*. Wie einst Engels die junge Louise, so gefiel Victor die *„temperamentvolle, lebenskluge, gebildete, emanzipierte"* alte Dame. Sie erzählte ihrem Gast von ihrer Freundschaft mit Engels und ihrer Arbeit als seine Sekretärin. Besonders bewegend war für den Engels-Verehrer Victor, dass ihm Frau Freyberger ein Andenken schenkte, das sie im Gedenken an Engels aufbewahrt hatte. Es war eine Gabel, an deren Geschichte sich die alte Dame noch erinnerte: *„Die Steamship-Gesellschaft, mit deren*

Dampfer Engels die Reise unternahm, muß mit ihren Passagieren erster Klasse keine guten Erfahrungen gemacht haben, wenn die Wellen hochgingen und die echt silbernen Bestecke vom Tisch fielen. Sie forderte daher, daß diese Passagiere Messer, Gabel und Löffel bezahlten. Friedrich Engels, der ein großer Esser vor dem Herrn war, hatte stets Ärger mit Gabeln, deren Spitzen sich in seinem struppigen Bart gerade dann zu verfangen pflegten, wenn es ihm am besten schmeckte. Hier auf dem Ozean nun hatte er eine schwere silberne Gabel bekommen, deren Spitzen angerundet waren und die geradezu ideal war für seine Bedürfnisse. Er nahm die Gabel mit und hat bis zu den Austern, die er trotz seines Halskrebses noch zu schlucken vermochte, bis zur letzten Stunde noch mit ihr gegessen."*[528] Engels muss im Laufe der Jahrzehnte diese Meeresfrucht „goutieren" gelernt haben; denn als junger Mann in Bremen mochte er Austern nicht besonders. Die Gabel von Friedrich Engels begleitete den von den Nationalsozialisten verfolgten Juden Walther Victor in ein französisches Internierungslager und zuletzt in die USA, sein Zufluchtsland.

* es handelt sich um Engels' Reise in die USA 1888 zusammen mit Carl Schorlemmer und dem Ehepaar Aveling

TEIL VIII – FRIEDRICH ENGELS UND SEINE FAMILIE

Ein Fabrikantensohn, der sich als junger Mann an revolutionären Aktionen beteiligte und den Kommunismus predigte, war ungewöhnlich; skandalös war, dass Friedrich Engels in seiner Heimat, in der seine Familie eine bedeutende gesellschaftliche Rolle spielte, offen seine Gesinnung zeigte und 1849 sogar in militärischer Mission für die Belange der Revolution auftrat. Der älteste Sohn des Ehepaares Elise und Friedrich Engels sen. störte durch seine politischen Aktivitäten das friedliche Familienleben, aber er zerstörte es nicht. Die Eltern waren über die Anti-Haltung ihres Sohnes gegenüber allem, was ihnen lieb und teuer war, insbesondere gegen ihren religiösen Glauben und gegen die Grundlage ihres Wohlstandes zwar unglücklich, aber sie verdammten ihren Sohn nicht und schlossen ihn nicht aus der Familie aus. Im Gegenteil, sie flehten zu Gott, er möge den „verlorenen Sohn" beschützen und in den Schoß der Familie zurückführen. Der Atheist Friedrich Engels profitierte somit von der christlichen Nächstenliebe und dem Glauben seiner Eltern an Gott.

Friedrich hatte drei Brüder und vier Schwestern. Mit seinem zwei Jahre jüngeren Bruder Hermann stand er ein Leben lang in Kontakt. Friedrichs Sympathie für die vier Jahre jüngere Marie ist bekannt. Ob er sich seiner fünf Jahre jüngeren Schwester Anna eng verbunden fühlte, ist nicht bekannt, aber er dachte im Dezember 1840 in Bremen an ihren Geburtstag, den er mit *„einer Portion Kaffee"* feierte. Anna heiratete 1848 Adolf Friedrich Leonhard Ludwig Wilhelm von Griesheim, einen der Geschäftsführer und Teilhaber von Ermen & Engels in Engelskirchen und starb mit 28 Jahren.

Seinen jüngeren Brüdern, dem acht Jahre jüngeren Emil und dem elf Jahre jüngeren Rudolf, war Friedrich sehr zugetan und auch mit ihnen hielt er ein Leben lang Kontakt. Emil war er dankbar, dass dieser ihm in der größten Krise seines Lebens nach dem Tode des Vaters 1860 bei den Verhandlungen mit Gottfried Ermen zur Seite gestanden hatte. Die 14 Jahre jüngere Schwester Elise gefiel Friedrich ausnehmend gut. Zusammen unternahmen sie 1852 in London fröhliche Wanderungen durch die Stadt und verstanden sich so gut, dass Friedrich der 18-Jährigen das wohl nicht sehr ernst gemeinte Angebot machte, sie solle ihm in Manchester den Haushalt führen, vorausgesetzt, dass sie gut kochen und Strümpfe stopfen konnte. Elise entschied sich allerdings den Witwer ihrer Schwester Anna zu heiraten.

Zu seiner zehn Jahre jüngeren Schwester Hedwig scheint Friedrich nur wenig Kontakt gehabt zu haben, aber auch ihr fühlte er sich brüderlich verbunden.

Die Vorfahren

Friedrich Engels' Vorfahren kamen ursprünglich aus dem Niederländischen und hatten sich um 1600 als Freibauern in Barmen angesiedelt. Sein Urgroßvater Johann Caspar (1715–1787) gründete in einem zwischen dem Bahnhof von Unterbarmen und der Wupper gelegenen Gelände eine Textil-Manufaktur.

Im Tal der Wupper wurde bereits seit dem 15. Jahrhundert Garnhandel und Garnbleicherei betrieben. Das Garn wurde zu Leinwand, Tüchern und Bettlaken verarbeitet und aus importierter Seide und Baumwolle wurden Litzen, Bänder, Spitzen hergestellt.

Im Laufe des 19. Jahrhunderts entwickelten sich Barmen und Elberfeld mit je ca. 20.000 Einwohner zu bedeutenden Industriestandorten in Deutschland. Mit etwa 200 Spinnereien, Färbereien und Webereien galt Elberfeld als das „deutsche Manchester".

Das Unternehmen von Friedrichs Urgroßvater Johann Caspar Engels entwickelte sich: „Die Fabrik- und Wohngebäude der höchst achtungswerthen Familie Kaspar Engels bieten mit den Bleichplätzen für sich beinahe eine kleine halbkreisförmige Stadt."[529] Zu dieser „Stadt" gehörten sumpfige, feuchte Wiesen im „Barmer Bruch", die sich besonders für die Garnbleiche eigneten, Färbereien und zwischen 80 und 100 Bandmühlen, die auf Arbeiterhäuser verteilt waren. Um 1809 sollen ca. 300 Frauen, Kinder und Männer für Johann Caspar Engels Garn zu Bändern verarbeitet haben. „Unter französischer Herrschaft produzierte das Unternehmen Litzen und Bänder, besaß eine Ziegelei und ein großes Bauerngut, verfügte über Kohlenzechen im Sprockhövel-Bochumer Revier und betrieb Seidenhandel."[530] Friedrichs Urgroßvater zeigte zu-

STAMMBAUM FRIEDRICH ENGELS

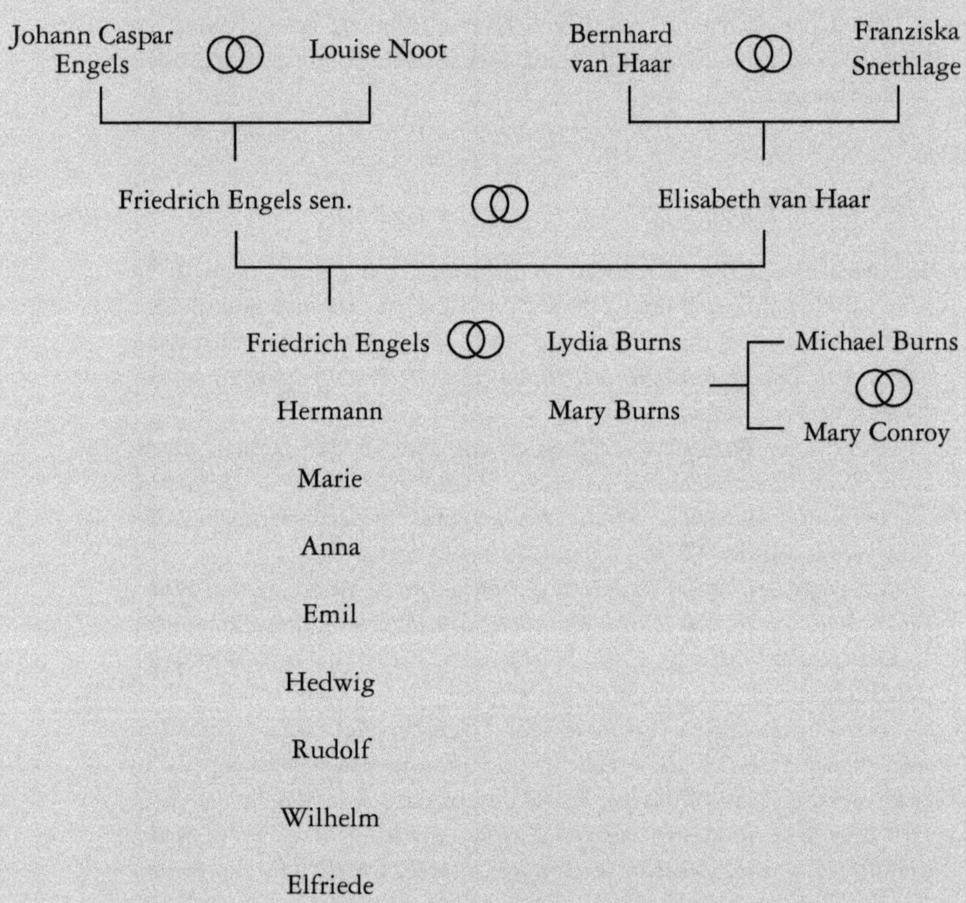

Johann Caspar Engels
Großvater

Louise Noot
Großmutter

Bernhard van Haar
Großvater

kunftsorientierten Geist: Als erster Unternehmer in Deutschland führte er die mechanische Spitzenproduktion ein[531] und machte dank seines Unternehmergeistes ein großes Vermögen[532]. Johann Caspar setzte auf den technischen Fortschritt, wie später auch sein Enkel Friedrich sen. und sein Urenkel Friedrich.

Der Urgroßvater und der Großvater von Friedrich Engels müssen imponierende Persönlichkeiten gewesen sein. F. Gustav Kühne pries in seiner 1847 erschienenen Schrift „Skizzen deutscher Städte. Das deutsche Manchester" Friedrichs Großvater. Johann Caspar Engels II. habe erfolgreich den Versuch unternommen, „den herumziehenden, heimathlosen- und besitzlosen Fabrikpöbel seßhaft zu machen und ihn nach dem Maße seines Fleißes und seiner Führung zu Hauseigenthümern mit Land und Gartenstück heranzubilden. Er berief zu seinem Geschäft gern frische kräftige Leute aus Westfalen, setzte sie in ein Gehöft und stellte ihren Lohn so, daß sie sich allmälig Haus und Hof verdienten. Der Wochenlohn wurde auf diese Weise nicht vergeudet, indem ein Abzug als Ersparniß zur Erwerbung des Hauses zurückbehalten wurde. … Dies System, herumziehendes Arbeitervolk zu Insassen und Bürgern zu machen, ist um vieles menschlich klüger und menschlich edler als die schieflaufenden Pläne des Communismus, der bei der tatsächlich gegebenen Ungleichheit der Fähigkeiten von gleicher Vertheilung des Gewinns faselt und damit die sittliche Triebfeder im Menschen zerstört."[533] Der alte Engels habe „das große Unglück, volle Beutel zu haben mit Heiterkeit und mit jenem Gottvertrauen (getragen), es werde ihm glücken sein Pfund zum Besten der Menschheit wuchern zu lassen."[534] Und ausgerechnet ein Sohn dieser achtenswerten Familie, meinte Kühne, nämlich Friedrich jun., setze „Gedankenflöhe müßigen Arbeitern ins Ohr", obwohl doch nachweislich gerade die Unternehmer Engels soziale Verantwortung für ihre Arbeiterschaft gezeigt hatten. In den Krisenzeiten 1806 und 1816/17 hatten sie eine Armenfürsorge für Unterbarmen ins Leben gerufen, Arbeiterhäuser im „Barmer Bruch" errichtet und eine Elementarschule für die Kinder der Arbeiter gegründet. Zudem organisierten sie die Versorgung ihrer Arbeiter-innen mit Kolonialwaren wie Tabak, Kaffee, Tee, Kakao, Reis, Zucker und Gewürzen, indem sie Waren en gros einkauften und ohne großen Aufpreis weiterverkauften. Für Kühne war Friedrichs Großvater das Idealbild eines verantwortungsvollen Unternehmers. Zu dessen Umgang mit dem gängigen ausbeuterischen Trucksystem meinte Kühne: „Man hat auch in Deutschland einzelne Beispiele gehabt vom Trucksystem, von gewaltsamer aufgenöthigter Abzahlung in Waare. Die Art und Weise, wie in Barmen weiland Herr Engels im Bruch die Arbeiter an Haus und Hof betheiligte, kann schwerlich als Mißbrauch gescholten werden; diesen Plan hat der kluge Kopf des Kaufmanns im Verein mit dem besten Herzen der christlichen Liebe ersonnen. Hinter der Doktrin der Humanität ist auch die Praxis keineswegs zurückgeblieben." [535] Im Allgemeinen war das Trucksystem ein gewinnbringendes Ausbeutungsinstrument, wenn der Lohn in Waren oder Naturalien bezahlt werden konnte. Häufig erfolgte ein Teil der Entlohnung in billigem Branntwein, was zu dem sog. „Elendsalkoholismus" beitrug. Ca. 20 Liter hochprozentigen Alkohol soll jeder Preuße im Jahr konsumiert haben.

Die Unternehmer Engels hielten sich mit politischer Parteinahme zurück. Barmen und Elberfeld gehörten seit dem Wiener Kongress 1815 nach Auflösung des Großherzogtums Berg zur preußischen Provinz Jülich-Kleve-Berg, der späteren Rheinprovinz. Die Engels lehnten sich nicht gegen die preußische Herrschaft auf, waren aber keine Hurra-Patrioten, sondern Kaufleute, die ihren Geschäften ohne staatliche Schikanen nachgehen wollten.

Die Eltern

Die Familie Engels wurde zu einer der reichsten und einflussreichsten Fabrikantenfamilien im Bergischen Land. Sie war so vermögend, dass Friedrichs Vater vor seiner Heirat mit Elise van Haar voller Zufriedenheit seiner Schwester Louise schreiben konnte: *„Auf Geld brauchen wir Gott sei Dank nicht zu sehen"*. Seine Zukünftige kam zwar nicht aus einer wohlhabenden Kaufmannsfamilie, was die Unternehmer Engels durchaus begrüßt hätten, passte aber nach Überzeugung des Bräutigams in die Familie. Friedrich Engels sen., geboren am 12. Mai 1796, wuchs mit seinen Geschwistern Johann Caspar III., August und Louise in Unterbarmen auf. Nach dem Besuch der Brucher Schule ging er von 1812 bis 1814 auf die Barmer Stadtschule, machte in Frankfurt eine zweijährige Ausbildung zum Kaufmann und absolvierte in Düsseldorf 1817/18 seinen Militärdienst als Freiwilliger in der 7. Reitenden Artilleriebrigade. Anschließend trat er in das väterliche Geschäft in Barmen ein. Im September 1819 heiratete er Elise van Haar und das Paar zog in das renovierte Haus „Bruch Nr. 173", das 1943 einem Bombenangriff zum Opfer fiel.

Friedrich Engels sen. war ein angesehener Bürger der Stadt Barmen und hatte mehrere öffentliche Ämter inne. Er war seit 1825 Mitglied im Direktorium der Barmener Stadtschule, seit 1835 Scholar im Presbyterium seiner Kirchengemeinde und zuständig für Finanzen und Bauwesen, und er gehörte zu den Mitbegründern der Bürgergesellschaft „Concordia". Das ihm angetragene Amt eines Bürgermeisters lehnte er aus uns nicht bekannten Gründen ab.

Friedrich sen. führte mit seinen beiden Brüdern nach dem Tode seines Vaters Johann Caspar II im Jahre 1821 das väterliche Geschäft weiter, stieg aber wegen Streitigkeiten 1837 aus und machte sich selbständig. Er gründete das Seidenhandelsgeschäft Friedrich Engels & Co in Barmen und im Frühsommer 1837 in Elberfeld mit Peter Albertus Ermen die Baumwollspinnerei Ermen & Engels, eine Fabrik für Strickgarn und Nähzwirn aller Art mit Färberei und Bleicherei, und wurde mit einer Investition über 3.000 Pfund Teilhaber in der Baumwollspinnerei der Ermen-Brüder in Manchester. Als 1838 die Firma in Ermen & Engels umbenannt wurde, begleitete ihn sein 18-jähriger Sohn Friedrich nach England.

Friedrich sen. nahm mehrmals die anstrengende Fahrt nach Manchester auf sich. Eine der Reiserouten ab Dover ist überliefert: er fuhr per Schiff nach Boulogne, bestieg dort vor der Einrichtung der Eisenbahn die Diligence, den Eilpostwagen, der ihn in 29 Stunden nach Paris brachte. Von dort benötigte er je einen Tag bis nach Lille, Brüssel, Lüttich und Düsseldorf. Die letzte Etappe bis Barmen bewältigte er in 5 Stunden. Angesichts dieser Strapazen erkannte er früh die Bedeutung der Eisenbahn und unterstützte in Barmen die Pläne für den Anschluss der Stadt an das Eisenbahnnetz.

Friedrich kam durchaus nach seinem Vater. Auch er reiste später mit Schiff, Bahn oder zu Pferd, manchmal auch zu Fuß, quer durch Europa. Wie sein Vater, der Englisch, Italienisch und Französisch sprach, lernte auch Friedrich die vorherrschenden Handelssprachen, um sich mit seinen Geschäftspartnern verständigen zu können, und auch er setzte auf die neuesten technischen Errungenschaften wie die Dampfmaschine und die Eisenbahn. Aber im Gegensatz zu seinen Vorvätern stand Friedrich dem Kaufmannsstand sehr kritisch gegenüber und höhnte über den Kaufmann an sich: *„Der Kaufmann als Fresser, Säufer, Wohner und Kindermacher heißt Haushaltungsunkosten-Konto."*[536]

Friedrichs Mutter, Elisabeth Francisca Mauritzia, genannt Elise, wurde 1797 in eine gebildete Familie geboren. Ihr Vater, Lehrer und Erzieher von Beruf, sorgte für eine angemessene Ausbildung seiner Tochter, indem er sie auf das von Louise Wilhelmine Bilefeld geleitete Erziehungsinstitut für „Höhere Töchter" schickte. Im Sommer 1816 verbrachte die 19-jährige Elise einige Wochen bei ihrer Tante Minchen Sparenberg, die dem Engels'schen Haushalt im „Bruch" vorstand, und lernte dort den jungen Kaufmann Friedrich Engels sen. kennen. Es begann eine innige Beziehung, die ein Leben lang dauerte. Sohn Friedrich meinte später: *„Wenig Frauen haben ihre Männer inniger geliebt als sie meinen Vater."*[537]

Elise war klug, humorvoll und interessierte sich für die Dichter der Klassik und für Philosophie. Ihrem Sohn Friedrich schenkte sie beispielsweise zum 20. Geburtstag die Werke Goethes. Mit ihrem Mann teilte sie die Liebe zur Musik; Elise war hochmusikalisch, spielte Gitarre und sang, Friedrich sen. spielte Klavier, Cello und Fagott und war Mitglied im „Barmer Instrumentenverein".

Elise ging zur Zufriedenheit ihres Mannes in ihrer Rolle als Ehefrau, Hausfrau und Mutter auf, aber sie war kein unbedeutendes, stilles Frauchen an seiner Seite, sie war eine ebenbürtige Partnerin. Friedrich Engels sen. hat seine Frau nicht nur sehr geliebt, sondern ihre Meinung geschätzt und sie in alles, was ihn bewegte, auch in berufliche Details, eingeweiht. Ein Zeichen seines bedingungslosen Vertrauens war, dass sie, wenn er aus beruflichen Gründen auf Reisen war – und er war viele Wochen im Jahr unterwegs –, die Vollmacht hatte, Briefe für ihn entgegenzunehmen und mit ihrer Unterschrift gegenzuzeichnen. Sohn Friedrich beklagte dennoch später, sie habe dem *„Vater gegenüber gar keine Selbständigkeit"*[538]. Das stimmt nicht. Vom aufmüpfigen Sohn unbemerkt übte sie großen Einfluss auf ihren Mann aus – auch zum Guten des krittelnden Sohnes. Als Friedrich als Flüchtling zwischen 1844 und 1849 durch Europa hetzte, fand sie immer einen Weg, ihren Mann dazu zu bringen, ihm Geld zu schicken, oder sie leitete mit seinem Wissen Transaktionen in die Wege.

Sie nahm in ihren Briefen, wie wir aus der Zeit der Revolution wissen, an allem, was den Sohn betraf, regen Anteil. Sie bedauerte ihn, wenn er Zahnschmerzen hatte, sie beurteilte seine *„Toilette“*, also sein Äußeres, und fand, dass diese erst dann für sie in Ordnung sei, wenn er sich einen Teil seines Bartes abnehmen lasse. Sie fragte an, ob denn die neuen Stiefel, die in Barmen angefertigt worden waren, ihm auch passten, und sie informierte ihn über dramatische Vorfälle wie einen Brand in der Trockenstube in Engelskirchen oder Überschwemmungen im Wuppertal.

Die Mutter berichtete über Liebesverhältnisse, Verlobungen, Heiraten, Kindstaufen, Trennungen, Krankheiten und Todesfälle im Familien- und Verwandtschaftskreis. Besonders der Tod von Friedrichs Schwester Anna im Sommer 1853 zeigte Elise Engels die Endlichkeit des Lebens und voll mütterlicher Sehnsucht schrieb sie dem Sohn, man solle jede Gelegenheit wahrnehmen, sich zu sehen.

Das Verhältnis zu seinem Vater normalisierte sich, seit Friedrich in Manchester tätig war. Sie standen in Briefkontakt über geschäftliche Angelegenheiten, aber auch sehr intime Dinge wurden angesprochen. So schlug der Vater dem unter Hämorrhoidalschmerzen leidenden Sohn vor, er solle zu einem *„geschickten Arzt“* gehen, nicht zu einem *„Pfuscher“*, von denen es in England so viele gebe.

Der Vater hielt sich fast jährlich in Geschäftsangelegenheiten in Manchester auf. Bei seinem ersten Besuch nach Friedrichs Einstieg bei Ermen & Engels wohnte er zwar bei seinem Kompagnon Ermen, dennoch instruierte Mutter Elise den Sohn: *„Ich denke, es ist vielleicht doch besser, wenn Ihr nicht immer so zusammen seid, denn man kann dann doch nicht immer von Geschäften sprechen, und es ist besser, daß Ihr nicht auf die Politik kommt, da Ihr so sehr verschiedene Ansichten darin habt.“*[539] Es kam dennoch zu einem „Zwischenfall“: Der Vater stimmte ein Loblied auf Preußen an, ausgerechnet auf das Land, in dem sein Sohn vielleicht zum Tode verurteilt und erschossen worden wäre. Für Friedrich war jegliche Preußenhuldigung unerträglich und entsprechend unwirsch reagierte er.

Firmenlogo von Ermen & Engels in Engelskirchen

Marx ließ er wissen: *„Ein paar Worte und ein wütender Blick reichten hin, ihn wieder in seine Grenzen zurückzuführen, aber das war auch gerade genug, um uns wieder auf einen kälteren Fuß zu setzen. Hat die Sache keine direkt praktischen Nachteile, d.h. auf meine Geldstellung, so ist mir das kühle Geschäftsverhältnis natürlich lieber als aller Gemütshumbug."*[540] Generell zeigte sich der Vater zufrieden mit der Arbeit des Sohnes und war überzeugt, in ihm seinen besten Vertreter in Manchester zu haben. Kam der Vater in späteren Jahren zu Besuch, mietete Friedrich zu dessen Zufriedenheit recht komfortable Wohnungen. *„Aus Friedrichs Brief hast Du meine glükliche Ankunft gesehen. … Ich wohne wieder bei Friedrich, es war grade ein hübsches Schlafzimmer frei. Friedrich sieht wieder recht wohl und eben so stark wie früher aus"*[541], schrieb Engels sen. an seine Frau 1858. Die Eltern hatten sich im vergangenen Jahr große Sorgen um Friedrich gemacht, als dieser monatelang schwer krank gewesen war.

Friedrich konnte seine Familie nur im Ausland sehen, da ihm über lange Jahre beim Betreten preußischen Staatsgebietes die Verhaftung drohte, wie er im Oktober 1853 von Bruder Hermann erfuhr. Hermann schrieb, er habe die Mitteilung des Polizeidirektors erhalten, Friedrich habe sich eine Nacht in Barmen und in Engelskirchen aufgehalten. Auch wenn dies nicht den Tatsachen entsprach, war es für Friedrich Engels besser, Preußen fern zu bleiben, wenn seine Person noch so große Aufmerksamkeit auf sich zog.

Eine Ausnahmesituation ergab sich, als Friedrich sich von seinem Vater verabschieden wollte, der im März 1860 schwer an Nervenfieber erkrankte und im Sterben lag.

Am 17. März war er von Bruder Hermann benachrichtigt worden, dass der Vater in großer Gefahr schwebe, aber es gehe ihm schon wieder etwas besser, da die Krankheit ihren „thypheusen" Charakter verloren habe. 3 Tage später, am Dienstag, dem 20. März, schrieben Emil Blank und die Mutter um 7 Uhr abends einen Brief an Friedrich, dessen erster Satz lautete: *„Welche Trauer Post habe ich Dir zu senden. Unser armer Vater ist nicht mehr."*[542] Um 1/2 6 sei er ganz ruhig & ohne allen Todeskampf verschieden, wahrscheinlich an einer Lungen- oder Gehirnlähmung.

Die Familie hatte zwei Tage zuvor Friedrichs Patenonkel Snethlage gebeten, sich in Berlin für Friedrich zu verwenden, damit dieser ohne Gefahr in preußisches Gebiet einreisen könne. Man hatte auch bereits

Erkundigungen eingezogen, über welchen Grenzübergang man ungefährdet ohne Visum einreisen könne. Friedrich selbst stellte ein (nicht überliefertes) Bittgesuch an den preußischen Innenminister, das der Hofprediger und geistliche Beistand des preußischen Königs weiterleitete. Snethlage versicherte am 19. März in seinem Begleitschreiben, der Bittsteller Friedrich Engels habe als 18-jähriger Jüngling *„zu den enragiertesten Demokraten und Kommunisten"* gehört und sei auch *„an dem Aufruhr in Elberfeld im Jahre 1849"* beteiligt gewesen, *„wo er bewaffnet seinen die Stadt Barmen verteidigenden Brüdern und seinem Vater gegenüberstand."*[543] Besagter lebe aber jetzt *„still und unbeteiligt an staatsgefährdenden Unternehmungen"* in Manchester. Dem Bittgesuch wurde am 23. März stattgegeben; Friedrich Engels war jedoch schon ohne offizielle Erlaubnis nach Barmen gereist, um seinen Vater noch einmal zu sehen. Er kam zu spät. Dennoch war es für die Familie beruhigend, dass Friedrich ohne persönliche Gefährdung den Trauerfeierlichkeiten beiwohnen und dem Verstorbenen das letzte Geleit geben konnte. Bei seinem Besuch in Barmen stellte Friedrich fest, dass sich in der Stadt in den letzten 17 Jahren *„ungeheuer viel geändert"* hatte; es sei, schrieb er an Marx, ein großer industrieller Fortschritt zu verzeichnen und vor allem sei eine Wandlung der politischen Mentalität bei der Bevölkerung eingetreten.

Nach seiner Amnestierung 1860 besuchte Friedrich fast jährlich die Familie. An Weihnachten 1865 kam er wegen seiner Geschäftstätigkeit nicht, aber die Mutter war in Gedanken bei ihm: *„Du wirst Deine Dinners mit Schruten*, Plumppuding(!) u Portwein wol glücklich überstanden haben."*[544] Sie wollte ihn sehen und hakte im Sommer nach: *„Wie sieht es aus, Du wirst mich doch in diesem Jahr auch besuchen? //Hier kann man jetzt keine Reisepläne machen, denn wenn der Krieg einmal angefangen hat, weiß man nicht, welche Ausdehnung er gewinnt. Ihr seid doch recht glücklich in Eurem England u. habt wenigstens keine Aussicht auf Krieg. Ich kann nicht begreifen, daß der Bismark noch immer Minister bleibt, das ganze Land u, ganz Europa ist ja einig darüber, dass er allein die Schuld trägt. Doch was kann das Klagen helfen, wir haben ja einen Regenten über allen Regenten, der wird's schon wieder in Ordnung bringen, auf den verlasse ich mich."*[545] Elise Engels sprach vom Krieg Preußens gegen Österreich im Juni/Juli 1866, den Bismarck bzw.

* Schruten = Truthahn

Preußen gewann. Zu ihrer Erleichterung dauerte der Krieg nur kurz, sodass in Engelskirchen oder Barmen keine Feindseligkeiten innerhalb der Bevölkerung ausbrechen konnten. Denn während der Kriegshandlungen, so schrieb sie weiter, hätten die in Barmen lebenden Katholiken auf einen Sieg Österreichs gehofft, sogar Lehrer hätten für den *„Kaiser von Oestreich gebetet"*. Die Familie Engels verhielt sich staatstreu und habe, so die Mutter, *„auf Haus und Fabrik große pr. Fahnen ausgehangen"*. Ihr kluges Fazit: *„Das war eine recht bewegte u. aufregende Zeit, die wir durchlebt haben ... Gebe Gott, dass wir jetzt Frieden behalten, der Krieg ist doch etwas Schreckliches u. etwas Unnathürliches, dass Menschen gegeneinander geführt werden, um sich auf die möglichst schnellste Weise ums Leben zu bringen."* [546] Die Hoffnung der Mutter, sich wieder wie im vergangenen Jahr in Ostende erholen und dort Friedrich treffen zu können, zerschlug sich wegen einer Choleraepidemie.

Elise Engels hatte sich damit abgefunden, dass ihr Sohn eine Politik verfolgte, die sie nicht guthieß. Aber um über seine politischen Ansichten weiterhin im Bilde zu sein und sie nachvollziehen zu können, las sie seine Texte, die sie bekommen konnte, sehr genau. *„Deine Broschüre habe ich gelesen u. finde sie von Deinem Standpunkt betrachtet ganz gut; was mich aber besonders freut, ist, dass die Sprache darin weit ruhiger u., möchte ich sagen, anständiger wie Sachen, die ich früher von Dir gelesen habe. Das ist nun freilich schon lange her, denn die Sachen, die in den letzten Jahren von // Dir erschienen, sind nicht in meine Hände gekommen; die Elberfelder u. Barmer Zeitung haben sich sehr damit beschäftigt u ganze Auszüge daraus u. Leitarticels darüber gebracht ... Ich lese eben den Brief noch mal durch u. finde, daß der Ausdruck ‚anständiger' bei Deiner Broschüre nicht richtig ist, es könnte besser heißen: ‚weniger burschikos'. Du schickst darin freilich auch einiges zum Teufel, was ich nicht getan hätte"* [547], analysierte sie die Broschüre „Die preußische Militärfrage und die deutsche Arbeiterpartei", die Ende Februar 1865 erschienen war.

Die Mutter behielt ihr Interesse an Ermen & Engels in Manchester auch nach dem Tode ihres Mannes bei. Sie hatte, wie bereits ausgeführt, dem Sohn die Nutzungsrechte für die von ihrem Mann in die Firma investierten 10.000 Pfund übertragen, die dieser mit nebenher getätigten „Kommissionsgeschäften" in den nächsten Jahren zurückbezahlte. Da die Mutter wusste, dass der Umgang mit Gottfried Ermen nicht einfach war, freute sie sich, dass Friedrich recht gut mit diesem auskam und riet ihm für den Fall, dass er sich übervorteilt fühle, dass *„Friede … immer ein kleines Geldopfer werth“* sei. Ein anderes Mal redete sie ihm gut zu: *„Wie ich aus Deinem Brief (vom Oktober) ersehe, haben die Ermens wieder unre(e)lle u. theils dumme Streiche gemacht. Ich hoffe, Du // ärgerst Dich nicht so sehr darüber, es ist nun einmal nicht anders mit ihnen, der Vater hat ja dieselben Erfahrungen gemacht. Es ist in diesem Fall allerdings gut, dass Du bald mit ihnen nichts mehr zu thun hast, u. wünsche ich nur, daß bis dahin das(!) Geschäft noch gut bleibt … Sei nur vorsichtig mit Deinem neuen Pferd, besonders auf der Jagd.“* [548] Die Mutter kannte die Pläne ihres Sohnes, bald dem Kommerz den Rücken zu kehren und sich ins Privatleben zurückzuziehen.

Am 1. Juli 1869 informierte Friedrich Engels seine Mutter: *„Heute ist der erste Tag meiner Freiheit“;* er freue sich, nicht mehr nach Manchester, in die *„düstre Stadt“*, gehen zu müssen, sondern die Natur zu genießen, in seinem Arbeitszimmer zu sitzen und die Fenster öffnen zu können, *„ohne dass der Rauch überall schwarze Flecken macht, mit Blumen im Fenster und ein paar Bäumen vor dem Haus.“* [549] Er fühlte sich 10 Jahre jünger. Wie wird die Mutter seine Erleichterung aufgefasst haben? Freute sie sich, dass ihr Ältester mit 49 Jahren doch noch das Leben führen konnte, das er sich immer ersehnt hatte? – aber jetzt materiell bestens abgesichert? Begriff sie, dass er unter dem Joch der ungeliebten Arbeit gelitten hatte? Wenn dies der Fall war, konnte sie sich damit trösten, dass er nach seiner Einsicht, als freier Literat nicht existieren zu können, freiwillig zu Ermen & Engels gegangen war und sein Leben in der Oberschicht Manchesters auch genossen hatte. Eleanor Marx erinnerte sich an Friedrich Engels‘ Rückkehr von Ermen & Engels an seinem letzten Arbeitstag: *„Er schwang seinen Stock in der Luft und sang und lachte mit dem ganzen Gesicht. Dann tafelten wir festlich und tranken Champagner und waren glücklich. Damals war ich zu jung, um zu verstehen, und wenn ich jetzt daran denke, so ist es mit Tränen.“* [550] Tränen kamen ihr, wenn sie sich vorstellte, welch‘ große Opfer Engels durch seine „Zwangsarbeit“ gebracht hatte, auch wenn er nie *„geklagt oder gemurrt“* habe, sondern *„heiter“* zu seiner Arbeit gegangen sei.

Die Mutter dürfte sich keine Hoffnung auf eine Rückkehr ihres Sohnes nach Deutschland gemacht haben, aber für sie sprach nichts gegen Besuche, zumal er für sie frei und ungebunden war. Die Familie, zumindest die Mutter, scheint Friedrichs „wilde Ehe“ ignoriert zu haben. Das Zusammenleben von Frau und Mann ohne kirchliche Legitimierung war *„völlig unmoralisch“* und *„den christlichen Geboten widersprechend“*. Die Geschwister dürften Friedrichs Zusammenleben mit Mary und Lizzie lockerer gesehen haben.

Wenige Wochen nach Beendigung seiner Tätigkeit bei Ermen & Engels trafen sich Mutter und Sohn in Ostende und Friedrich begleitete sie nach Engelskirchen zurück. Die Mutter hatte ein Jahr zuvor aus Steuergründen ihren Hauptwohnsitz von Barmen nach Engelskirchen in die vom Vater erbaute Villa Braunswerth in der Lindenallee verlegt.

Das Weihnachtsfest 1869, das erste nach seinem Geschäftsaustritt, musste Friedrich im Familienkreis verbringen, da, wie er Marx schrieb, *„meine Mutter platterdings haben will, dass ich einmal wieder Weihnachten zu Hause verbringe, unter einer Magen verwüstenden Unzahl Fressereien.“*[551] Spätere Besuche folgten und es gefiel Friedrich besonders, in der warmen Jahreszeit einen Mittagsschlaf auf einer Bank im Garten der Mutter direkt an der Agger zu machen.

1871 wurden bei Mutter Elise schlimmste Erinnerungen an die Jahre 1848/49 wach. Kaum war der Jubel im Januar über die Gründung des deutschen Kaiserreiches verklungen, wurde in der deutschen Presse die Pariser Kommune zu einem Schreckgespenst hoch stilisiert und ihre Anhänger verteufelt. Die Mutter musste lesen, dass die Herrschaft der Kommunarden unvorstellbar blutrünstig sei, und das Schlimmste für sie war, dass der Freund ihres Sohnes, Karl Marx, der Anstifter all‘ dieser furchtbaren Greueltaten sei. Das war eine Falschmeldung, Marx hatte im fernen England keinen Einfluss auf das Geschehen gehabt. Des Weiteren wurde in den konservativ-bürgerlichen Zeitungen, aus denen Mutter Engels ihr Wissen bezog, Angst und Schrecken vor der „Internationalen“ verbreitet. Die Internationale, in der auch ihr Sohn eine führende Rolle spielte, verfüge nicht nur über große Einnahmen und über Millionen an Mitgliedern, sondern sie spreche sich gegen jegliche Ordnung aus, erachte die gültigen Gesetze für nichtig und plane einen Krieg gegen die Regierungen und die Bourgeoisie, zu denen doch auch die Fabrikanten Engels gehörten. Die Mutter machte sich große Sorgen, ihr Sohn könne den *„Mordbrennern“* angehören und sei endgültig als *„Christenmensch verloren“*.

Friedrich dachte lange nach, bevor er auf die erregten Zeilen der Mutter antwortete. Erst im Oktober 1871 schrieb er: *„Wenn ich Dir solange nicht geschrieben habe, so kam das daher, daß ich wünschte, Dir auf Deine Bemerkungen über meine politische Tätigkeit in einer Weise zu antworten, die Dich nicht verletzte. Und wenn ich dann immer und immer wieder die schmählichen Lügen in der „Köln(ischen) Zeitung las …, wie dieselben Leute, die während des Kriegs in der ganzen französischen Presse nur Lügen sahen, jetzt jede Polizeierfindung, jede Verleumdung des verkauftesten Pariser Schundblatts gegen die Kommune als Evangelium nach Deutschland hinausposaunen, so kam ich in eine Stimmung, die wenig geeignet war. Von den paar Geiseln, die nach preußischem Muster erschossen, von den paar Palästen, die nach preußischem Vorgang verbrannt wurden, wird ein groß Geschrei gemacht – denn alles andere sind Lügen –, aber von den 40.000 Männern, Weibern und Kindern, die die Versailler nach der Entwaffnung mit Maschinerie massakriert haben, davon spricht kein Mensch!“*[552] Es waren zwar „nur“ 10.000 Opfer in der „Blutwoche“ Ende Mai 1871 zu beklagen gewesen, aber es ist erwiesen, dass die Armee äußerst brutal gegen die Kommunarden vorgegangen war. Friedrich verwies auch darauf, dass sich die Geschichten von den Revolutionären 1848/49 als angeblichen *„Menschenfressern“* alle als unwahr herausgestellt hätten. Er hoffe, die Mutter erinnere sich daran und verurteile die Leute von 1871 nicht voreilig aufgrund von Berichten in parteiischen Zeitungen. Und er betonte: *„Daß ich an meinen Ansichten, die ich seit bald dreißig Jahren habe, nichts geändert hatte, wusstest Du, und es musste Dir auch nicht unerwartet sein, dass ich, sobald die Ereignisse mich dazu nötigten, sie nicht nur vertreten, sondern auch sonst meine Schuldigkeit tun würde.“*[553] Das war diplomatisch ausgedrückt, und sagte nichts Konkretes über seine Aktivitäten aus.

Elise Engels erkrankte im Herbst 1873 und starb nach kurzer Krankheit Ende Oktober mit 77 Jahren. Friedrich war ans Krankenbett gerufen worden und kam gerade noch rechtzeitig, um von der geliebten Mutter Abschied zu nehmen. Der Verlust traf ihn *„doppelt schmerzhaft“*: der Tod der Mutter war unerwartet eingetroffen und sie hinterließ eine nicht zu füllende Lücke. Als Engels fast zwei Jahrzehnte später dem Bruder seines verstorbenen Freundes Carl Schorlemmer kondolierte, erinnerte er sich wehmutsvoll an seine Mutter und ihre wichtige Rolle in der Familie: *„Ich habe vor 18 Jahren auch meine 77jährige Mutter verloren,* *und ich weiß, welch eigentümliches Band unter den Gliedern einer zahlreichen Familie das Mutterhaus ist und wie unersetzlich es ist, auch bei der größten Einigkeit unter den Kindern. Das Mutterhaus hält eben die ganze jüngere Generation noch zusammen als eine große Familie, stirbt die Mutter, so fühlen sich die einzelnen jüngeren Familien weit selbständiger und sondern sich unwillkürlich voneinander ab.“*[554]

Nach dem Tode der geliebten Mutter bestand Friedrich, befreit von jeglicher Rücksichtnahme, auf einer fairen Erbregelung und *„erhielt … den ihm ohnehin zustehenden Anteil aus dem Nachlaß seiner Mutter.“*[555]

Lieblingsschwester Marie

Marie stand von allen Geschwistern ihrem Bruder Friedrich am nächsten. An die vier Jahre jüngere Schwester schickte er liebevolle Briefe aus Bremen und Berlin, die interessante Einblicke in sein Leben als Auszubildender und als junger Soldat geben. Voller Zuneigung schrieb er an seine *„liebe Marie“, „liebe Marie?“, „Mamsel“, „Euer Gnaden“, „meine Allerwerteste“, „theure Soeur“, „hochzuverehrendes Fräulein“*, seine *„Gans“* oder sein *„mageres albernes Küken“* und verabschiedete sich mit *„Dein Bruder“, „Dein Dich liebender Bruder“, „Farewell Yours for ever“, „Semper tuus“* und *„Schreib doch bald!“* Maries Briefe an Friedrich sind nicht überliefert.

Friedrich nahm an allem Anteil, was die Schwester betraf. Liebevollst schimpfte der große Bruder mit ihr, nannte sie *„so eine rechte Gans“* und verbat sich *„alle guten Lehren … meines theuersten Gänschens“*, das, kaum im Pensionat in Mannheim, schon probiere, *„weise zu sein“*. War sie krank, verbarg er seine Besorgnis hinter den Worten: *„Du Spinte liegst alle Augenblicke im Bett“* oder er fragte teilnahmsvoll, ob denn der Zahn gezogen sei. Wenig tröstend war er, als sie an einer anderen Krankheit litt: *„Daß Du Nesselfieber bekommen hast, ist Dir recht, es juckt Dir so immer in den Fingern, daß Du dummes Zeug machen willst, jetzt hast Du was zu jucken. Du bist und bleibst eine alte Juckmaschine“*[556], schrieb er. Als Zeichen aber, wie sehr er an der kranken Schwester hing und an sie dachte, schickte er ihr eine *„Comödie in 1 Act, für Marie“*. Der Einakter *„Die Verkleidung“* spielt in einer vergnügten, glücklichen Familie – in seiner eigenen. Die Geschwister Marie, Anna, Hedwig, Emil, Rudolf, Hermann, Cousin August und die Mutter spielen dem Vater einen Streich: Verkleidet und mit Masken unkenntlich gemacht, erwarten sie ihn zuhause. Dieser zeigt sich überrascht über die fremden Gäste, die an seinem Tisch sitzen, scheint niemanden zu erkennen, worüber sich besonders die Kleinen freuen. Das Stück ist keine große Kunst und dürfte Friedrich, der noch in Bremen damit liebäugelte, ein großer Poet zu werden, gezeigt haben, dass ihm das Talent zum Dichter fehlte. Aber er konnte amüsante, ansprechende Briefe schreiben, beispielsweise an Marie.

Ihr erzählte er mit ironischem Unterton von dem „Kampf" um das Schnurrbarttragen in Bremen und von seinen sportlichen Betätigungen wie Schwimmen durch die Weser und seine Fechtkünste. Er schlage sich alle Woche viermal, schrieb er, und um seine Kunstfertigkeit zu veranschaulichen, verzierte er seinen Brief mit einer Skizze, die ihn bei einer Fechtübung zeigte.

Friedrichs künstlerische Begabung zeigte sich nicht nur im Zeichnen, sondern er sang in Bremen in einem Chor und versuchte sich sogar im Komponieren. Da er mit Marie die Leidenschaft für Musik teilte, wissen wir, dass Beethovens C-moll Symphonie seine Lieblingssymphonie war, gefolgt von Beethovens Eroica.

Der sportliche Bruder hoffte, dass Marie im Internat in Mannheim auch Schlittschuhlaufen lerne, *„damit Du mir nicht als ein frostiges, ofenhockerisches, nichtausderStubezukriegendes Dämlein nach Hause kommst, was ich mir bestens verbeten haben will. Wo Du mir aber so frostscheu ankommst, so werde ich Dich auf einen Schlitten binden, den Pferden brennenden Schwamm ins Ohr legen, und Dich so in die weite Welt jagen. Oder ich binde Dir Schlittschuh unter und trage Dich mitten auf den Teich und laß Dich da allein krabbeln."*[557]

Friedrich berichtete nicht nur oberflächlich über seine Freizeitvergnügungen und sein Lehrlingsleben in Bremen, sondern auch ernsthaft über einen Besuch auf einem Auswandererschiff in Bremerhaven. Voller Empathie beschrieb er Marie die Zustände, die viele der Auswanderer erwarteten: 200 Leute hausten auf dem Zwischendeck, einem einzigen dumpfem Raum. Schon vor dem Ablegen sei dort die Luft zum Ersticken, und Marie könne sich wohl denken, welche Zustände in den ersten Tagen nach Ablegen herrschten, wenn viele unter der Seekrankheit litten. Besser ginge es den Wohlhabenden, die in eleganten Kajüten mit Tageslicht lebten, das durch Glaskästen an der Decke einfalle. Wenn allerdings ein Sturm komme und Wellen über das Schiff gingen, dann klingle das Glas *„mit der schönsten Manier“* in die Kajüte hinein und das Wasser hinterher; dann stehe die Kajüte voll mit Wasser, aber die Betten seien so hoch, dass sie trocken blieben. Als Friedrich Engels Jahrzehnte später in die USA fuhr, reiste er bequem in einer Luxuskabine.

Friedrich krittelte auch an seiner 4 Jahre jüngeren Schwester herum. In einem Brief kurz vor Weihnachten 1840 bedankte er sich für die schöne Zigarrentasche, die sie für ihn gehandarbeitet hatte. Das Geschenk, das vorzeitig in seinen Besitz gekommen war, schrieb er, gefalle ihm zwar gut, aber es sei nicht in seinen Lieblingsfarben schwarz-rot-gold. Die 16-jährige Marie wusste wenig oder nichts von der Begeisterung ihres Bruders für die deutsche Freiheit- und Einheitsbewegung. Zwei Jahre später, als Friedrich in Berlin seinen Militärdienst absolvierte, beschränkte sich ihr politisches Interesse auf die königlichen Hoheiten. Friedrich informierte sie auch kurz über die *„Allerhöchstdieselben“*, den Alten Fritz Wilm und den jungen Fritzchen Wilmchen, aber mit dem Hinweis: *„Ihr Frauleut sollt Euch nicht in die Politik mischen, davon versteht Ihr nichts.“*[558]

Friedrich widmete sich nach seinem Aufenthalt in Bremen eingehender seinen Geschwistern, die in den drei Jahren seiner Abwesenheit sich weiter entwickelt hatten. An Marie im Mai 1841: *„Die Anna … ergeht sich … in Albernheiten, ihr drittes Wort ist: ‘Og, Drike‘! (Ach, Einfaltspinsel) Der Hermann entwickelt glänzende Anlage zum Hypochonder, kann oft tagelang mit dem gleichgültigsten Gesicht von der Welt dasitzen, das Maul hangen lassen und kein Wort sprechen. Krigt er dann plötzlich den Rappel, so weiß er sich vor Tollheit nicht zu lassen. Hedwig entwickelt, etwas Eigensinn ausgenommen, sehr wenig Charakter. Rudolf ist ein Kerl, wie der Hermann war, er daselt den halben Tag in Träumen herum und die übrige Zeit macht er dumme Streiche. Seyn größtes Plaisir ist, wenn ich ihm ein Rappier gebe und es ihm aus der Faust schlage. Die kleine Elise wird sich bedeutend machen, jetzt aber ist sie noch unbedeutend. Sie zeigt Keime von Liebenswürdigkeit und sticht Euch am Ende alle aus. Und ich? Ich würde vielleicht interessant aussehen, hätte ich statt meines jetzigen jungen Schnurrbarts noch meinen alten Bremer und meinen langen Haarwuchs.“*[559]

Marie Blank

Emil Blank

Wie innig Friedrich sich seiner Schwester Marie verbunden fühlte, zeigen seine Glückwünsche zu ihrer Hochzeit mit Emil Blank im Juli 1845. Aus Brüssel, seinem Zufluchtsort vor der preußischen Justiz, schrieb er ihr: *„Verlaß Dich darauf, von den vielen Glückwünschen, die man Euch darbringen wird, ist keiner treuer gemeint, keiner herzlicher und wärmer als der meinige! Du weißt, dass ich Dich immer am meisten von allen meinen Geschwistern geliebt habe, dass ich zu Dir immer am meisten Vertrauen hatte … Seid glücklich!"*[560] Der ältere Bruder verblieb mit dem Wunsch, Mrs. Blank möge sich für ihn so interessieren wie das Fräulein Engels, und er hoffe sie im Sommer in Ostende oder England zu sehen. Friedrich akzeptierte den Mann seiner Lieblingsschwester, Karl Emil Blank, fand, dieser sei ein *„guter Kerl"* und *„Kommunist aus Prinzip"*. Nach der Geburt von Maries erstem Kind im März 1846 schickte der Bruder verspätete Glückwünsche, weil er der *„innigst geliebtesten Schwester"* keinen üblichen formelhaften Glückwunsch schicken wollte. Er schrieb, er wolle sich bemühen seinen ihm *„gänzlich unbekannten Pflichten als Onkel"* nachzukommen und er sei *„wirklich begierig Dich als Mama zu beobachten"*.

Wie erhofft, traf Friedrich im Sommer 1846 seine Mutter und Marie mit Kind in Ostende. 1850 begegnete Friedrich in London bei Marie der Mutter wieder, die angereist war, um ihrer Tochter bei der Geburt des dritten Kindes Rudolph, einem *„prächtigen, dicken Jungen"*, beizustehen. Mutter Elise und Sohn Friedrich freuten sich nach den großen Enttäuschungen und Sorgen, die vor allem der Sohn der Mutter bereitet hatte, unbeschwert zusammen sein zu können. Die Mutter versprach, solange er in England sei, häufig zu kommen, um mit dem Sohn die langen unterhaltsamen Wanderungen fortzusetzen. Friedrich selbst durfte nicht in die Heimat reisen, da ihm in Preußen nach wie vor die Verhaftung drohte.

Bevor die Familie Blank nach Barmen zurückkehrte, konnte Friedrich bei seinen Besuchen in London seinen Pflichten als Onkel noch mehrere Jahre nachkommen; er schloss Maries Kinder in sein Herz und trauerte, als er Anfang 1869 von seiner Mutter erfuhr, dass Maries gleichnamige Tochter mit nur 22 Jahren an Scharlachfieber gestorben war. Im September 1866 hatte er noch Maries Hochzeit in Engelskirchen gefeiert. Friedrich kondolierte seinem Schwager Emil zum Tode *„unserer lieben Marie Bartels"* und schrieb: *„Die Nachricht hat mich tief be-*

stürzt und ergriffen. Ich hatte sie, wie überhaupt Deine Kinder, mehr von klein auf heranwachsen sehn als die Kinder meiner übrigen Brüder und dementsprechend war auch meine Anhänglichkeit für sie lebhafter und wärmer; ich sah sie noch zuletzt bei ihrer Hochzeit ... In solchen Fällen helfen alle Trostreden nichts, man muß sich ausweinen wie ein Kind, bis die Zeit die Wunden vernarbt. Ich schreibe Dir auch nicht, um zu trösten, sondern nur, weil ich weiß, daß es wohltut, Beweise der Teilnahme von denen zu empfangen, von denen man sie erwarten darf. Und diese Teilnahme und dies Mitgefühl widme ich Euch, das könnt ihr mir glauben, von ganzem Herzen."[561] Friedrich schickte besondere Grüße an seine Lieblingsschwester und an den Ehemann der verstorbenen Marie, der mit zwei kleinen Kindern zurückblieb.

Die Brüder Hermann, Emil, Rudolf

Nach dem Tode der Mutter nahm Friedrich Engels weiterhin Anteil am Schicksal seiner pietistisch-kapitalistischen Familie. *„Man kann ja auch persönlich gut Freund bleiben trotz der politischen Trennung"*[562], war seine Überzeugung. Das traf auch auf Bruder Hermann zu. Ein Genosse namens Mohrhenn aus Barmen hatte Friedrich Engels zum 70. Geburtstag Fotografien von dessen Elternhaus im Bruch zugeschickt, für die sich Engels sehr herzlich bedankte. Hermann hatte ihn bereits informiert, dass im Bruch ein Wirtshaus sei: *„'Siehst Du, da kommen auch die Sozialdemokraten schon viel hin!'"* Engels erfreut an den SPD-Mann: *„Sozialdemokraten im Bruch – das war allerdings eine kolossale Revolution gegen 50 Jahre früher. Eine noch größere würde es allerdings sein, wenn unser altes Haus eine sozialdemokratische Druckerei würde. Das müßten Sie sehr geschickt anfangen."*[563] Denn nach seiner Einschätzung würde sein Bruder das Haus, wenn es ihm überhaupt noch gehöre, für einen solchen Zweck nicht verkaufen.

Friedrichs Rat war bei seinen Brüdern gefragt. Hermann, Rudolf und Emil baten ihn 1871 zu dem beabsichtigten Geschäftsaustritt ihres Schwagers Adolf von Griesheim Stellung zu nehmen. Friedrich mischte sich nicht ein, riet aber den Brüdern den Wunsch des Schwagers zu respektieren, sich in Ruhe und friedlich zu einigen und danach eine Flasche Champagner zu trinken.

Der weltgewandte und im englischen Textilgeschäft erfahrene Friedrich gab den Brüdern auch geschäftliche Tipps; so riet er ihnen 1866 ab, ihre Nähgarne ausschließlich über die Ermens zu beziehen, um sich nicht zu abhängig zu machen. 1875 warnte er sie das Angebot von G. Ermen anzunehmen, in die noch bestehende Firma Ermen & Engels in Manchester einzusteigen. Er vermutete, dass es G. Ermen nur um den etablierten Firmennamen ging. Als 1892 sein Neffe Emil sich in Manchester in der Textilbranche umsehen wollte, mahnte Friedrich zur Vorsicht im Umgang mit der dortigen Kaufmannschaft und verwies ihn an Sam Moore. Dass seine Neffen sich für das väterliche Geschäft interessierten, fand Friedrich in Ordnung, aber besonders freute ihn, dass zwei Söhne von Hermann eine Universität besuchten. Sein Kommentar: *„Die letzten 20 Jahre haben dem alten kommerziellen Aberglauben gründlich ein Ende gemacht, als gehöre zum Handel vor allem drei Jahre Kopierbuch, eine gute Handschrift, möglichst schlechtes Deutsch und ein ansehnlicher Mangel an Kenntnissen.“*[564]

Engels versagte seiner Familie nicht seine Unterstützung. Allerdings merkte er in einem Brief an Rudolf wenig erfreut an: *„Der Kuckuck soll die Rh(einischen) E(ngels) holen, im Vertrauen auf die vielen Versicherungen prompter Zahlung hab' ich mich auf allerlei Sachen eingelassen und sitze jetzt ziemlich fest.“*[565] Genaueres erfahren wir nicht über die Angelegenheit.

Friedrich Engels verschenkte Fotografien von sich und erhielt Bildporträts einzelner Familienmitglieder, er gratulierte und schickte zu besonderen Anlässen wie runden Geburtstagen und Hochzeiten Geschenke und Glückwünsche. Emils Tochter Elisabeth gratulierte er besonders herzlich, als diese sich mit einem Sohn von Carl August Erbslöh verlobte, mit dessen Vater er 1843 nach Manchester gereist war.

Familienfeste interessierten ihn durchaus, und wenn er konnte, folgte er den Einladungen. Eine Einladung zu einer Hochzeit musste Friedrich 1895 wegen Schmerzen absagen, ließ der Braut aber ein Geschenk im Wert von 80 Mark besorgen.

Erstaunlicherweise sind keine Glückwünsche zu Friedrichs Geburtstagen, außer zum seinem 70. überliefert, aber man scheint an ihn gedacht zu haben; denn kamen sie verspätet, nahm er es gelassen und humorvoll, wie am 28. November 1866. In einem Brief an Bruder Herrmann verkündete er: *„Zu meinem heutigen Geburtstag gratuliere ich mir in Euer aller Namen."*[566]

Mit Bruder Hermann korrespondierte Friedrich vor allem über geschäftliche Angelegenheiten, aber auch über Nebensächlichkeiten: Er ließ Hermann Sherry in 3 Qualitäten zukommen, damit der Bruder auswählen konnte und er ließ vor seinem Aufbruch zum Nordkap den Bruder wissen, dass er in Trontheim den besten Hummer seines Lebens gegessen habe. Nach seiner Reise in die USA gab er Hermann und Rudolf den Rat, auch mit dem Schiff den Atlantik zu überqueren. Er habe sich so gut erholt, dass er sich fünf Jahre jünger fühle und auch sein Augenleiden habe sich gebessert. Es waren banale Themen, die aber für Friedrich offensichtlich so wichtig waren, dass er sie in seinen Briefen an die Familie anschnitt.

Der Tod seines Bruders Emil Ende des Jahres 1884, der im Alter von 56 Jahren starb, traf Friedrich hart. In seinem Kondolenzschreiben an dessen Witwe *„Lottchen"* hob er hervor, er habe zu Emil von jeher ein besonders inniges Verhältnis gehabt; zum einen, weil sie sich beide wissenschaftlichen Dingen ohne Rücksicht auf möglichen Gewinn gewidmet hätten, und zum anderen, weil Emil für ihn nach dem Tode des Vaters die Verhandlungen mit Ermen zu einem glücklichen Ende geführt hatte. Friedrich sprach noch einmal an, dass er sich 1860 in schwierigsten Verhältnissen befunden habe, *„in einem körperlich so krankhaften Zustand"*, dass er unfähig gewesen sei *„einen Entschluss bei gesundem Verstand und freiem Denkvermögen"* zu fassen. Dass er jetzt *„ein unabhängiger Mann"* sei, habe er *„nicht am wenigsten Emil zu verdanken."*[567] Zur Beerdigung konnte Friedrich nicht anreisen, da er sich wegen der Sozialistengesetze im deutschen Reichsgebiet gefährdet sah und nicht ausschließen konnte, als der wichtigste Vertreter des Sozialismus Repressalien, zumindest intensiver Überwachung, ausgesetzt zu werden.

Es gab immer wieder Treffen mit einzelnen Familienmitgliedern; 1871 besuchten zwei Brüder Friedrich in London und dürften bei dieser Gelegenheit Lizzie kennengelernt haben. 1875 war er seinem Bruder Hermann in Köln *„in die Arme gefallen"* und 1892 war sein Neffe Emil, Bruder Emils Sohn, auf der Reise nach Manchester bei ihm in London zu Gast.

Mit Hermann und dessen Familie traf sich Friedrich auf seiner letzten Reise auf den Kontinent 1893 für eine Woche in Graubünden. Von seinem anschließenden Aufenthalt in Wien musste er dem Bruder unbedingt verraten, er habe ein *„Schatzerl … ein allerliebstes Fabrikmädel* reizend von Angesicht und liebenswürdig von Manieren, wie man's selten findet“* [568] kennen gelernt, und fast aufseufzend ließ er einfließen, dass er noch immer einem großdeutschen Reich nachtrauerte. *„Ich werde es dem Bismarck nie verzeihen, daß er Österreich aus Deutschland ausgeschlossen hat, schon der Wienerinnen wegen“* [569], schrieb der noch immer von den Frauen faszinierte 73-Jährige und schwärmte von den Wienerinnen, den geborenen Pariserinnen, *„aber Pariserinnen wie vor 50 Jahren. Richtige Grisetten.“* [570] Friedrich fühlte sich wieder jung, und unterschrieb humorvoll mit *„Dein altes – ‚Unkraut vergeht nicht‘“*.

Fast 3 Jahre nach seinem Tod fand Friedrich eine letzte Erwähnung im „Verlust- und Gewinnkonto der Firma Ermen & Engels in Engelskirchen: *„Für eine Übersetzung des Testaments von F. Engels in London 10,00 Mark.“* [571]

* Die Fabrikarbeiterin war Adelheid Dworak, unter ihrem Ehenamen Adelheid Popp eine der führenden Persönlichkeiten in der sozialistischen Frauenbewegung Österreichs.

Friedrich Engels wünschte sich die Wende vom 19. zum 20. Jahrhundert noch zu erleben – und *„das große Krachen"*. Vermutlich meinte er nicht das Neujahrsfeuerwerk, sondern die Revolution des Proletariats. Die Erfüllung seines Wunsches war nicht unmöglich, denn zur Jahrhundertwende wäre er 79 Jahre alt gewesen.

1890 ging es Friedrich gesundheitlich gut. An seinen Bruder Hermann schrieb er, er wiege 168 englische Pfund (ca. 76 kg), habe gesundes festes Muskelfleisch, sei kein loser Fettschwamm, sei heiterer Stimmung und lache viel. Er genieße das Essen und Trinken und könne sehr flott gehen, kurz, er *„gelte überhaupt für einen der jüngsten alten Männer in London."*[572]

Warum sollte er nicht noch ein Jahrzehnt bis zur Jahrhundertwende durchhalten? Es machten ihm „nur" zwei Krankheiten zu schaffen. Seine Augen bereiteten ihm Sorgen; er war schwer kurzsichtig und musste zeitweise zur Schonung der Augen eine Brille tragen und durfte nur bei Tageslicht arbeiten. Das Augenleiden, das ihn seit Jahrzehnten plagte, war nicht tödlich, schlimmstenfalls konnte er nach Diagnose seines Arztes erblinden. Daher probierte er selbst alle möglichen Heilungsempfehlungen aus. Ein Jahr lang half ihm Kokain, bis es wirkungslos wurde, weil sich sein Körper an die Droge gewöhnt hatte. Er stieg auf ZnCl2* um. Zeitweise schwor er auf Tabak als Heilmittel. Laura Lafargue gegenüber meinte er, seinen Augen gehe es viel besser, seit er Zigarren rauche.

Die andere Krankheit, die ihn plagte, weil sie seine Beweglichkeit einschränkte, war ein Lendenleiden, das er sich vor Jahrzehnten bei einem *„Sturz mit dem Pferd beim Fuchsjagen"*[573] zugezogen hatte. Er war gezwungen, immer wieder eine Bandage zu tragen, sich zu schonen und strikte Sofaruhe zu halten. Seine langen täglichen Spaziergänge konnte er noch machen, aber eine Einschränkung in seiner Beweglichkeit gab es: *„Die Doktores sagen, auf's Pferd würd' ich wohl schwerlich wieder steigen können – also kriegsdienstunfähig – verdammt!"*[574], schrieb er seinem alten Kriegskameraden Becker.

* Zinkchlorid, ein harmloses Mittel

Friedrich Engels 1879

Sein Lendenleiden machte sich 1892 nach längerer Pause während eines Aufenthaltes bei Pumps in Ryde auf der Ile of White wieder bemerkbar und zwang ihn, eine fest geplante Reise im Sommer nach Engelskirchen, Berlin, Stuttgart, München, Zürich, St. Gallen und Wien abzusagen. An Bebel: *„Eine alte Geschichte, die mich zwingt, eine komplizierte Bandage zu tragen, ist nach fünfjähriger Ruhe wieder in Tätigkeit getreten und legt mich plötzlich komplett lahm."*[575] Vier Wochen blieb er bei Pumps und ließ sich pflegen.

Friedrich Engels verlor dennoch nicht seinen rheinischen Frohsinn und seinen Humor. In sein 73. Lebensjahr feierte er fröhlich, Ende November, mit einer Maibowle hinein und verspürte am nächsten Tag nur *„einen leichten, aber angenehmen Kater"*, den er durch eine Flasche Pilsner am Morgen in *„angemessenen Grenzen"* hielt.

Engels selbst spürte allerdings, dass seine Kräfte langsam nachließen. Er musste das Rauchen aufgeben *„wegen Wirkung auf Nerven ... dito das Trinken sehr beschränken ... nehme Sulfonal zum Schlafen"* und er musste wochenlang auf die geliebte *„Kneiperei"* verzichten, *„Enthaltsamkeitsbuße"* tun.

Als Zeitungen im März 1893 sein bevorstehendes Ende meldeten, empörte er sich bei Kautsky: *„Woher der Schwindelbericht von meiner Erkrankung kam, ist mir total unbegreiflich, es lag aber auch nicht der geringste Vorwand dazu vor. Ich kann auch nicht herausbekommen, wo er zuerst erschien und in welchem Blatt."*[576] Aber Engels reagierte auf eine für ihn typische Weise: *„Nun, wir haben auf den hochgradigen Kräfteverfall und das stündlich erwartete Ableben diverse Flaschen geleert."*[577] Wilhelm Liebknecht erinnerte sich an das Erstaunen der Zuhörer nach einer Rede von Engels im Concordiasaal in Berlin. Eine der häufig gestellten Fragen der Zuhörer, so Liebknecht, sei gewesen: *„Kann dieser Jüngling schon 73 Jahre alt sein?"*[578]

Friedrich Engels hatte dennoch begonnen, an die Endlichkeit zu denken und sich entschlossen, seinen Nachlass zu regeln. Im Juli 1893 setzte er in Gegenwart seines Freundes Leßner und seines Arztes Dr. Freyberger ein Testament auf. Im November 1894 wurde diesem ein Ergänzungsbrief beigefügt und nur 9 Tage vor seinem Tode ein Kodizill. Im letzten Anhang zu seinem Testament verfügte er, dass mit Ausnahme von Wertpapieren und Geld und einigen Gegenständen, die

Friedrich Engels 1891

er anderen vermacht habe, seine Haushälterin Louise Freyberger, wie bereits erwähnt, seine sonstige Habe erhalten sollte. Darunter waren Weine und Spirituosen im Wert von 227 Pfund, darunter 142 Dutzend Flaschen Alkoholika verschiedener Art, und 13 Dutzend Flaschen Champagner, die er bei seinem Weinhändler gelagert hatte. Von den 20.378 Pfund*, die er hinterließ, bekam Louise 5.100 Pfund, die Marx-Töchter je 5.000. Engels hatte lange mit seinem Hausjuristen Sam Moore überlegt, wie er den Kindern der verstorbenen Marx-Tochter Jennychen Longuet den Anteil für ihre verstorbene Mutter zukommen lassen sollte. Um langwierige, zeit- und geldaufwendige Transaktionen zwischen England und Frankreich zu vermeiden, schien ihnen die beste Lösung, Laura und Eleanor sollten freiwillig je ein Drittel ihrer Erbschaft den Kindern ihrer verstorbenen Schwester Jenny abgeben[579], mit dem Zusatz, aber nur *„wie Ihr und der Vormund Paul Lafargue es für das beste haltet."*[580] Charles Longuet, der Vater, sollte mit der ganzen Sache nichts zu tun haben. Mary Ellen Rosher sollte 3.000 Pfund bekommen. Seine Bücher, Urheberrechte, Manuskripte und 1.000 Pfund, ca. 20.000 Mark, zur Unterstützung der Sozialdemokratischen Partei sollten August Bebel und Eduard Bernstein übergeben werden. Die Geldsumme war für „Wahlzwecke" deklariert, damit sie legal die Parteizentrale erreichen konnte. Engels hatte die beiden schon im November 1894 angewiesen: *„Sorgt also vor allem, daß ihr das Geld bekommt, und wenn Ihr es habt, daß es nicht den Preußen in die Hände fällt"* und er wünschte sich: *„trinkt eine Flasche guten Wein dazu. Solches tut zu meinem Gedächtnis."*[581] Zu seinen Testamentsvollstreckern bestimmte er seinen langjährigen Freund, den Juristen Sam Moore, seine Haushälterin Louise Freyberger und Eduard Bernstein.

Im Sommer 1894 erlitt Engels einen leichten Schlaganfall, den ihm sein Arzt und seine Haushälterin, das Ehepaar Freyberger, zunächst zu verheimlichen suchte, weil er ihn ohne spürbare Einschränkungen überstanden hatte. Doch er wusste, wie es um ihn stand. Eleanor Marx informierte ihre Schwester: *„Der arme alte Mann* (hat) *… mir streng vertraulich mitgeteilt, … daß er einen Schlaganfall gehabt hätte, doch daß niemand außer den Fs.*(Freybergers) *und wir das wissen dürften."*[582] Engels erholte sich

---

* 20.000 Pfund entsprechen heute ca. 8 Mio. Euro (Stand August 2020)

und war zuversichtlich, auch als sich Ende März 1895 erste Anzeichen von Speiseröhrenkrebs zeigten. Er selbst konnte die Symptome nicht deuten, führte die Beschwerden auf eine Mandelentzündung zurück, weil er sich nicht mehr *„alle Freiheiten mit Essen, Trinken etc."* nehmen könne. Auch sei er nicht mehr so *„wetterfest"* wie früher und er werde vergesslich. Sein Fazit: *„So langsam wird man alt"*.

Voller Zuversicht glaubte der 74-Jährige die Schmerzen und den Kopfrheumatismus überwinden zu können. Auf Nicht-Eingeweihte machte er einen guten Eindruck. Der russische Schriftsteller Borborykin meinte 1895 nach einem Besuch, Engels sei *„ein alter Mann von hohem Wuchs, guter Haltung und noch nicht stark ergraut, mit ausgeprägtem Kopf, unregelmäßigem, aber rasch sympathisch wirkenden Gesichtszügen und einem freundlich-spitzbübischen Lächeln in den farblosen Augen"*[583], und er entspreche dem Typus des pensionierten Professors. Diese berufliche Zuordnung hätte Engels gefallen.

Im April 1895 berichtete Friedrich seinem Bruder Hermann, er habe sich zwei Zahnstümpfe ziehen lassen und habe *„nur noch 17 Zähne, alle vorne, soweit komplett, aber nichts dahinter. Werde doch vielleicht ein Gebiß einlegen müssen."*[584] Mit den Backenzähnen hatte er 25 Jahren zuvor bereits Malaise gehabt; 1870 hatte er seine Mutter wissen lassen, seine Backenzähne gingen *„allmählich in Stücke"*, zum Glück ohne große Schmerzen.

Im Mai 1895 klagte Friedrich Engels über *„verteufelte Schmerzen"*. Er sei zu nichts mehr zu gebrauchen, schrieb er Laura Lafargue. Aber sie solle zu ihm kommen, auch wenn er *„subjektiv und objektiv langweile"*. Engels litt zunehmend unter Schlaflosigkeit und Kraftlosigkeit, aber er konnte noch einmal nach Eastbourne fahren, den *„schönsten Seeplatz, den ich kenne"*. Laura eilte von Paris aus dorthin, um den geliebten Freund aufzuheitern.

Dr. Freyberger wusste um die ernste Lage und informierte den Arzt und Vorsitzenden der österreichischen Arbeiterpartei, Victor Adler, dass Friedrich Engels unheilbar an Speiseröhrenkrebs erkrankt sei. Adler, der gerade eine Gefängnisstrafe abgesessen hatte, reiste umgehend nach Eastbourne. Er bestätigte Dr. Freybergers Diagnose und freute sich über den *„Stoizismus und Humor"*, mit dem der Kranke sein Leiden ertrug. Im Freundeskreis rechnete man mit dem Schlimmsten. Samuel Moore schrieb Eleanor am 21. Juli: *„Sein Tod wäre für die Allgemeinheit ein unwie-*

derbringlicher Verlust – für seine Freunde ein entsetzliches Unglück"[585]; wenn sie Friedrich noch sehen wolle, müsse sie umgehend zu ihm an die See fahren. Es könne ganz schnell gehen, aber auch noch Wochen dauern.

In den letzten Wochen seines Lebens konnte Friedrich Engels nicht mehr arbeiten und nicht mehr sprechen, sondern musste sich mittels Tafel und Kreide verständigen. Aber er konnte noch schreiben. 13 Tage vor seinem Tod schrieb er seinen letzten Brief an *„Mein liebes Löhr"*, die Marx-Tochter Laura Lafargue. *„Morgen kehren wir nach London zurück. Es scheint sich in dem Kartoffelfeld auf meinem Hals endlich eine Krisis anzubahnen, so daß die Schwellungen geöffnet werden können und Erleichterung eintritt. Endlich! es besteht also Hoffnung, daß diese lange Geschichte eine Wendung einnimmt. Und es ist auch hohe Zeit, mit meinem mangelnden Appetit usw. bin ich ziemlich heruntergekommen. ... Ich habe nicht die Kraft, lange Briefe zu schreiben, so lebt denn wohl. Ich trinke auf Deine Gesundheit einen Humpen lait de poule, dem ein Schuß cognac vieux* zugesetzt ist. Amitiés à Paul. Stets Dein F. Engels"*[586], waren seine letzten Worte.

Am 3. August 1895 fiel Friedrich Engels ins Koma. Sein Umfeld rechnete stündlich mit seinem Ableben. Bernstein ließ den treuen Friedrich Leßner wissen, wenn er sich von seinem alten Freund noch verabschieden wolle, müsse er sofort kommen.

Zwei Tage später, am 5. August 1895 gegen 22.30, schlief Friedrich Engels friedlich für immer ein. Das Ehepaar Freyberger meldete im General Register Office in London den Tod von Friedrich Engels an. Im Sterberegister des Bezirks Pancras wurde als Todesursache nach Angaben des Arztes Freyberger, der auch den Tod festgestellt hatte, eingetragen: Cancer des Oesophagus und des Larynx**. 5 Monate 20 Tage Bronchopneumonie. 1 Tag 16 Stunden[587]. Engels starb demnach an Krebs der Speiseröhre und des Kehlkopfes, der fünf Monate und 20 Tage zuvor festgestellt worden war, und er lag vor seinem Ableben einen Tag und 16 Stunden im Koma.

Friedrich Engels hatte sich eine Trauerfeier in kleinstem Kreis gewünscht. Aber trotz der strikten Anweisung an die Geladenen, keine Details zu seiner Beisetzung zu verraten, kamen am frühen Nachmittag

---

* geschlagenes Eigelb mit Zucker und altem Kognak

** Lungenentzündung im Verbreitungsgebiet eines oder mehrerer großer Bronchien

Superintendent Registrar's District PANCRAS

Registrar's Sub-District Regent's Park

18 95. DEATHS in the Sub-District of Regent's Park in the County of London

Columns:—	1.	2.	3.	4.	5.	6	7.	8	9.
No.	When and Where Died.	Name and Surname.	Sex.	Age.	Rank or Profession.	Cause of Death.	Signature, Description, and Residence of Informant.	When Registered.	Signature of Registrar.
5	Fifth August 1895 41 Regent's Park Road	Frederick Engels	Male	74 years	Of Independent Means	Cancer of the Oesophagus and Larynx 5 months 20 days. Broncho Pneumonia 1 day 16 hours. Certified by Ludwig Freyberger MRCP	Louise Freyberger Present at the death 41, Regent's Park Road Pancras	Seventh August 1895	Thomas W. Parkin. Registrar.

Eintrag ins Sterberegister

des 10. August 1895 im Wartesaal der Nekropolisstation Westminster Bridge 80 Personen zusammen. Die Familie Engels war zahlreich vertreten: Bruder Hermann und vier Neffen von Friedrich waren aus Barmen bzw. Engelskirchen angereist und ein Sohn von Schwester Marie, der in London lebte. Sie versammelten sich mit Eleanor und Edward Aveling, Laura und Paul Lafargue, Pumps und Percy Rosher, Louise und Ludwig Freyberger und treuen Freund-innen am Sarg, der mit Kränzen von Sozialisten aus aller Welt geschmückt war. Als Erster sprach Sam Moore, der von seiner *„innigen Freundschaft“* mit dem Verstorbenen sprach, dessen *„Wissen und Herzensgüte“* unerschöpflich gewesen seien. Gustav August Schlechtendahl, ein Neffe, würdigte die Tugenden seines Onkels, vor allem die *„unauslöschliche Liebe für seine Eltern“* und sein *„Ringen für die Hilflosen und Notleidenden“*. Er sprach das aus, was man im Familienkreis über das „Schwarze Schaf“ dachte: Man hatte Friedrichs politische Ansichten abgelehnt, aber seine Menschlichkeit geachtet. Der Neffe verriet den Anwesenden auch: *„Schon als junger Knabe pflegte Friedrich Engels sein Geld, das er hatte, an Arme zu verschenken. Sein Gefühl für alle Unterdrückten und Leidenden war übermächtig.“* [588]

Die Weggefährten Liebknecht, Lafargue und Bebel gedachten in ihren Reden des großen Sozialisten und rühmten dessen *„unsterblichen Verdienste“*, die *„unvergängliche historische Bedeutung von Marx und Engels“* und sie *„alle gelobten die Lehre der großen Bahnbrecher zu betätigen und ihren Willen zu vollstrecken.“* [589]

Die Trauerversammlung fuhr anschließend in einem Sonderzug nach Rockwood, wo Engels‘ Leiche in Anwesenheit der gesetzlichen Zeugen Sam Moore, Edward Aveling, Paul Lafargue, August Bebel, Wilhelm Liebknecht und Paul Singer verbrannt wurde. In allen Ländern gedachten die Arbeiterorganisationen in Nachrufen an die große Persönlichkeit von Friedrich Engels. Liebknecht berichtete für die deutsche Arbeiterpartei im „Socialdemokrat“ über die Totenfeier und die Bestattung am 15. August 1895.

Auch Engels‘ politische Gegner erinnerten an ihn als einen *„Geist,… dessen Lebenswerk und Ziel dieser Vernichtungskrieg aller bestehenden Ordnung, Zucht und Sitte gewesen ist.“* [590]

Friedrich Engels‘ sterbliche Überreste wurden, wie er es sich gewünscht hatte, in Eastbourne dem Meer übergeben. Das Ehepaar Aveling, Friedrich Leßner und Eduard Bernstein versenkten Ende August 1895 *„an einem recht stürmischen Herbsttag die Urne mit der Asche unseres Friedrich Engels ins Meer.“*[591]

QUELLEN

1 Knieriem, Die Herkunft des Friedrich Engels, S. 455 Friedrich Engels sen. an Snethlage am 1.12.1820

2 Knieriem, Die Herkunft des Friedrich Engels, S. 455 Friedrich Engels sen. an Snethlage am 1.12.1820

3 Knieriem, Die Herkunft des Friedrich Engels, S.217 Reflexionen Johann Caspar Engels für seine Kinder am 22. April 1815

4 Knieriem, Die Herkunft des Friedrich Engels, S. 463/64 Friedrich Engels sen. an Elise Engels am 24.5.1821

5 Knieriem, Die Herkunft des Friedrich Engels, S. 524 van Haar an Engels sen. am 9.12.1825

6 Knieriem, Die Herkunft des Friedrich Engels, S. 527 van Haar an Engels sen. am 20.4.1826

7 Knieriem, Die Herkunft des Friedrich Engels, S. 527 van Haar an Engels sen. am 20.4.1826

8 Kliem, Engels. Dokumente seines Lebens, S.50

9 Knieriem, Die Herkunft des Friedrich Engels, S. 553 Engels sen. an Elise Engels am 20.7.1829

10 „Ich erinnere mich gern." Zeitgenossen über Friedrich Engels, S. 43 Engels sen. an Elise Engels am 27.8.1835

11 „Ich erinnere mich gern." Zeitgenossen über Friedrich Engels, S. 43 Engels sen. an Elise Engels am 27.8.1835

12 König, S. 35

13 Mayer, Friedrich Engels, Bd. I, S. 10/11

14 Mayer, Friedrich Engels, Bd. I, S. 10/11

15 König, S. 32

16 MEGA2, Erste Abtlg., Bd. 3, S. 21

17 Mayer, Friedrich Engels, Bd. I, S. 374/375

18 Mayer, Friedrich Engels, Bd. I, S. 10/11

19 Knieriem, Die Herkunft des Friedrich Engels, S. 576 Engels jun. an Elise Engels am 11.8.1838 (Anlage zum Brief des Vaters)

20 Mayer, Friedrich Engels, Bd. I, S. 22

21 Pelger/Knieriem, Friedrich Engels als Korrespondent, S. 9

22 König, S. 112

23 König, S. 389

24 MEW Bd 41, S. 87 Engels, „Eine Fahrt nach Bremerhaven“
25 König, S. 467 Engels an Marie Engels am 18.2.1841
26 König, S. 467 Engels an Marie Engels am 18.2.1841
27 König, S. 388 Engels an Marie Engels vom 7.–9.7.1840
28 König, S. 473/74 Engels an Marie Engels am 8.–11.3.1841
29 König, S. 467 Engels an Marie Engels am 18.2.1841
30 König, S. 138 Engels an Marie Engels am 18.2.1841
31 König, S. 239 Engels an Marie Engels am 28./29.8.1838
32 König, S. 131
33 König, S. 435 Engels an Marie Engels am 29.10.1840
34 König, S. 441 Engels an Marie Engels am 6.12.1840
35 MEW EZ 2, S. 413f. Engels an Marie Engels am 30.7.1839
36 König, S. 335 Engels an Wilhelm Graeber am 13.11.1839
37 König, S. 335 Engels an Wilhelm Graeber am 13.11.1839
38 MEW EB 2, S. 392 Engels an Friedrich Graeber am 24.4.1839
39 Vonde, S. 57
40 König, S. 269
41 MEW Bd.1, S. 485 Engels an Cuno am 10.6.1872
42 König, S. 175
43 Pelger/Knieriem, in: Friedrich Engels als Bremer Korrespondent des Stuttgarter „Morgenblatts für gebildete Leser“ und der Augsburger „Allgemeinen Zeitung“, S. 41
44 König, S. 211
45 König, S. 513
46 König, S. 94
47 König, S. 94
48 König, S. 504/505
49 König, S. 480
50 König, S. 131
51 König, S. 287 Engels an Friedrich Graeber um den 23.4.–1.5.1839
52 König, S. 284 Engels an Friedrich Graeber am 8.4.1839
53 MEW EB 2, S. 367
54 König, S. 286 Engels an Friedrich Graeber um den 23.4.–1.5.1839
55 König, S. 286 Engels an Friedrich Graeber um den 23.4.–1.5.1839
56 König, S. 286 Engels an Friedrich Graeber um den 23.4.–1.5.1839
57 König, S. 295 Engels an Friedrich Graeber um den 23.4.–1.5.1839

58 König, S. 333 Engels an Wilhelm Graeber am 13.11.1839
59 König, S. 309 Engels an Friedrich Graeber am 15.6.1839
60 König, S. 310/311 Engels an Friedrich Graeber am 15.6.1839
61 König, S. 311 Engels an Friedrich Graeber zw. 12.–27.7.1839
62 König, S. 314 Engels an Friedrich Graeber am 12.–17.7.1839
63 König, S. 314 Engels an Friedrich Graeber zw. 12.–27.7.1839
64 König, S. 315 Engels an Friedrich Graeber zw. 12.–27.7.1839
65 König, S. 321 Engels an Wilhelm Graeber am 30.7.1839
66 König, S. 324 Engels an Wilhelm Graeber am 8.10.1839
67 König, S. 330 Engels an Friedrich Graeber am 29.10.1839
68 König, S. 336 Engels an Wilhelm Graeber am 13.11.1839
69 König, S. 337 Engels an Wilhelm Graeber am 13.11.1839
70 MEW EB 2, S. 403
71 König, S. 349 Engels an Friedrich Graeber am 9.12.1839–5.2.1840
72 König, S. 331 Engels an Friedrich Graeber am 29.10.1839
73 König, S. 353 Engels an Friedrich Graeber am 9.12.1839–5.2.1840
74 König, S. 353 Engels an Friedrich Graeber am 9.12.1839–5.2.1840
75 König, S. 462 Telegraph für Deutschland Nr. 2, 3. und 4. Januar 1841
76 König, S. 438 Engels an Wilhelm Graeber am 20.11.1840
77 König, S. 470 Engels an Friedrich Graeber am 22.2.1841
78 Knieriem, Die Entwicklung der Firma Caspar Engels Söhne, S. 15
79 MEGA III/I, S. 223 Engels an Marie Engels am 5.4.1841
80 MEGA III/I, S. 220 Engels an Marie Engels am 5.4.1841
81 MEGA III/I, S. 223 Engels an Marie Engels Ende August 1841
82 Kliem, Engels. Dokumente seines Lebens, S. 82
83 MEGA III/1, S. 226 Engels an Marie Engels am 5./6.1.1842
84 Hunt, S. 78
85 MEGA III/I, S. 239 Engels an Marie Engels zw. 2.–8.8.1842
86 MEGA III/I, S. 239 Engels an Marie Engels zw. 2.–8.8.1842
87 Ambrosi, Jenny Marx, S. 102
88 Knieriem, Die Herkunft des Friedrich Engels, S. 590 Engels sen. an Snethlage am 5.10.1842
89 Knieriem, Die Herkunft des Friedrich Engels, S. 590 Engels sen. an Snethlage am 5.10.1842
90 Knieriem, Die Herkunft des Friedrich Engels, S. 590 Engels sen. an Snethlage am 5.10.1842

91 Knieriem, Die Herkunft des Friedrich Engels, S. 590 Engels sen. an Snethlage am 5.10.1842
92 Knieriem, Die Herkunft des Friedrich Engels, S. 590 Engels sen. an Snethlage am 5.10.1842
93 Knieriem, Die Herkunft des Friedrich Engels, S. 591 Engels sen. an Snethlage am 5.10.1842
94 Raddatz, Karl Marx, S. 43
95 Brie, S. 38/39
96 Kliem, Engels. Dokumente seines Lebens, S. 114
97 MEW Bd. 1, S. 499–524
98 Mohr und General, S. 472
99 Büttner, Illustrierte historische Hefte; Weberaufstand, S. 12/13
100 Büttner, Illustrierte historische Hefte; Weberaufstand, S. 42
101 Whitfield, Frederick Engels, S. 69
102 Georg Weerth, Bd. 1 Sämtliche Werke, S. 209, Bln 1956
103 MEW Bd. 2, S. 229
104 MEGA III/I Engels an Marx am 19.11.1844
105 Kliem, Engels. Dokumente seines Lebens, S. 137 Engels an Marx am 20.1.1845
106 MEGA III/I Engels an Marx um den 20.1.1845
107 MEW Bd. 2, S. 487
108 MEW Bd. 2, S. 386
109 MEW Bd. 2, S. 355
110 MEW Bd. 2, S. 307
111 MEW Bd. 2, S. 344
112 Mohr und General, S. 474
113 MEW Bd. 2, S. 453
114 Kliem, Engels. Dokumente aus seinem Leben, S.136
115 Kliem, Engels. Dokumente aus seinem Leben, S. 146
116 Raddatz, Mohr an General, S. 22 Engels an Marx am 17.3.1845
117 Raddatz, Mohr an General, S. 22 Engels an Marx am 17.3.1845
118 Knieriem, Über Friedrich Engels, Privates, S. 14
119 Engels, Ludwig Feuerbach und der Ausgang der Klassischen Deutschen Philosophie, S. 35/36, Fußnote 1
120 Engels, Ludwig Feuerbach und der Ausgang der klassischen Deutschen Philosophie, S. 56
121 MEW Bd. 1, S. 274 Marx/Engels, Die deutsche Ideologie

122 MEW Bd. 4, S. 502 Engels, „Die Bewegungen von 1847“
123 Mayer, Friedrich Engels, Bd. I, S. 290
124 Knieriem, Über Friedrich Engels. S.20 Marx an Proudhon am 5.5.1846
125 Herres, Marx und Engels, S. 89
126 Mohr und General, S. 23
127 Mettele, Gisela, S. 132
128 Georg Weerth, Bd 5, S. 215
129 Knieriem, Engels Privates, S. 43 Weydemeyer an Marx am 29.7.1846
130 MEW Bd. 27, S. 110
131 Ambrosi, Jenny Marx, S. 110/111 Jenny Marx an Marx am 24.3.1846
132 Born, S. 41
133 Herres, Marx und Engels, S. 73
134 MEW Bd. 27, S. 440 Engels an Blank am 3.4.1846
135 MEW Bd. 27, S. 440 Weerth an Mutter am 13.6.1846
136 MEW Bd. 27, S. 51/52 Engels an Marx am 18.9.1846
137 Mayer, Friedrich Engels, Bd. 1, S. 386
138 Born, S. 29
139 Raddatz, Mohr an General, S. 23 Engels an Marx am 9.3.1847
140 Knieriem, Über Engels, S. 55
141 Kliem, Engels. Dokumente seines Lebens, S. 173
142 MEW, Bd. 27, S. 80 Engels an Marx am 9.3.1847
143 Raddatz, Mohr an General, Engels an Marx am 9.3.1847
144 Knieriem, Über Engels, S. 57 Georg Weerth an Mutter am 18.4.1847
145 MEGA III/2, S. 127/28 Engels an Marx am 14.1.1848
146 Mayer, Friedrich Engels, Bd. 1, S. 388
147 Knieriem, Über Engels, S. 83
148 Knieriem, Über Engels, S. 85
149 Vonde, Forderungen der Kommunistischen Partei in Deutschland, März/September 1848
150 Vonde, S. 13
151 Raddatz, Mohr und General, S. 30 Engels an Marx am 25.4.1848
152 Vonde, S. 58f.
153 Herres, S. 113
154 Knieriem, Über Friedrich Engels, S. 115
155 Kliem, Engels. Dokumente seines Lebens. S. 235
156 MEGA III/2, S. 167 Marx an Engels, erste Hälfte November 1848

157 MEW Bd. 6, S. 257
158 Kliem, Engels. Dokumente seines Lebens, S. 239/240
159 MEW Bd. 21, S. 23
160 Vonde, S. 111
161 Vonde, S. 75ff
162 Knieriem, Über Engels, S. 144
163 Mayer, Friedrich Engels, Bd. I, S. 339
164 Mayer, Friedrich Engels, Bd. I, S. 339
165 Hunt, S. 243/244
166 Vonde, S. 80
167 Mayer, Friedrich Engels, Bd. I, S. 337
168 Wessel, Hausbesuch bei Engels, S. 75
169 Kliem, Engels. Dokumente seines Lebens, S. 249
170 Mayer, Friedrich Engels, Bd.I, S. 338
171 Mayer, Friedrich Engels, Bd. I, S. 345
172 Kliem, Engels. Dokumente seines Lebens, S. 256
173 Mohr und General, S. 381
174 Kliem, Engels. Dokumente seines Lebens, S. 260
175 Mohr und General, S. 387
176 Informationen, s. Kliem, S. 293
177 Herres, S. 132
178 MEGA III/2, S. 409 Elisabeth und Friedrich Engels sen. an Engels am 25.3.1848
179 MEGA III/2, S. 142 Engels an Blank am 26.3.1848
180 MEGA III/1, S. 150 Engels an Blank am 15.4.1848
181 Knieriem, Über Friedrich Engels. Privates, Öffentliches und Amtliches, S. 8
182 MEGA III/2, S. 476 Elise Engels an Engels am 4.10.1848
183 MEGA III/2, S. 476 Elise Engels an Engels am 4.10.1848
184 MEGA III/2, S. 488 Elise Engels an Engels am 25.10.1848
185 MEGA III/2, S. 494 Elise Engels an Engels am 30.10.1848
186 MEGA III/2, S. 494 Elise Engels an Engels am 30.10.1848
187 MEW Bd. 21, S. 6 in: Friedrich Engels, Georg Weerth
188 MEGA III/2, S. 495 Elise Engels an Engels am 30.10.1848
189 MEGA III/2, S. 495 Elise Engels an Engels am 30.10.1848
190 MEGA III/2, S. 495 Elise Engels an Engels am 30.10.1848
191 MEGA III/2, S. 164 Marx an Engels erste Hälfte November 1848

192 MEGA III/2, S. 165 Marx an Engels erste Hälfte November 1848
193 MEGA III/2, S. 516 Elise Engels an Engels am 27.11.1848
194 MEGA III/2, S. 520 Griesheim an Engels um den 30.11.1848
195 MEGA III/2, S. 528 Elise Engels an Engels am 5.–6.12.1848
196 MEGA III/2, S. 528 Elise Engels an Engels am 5.–6.12.1848
197 MEGA III/2, S. 529 Elise Engels an Engels am 5.–6.12.1848
198 MEGA III/2, S. 529 Elise Engels an Engels am 5.–6.12.1848
199 MEGA III/3, S. 285 Elise Engels an Engels am 9.3.1849
200 MEGA III/3, S. 167 Elise Engels an Engels am 25.1.1849
201 Vonde, S. 107/108
202 MEGA III/3, S. 359f. Griesheim an Engels zw. 4. und 18.6.1849
203 MEGA III/3, S. 359f. Griesheim an Engels zw. 4. und 18.6.1849
204 MEGA III/3, S. 359f. Griesheim an Engels zw. 4. und 18.6.1849
205 MEGA III/3, S. 380 Elise Engels an Engels am 13.8.1849
206 MEGA III/3, S. 380 Elise Engels an Engels am 13.8.1849
207 MEGA III/3, S. 383 Elise Engels an Engels am 28.8.1849
208 MEGA III/3, S. 393 Elise Engels an Engels am 3.9.1849
209 Kliem, Engels. Dokumente seines Lebens, S. 289
210 MEGA III/3, S. 417 Elise Engels an Engels am 2.12.1849
211 MEGA III/3, S. 417 Elise Engels an Engels am 2.12.1849
212 MEGA III/3, S. 417 Elise Engels an Engels am 2.12.1849
213 Kliem, Engels. Dokumente seines Lebens, S. 279
214 MEGA III/3, S. 513 Elise Engels an Engels am 11.4.1850
215 MEGA III/3, S. 513 Elise Engels an Engels am 11.4.1850
216 Mohr und General, S. 129
217 Kliem, Engels. Dokumente seines Lebens, S. 223
218 Kliem, Engels. Dokumente seines Lebens, S. 251
219 Wessel, S. 76
220 Wessel, S. 76
221 Kliem, Engels. Dokumente seines Lebens, S. 253
222 MEGA III/2, S. 177 Engels an Marx am 28.12.1848
223 Kliem, Engels. Dokumente seines Lebens, S. 375
224 Ambrosi, Jenny Marx. S. 196/197
225 Karl Obermann, Zur Geschichte des Bundes der Kommunisten, 1849–1852, Bln 1955, S. 92
226 Kliem, Engels. Dokumente seines Lebens, S. 381/382

227 Kliem, Engels. Dokumente seines Lebens, S. 381/382

228 MEGA III Bd.11, S. 106 Hermann Engels an Engels am 15.6.1860

229 MEGA III Bd.11, S. 106 Hermann Engels an Engels am 8.8.1860

230 Mayer, Friedrich Engels, Bd. II, S. 9

231 Mayer, Friedrich Engels, Bd. II, S. 9

232 MEW Bd. 7, S. 553 Rechnungsablage des Sozial-demokratischen Flüchtlingskomitees in London

233 Hunt, S. 244

234 Mayer, Friedrich Engels, Bd. II, S. 7

235 Herres, S. 169

236 Herres, S. 169

237 MEW Bd 29, S. 573 Marx an Weydemeyer am 1.2.1859

238 Kliem, Engels. Dokumente seines Lebens, S. 281

239 Mayer, Friedrich Engels, Bd. I, S. 201

240 MEW Bd.7, S. 248

241 MEW Bd.7, S. 197 „Die deutsche Reichsverfassungskampagnie“

242 „Preußische Spione in London“, publiziert im „Spectator“,Nr. 1146 vom 14.6.1850

243 Kliem, Engels. Dokumente seines Lebens, S. 374

244 MEGA III/3.2, S. 868

245 Mayer, Friedrich Engels, Bd. II, S. 2/3

246 MEGA III/3, S. 617 Marie Blank an Engels nach dem 17.8.1850

247 MEGA III/3, S. 617 Marie Blank an Engels nach dem 17.8.1850

248 MEGA III/3, S. 617 Marie Blank an Engels nach dem 17.8.1850

249 MEGA III/3, S. 617 Marie Blank an Engels nach dem 17.8.1850

250 MEW Bd. 38, S. 344 Engels 1892 an Victor Adler am 19.5.1892

251 Hirsch, S. 66

252 Hecker/Limmroth, Die Briefe, S. 106 Jenny Marx an Engels am 2.12.1850

253 Kliem, Engels. Dokumente seines Lebens, S. 306 Engels sen. an Engels am 13.2.1851

254 MEGA III, 4 S. 464 Elise Engels an Engels am 26.9.1851

255 MEW Bd. 29, S. 85 Engels an Marx am 17.11.1856

256 MEW Bd. 28, Marx an Engels am 2.9.1854

257 MEW Bd. 30, S. 596 Engels an das Direktorium der Schiller-Anstalt am 3.3.1861

258 MEW Bd. 30, S. 596 Engels an das Direktorium der Schiller-Anstalt am

3.3.1861
259 MEW Bd. 30, S. 596 Engels an das Direktorium der Schiller-Anstalt am 3.3.1861
260 Kliem, Engels. Dokumente seines Lebens, S. 383
261 Hecker/Limmroth, Briefe, S. 416 Engels an Jenny Marx am 3.1.1868
262 Kliem, Engels. Dokumente seines Lebens, S. 356
263 Kliem, Engels. Dokumente seines Lebens, S. 356
264 MEW Bd. 29, S. 211 Engels an Marx am 15.11.1857
265 MEW Bd. 29, S. 245 Engels an Marx am 31.12.1857
266 MEW Bd. 35, S. 428 Engels an Bernstein am 8.2.1883
267 MEW Bd. 35, S. 444 Engels an Bernstein zw. 27.2.–1.3.1883
268 MEW Bd. 35, S. 444 Engels an Bernstein zw. 27.2–1.3.1883
269 MEW Bd. 32, S. 412 Engels an Marx am 8.12.1869
270 Kliem, Engels. Dokumente seines Lebens, S. 487
271 MEW Bd. 30, S. 42 Engels an Marx am 8.4.1860
272 MEGA III, Bd. 10, Brief Nr. 226 Engels an Emil Blank am 11.4.1860
273 MEGA III, Bd. 10, Brief Nr. 284 Engels an Elise Engels am 10.5.1860
274 MEW Bd. 30, S. 57 Engels an Marx am 11.5.1860
275 MEGA III, Bd. 11, S. 82 Elise Engels an Engels am 19.7.1860
276 MEGA III, Bd. 11, S. 342 Elise Engels an Engels am 2.2.1861
277 MEGA III, Bd. 11, S. 342 Elise Engels an Engels am 2.2.1861
278 MEGA III, Bd. 11, S. 342 Elise Engels an Engels am 13.2.1861
279 MEGA III, Bd. 11, S. 357 Engels an Elise Engels am 13.2.1861
280 MEGA III, Bd. 11, S. 357 Engels an Elise Engels am 13.2.1861
281 MEGA III, Bd. 11, S. 357 Engels an Elise Engels am 13.2.1861
282 MEGA III, Bd. 11, S. 356 Engels an Elise Engels am 13.2.1861
283 MEGA III, Bd. 11, S. 363 Elise Engels an Engels am 16.2.1861
284 MEGA III, Bd. 11, S. 367 Hermann Engels an Engels am 18.2.1861
285 MEGA III, Bd. 11, S. 367 Hermann Engels an Engels am 18.2.1861
286 MEGA III, Bd. 11, S. 367 Engels an Elise Engels am 27.3.1861
287 MEGA III, Bd. 11, S. 367 Engels an Elise Engels am 27.3.1861
288 Goebel/Hirsch, Engels-Forschungsmaterialien im Bergischen Land, Band 9, S. 430
289 MEGA III, Bd. 3, S. 703 Pieper an Engels am 16.12.1850
290 Raddatz, Mohr an General, S. 36 Marx an Engels am 3.2.1851
291 Kliem, Engels. Dokumente seines Lebens, S.3 13/314

292 P.M.History 04/2020, S. 40
293 MEW Bd. 29, S. 57 Engels an Marx am 23.5.1856
294 siehe Informationen von Roy Whitfield
295 MEW Bd. 30, S. 309 Engels an Marx am 7.1.1863
296 MEW Bd. 30, S. 310 Marx an Engels am 8.1.1863
297 Ambrosi, Jenny Marx, S. 112
298 Gemkow, Fünf Frauen an Engels' Seite, S. 48 in BzG 4/95
299 Hunt, S. 176
300 Hunt, S. 306 aus: Kautsky Papers, Eleanor Marx an Kautsky am 15.3.1898
301 Hunt, S. 306 aus: Kautsky Papers Eleanor Marx an Kautsky am 15.3.1898
302 Hunt, S. 311
303 Hunt, S. 309, aus: MEW Bd. 16, S. 475
304 MEW Bd. 34, S. 252 Engels an Ida Pauli am 14.2.1877
305 MEW Bd. 34, S. 507 Anzeige im „Vorwärts"
306 Gemkow, Fünf Frauen an Engels' Seite, S. 58
307 MEW Bd. 38, S. 298 Engels an J. Bebel am 8.3.1892
308 MEW Bd. 39, S. 142 Engels an Bebel am 12.10.1893
309 Victor, General und die Frauen, S. 11
310 Vermutung von Roy Whitfield
311 Hecker/Limmroth, S. 527 Jenny Marx an Eleanor Marx am 20.11.1877
312 MEW Bd. 35, S. 187 Marx an Jenny Longuet am 29.4.1881
313 MEW Bd. 36, S. 146 Engels an Bernstein am 17.5.1884
314 Hunt, S. 405
315 Meier, S. 252, Eleanor Marx an Laura Lafargue am 6.8.1891
316 Ambrosi, Helena Demuth, S. 158
317 Victor, General und die Frauen, S. 13
318 Mohr und General, S. 439
319 Mohr und General, S. 414
320 Mayer, Friedrich Engels, Bd. II, S. 10
321 Hunt, S. 430/31
322 Raddatz, Mohr an General, S. 141 Marx an Engels am 24.2.1857
323 Mohr und General, S. 403
324 Mohr und General, S. 437
325 Kliem, Engels. Dokumente seines Lebens, S. 433
326 MEW Bd. 35, S. 295f. Marx an Jenny Longuet am 27.3.1882
327 Ambrosi, Jenny Marx, S. 241

328 Ambrosi, Jenny Marx, S. 211

329 MEW Bd. 28, S. 592 Marx an Cluß am 15.9.1853

330 MEW Bd. 28, S. 157 Engels an Marx am 14.10.1852

331 Mohr und General, S. 436

332 Mohr und General, S. 439

333 MEGA III. Abt. Bd. 7, S. 38 Marx an Cluß am 1.10.1853

334 Mayer, Friedrich Engels, Bd. 1, S. 298

335 Hecker/Limmroth, S. 117 Jenny Marx an Engels am 17.12.1851

336 Raddatz, S. 89 Marx an Engels am 23.11.1853

337 Raddatz, S. 59 Engels an Marx am 27.11.1851

338 MEW Bd. 30, S. 14 Engels an Marx am 31.1.1860

339 MEW Bd. 31, S. 323 Marx an Engels am 16.8.1867

340 MEW Bd. 31, S. 69 Engels an Marx am 13.2.1865

341 Mohr und General, S. 308

342 Mohr und General, S. 308/09

343 Mohr und General, S. 309

344 Engels, Ludwig Feuerbach, S. 35/36 Fußnote

345 Marx/Engels, Manifest der Kommunistischen Partei, S. 12/13

346 Mayer, Friedrich Engels, Bd. II, S. 553

347 Hunt, S. 337

348 Hunt, S. 377/78

349 Herres, S. 254

350 Ambrosi, Jenny Marx, S. 180

351 Hirsch, S. 70

352 Raddatz, Mohr an General, S. 78/79 Marx an Engels am 8.9.1852

353 MEGA III,3,7 Marx an Engels am 22.6.1854

354 Hecker/Limmroth, S. 143 Jenny Marx an Karl Marx am 19.6.1852

355 Raddatz, Mohr an General, S. 113 Marx an Engels am 28.1.1858

356 Raddatz, Mohr an General, S. 159 Marx an Engels am 15.7.1858

357 Raddatz, Mohr an General, S. 150 Marx an Engels am 21.1.1859

358 Raddatz, Mohr an General, S. 153 Engels an Marx am 25.7.1859

359 MEW Bd. 30, S. 279 Marx an Engels am 20.8.1862

360 Ambrosi, Jenny Marx, S. 324

361 Ambrosi, Jenny Marx, S. 58

362 Raddatz, S. 170 Marx an Engels am 31.7.1865

363 Raddatz, S. 174 Marx an Engels am 13.2.1866

364 Raddatz, S. 191 Marx an Engels am 7.5.1867
365 Raddatz, S. 217/18 Marx an Engels am 22.7.1869
366 Raddatz, S. 233 Marx an Engels am 30.8.1873
367 Kliem, Engels. Dokumente seines Lebens, S. 396
368 Bernstein, Friedrich Engels. Ein Gedenkblatt, in: Der Wahre Jakob, Berlin 21.9.1895, S. 2025
369 MEW Bd. 17, S. 422 Marx/Engels: Beschlüsse der Delegiertenkonferenz der Internationalen Arbeiterassoziation, abgehalten zu London vom 17. bis 23. September 1871
370 MEW Bd. 18, S. 308
371 Herres, S. 243
372 Mayer, Friedrich Engels, Bd. II, S. 244
373 Herres, S. 239
374 Kliem, Engels. Dokumente seines Lebens, S. 517
375 Hirsch, S. 104
376 Herres, S. 243
377 Kliem, Engels. Dokumente seines Lebens, S. 569
378 MEW Bd. 37, S. 240 Engels an Laura Lafargue am 28.6.1889
379 MEW Bd. 22, S. 410 Engels: Rede auf einer sozialdemokratischen Versammlung in Wien am 14. September 1893
380 MEW Bd. 31, S. 536 Marx an Francois Lafargue am 12.11. 1866
381 Hunt, S. 300
382 MEW Bd. 4, S. 417
383 Informationen aus Gemkow, Unser Leben S. 183
384 MEW Bd. 39, S. 38 Engels an Danielson am 24.2.1893
385 MEW Bd. 28, S. 317 Marx an Engels am 5.1.1854
386 MEW Bd. 28, S. 344 Engels an Marx am 21.4.1854
387 Mayer, Friedrich Engels, Bd. II, S. 134
388 Kliem, Engels. Dokumente seines Lebens S. 439
389 MEW, Bd. 33, S. 209 Marx an Kugelmann am 17.4.1871
390 Kliem, Engels. Dokumente seines Lebens S. 457 (18.3.1891)
391 Kliem, Engels. Dokumente seines Lebens S. 457
392 MEW Bd. 21, S. 350
393 MEW Bd. 34, S. 96 Marx an Engels am 25.8.1879
394 MEW Bd. 30, S. 429 Engels an Marx am 4.9.1864
395 MEW Bd. 31, S. 128 Engels an Marx am 15.7.1865

396 Ambrosi, Jenny Marx, S. 321
397 MEW Bd. 34, S.125 Engels an Bebel im März 1875
398 Mayer, Friedrich Engels, Bd. II, S. 280
399 MEW Bd. 35, S. 584 Engels an Laura Lafargue am 13.12.1886
400 Hunt, S. 275
401 Kliem, Engels. Dokumente seines Lebens, S. 326
402 MEW Bd. 18, S. 209–287
403 MEW Bd. 19, S. 37–51
404 MEW Bd. 19, S. 37–51
405 Kliem, Engels. Dokumente seines Lebens , S. 499
406 Kliem, Engels. Dokumente seines Lebens, S. 499
407 Kliem, Engels. Dokumente seines Lebens, S. 505
408 Kliem, Engels. Dokumente seines Lebens, S. 508
409 Herres, S. 247
410 Kliem, Engels. Dokumente seines Lebens, S. 496
411 Mayer, Friedrich Engels, Bd. II, S. 551
412 Ambrosi, Jenny Marx, S.367
413 MEW 35, S. 425 Engels an Bernstein am 18.1.1883
414 Mayer, Friedrich Engels, Bd. II, S. 493
415 MEW Bd. 37, S. 326 Engels an Gerson Trier am 18.12.1889
416 Mayer, Friedrich Engels, Bd. II, S. 388
417 Hirsch, S. 89
418 Mayer, Friedrich Engels, Bd. II, S. 295
419 Dokumentarchivde gesetz gegen die gemeingefährlichen Bestrebungen der Sozialdemokratie
420 MEW Bd. 30, S. 142 Engels an Kautsky am 26.4.1884
421 MEW Bd. 30, S. 142 Engels an Kautsky am 26.4.1884
422 Herres, S. 252
423 Herres, S. 252
424 MEW, Bd. 38, S. 183 Engels an Sorge am 24.10.1891
425 Mohr und General, S. 365ff. Engels an Sorge am 15.3.1883
426 Mohr und General, S. 365ff. Engels an Sorge am 15.3.1883
427 Mohr und General, S. 367/68 Engels an Sorge am 15.3.1883
428 Mohr und General, S. 368 Engels an Sorge am 15.3.1883
429 Mohr und General, S. 369ff. Das Begräbnis von Karl Marx von Friedrich Engels
430 Mohr und General, S. 372

431 MEW Bd. 36, S. 21 Engels an Bebel am 30.4.1883
432 MEW Bd. 36, S. 28 Engels an Becker am 22.5.1883
433 MWE Bd. 36, S. 44 Engels an Laura Lafargue am 24.6.1883
434 MEW Bd. 36, S. 218 Engels an Becker am 15.10.1884
435 MEW Bd. 39, S. 346 Engels an Laura Lafargue am 17.12.1894
436 MEW Bd. 37, S. 73 Engels an Sorge am 11.7.1888
437 MEW Bd. 37, S. 137 Engels an Sorge am 12.1.1889
438 MEW Bd. 35, S. 341 Entwurf am 5.6.1885
439 MEW Bd. 38, S. 251 Engels an Bebel am 22.12.1892
440 MEW Bd. 21, S. 61ff. Engels, Der Ursprung der Familie
441 MEW Bd. 3, in: Die Deutsche Ideologie, S. 33
442 MEW Bd 32, S. 324 Marx an Engels am 22.6.1869)
443 Hecker/Limmroth, S. 109 Jenny Marx an Engels am 11.1.1851
444 Hecker/Limmroth, S. 92 Engels an Jenny Marx am 25.7.1849
445 Hecker/Limmroth, S.117 Jenny Marx an Engels am 17.12.1851
446 Hecker/Limmroth, S.161 Jenny Marx an Engels am 27.4.1853
447 Hecker/Limmroth, S. 255/56 Jenny Marx an Engels am 26.9.1859
448 MEW Bd. 29, S. 651
449 MEW Bd. 29, S. 616
450 Hecker/Limmroth, S. 269 Engels an Jenny Marx am 15.8.1860
451 Hecker/Limmroth, S. 277 Jenny Marx an Engels zwischen 8. und 23.3.1861
452 Hecker/Limmroth, S. 341 Jenny Marx an Engels am 6.1.1864
453 Hecker/Limmroth, S. 342 Jenny Marx an Engels Ende Januar oder Anfang Februar 1864
454 Hecker/Limmroth, S. 370 Jenny Marx an Engels am 22.5.1865
455 Hecker/Limmroth, S. 381 Jenny Marx an Engels Ende Januar 1866
456 Hecker/Limmroth, S. 391 Jenny Marx an Engels am 14.4.1866
457 Hecker/Limmroth, S. 402 Jenny Marx an Engels am 24.12.1866
458 Hecker/Limmroth, S. 432/433 Jenny Marx an Engels am 17.1.1870
459 Hecker/Limmroth, S. 433 Jenny Marx an Engels am 17.1.1870
460 Hecker/Limmroth, S. 437 Engels an Jenny Marx am 15.8.1870
461 Hecker und Limmroth, S. 539/40 Jenny Marx an Engels am 12.9.1878
462 MEW Bd. 30, S. 200 Marx an Engels am 6.7.1863
463 MEW Bd. 31, S. 146 Engels an Marx am 21.8.1865
464 Hecker/Limmroth, S. 366 Jenny Marx an Engels zw. 5.u.7.1.1865
465 Hecker/Limmroth, S. 314 Jenny Marx an Bertha Markheim am 28.1.1863

466 MEW, Bd. 32, S. 460 Engels an Marx am 13.3.1870

467 MEW, Bd. 32, S. 700 Jenny Marx (Tochter) an die Familie Kugelmann am 30.10.1869

468 MEW Bd. 32, S. 217 Marx an Engels am 30.11.1868

469 Meier, S. 19 Jenny Marx (Tochter) an Marx Ende April 1867

470 Kliem, Engels. Dokumente seines Lebens, S. 434 Jenny Marx (Tochter) an Kugelmann am 19.11.1870

471 Ambrosi, Jenny Marx, S. 401

472 MEW Bd. 33, S. 114 Engels an Marx an 5.9.1874

473 Meier, S. 138 Jenny Longuet an Laura Lafargue am 22.4.1881

474 MEW Bd. 19, S. 332

475 MEW, Bd. 19, S. 331/32

476 Meier, S. 32 Laura Marx an Marx am 8.5.1867

477 MEW Bd 31, S. 247 Marx an Engels am 7.8.1866

478 MEW Bd. 31, S. 411 Engels an Marx am 16.12.1867

479 Worobjowa/Sinelnikowa, S. 109 Laura Lafargue an Marx am 3.6.1871

480 Hunt, S. 356

481 MEW Bd. 37, S. 149 Engels an Laura Lafargue am 4.2.1889

482 MEW Bd. 35, S. 130 Engels an Laura Lafargue am 31.3.1884

483 MEW Bd. 35, S. 645 Engels an Laura Lafargue am 26.4.1887

484 Meier, S. 304

485 Hecker/Limmroth, S. 187 Jenny Marx an W.v. Florencourt am 10.8.1855

486 MEW Bd. 29, S. 130 Marx an Engels am 23.4.1857

487 Schack, Jenny Marx an Louise von Westphalen am 10.2.1859

488 Meier, S.14 Jenny Marx(Tochter) an Laura und Elenaor im September 1866

489 MEW Bd. 32, S. 96/97 Marx an Engels am 20.6.1868

490 Meier, S. 71 Eleanor Marx an Jenny Marx (Schwester) am 20.Juli 1869

491 MEW Bd. 32, S. 105 Marx an Engels am 26.6.1868

492 MEW Bd. 33, S. 110 Marx an Engels am 14.8.1874

493 Ozura, S. 59

494 Ozura, S. 97

495 Meier, S. 157 Eleanor Longuet an Jenny Marx am 8.1.1882

496 Weissweiler, Lady Liberty, S. 148

497 Meier, S. 177 Eleanor Marx an Laura Lafargue am 26.3.1883

498 Ambrosi, Helena Demuth, S. 161

499 Ozura, S. 91

500 Ozura, S. 138 Engels an Florence Wischnewsky am 9.2.1887
501 Ozura, S. 139 Engels an Sorge am 8.8.1887
502 Ozura, S. 91
503 Ozura, S. 235
504 Ozura, S. 60
505 Hirsch, S. 97
506 Holmes S. 314/315 in Übersetzung von M.A.
507 Holmes, S. 318
508 Ozura, S. 121 Eleanor Marx an Olive Schreiner am 16.6.1885
509 Ozura, S. 121 Eleanor Marx an Olive Schreiner am 16.6.1885
510 Ozura, S. 256
511 Meier, S. 347 Liebknecht an Laura Larfargue am 9.4.1898
512 Ambrosi, Helena Demuth, S. 94
513 Ambrosi, Helena Demuth, S. 131
514 Ambrosi, Helena Demuth, S. 215
515 Ambrosi, Helena Demuth, S. 131
516 Ambrosi, Helena Demuth, S. 186
517 Ambrosi, Helena Demuth, S. 200
518 Ambrosi, Helena Demuth, S. 203
519 Ambrosi, Helena Demuth, S. 203
520 Ambrosi, Helena Demuth, S. 205
521 Mayer, Friedrich Engels, Bd. II, S. 475
522 MEW Bd. 37, S. 525 Engels an Laura Lafargue am 17.12.1890
523 MEW Bd. 37, S. 525 Engels an Laura Lafargue am 17.12.1890
524 Meier, S. 254 Eleanor an Laura am 12.8.1891
525 Gemkow, Fünf Frauen an Engels‘ Seite, S. 57
526 Meier, S. 311/12 Eleanor an Laura am 24.10.1895,
527 Wessel, S. 137
528 Victor, Walther, General und die Frauen, S. 13
529 Kliem, Engels. Dokumente seines Lebens, S. 39/40
530 Herres, S. 37
531 Kliem, Engels. Dokumente seines Lebens, S. 40ff
532 Informationen aus Knieriem, Die Entwicklung der Firma Caspar Engels Söhne
533 Knieriem, Die Entwicklung der Firma, S. 40
534 Knieriem, Die Entwicklung der Firma, S. 40
535 Knieriem, Die Entwicklung der Firma, S.41

536 Knieriem, „Gewinn unter Gottes Segen“, S. 13, Zitat aus MEGA2, III, S. 87 Anm.3

537 MEW Bd. 36, S. 247 Engels an Charlotte Engels am 1.12.1884

538 Kliem, Engels. Dokumente seines Lebens, S. 44

539 Kliem, Engels. Dokumente seines Lebens, S. 306/307

540 Mayer, Friedrich Engels, Bd. II, S. 12

541 Knieriem, Die Herkunft des Friedrich Engels. Briefe aus der Verwandtschaft, S. 640 Engels sen. an Elise Engels am 10.9.1858

542 MEGA III, Bd.10 Brief Nr. 197 Elisabeth Engels und Emil Blank an Engels am 20.3.1860

543 Kliem, Engels. Dokumente seines Lebens S. 386/387

544 Knieriem, Die Herkunft des Friedrich Engels. S. 646 Elise Engels an Friedrich Engels am 13.1.1866

545 Knieriem, Die Herkunft von Friedrich Engels. S. 647 Elise Engels an Engels am 8. Juni 1866

546 Knieriem, Die Herkunft von Friedrich Engels, S. 650 Elise Engels an Engels am 13.8.1866

547 Knieriem, Die Herkunft von Friedrich Engels, S. 641 Elise Engels an Engels am 1.4.1865

548 Knieriem, Die Herkunft des Friedrich Engels, S. 650 Elise Engels an Engels am 23.11.1867

549 MEW Bd. 32, S. 617 Engels an Elise Engels am 1. Juli 1869

550 Mohr und General, S. 403

551 MEW Bd. 32, S. 424 Engels an Marx am 9.1.1870

552 MEW Bd. 33, S. 299 Engels an Elise Engels am 21.10.1871

553 MEW Bd. 33, S. 299 Engels an Elise Engels am 21.10.1871

554 Kliem, Engels. Dokumente seines Lebens, S. 485

555 Knieriem, Gewinn unter Gottes Segen, S. 69

556 König, S. 296 Engels an Marie Engels am 28.4.1839

557 König, S. 448 Engels an Marie Engels am 21.12.1840

558 MEGA III/I, S. 227 Engels an Marie Engels am 5./6.1.1842

559 König, S. 503 Engels an Marie Engels Anfang Mai 1841

560 MEW Bd 27, S. 438 Engels an Marie Engels am 31. Mai 1845

561 MEW Bd 32, S. 588 Engels an Emil Blank am 4.2.1869

562 Kliem, Engels. Dokumente seines Lebens, S. 47

563 MEW Bd. 37, S. 517/18 Engels an Mohrhenn am 9.12.1890

564 MEW Bd. 34, S. 240 Engels an Hermann Engels am 9.1.1877
565 MEW Bd. 34, S. 134 Engels an Rudolf Engels am 22.3.1875
566 MEW Bd. 31, S. 572 Engels an Hermann Engels am 28.11.1866
567 MEW Bd. 36, S. 247 Engels an Charlotte Engels am 1.12.1884
568 MEW Bd. 39, S. 112 Engels an Hermann Engels am 16.8.1893
569 MEWBd. 36, S. 112 Engels an Hermann Engels am 16.8.1893
570 MEW Bd. 39, S. 117 Engels an Laura Lafargue am 21.8.1893
571 Knieriem, Gewinn unter Gottes Segen, S. 116
572 MEW Bd. 38, S. 257 Engels an Hermann Engels am 28.1.1892
573 MEW Bd. 38, S. 419 Engels an Bebel am 8.8.1892
574 Hunt, S. 402 Engels an Becker am 15.6.1885
575 MEW Bd. 38, S. 419 Engels an Bebel am 8.8.1892
576 MEW Bd. 39, S. 55 Engels an Kautsky am 20.3.1893
577 MEW Bd. 39, S. 55 Engels an Kautsky am 20.3.1893
578 Mohr und General, S. 393
579 Hunt, S. 465
580 MEW Bd. 39, S. 318 Engels an Laura Lafargue und Eleanor Marx-Aveling am 14.11.1894
581 MEW Bd. 39, S. 316 Engels an Bebel und Singer am 14.11.1894
582 Meier, S. 281 Eleanor Marx-Aveling an Laura Lafargue am 5.11.1894
583 Herres, S. 268
584 MEW Bd. 39, S. 463 Engels an Hermann Engels am 12.4.1895
585 MEW Bd. 39, S. 543 Sam Moore an Eleanor Marx-Aveling am 21.7.1895
586 MEW BD. 39, S. 500 Engels an Laura Lafargue am 23.7.1895
587 Kliem, Engels. Dokumente seines Lebens, S. 598
588 Mohr und General, S.544
589 Kliem, Engels. Dokumente seines Lebens, S. 600
590 Mayer, Friedrich Engels, Bd. II, S. 529
591 Kliem, Engels. Dokumente seines Lebens, S. 601

LITERATURVERZEICHNIS

Ambrosi, Marlene, Jenny Marx, Trier 2015

Ambrosi, Marlene, Helena Demuth, Trier 2018

Bert, Andréas, „Friedrich Engels‘ Weg zum Kommunismus“. Periodikum für wiss. Sozialismus, Hrsg. Arno Peters, H.11, Sept. 1959, S. 45–58

Bluma, Lars, Hrsg. Friedrich Engels, Ein Gespenst geht um in Europa

Born, Stephan, Erinnerungen eines Achtundvierzigers, Berlin/Bonn 1978

Brie, Michael, Sozialist werden, Friedrich Engels in Manchester und Barmen 1842–1845, 2020

Büttner, Wolfgang, Weberaufstand im Eulengebirge 1844, in: illustrierte historische hefte, Bd. 27, DDR-Berlin, 1982

Engels, Emil, „Friedrich (III) Engels 1820–1890. Lebensbild für die Engels-Familiengeschichte“. Masch.schriftl. Manuskript, Engelskirchen 1948

Engels, Friedrich: „Die preußische Militärfrage und die deutsche Arbeiterpartei“, Hamburg bei Meissner Ende Febr. 1865

„Friedrich Engels – eine schwere Geburt“. Periodikum für wissenschaftlichen Sozialismus, Hrsg. Arno Peters, H.1 (November 1958), S. 77f

Friedrich Engels, „Briefe aus dem Wuppertal“, in: Telegraph für Deutschland. Hamburg, Nr.49–52 (März 1839), 57 u. 59 (April 1839). MEGA2 I/3, S. 32–51

Friedrich Engels, Zwischen 18 und 25 Jugendbriefe. Zusammengestellt und eingeleitet von Hannes Skambraks, Berlin 1989

Friedrich Engels, Ludwig Feuerbach, Berlin 1946

Gemkow, Heinrich, Unser Leben. Eine Biographie über Karl Marx und Friedrich Engels, Berlin 1984

Gemkow, Fünf Frauen an Engels‘ Seite, in: Beiträge zur Geschichte der Arbeiterbewegung, Bd.37, 4/1995, S.47–58

Hecker/Limmroth Jenny Marx. Die Briefe, Berlin 2014

Herres, Jürgen, Marx und Engels. Porträt einer intellektuellen Freundschaft, Ditzingen 2018

Hirsch, Helmut, Engels, Hamburg 1993

Holmes, Rachel, Eleanor Marx. A life, Great Britain, 2014

Hunt, Tristram, Friedrich Engels. Der Mann, der den Marxismus erfand, Berlin 2009

„Ich erinnere mich gern.“ Zeitgenossen über Friedrich Engels, Berlin 1970

Kliem, Manfred, Friedrich Engels. Dokumente seines Lebens, Leipzig 1977

Knieriem,Michael, Friedrich Engels: Cola di Rienzi. Ein unbekannter dramatischer

Entwurf. hrsg. vom Friedrich Engels-Haus, Wuppertal, und Karl Marx-Haus, Trier, Wuppertal 1974

Knieriem, Michael, Die Entwicklung der Firma Caspar Engels Söhne, in: Nachrichten aus dem Engels-Haus 1, Wuppertal 1979

Knieriem, Michael, „Gewinn unter Gottes Segen". Ein Beitrag zu Firmengeschichte und geschäftlicher Situation von Friedrich Engels. Aus dem Archiv der Firma Ermen & Engels" in Engelskirchen, Neustadt 1987

Knieriem, Michael, Hrsg. Die Herkunft des Friedrich Engels. Briefe aus der Verwandtschaft 1791–1847. Schriften aus dem Karl-Marx-Haus 42, Trier 1991

König, Johann-Günther, Friedrich Engels. Die Bremer Jahre 1839–1841, Bremen 2008

Lessner, Friedrich, „Ich brachte das ‚Kommunistische Manifest' zum Drucker", Berlin 1975

Marx/Engels, Manifest der kommunistischen Partei, Berlin 1970

Mayer, Gustav, Friedrich Engels. Eine Biographie Band I und Band II, Köln

Meier, Olga, Die Töchter von Karl Marx. Unveröffentlichte Briefe, Köln 1981

MEGA III, Bd. 1–6; 10, 11

Mettele, Gisela, Mary und Lizzie Burns, Die Lebensgefährtinnen von Friedrich Engels. in: Marx-Engels-Jahrbuch 2011, Berlin 2012

MEW; Briefe Bd. 2–39

Mohr und General. Erinnerungen an Marx und Engels, Berlin 1982

Neffe, Jürgen, Marx. Der Unvollendete, München 2017

Pelger, Hans, Knieriem, Michael, Friedrich Engels als Bremer Korrespondent des Stuttgarter „Morgenblatts für gebildete Leser" und der Augsburger „Allgemeinen Zeitung", Schriften aus dem Karl-Marx Haus 15, Trier 1975

Raddatz, Fritz J., Mohr an General. Marx und Engels in ihren Briefen, Hamburg 1986

Raddatz, Fritz J., Karl Marx. Eine politische Biographie, Hamburg 1975

Rudich, Rosi, Einige Bemerkungen zum Artikel „Wo wohnte Friedrich Engels in Manchester?" in: Beiträge zur Marx-Engels-Forschung 10, Berlin 1981

Schleper, Thomas, Ermen & Engels in Engelskirchen. Industrialisierung einer ländlichen Region, Schriften des Rheinischen Industriemuseums 3, Köln 1987 Schmidtgall,

Harry, Friedrich, Engels' Manchester-Aufenthalt 1842–1844. Soziale Bewegungen und politische Diskussionen. Schriften aus dem Karl-Marx Haus 25, Trier 1981

Snethlage, Bernhard Mauritz, Frankreichs Revolution ist warnend und lehrreich für alle Nationen. 2 Teile. Hamm 1794 u.1796

Sperber, Jonathan, Karl Marx. Sein Leben und sein Jahrhundert, München 2013

Stepanowa, E.A. Friedrich Engels. Sein Leben und Werk. Berlin 1958

Tsuzuki, Chushichi, Eleanor Marx. Geschichte ihres Lebens (1855–1898), Berlin 1981

Ullrich, Horst, Der junge Engels. Eine historisch-biographische Studie seiner weltanschaulichen Entwicklung in den Jahren 1834–1845. Berlin (DDR) Teil 1, 1961 und Teil 2, 1966

Whitfield, Roy, „Die Wohnorte Friedrich Engels'" in Manchester von 1850–1869", Nachrichten aus dem Engels-Haus 3, Wuppertal 1980, S. 87–101

Wittmütz, Volkmar, Friedrich Engels in der Barmer Stadtschule 1829–1834, Nachrichten aus dem Engels-Haus 3. Wuppertal 1980, S. 7–40.

Victor, Walther, Kehre wieder über die Berge, Berlin 1982

Victor, Walther, General und die Frauen, Hamburg 1947

Vonde, Detlef, Auf den Barrikaden. Friedrich Engels und die „gescheiterte Revolution" von 1848/49, Wuppertal 2019

Wessel Harald, Hausbesuch bei Friedrich Engels. Eine Reise auf seinem Lebensweg. Berlin 1971

Weisweiler, Eva, Tussy Marx. Das Drama der Vatertochter, Köln 2002

Weisweiler, Eva, Lady Liberty. Das Leben der jüngsten Marx-Tochter Eleanor, Köln 2018

Worobjowa/Sinelnikowa, Die Töchter von Marx, Berlin 1984

PERSONEN IM UMFELD VON FRIEDRICH ENGELS

Adler, Victor (1852–1918) Arzt, österreichischer Sozialdemokrat
Aveling, Edward (1851–1898) englischer Arzt und sozialistischer Schriftsteller, Lebensgefährte von Eleanor Marx

Bakunin, Michail Alexandrowitsch (1824–1876) russischer Revolutionär und Anarchist
Bauer, Bruno (1809–1882) Junghegelianer und Publizist
Bebel, August (1840–1913) Mitbegründer der Sozialistischen Arbeiterpartei
Becker, Johann Philipp (1809–1886) deutscher Revolutionär 1848/49, Kommunist
Bernstein, Eduard (1850–1932) Mitglied der Sozialdemokratischen Partei
Blank, Karl Emil (1817–1893) Kaufmann in London und Barmen, verheiratet mit Marie Engels, Schwager von Engels
Blank, Marie (1824–1901) verheiratet mit Emil Blank, Schwester von Friedrich Engels
Boelling Hedwig (1830–1904) verheiratet mit dem Kaufmann Friedrich Wilhelm Boelling, Schwester von Friedrich Engels
Borkheim, Sigismund Ludwig (1825–1885) Revolutionär 1848/49, Kaufmann, Journalist
Born, Stephan (1824–1898) Mitglied im „Bund der Kommunisten“, deutscher Revolutionär 1848/49, Publizist
Burns, Mary (1821/1823–1863) Lebensgefährtin von Engels

Demuth, Helena (1820–1890) Haushälterin bei Marx (1845–1883) und bei Engels (1883–1890)
Demuth, Frederick (1851–1921) Arbeiter, Sohn von Helena Demuth und Karl Marx, angeblicher Sohn von Engels
Dronke, Ernst (1822–1891) Mitglied der „Bundes der Kommunisten“, Redakteur der „Neuen Rheinischen Zeitung“, Publizist

Engels, August (1797–1874) Kgl. Preuß. Kommerzienrat, bis 1849 Teilhaber von „Caspar Engels Söhne", Onkel von Friedrich Engels

Engels, Elisabeth Franziska, Mauritzia van Haar (1797–1873) verheiratet mit Friedrich Engels sen., Mutter von Friedrich Engels

Engels, Emil (1828–1884) Kommerzienrat, Teilhaber von Ermen & Engels in Engelskirchen

Engels, Friedrich (1796–1860) Fabrikant, verheiratet mit Elisabeth van Haar, Vater von Friedrich Engels, Teilhaber von „Caspar Engels Söhne" bis 1836, Teilhaber von Ermen & Engels in Manchester und Engelskirchen

Engels, Friedrich (1820–1895) Fabrikant und Sozialrevolutionär, Heirat am 11.9.1878 mit Lydia Burns

Engels, Hermann (1822–1905) Teilhaber von Ermen & Engels in Engelskirchen, Fabrikbesitzer zu Barmen, Bruder von Friedrich Engels

Engels, Johann Caspar I.(1715–1787) Besitzer einer Spitzenmanufaktur und Bleicherei in Barmen, verheiratet mit Anna Catharina Steinbach (1720–1861), Urgroßvater von Friedrich Engels

Engels, Johann Caspar II., (1753–1821) Teilhaber der Manufaktur „Caspar Engels Söhne" in Barmen, verheiratet mit Ida Louise Friederike Noot (1762–1822) Großvater von Friedrich Engels

Engels, Johann Caspar III. (1792–1863) Fabrikbesitzer zu Barmen, Onkel von Friedrich Engels

Engels, Lydia, genannt Lizzy/Lizzie (1827–1878) irische Arbeiterin, verheiratet mit Friedrich Engels

Engels, Rudolf (1831–1903) Teilhaber von Ermen & Engels in Engelskirchen, Bruder von Friedrich Engels

Engels, Wilhelm (1832–1833) Bruder von Friedrich Engels

Ermen, Gottfried Anton (1807–1886) Teilhaber von Ermen & Engels in Engelskirchen

Ermen, Peter Albert (1800–1887) Teilhaber der Firma Ermen & Engels in Manchester und in Engelskirchen bis 1852

Ermen, Peter Jakob Gottfried (1811–1899) Teilhaber der Firma Ermen & Engels in Manchester

Feldmann, Gustav (1820) Klassenkamerad auf dem Gymnasium

Freiligrath, Ferdinand (1810–1876) Dichter

Freyberger, Ludwig (1865–1934) Arzt
Freyberger, Louise (1860–1950) geschiedene Kautsky, Haushälterin und Sekretärin von Friedrich Engels

Graeber, Friedrich Christian Ludwig (1822–1895) Mitschüler auf dem Gymnasium
Graeber, Wilhelm Heinrich (1820–1895) Mitschüler auf dem Gymnasium
Griesheim von, Anna (1825–1853) Schwester von Friedrich Engels, verheiratet mit Adolf Friedrich Leonhard Ludwig Wilhelm
Griesheim von, Elise (1834–1912) Schwester von Friedrich Engels, verheiratet mit Adolf Friedrich Leonhard Ludwig Wilhelm
Griesheim von, Adolf Friedrich Leonhard Ludwig Wilhelm (1820–1894) Geschäftsführer und Teilhaber von Ermen & Engels in Engelskirchen, verheiratet in erster Ehe mit Anna Engels, in zweiter Ehe mit Elise Engels
Grün, Karl (1817–1887) Publizist, Politiker
Gumpert, Eduard (1834–1893) Arzt in Manchester

Haar van, Gerhard Bernhard (1760–1837) Rektor am Gymnasium zu Hamm, verheiratet in erster Ehe mit Johanna Sophia Louise von der Mark (1760–1826) in zweiter Ehe mit Franziska Christina Snethlage (1758–1846), Großvater von Friedrich Engels
Haar van, Franziska Christina (1758–1846) geb. Snethlage, Großmutter von Friedrich Engels
Harney, George Julian (1817–1897) englischer Arbeiterführer und Journalist
Heß, Moses (1812–1875) Publizist und Philosoph
Heß, Sibylle (1820–1903) Frau von Moses Heß

Kautsky, Karl (1854–1938) österreichischer Publizist und sozialistischer Theoretiker
Koettgen, Gustav Adolph (1805–1882) Maler und Mitglied im „Bund der Kommunisten“

Lafargue, Laura (1845–1911) Tochter von Jenny und Karl Marx

Lafrague, Paul (1842–1911) Arzt, französischer Sozialist, verheiratet mit Marx-Tochter Laura
Lassalle, Ferdinand (1825–1864) Publizist, Politiker, Mitbegründer des ADAV
Leßner, Friedrich (1825–1910) Mitglied des „Bundes der Kommunisten“, Mitglied im Generalrat der IAA
Leupold, Heinrich (gest. 1865) Inhaber des Handelshauses Leupold
Liebknecht, Wilhelm (1826–1900) Publizist, Mitbegründer der Sächsischen Volkspartei und der Sozialdemokratischen Partei
Lissagaray, Prosper-Olivier (1839–1901) französischer Publizist, verlobt mit Marx-Tochter Eleanor
Longuet, Charles (1839–1903) französischer Sozialist, Mitglied des Generalrates der IAA, verheiratet mit Marx-Tochter Jenny
Longuet, Jenny (1844–1883) Tochter von Jenny und Karl Marx
Longuet, Jean-Laurant-Frederick (1876–1938) genannt Johnny, Sohn von Jenny und Charles Longuet

Marx, Edgar (1847–1855) genannt Musch, Sohn von Jenny und Karl Marx
Marx, Eleanor (1855–1898) auch Marx-Aveling, Tochter von Jenny und Karl Marx
Marx, Jenny (1814–1881) geb. von Westphalen, Frau von Karl Marx
Marx, Karl (1818–1883) Sozialtheoretiker
Moore, Samuel (1838–1911) englischer Rechtsanwalt, Übersetzer

Plümacher, Friedrich (1819–1905) Mitschüler auf dem Gymnasium

Rosher, Mary-Ellen Georgina (1859–) geb. Burns, genannt Pumps, Nichte von Mary und Lizzie Burns
Rosher, Percy () Kaufmann, verheiratet mit Mary-Ellen Burns
Roth, Richard (geb. 1820) Mitschüler auf dem Gymnasium

Schorlemmer, Carl (1834–1892) Chemiker, Mitglied der IAA
Snethlage, Karl Wilhelm Moritz Snethlage (1792–1871) Dr.phil., Dr.theol. h.c., Oberhofprediger zu Berlin, verheiratet mit Louise Engels (1799–1845) Patenonkel von Friedrich Engels

Sorge, Friedrich Adolph (1828–1906) Revolutionär von 1848, Mitglied der IAA von 1848/49

Treviranus, Georg Gottfried (1788–1868) Pastor in Bremen, Hausvater von Friedrich Engels in Bremen

Weerth, Georg (1822–1856) Kaufmann

Weitling, Wilhelm (1808–1871) Mitbegründer des „Bundes der Gerechten"

Westphalen, Edgar von (1819–1890) Bruder von Jenny Marx

Weydemeyer, Joseph (1818–1868) Offizier, Revolutionär, Oberst in den USA, Publizist

Willich, August (1810–1878) Offizier, General (seit 1863 in den USA), Politiker und Journalist

Wolff, Wilhelm (1809–1864) genannt „lupus", Mitbegründer des „Bundes der Kommunisten", Lehrer

Wurm, Gustav (1819–1888) Mitschüler auf dem Gymnasium

KURZER LEBENSUMRISS VON FRIEDRICH ENGELS

1820	28. November: Geburt von Friedrich Engels in Barmen
1828	Oktober: Besuch der Barmer Stadtschule
1834	Oktober: Besuch des Elberfelder Gymnasiums
1837	September: Abgang vom Gymnasium auf Wunsch des Vaters Oktober: Handlungslehrling bei Friedr. Engels & Co. in Barmen
1838	August: Ausbildung zum Kaufmann in Bremen im Handelshaus Leupold
1841	Ende März: Beendigung der Lehre in Bremen; Rückkehr nach Barmen Oktober: Militärdienst in Berlin; Besuch von Vorlesungen in Philosophie an der Friedrich-Wilhelms-Universität
1842	Oktober: Rückkehr nach Barmen Ende November: Übersiedlung nach Manchester; erste Begegnung mit Marx in Köln auf der Durchreise; Commis bei der Firma Ermen & Engels
1843	Beginn der Beziehung Friedrich Engels und Mary Burns
1844	28. August: Beginn der Freundschaft und Zusammenarbeit mit Karl Marx in Paris September: Tätigkeit in den väterlichen Firmen Friedr. Engels & Co in Barmen und Ermen & Engels in Engelskirchen
1845	Februar: Redner bei kommunistischen Versammlungen in Elberfeld April: Übersiedlung nach Brüssel Mitte Juli bis Ende August: Englandreise mit Marx; Wiederbegegnung mit Mary Burns in Manchester; Zusammenleben mit Mary Burns in Brüssel
1846	August: Rückkehr Mary Burns' nach England; politische Agitation im Auftrag des „Kommunistischen Korrespondenz-Komitees" in Paris
1848	Januar: Ausweisung aus Frankreich, Rückkehr nach Brüssel Ende März: Übersiedlung nach Paris nach Ausbruch der Revolution

April: Übersiedlung nach Köln; Agitation in Barmen und anderen Städten im Rheinland
Juni: Redakteur in der „Neuen Rheinischen Zeitung"
September: Steckbriefliche Suche nach Engels in Preußen; Flucht über Belgien, Frankreich in die Schweiz

1849 Januar: Rückkehr nach Köln
Mai: Führungsrolle im Elberfelder Aufstand; persona non grata in Elberfeld; Rückkehr nach Köln
Mai: Ausweisung aus Köln
Juni: Eintritt in das Freikorps von August Willich in Baden
Juni/Juli: Beteiligung am Badisch-Pfälzischen Feldzug, Teilnahme an vier Gefechten,
Rückzug in die Schweiz
Oktober: Reise von Genua mit Schiff nach England
November: Tätigkeit in London

1850 November: Übersiedlung nach Manchester; Kaufmann bei Ermen & Engels; Zusammenleben mit Mary Burns

1861 Amnestie in Preußen

1863 6. Januar: Tod von Mary Burns

1869 30. Juni: Ausscheiden aus der Firma Ermen & Engels in Manchester

1870 September: Übersiedlung nach London mit Lizzie Burns

1878 11. September: Eheschließung mit Lizzie Burns
12. September: Tod von Lizzie Engels

1883 14. März: Tod von Karl Marx

1895 5. August: Tod von Friedrich Engels
27. August: Seebestattung in Eastbourne